JONATHAN NEALE

Schneetiger

W0172142

Buch

Jonathan Neale erzählt wie 1934 mit der von Willy Merkl und Fritz
Bechtold geführten Expedition am Nanga Parbat aus den unerfahrenen, gering geschätzten Gelegenheitsarbeitern, die in den Augen ihrer
Arbeitgeber zwar loyal, kräftig, hilfsbereit und mutig, aber auch abergläubisch, irrational ängstlich und nicht wirklich erwachsen waren –
eine Art Himalaya-Hobbit – die berühmten, für europäische Bergsteiger unentbehrlichen »Schneetiger« des Himalaya wurden.
Bis zu 30 Kilo der Expeditionsausrüstung trägt ein Sherpa, zur Not
auch bis weit über 7000 Meter hoch, durch das ewige Eis. Die Ausrüstung der Träger war bis Mitte der 50er-Jahre dabei kaum bergtauglich:
Nicht selten gingen sie barfuß, in Gummisandalen, oder sie trugen von
der Expeditionsleitung gestellte Bergschuhe, die mehr schlecht als recht
passten. Doch so konnte ein Sherpa schon damals bedeutend mehr verdienen als beim traditionellen Handelstransfer von Nahrungsmitteln
und Rohstoffen.

Autor

Jonathan Neale, Jahrgang 1949, Anthropologe, Sozialwissenschaftler
und Autor politischer Sachbücher und Bühnenstücke, recherchierte für
dieses Buch über fünf Jahre lang, lernte die Sprache der Sherpas (eine
Mischung aus Sanskrit und Persisch), beobachtete ihren Umgang mit
Bergsteigern und Touristen heute und führte zahlreiche Interviews mit
Sherpas in Indien und Nepal über legendäre Expeditionen der ersten
Hälfte des 20. Jahrhunderts. Jonathan Neale lebt in London.

Jonathan Neale

Schneetiger

Sherpas:
Die wahren Bezwinger
des Himalaya

Aus dem Amerikanischen
von Jerry Hofer

GOLDMANN

Die Originalausgabe erschien unter dem Titel
»Tigers of the Snow«
bei St. Martin's Press, New York.

Deutsche Erstveröffentlichung

Umwelthinweis:
Alle bedruckten Materialien dieses Taschenbuches
sind chlorfrei und umweltschonend.

Der Goldmann Verlag ist ein Unternehmen
der Verlagsgruppe Random House GmbH.

Deutsche Erstausgabe Januar 2003
© 2003 der deutschsprachigen Ausgabe
by Wilhelm Goldmann Verlag, München,
in der Verlagsgruppe Random House GmbH.
© 2002 der Originalausgabe by Jonathan Neale
Umschlaggestaltung: Design Team München
Umschlagabbildung: dpa
Satz: Uhl + Massopust, Aalen
Druck: Elsnerdruck, Berlin
Verlagsnummer: 15211
Redaktion: Ingrid Klein
KF · Herstellung: Sebastian Strohmaier
Made in Germany
ISBN 3-442-15211-9
www.goldmann-verlag.de

1 3 5 7 9 10 8 6 4 2

*Für
meinen Vater, Terry Neale,
in Liebe*

Inhalt

Liste der Karten

Einführung

Anno 1965 war ich sechzehn Jahre alt und lebte in Indien. Meine Schule, das Colvin Taluqdars College in Lucknow, wählte drei Jungen aus, die das Himalayan Mountaineering Institute in Darjeeling besuchen durften. Ich war einer von ihnen, vermutlich deshalb, weil ich der einzige Ausländer auf der Schule war.

Die meiste Zeit des Jahres veranstaltete das Mountaineering Institute Kletterkurse für Erwachsene, im Winter jedoch hielten sie für Schüler Abenteuerkurse in der Umgebung von Darjeeling ab. Wir trekkten, schlugen Zeltlager auf und mussten um sechs Uhr morgens kalt duschen. Ich freundete mich mit Jungen aus ganz Indien an.

Unsere Betreuer waren Sherpas, und wir hatten Ehrfurcht vor ihnen. Nawang Gombu, ein wahrer Bär von einem Mann, hatte vor zwei Jahren mit Amerikanern den Mount Everest bestiegen und war zum Zeitpunkt dieser indischen Frühjahrsexpedition der erste Mann der Welt gewesen, der den Everest zweimal bezwungen hatte. Tenzing Norgay, der den Everest im Jahre 1953 als Erster zusammen mit Edmund Hillary bezwungen hatte, war der Leiter des Instituts. Am letzten Tag unseres Kurses kam er aus dem Urlaub zurück. Als ich und noch zwei andere Jungen ihn im Eingang des Instituts stehen sahen, starrten wir ihn voller Bewunderung an. Schüchtern lächelte er zurück; niemals war ich menschlicher Größe so nahe gewesen.

Die Sherpa-Lehrer unseres Kurses waren jung, es waren Männer, wie ich sie noch nie zuvor gesehen hatte, von überzeugender physischer Überlegenheit, stark und gelassen in ihrem Wesen und gleichzeitig Gentlemen, sanftmütig und freundlich. Ich war in Texas aufgewachsen und hatte auf der Oberschule Football gespielt. Jetzt wollte ich eines Tages ein Mann werden wie diese Sherpas.

An einem großen Felsen in der Nähe des Instituts übten wir Klettern. An der zu besteigenden Seite war der Felsen etwa fünfzehn Meter hoch, auf der anderen Seite fiel er dreihundert Meter senkrecht in die Tiefe. Die Lehrer knieten oben am Gipfel und hielten das Seil, während wir uns Zentimeter um Zentimeter die Steigung hocharbeiteten und zu ihnen hinaufkletterten.

Ich geriet in Panik, war steif vor Angst, meine Finger gruben sich in den Felsen, meine Beine zitterten. Ich versuchte, meinen Körper in diesen Felsen hineinzuzwängen und schrie lautlos um Hilfe.

Ganz oben stand Pemba Sherpa und hielt mein Seil.[1] Ich konnte ihn nicht sehen, der Felsen war zu steil, aber ich konnte ihn hören, wie er beruhigend auf mich einredete und mir versicherte, dass ich es schaffen würde.

Ich schaffte es nicht. Die Angst und das Zittern wurden immer stärker. Während Pemba mir sagte, dass alles in Ordnung sei, zog er mich Stück um Stück nach oben und versuchte, mich zu ermutigen, selbst zu klettern. Ich hing wie leblos im Seil. Ich erinnere mich an seine konstante, leise Stimme und die Kraft in seinen Händen, als er mich behutsam nach oben zog. Als ich endlich oben war, machte ich mich auf ein Donnerwetter gefasst. Das zumindest hätte ein Football-Trainer veranstaltet. Pemba jedoch blieb gelassen, versicherte mir ganz ruhig, dass jeder Angst gehabt hätte.

Ich habe die Sherpas und die Berge nie vergessen.

Dreißig Jahre später kehrte ich in den Himalaya zurück. Ich trekkte in Khumbu, dem Sherpa-Land in Nepal, in der Gegend um den Zanskar und der Annapurna. Dort lernte ich etwas Nepali und recht und schlecht auch die Sherpa-Sprache. Da ich Schriftsteller bin, stöberte ich natürlich auch in den Buchläden Kathmandus, wo ich jede Menge Bücher über europäische Bergsteiger fand, aber keines über Sherpas.[2] Daher entschloss ich mich, eines zu schreiben.

In Bergsteigerbüchern kommen Sherpas natürlich ständig vor. Sie tragen die Lasten, kochen Tee, lächeln. Wir sehen sie durch die Augen ihrer Arbeitgeber, und, wie es scheint, sind sie loyal, kräftig, hilfsbereit, tapfer und stets guter Laune. Angeblich sind sie kleinwüchsig, abergläubisch, irrational, ängstlich und nicht so richtig erwachsen – eine Art himalayischer Hobbits.

Im Gegensatz zur landläufigen Meinung, dass *Sherpa* eine Berufsbezeichnung für im Himalaya tätige Hochträger ist, sind die Sherpas eine ethnische Gruppe, die aus dem Hochland von Tibet stammt. Vor 500 Jahren ließen sie sich in Khumbu, der südlichen Hochgebirgsregion zu Füßen des Mount Everest nieder. Ich habe versucht, die Sherpas aus ihrem eigenen Blickwinkel zu sehen. Dazu verbrachte ich sechs Monate in einem Sherpa-Dorf, erlernte ein wenig ihre Sprache und beobachtete sie bei ihrer Arbeit mit Trekkern und Touristen. Ich habe auch alte Männer und Frauen interviewt, sowohl um herauszufinden, was sich alles seit ihrer Jugend verändert hatte, als auch um zu erkennen, was sie selbst von diesen Veränderungen hielten. Und dann wandte ich mich wieder den alten Bergsteigerbüchern zu und begann, zwischen den Zeilen zu lesen und zu interpretieren, wie und was die Sherpas damals gedacht hatten.

Im Jahre 1922 waren Himalaya-Kletterer britische Gentlemen, und ihre Sherpas und tibetischen Träger nichts anderes als *Kulis*, ungelernte, unerfahrene Gelegenheitsarbeiter. Am 29. Mai 1953 stand der Sherpa Tenzing Norgay auf dem Gipfel des Everest, die ehemaligen Kulis waren nunmehr zu »*Schneetigern*« geworden. Dieses Buch handelt in weiten Teilen von dem entscheidenden

Augenblick jenes Wandels: der deutschen Expedition zum Nanga Parbat im Jahre 1934. In jenem Jahr geschah hoch oben auf dem Berg ein schreckliches Unglück. Wie die deutschen Bergsteiger sich damals verhielten, was die Aufgabe der Sherpas und der tibetischen Träger war, wer überlebte und wer starb, veränderte für alle Zeiten die Selbsteinschätzung dieser Menschen. In diesem Buch geht es hauptsächlich um *einen* Berg und um *eine* Besteigung; aber jene Besteigung enthüllt vieles über alle anderen Expeditionen, die zwischen 1921 und 1953 stattfanden.

Es gibt auf der Erde vierzehn Gipfel, die über achttausend Meter hoch sind. Sie alle gehören zu der gigantischen Gebirgskette des Himalaya, der sich über 1500 Kilometer lang nördlich der Ebenen von Indien hinzieht und im Westen im Karakorum endet. Der Nanga Parbat erhebt sich am westlichen Rand des Himalaya-Massivs, das nun zu Pakistan gehört; 1934 war Kaschmir Teil der britischen Kolonien Indiens. Der Nanga Parbat ist mit 8126 Metern der zehnthöchste Berg der Erde.

Der aus der Urdu-Sprache stammende Name *Nanga Parbat* bedeutet »Nackter Berg«. Niemand weiß genau, weshalb er so heißt, aber es gibt dazu zwei Theorien. Die eine besagt, er sei nackt, da fast alle anderen dieser vierzehn Gipfel des Karakorum und des Himalaya sich hinter umliegenden Graten und Bergspitzen verbergen und aus vielen Richtungen unsichtbar sind – der K2 zum Beispiel versteckt sich hinter einem dichten Gewirr von Gipfeln, und selbst der Everest ist aus südlicher Richtung kaum sichtbar, nur seine Spitze lugt über die davor liegende Wand des Nuptse hinaus. Der Nanga Parbat jedoch thront freistehend und gewaltig über den Ufern des Indus.

Die andere Theorie um den »nackten« Berg beruht auf der Tatsache, dass die Wände des Nanga Parbat so steil sind, dass sich dort nur wenig Schnee hält und der schwarze Fels durchschimmert.

Der erste Versuch, den Nanga Parbat zu besteigen, wurde 1895 von einer britischen Expedition unter der Leitung von Frank Mummery unternommen. J. Norman Collie, eines der Expeditionsmitglieder, schrieb: »*Als wir den Berg zum ersten Mal sahen, zogen wir alle instinktiv den Hut, um zu zeigen, dass wir uns ihm in einer angemessenen Haltung näherten.*«[3]

Frank Mummery war einer der großen Alpinisten seiner Zeit. Als er mit dem Bergsteigen begann, waren die meisten englischen Bergsteiger *Gentlemen*, und beinahe alle kletterten in den Alpen mit Hilfe von Einheimischen, die sich als erfahrene Bergführer anboten. Mummery war der Erste, der das so genannte »Klettern ohne Führer« bekannt machte, wo die Gentlemen sich ihre eigenen Wege suchten.[4] Mummery wusste jedoch, dass er im Himalaya auf Hilfe angewiesen war.

Er wandte sich an die *British Gurkha Regiments,* um herauszufinden, ob sie in der Lage wären, Bergbewohner als Hochträger zu finden. Die Gurkha-Soldaten und Unteroffiziere waren Nepalesen, die im Dienst der indischen Armee unter britischen Offizieren standen. Sie kamen aus dem Bergland von Zentralnepal, nicht jedoch aus dem Hochgebirge. Allerdings wurden sie als tapfere, ausdauernde und loyale Soldaten betrachtet. Sie würden möglicherweise von großem Nutzen sein können.

Charlie Bruce war ein Gurkha-Offizier, der bereits Erfahrung mit dem Bergsteigen hatte. Nur allzu gerne nahm er die Gelegenheit wahr, sich der Expedition anzuschließen und wählte zwei Gurkhas aus, die Mummery begleiteten. »*Raghabir Thapa*«, schrieb Bruce später, »*war ein erstklassiger Felskletterer, der mit mir in Chilas und Chitral gewesen war ... Er war ein erstklassiger Mann in jeder Beziehung, und war bereits ein oder zweimal in einer Seilschaft mitgegangen. Der andere Junge [Gaman Singh] war ein Neuling, obwohl eindeutig der geborene Bergsteiger und voller Eifer.*«[5]

Der Nanga Parbat erwies sich unter den Bedingungen, wie sie 1895 herrschten, als zu schwierig für eine kleine Expedition mit zwei Hochträgern. Die Sahibs und die Träger schlugen sich mannhaft durch zu verschiedenen Pässen und Graten und versuchten, eine mögliche Route zu finden; oft waren sie erschöpft und froren. Charlie Bruces Urlaub ging zu Ende, er musste zu seinem Regiment zurück. Wenige Tage später machten sich Frank Mummery, Raghabir Thapa und Gaman Singh allein auf den Weg, um über einen Grat zu einem Pass zu gelangen, und wurden nie wieder gesehen.

Sie waren die ersten drei Bergsteiger, die am Nanga Parbat starben. Raghabir Thapa und Gaman Singh waren die ersten Nepalesen, die auf einer Himalaya-Expedition ums Leben kamen.

Die einheimischen Bewohner dieser Gebirgswelt, die Astoris, waren Muslime und glaubten an den einen Gott. Doch jene Tragödie bestätigte einen alten Glauben, dass unheilvolle Geister auf dem Nanga Parbat hausten. Jahrelang warnten sie ihre Söhne und Enkel davor, den Berg zu besteigen, und siebenunddreißig Jahre lang versuchte sich kein Bergsteiger mehr am Nanga Parbat.

Teil I

Sherpas
und Sahibs

1.

Die Sherpas

Vor etwa fünfhundert Jahren fanden in Kham, im östlichen Tibet, Gebietskämpfe statt, vor denen viele Menschen flohen. Einige Familien gingen in die Region nördlich des Mount Everest, andere über den Nangpa La, den Hochpass östlich des Everest, hinunter in die Täler von Khumbu in Nepal. Diese Familien waren die ersten Sherpas.

Die Region Khumbu umfasst drei parallel gelegene Gebirgsschluchten, durch die sich die Schmelzwasser dreier Gletscher in südlicher Richtung ins Tal ergießen. Im westlichen Tal zu Füßen des Nangpa La erbauten die Sherpas das Dorf Thame. Das mittlere Tal führt vom Cho Oyu, dem neunthöchsten Berg der Erde hinab; dort gründeten sie auf einer hängenden Gesteinsplatte das Dorf Phortse. Im östlichen Tal, zu Füßen des Everest, entstand an den reißenden Wassern des Dudh Khosi, des »Milch-Flusses«, das Dorf Pangboche. Wo die drei Flüsse zusammentreffen, entstanden die Dörfer Namche-Basar, Khumjung und Kunde[1], alle zwischen 3350 und 3800 Meter gelegen. Damit siedelten sie auf der gleichen Höhe wie in Tibet, woher sie gekommen waren. Sie bauten Gerste und Buchweizen an, die traditionellen Getreidesorten des tibetanischen Hochlands. Im Sommer führten sie ihre Yaks und Naks (die weiblichen Tiere) zu den hochgelegenen Weiden der oberen Talgründe.

Die Siedlungsbewegung aus Tibet setzte sich fort. Die nächsten vierhundert Jahre lang zogen viele Sherpa-Familien über Khumbu und Pharak, den »Mittelort« hinunter in die Region

Solu im Süden. Auf einer Höhe zwischen 2000 und 3300 Metern gelegen, ist Solu wärmer und fruchtbarer als Khumbu. Die Sherpas von Solu waren in der Lage, zweimal pro Jahr zu ernten und genossen den Luxus von Brot aus Weizen. Auf dieser Höhe gingen ihnen zwar ihre Yaks und Naks zugrunde, Kühe und Schafe hingegen gediehen prächtig. Heute leben noch etwa dreitausend Sherpas im Norden, jedoch siebzehntausend im Mittelort und im Süden. Wichtig in unserer Geschichte hier sind die nördlichen Sherpas aus Khumbu, denn die meisten, die schließlich zu Bergsteigern wurden, kamen von dort.

Khumbu war immer Grenzgebiet. Es gab Zeiten, da waren die Sherpas de facto unabhängig, meist jedoch wurden sie entweder von Tibet oder Nepal kontrolliert. Nach dem 1865 stattgefundenen Grenzkrieg zwischen Nepal und Tibet wurde Khumbu nepalesisch und blieb es auch.

In Khumbu lebten niemals viele Menschen, im Jahre 1900 vielleicht tausendfünfhundert. Das höher gelegene Land bestand aus unfruchtbarem Felsboden und Eis. Darunter befand sich die Gletschermoräne, die im Sommer gute Weidegründe für die Yaks abgab, für jedweden Getreideanbau – außer für Gras – jedoch zu hoch lag. Das Gebiet unterhalb der Moräne bestand hauptsächlich aus steilen Abhängen, doch an verschiedenen Orten zwischen 2750 und 4000 Metern Höhe waren die Neigungen flach genug, dass die Menschen terrassenförmige Felder in die Berge schneiden konnten. Jedes der Felder sieht heute noch aus wie eine Stufe in einer gigantischen Treppe. Eine Steinmauer am unteren Ende des Feldes sorgt dafür, dass die Erde nicht abbröckelt, und eine weitere Mauer am oberen Ende stützt das darüber liegende Feld. Wenn man in angemessener Höhe über die Berge Nepals fliegt, kann man Hunderte von Kilometern dieser Terrassen sehen, wie sie sich tausend bis zweitausend Meter die Berge hinunterziehen; es sind Monumente menschlicher Intelligenz und härtester Arbeit. Im steilen, hochgelegenen Khumbu jedoch sieht man nur wenig Grün, nur wenige

Felder. Dort herrschen Grau- und Brauntöne vor, und glitzerndes Eis.

Da nach dem hinduistischen Recht in Nepal das Töten von Kühen verboten ist, gaben die Sherpas ihre Yaks zum Schlachten über die Grenze nach Tibet und kauften den Tibetern das getrocknete Yakfleisch wieder ab. Obwohl auch der Buddhismus das Töten von Tieren nicht gerade befürwortet, haben selbst tibetische Mönche stets Fleisch gegessen. Von Feldfrüchten allein konnten die Menschen auf dem hochgelegenen Plateau von Tibet nicht leben. Etwa um das Jahr 1880 kam die Kartoffel nach Khumbu. Ein Kartoffelfeld brachte, in Kalorien gemessen, einen dreimal so hohen Ertrag wie eins mit Gerste. Kartoffeln wurden zum Hauptanbauprodukt, und den Menschen ging es endlich ein wenig besser.

Andere Familien züchteten sterile Kreuzungen aus Yak-Vätern und Tieflandkuh-Müttern, die so genannten *Zopkyoks*, und verkauften sie nach Tibet, wo sie vor den Pflug gespannt wurden, eine Arbeit, die ein Yak sich stets weigerte zu tun. In Khumbu selbst pflügte bis vor fünfzig Jahren noch fast jeder Bauer mit menschlicher Kraft. Zwei Mann zogen den Pflug, einer führte ihn, und eine Frau, die hinterherlief, säte das Saatgut aus.

Den Winter verbrachten die Khumbu-Familien in kleinen Häusern aus Stein. Unten war der Stall, oben ein länglicher Wohnraum für die Menschen. Die Fenster waren schmal und hatten mit Ornamenten verzierte Rahmen und Fensterläden. Im Frühjahr blieben einige Familien im Dorf, um Kartoffeln anzubauen, während die anderen ihre Tiere zu den höher gelegenen Weiden führten. Dort wohnten sie entweder in kleinen Steinhäusern oder Hütten. Manchmal besaßen sie auch einige Felder und eine Hütte unten am Fluss. Vom Frühling bis zum Herbst waren die Menschen fast nur unterwegs. Sie zogen die Berge hinauf und hinunter. Lebensmittel, Heu, Brennholz und alles, was sie sonst brauchten, hatten sie bei sich. Und wenn sie zusammenkamen, dann nur, um sich zu begatten, um Feste zu feiern und um die Familie zusammenzuhalten.

Farben spielten in ihrem Leben stets eine große Rolle. Die Häuser waren weiß gestrichen oder aus Naturstein, die Fenster und die Dächer leuchtend grün, rot oder gelb. Vom Dach wehten die fünf Farben der Gebetsfahnen. Am Eingang eines jeden Dorfes stand ein gedeckter Torbogen, in dem, wie in der gemeindeeigenen Kapelle, Gemälde und Statuen von Göttern in Schwarz und Rot und Orange aufbewahrt wurden. Selbst eine ärmere Familie verfügte im oberen Teil ihres Hauses über einen eigenen Altar, der ebenfalls mit farbenprächtigen Göttergemälden ausgestattet war. In jedem der Häuser gab es gegenüber der Feuerstelle Dutzende liebevoll polierte Messing- und Kupfergefäße und Teller, auf deren unebener handgeschmiedeter Oberfläche sich inmitten von dunkelroten und braunen Schatten das Licht des Feuers spiegelte. Stets gab es im Leben der Sherpas schöne Dinge, doch das Leben war hart, und neben Kartoffeln und Yaks benötigten sie auch ein Einkommen. Für die meisten Sherpas bedeutete dies, Lasten zu tragen.

Früher war Khansa Sherpa von Beruf Hochträger, der 1953 mit Tenzing und den Briten, und 1963 mit den Amerikanern auf dem Everest war. Jetzt ist er fünfundsechzig Jahre alt und Besitzer der Gompa Lodge in Namche. Sie liegt auf der Westseite des Dorfes, den Berg hinauf, unterhalb des kleinen Klosters, in dem jedoch kein Mönch lebt. Trekker aus dem Westen kommen auf ihrem Weg zum Everest-Basislager durch Namche und bleiben gelegentlich in Khansas Lodge zum Übernachten. Die meisten jedoch sind zu erschöpft, wenn sie in Namche ankommen, um noch den langen Namche-Berg hinaufzusteigen, und bleiben lieber tiefer unten im Dorf.

Khansa ist heute ein frommer Mann, obwohl er das in seiner Jugend nicht war. »Man hat nicht groß darüber nachgedacht«, sagte er. »Wenn du fünfzig bist, realisierst du, dass du sterben musst. Dann wird man religiös.«

Sherpas sind Buddhisten. In Büchern liest man immer wieder,

sie gehörten dem »Tibetischen Buddhismus« an, aber das ist genauso als ob man sagte, jemand sei ein »Amerikanischer Lutheraner«, oder ein »Bulgarisch Orthodoxer«, obwohl sie doch nur Christen sind. Gläubige Sherpas sind stolz darauf, einer der großen Weltreligionen anzugehören und ihren Glauben mit den vielen Tamangs, Gurungs und Newars in Nepal, und mit Indern, Taiwanesen, Japanern, aber auch mit Europäern und Amerikanern zu teilen.

Als ich in Namche war, ging Khansa täglich zweimal um den Ort herum, einmal morgens und einmal nachmittags. Er drehte dabei seine Gebetsmühle und betete andächtig. Die einhundertzwanzig Häuser von Namche und die dazugehörigen Felder liegen in einer hufeisenförmigen Senke, die aussieht wie ein riesiges Amphitheater. Zuerst ging Khansa zu dem Gompa, dem kleinen Heiligtum oberhalb seines Hauses, und zum Bergkamm, der hoch über dem Dorf liegt. Dann führte ihn sein Weg den steilen Pfad an der Ostseite wieder hinunter, denselben Weg, den die vor Energie sprühenden Jungen auf ihrem Weg zum Unterricht hinaufrennen, denn Schulunterricht findet in Khumbu traditionell bei einem Gompa, einem »Kraftplatz« statt. Endlich erreichte Khansa den Zeremonienbogen, neben dem der *Chorten* steht, eine weiße Pyramide, die mit den Augen Buddhas verziert ist. Der *Chorten* ist uralt und datiert aus der Zeit, als es in Namche nur sechs Häuser gab und die Männer aus Angst vor Bären gemeinsam Wasser holen gingen. Die Menschen in Namche sagen, dass sie den *Chorten* in jenen Tagen selbst erbaut hätten; die Bewohner von Thame jedoch behaupten, *sie* wären das gewesen. Nach buddhistischer Manier ging Khansa im Uhrzeigersinn um Namche herum, und kam dabei an vielen heiligen Orten vorüber. Jedes Mal, wenn sich seine Gebetsmühle drehte, erhob sich das Gebet, das im Inneren der Mühle auf einem Stück Papier niedergeschrieben war, zum Himmel empor. Khansa hoffte, dass sein Gang sein Leben verlängern oder aber ihm in seinem nächsten Leben hilfreich sein würde. Wie auch immer: Drei Stunden Gehen pro Tag hielten ihn fit.

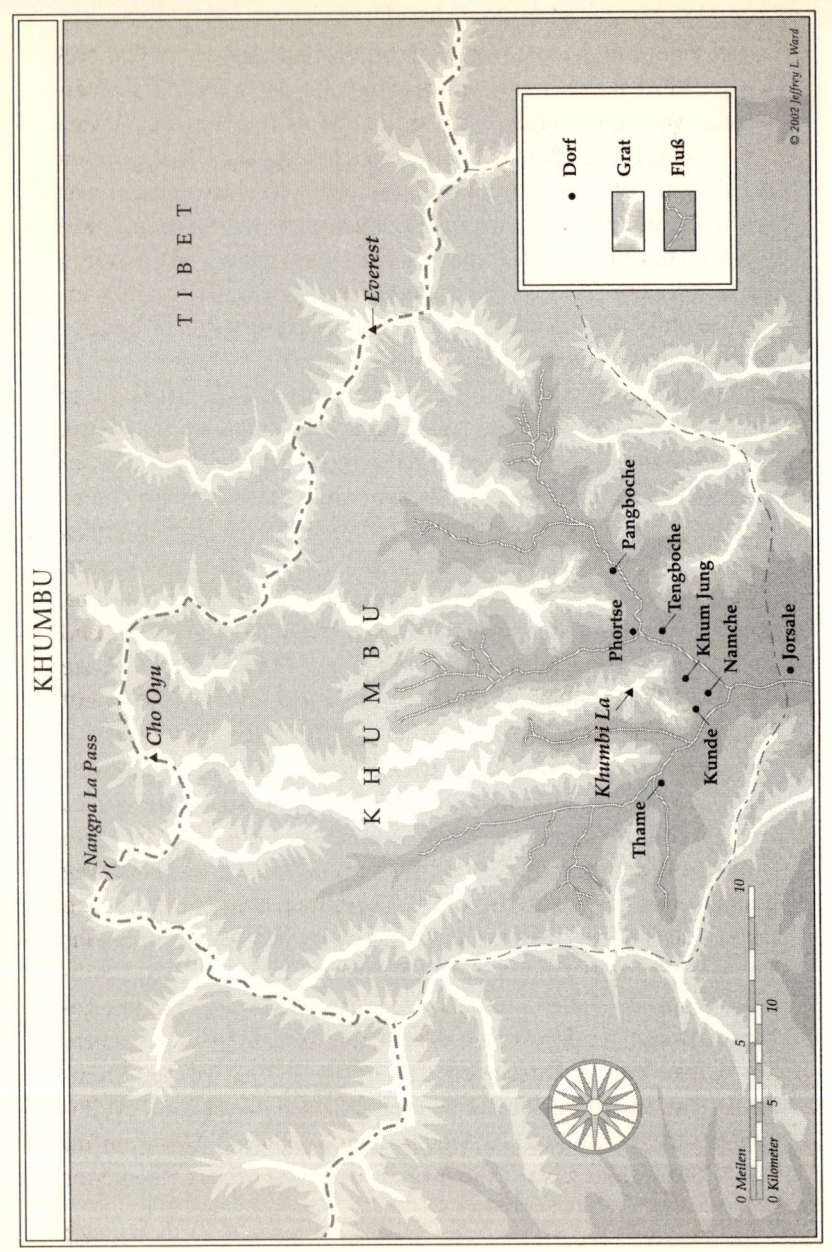

KHUMBU

TIBET

Everest

Nangpa La Pass

Cho Oyu

K H U M B U

Phortse

Pangboche

Tengboche

Khumbi La

Khum Jung

Thame

Kunde

Namche

Jorsale

Dorf

Grat

Fluß

© 2002 Jeffrey L. Ward

0 Meilen   5   10

0 Kilometer   5   10

An einem ungewöhnlich warmen Nachmittag im Winter saß ich mit Lhakpa, Khansas Frau, zusammen. Wir saßen in dem steinernen Vorhof der Gompa Lodge, genossen die Sonne und warteten darauf, dass Khansa von seinem Gang zurückkehrte. Ich erzählte ihr von meiner Scheidung vor vielen Jahren. Sie war fasziniert und schockiert zugleich, und ich war stolz darauf, wenigstens ein bisschen Sherpa sprechen zu können. »Da kommt Khansa«, sagte Lhakpa. Sie deutete auf eine weit entfernte winzige Gestalt, die beim Gehen völlig in sich gekehrt war. In ihrer Stimme lag die ganze Liebe dieser Welt.

Er sei nicht immer so fromm gewesen, sagte Khansa, als er nach Hause kam. Wir sprachen Englisch miteinander – er hatte es beim Bergsteigen gelernt –, und sein Englisch war viel besser als mein Sherpa. Die letzten beiden Tage hatte Khansa Totenfeiern besucht. An einem einzigen Tag waren in Namche zwei Menschen gestorben, etwas, das noch nie vorgekommen war. Zwei Personen, die im selben Jahr geboren waren. Ein Mann und eine Frau in ihren Siebzigern; beide hatten sie Krebs gehabt und beide waren sie nach Kathmandu zur Behandlung gereist. Als sie wussten, dass es keine Hoffnung mehr gab, hatten beide darauf bestanden, nach Hause zurückzukehren und dort zu sterben.

Bei den Totenfeiern waren beide Körper in ihren Häusern aufrecht hingesetzt worden, so wie eine Person auch im Leben sitzt, und die Nachbarn hatten ihnen die letzte Ehre erwiesen. Ein Mönch aus dem großen Kloster in Thengboche, das auf dem Weg zum Everest liegt, hatte für die Verstorbenen aus jenem heiligen Buch gelesen, das Anweisungen enthält, den Weg durch das Land der Toten zu finden. Andere Mönche hatten auf ihren dünnen, knapp zwei Meter langen, gebogenen Messinghörnern geblasen, und die tiefen Töne hallten wider über dem Tal. Gestern, am letzten Tag der Totenfeiern, hatten sie die Leichen auf Steinhaufen verbrannt, die versteckt in den Felsen über dem Dorf liegen. Als ich hinausging, sah ich auf dem Berg gegenüber dem Tal im Licht des späten Nachmittags eine der zwei Brandstellen. Vier

Sherpa-Namen

Bei ihrer Geburt erhalten alle Sherpas den Namen des Tages, an dem sie geboren wurden. Nima heißt Sonntag, Dawa Montag, Mingma Dienstag, Lhakpa Mittwoch, Phurbu Donnerstag, Pasang Freitag und Pemba Samstag. Dies ist das grundlegende Namenssystem. Danach werden andere Namen hinzugefügt.

Ang bedeutet jung. Wenn es bereits einen Pasang in der Familie gibt, wird das neue Kind Ang Pasang genannt. Dies bleibt dann für den Rest des Lebens ihr oder sein Name.

Wenn sie älter werden, erhalten Kinder oft weitere, etwa religiöse Namen wie zum Beispiel Ongdi (gesegnet) oder Tawa (junger Mönch), Dorjee (Blitzstrahl), Tenzing (gottesfürchtig) oder Norbu (wohlhabend).

Wenn ein früheres Kind in der Familie gestorben ist, erhält das nächste oft einen eher abschätzigen Namen, der die Aufmerksamkeit von übelwollenden Mächten ablenken soll. So kann ein Kind zum Beispiel Pasang Ki (Hund), Pasang Kikuli (Welpe) oder Pasang Kami genannt werden. Die Kamis entsprechen der traditionellen niederen Kaste der nepalesischen Eisenschmiede. Das Kind behält diesen Namen sein Leben lang, ohne jedoch einen Statusverlust zu erleiden.

Die Menschen bekommen auch die verschiedensten Spitznamen. Pasang Bhotia heißt etwa Pasang, der Tibeter. Pasang Picture arbeitete als Fotoassistent. Pasang Tawa bedeutet Pasang, der Mönch und würde etwa einem Mann gegeben, der einmal Mönch war, das Kloster jedoch verließ. Und andere Kinder könnten etwa Tawa oder Lama genannt werden, weil ihre Eltern diese Namen mochten.

Namen werden auch abgekürzt. Der vollständige Name von Anu aus Namche lautete einst Ang Nima Norbu, aber kaum jemand außer Namu selbst konnte sich daran noch erinnern. Dawa wird oft abgekürzt als Da, und Thundoop als Thundu.

Namentlich gibt es keine Unterscheidung zwischen Männern und Frauen. Die beiden Ang Tserings, die ich am besten kenne, sind ein sechsundneunzigjähriger Mann aus Darjeeling und ein dreijähriges Mädchen aus Namche.

Tibetische Namen sind ähnlich der der Sherpas, aber nicht identisch.

Europäische Bergsteiger haben Sherpa-Namen oft auf verschiedene Weise buchstabiert, und dies tun auch viele Sherpas, wenn sie englisch sprechen. Ang Tserings Name taucht also auch als Ang Tshering oder Angtsering auf. Da Thundu ist sowohl Dawa Thundu als auch Dawa Thundoop.

Männer standen mit hängenden Schultern davor, ihre dunklen kräftigen Silhouetten hoben sich deutlich gegen den grauweißen Rauch ab. Über ihren Köpfen flatterten die fünf Farben der Gebetsfahnen im Wind.

Wir sprachen über den Everest im Jahre 1953, Khansas erstem Hochträgereinsatz. Er war damals achtzehn Jahre alt. Er sagte, dass beinahe alle die Männer, mit denen er zu der Zeit zusammengearbeitet hatte, jetzt tot waren. »Der Alkohol hat sie getötet«, sagte er. Mit dem Lastentragen verdienten sie etwas Geld, die Dinge wurden etwas leichter, und sie gaben ihr Geld für *Rakshi* – einen selbst gebrannten Schnaps – aus. Die Leute hatten schon immer viel *Chang*, ein selbst gebrautes Bier, getrunken. »*Chang* hält dich warm, wenn es mit Brei vermischt wird, ganz besonders an bitterkalten Wintermorgen.« *Rakshi* war stärker. Khansa hätte das Gleiche passieren können; beinahe wäre es auch passiert. Doch dann gab er das Trinken auf. Khansa lebt noch. Die anderen sind tot. Khansa vermisst sie, und er fürchtet sich vor dem Sterben.

Verschiedene andere Männer in Khansas Alter haben ebenfalls mit dem Trinken aufgehört. Er gehört einem Freundeskreis an, der abwechselnd Neujahrsfeste zu Hause abhält. In den alten Zeiten waren diese Feste oft ziemlich wüst gewesen, es wurde ordentlich gebechert. Fröhlich und rührselig schwankten die Männer zusammen in einer Reihe, die Frauen in einer anderen. Eine Person machte den Vorsänger, und die anderen tanzten und trampelten dazu. Zwischen den Liedern pflegten sich die Leute mit beißendem Spott so lange auf die Schippe zu nehmen, bis Ärger sich in wütendem Geschrei Luft machte. Unter der Oberfläche brodelte es nämlich ständig, wie in jedem anderen Dorf auf der Welt auch. In Namche kam Ärger üblicherweise aufgrund von Streitigkeiten über Land und Sex auf. Möglicherweise hatten sich zwei Brüder nie geeinigt, wie das Feld ihrer Eltern aufzuteilen war, oder zwackte ein Nachbar sich jedes Jahr ein paar Zentimeter vom Feld des anderen ab. Vielleicht hatte ein Mann in der Vergangenheit das Dorf verlassen, um zu arbeiten, und stellte bei seiner Rückkehr fest, dass seine Frau mit einem anderen zusammen gewesen war. Der andere bot eine Entschädigung an, und man feierte ein Fest, um sich wieder zu versöhnen. Die Sherpas versuchen, großzügig zu sein. In sexuellen Dingen sind sie tolerant. Aber sie können auch eifersüchtig sein, und dreißig oder vierzig Jahre später kommen dann bittere Worte aus ihren betrunkenen Mündern. Seit Khansa und viele seiner Freunde nicht mehr trinken, sagten die anderen, seien ihre Neujahrsfeste zivilisierter, aber auch langweiliger geworden.

Ich fragte Khansa, wie er zu seiner Arbeit als Hochträger gekommen war.

Als er noch ein Kind war, sammelte er für zu Hause Brennholz, ansonsten hatte er nichts anderes als Spielen im Kopf. Er hatte einen speziellen Freund, der unten am Fuß des Hanges wohnte. Seine Familie war ebenso arm wie die Khansas. Bei der Erinnerung lächelte er. Khansa und sein spezieller Freund gingen also mit ihren Körben los, um Holz zu sammeln, und verbrachten einen ganzen langen Tag damit, heimlich Würfel zu spielen. Die Gewinne bestanden aus Essen, jeder der Jungen hatte etwas Mais und Kartoffeln dabei. Oft verlor Khansa sein ganzes Mittagessen, und sein Freund gab ihm nichts davon zurück. Stunden später kehrten sie nach Hause zurück, und Papa war wütend. »Wo bist du gewesen? Was hast du die ganze Zeit über getrieben?«

Ich fragte Khansa, ob er als Kind oft böse war.

Das war eine psychologische Frage, und er gab mir eine ökonomische Antwort. Die Armut machte ihn böse. Seine Kleider waren dünn, und er fror. Wenn er nach Hause kam, gab es nur Kartoffeln und Steckrüben. Er begann dieses Essen zu hassen. Khansa war ein groß gewachsener Mann. Ich sah, wie sich bei der Erinnerung Emotionen in ihm aufbauten, wie er sein Gesicht verzog. Aber er schluckte sie hinunter, seine Stimme blieb ruhig. Ich konnte sehen, wie er als Kind seinen Ärger hinuntergeschluckt hatte.

»Wen hast du für die Armut verantwortlich gemacht?«, fragte ich ihn.

»Niemand«, antwortete Khansa. »Mein Vater war arm, sein Vater war arm, sein Großvater war arm. Sie hatten keine Wahl. Ich hatte keine Wahl.«

Als Jugendlicher begann Khansa, zusammen mit seinem Vater Lasten zu tragen. Jeder von ihnen trug eine Last von gut fünfunddreißig Kilo durch Thame über den Nangpa La nach Tibet. Für den Hin- und Rückweg brauchten sie gewöhnlich eine Woche. Sie zogen in Gruppen, manchmal fünfzehn Familien zusammen. Alle, bis auf die reichsten vier Familien in Namche, mussten sich so abplacken. Meistens trugen sie Papier aus Nepal, das in Solu hergestellt wurde; es war leicht, aber unhandlich. Manchmal trugen sie Büffelleder, das dicker war als die Yakhäute. In Tibet erzielten sie dafür einen höheren Preis, denn man konnte bessere Stiefel daraus machen.

Ein Reicher zahlte jedem von ihnen für die viertägige Schufterei fünf Rupien. Mit den fünf Rupien konnte man in Tibet fünfunddreißig Kilo Salz kaufen. Khansa trug diese Last heim nach Namche. Auf dem Nangpa La, in einer Höhe von 5730 Metern, gab es immer Schnee und Gletscherspalten im Eis. Khansa zog die Arme an, beugte die Knie, sah furchtsam nach unten, nahm einen tiefen Atemzug und sprang mit eingebildeten fünfunddreißig Kilo auf seinem Rücken durch die Küche. Er sagte, er hätte es immer über die Gletscherspalten geschafft. Auf dem Nangpa La waren sie tief, aber nicht besonders breit.

Um auf dem Nangpa La warme Füße zu behalten, stopften sich Khansa und sein Vater ihre kniehohen weichen Stiefel aus Yakleder mit Gras aus, und zu Hause in Namche machten sie einen Zwischenstopp, um die Löcher zu flicken. Nach dieser Pause trug Khansa das Salz über Pharak, den Mittelort, in einem zwei- bis dreitägigen Fußmarsch nach Jubing in Solu. Auf dieser Reise trug er nur knapp zwanzig Kilo, denn in Jubing verkaufte er die zwanzig Kilo Salz für einen Zentner Mais. Er brachte das

Korn zu einem Müller am Ort, und dann trug er das Mehl nach Hause. »Mais schmeckte sehr gut«, sagte Khansa.

In einem bestimmten Jahr machte der junge Khansa diese Rundreise nach Tibet und Solu insgesamt dreizehnmal. Er übertrieb nicht, als er sagte, er habe als Junge fünfunddreißig Kilo über den Nangpa La getragen. In jenen Tagen wogen die Händler Lasten nach so genannten *Seers* ab, etwa so viel wie zwei englische Pfund. Heute wiegen sie Lasten nach Kilogramm – ein Kilo sind 2,2 englische Pfund – Lastenträger schleppen heute sogar noch mehr als zu Khansas Zeiten.

Durch die Berge in Nepal führen auch heute noch nur wenige Wege. Es handelt sich hierbei jedoch nicht um Wildwege wie etwa in einem Nationalpark der Alpen. Es sind reguläre Verkehrswege, die gut gepflegt sind, stellen sie doch seit Jahrhunderten die einzigen Verkehrsverbindungen dar. Auch heute noch gehen vom Ende der Busstrecke jede Woche Hunderte von Trägern nach Namche. Sie brauchen dafür sieben Tage. Die Träger sind kleine, schlanke Männer, muskulös und meistens jung. Typischerweise tragen sie zwischen zwanzig und dreißig Kilo in ihren Körben auf dem Rücken, diejenigen, die stärker sind, sogar fünfunddreißig Kilo. Der Weg geht meist steil bergauf oder bergab. Jeder Korb hat einen Riemen, den Tragegurt, der um die Stirn gelegt wird und das Gewicht hält. Es braucht viel Übung und starke Nackenmuskeln, um auf diese Weise zu tragen, aber sie sagen, der Rücken würde dadurch entlastet. Jeder von ihnen benutzt einen kurzen, dicken Gehstock, der wie ein *T* geformt ist. Der Stock hilft beim Balancehalten, besonders bergab. Am wichtigsten aber ist es, beim Aufwärtsgehen alle paar Minuten anzuhalten und den Stock unter den Korb zu schieben, um den Nacken zu entlasten. Dann steht der Träger still und kommt wieder zu Atem.

Auf dem Weg nach Namche gibt es auch Frauen als Träger. Sie lachen und flirten und gehen mit den Männern in Gruppen. In Jubing, zweieinhalb Tage von Namche entfernt, treffen sie sich mit den Trägern, die von den Ebenen Nepals und Bihars, zehn oder zwölf Tagesmärsche entfernt, heraufgekommen sind.

Heute schleppen die Träger so ziemlich alles in ihren Körben, meistens Artikel für Touristen – Coca-Cola, Fanta, Tuborg, San Miguel, lebende Hühner, Reis, Linsen, Käse, Tomaten für Pizzas, Zwiebeln, Mars-Riegel, Snickers –, aber auch Schulhefte, Gebetsfahnen und Plastikschuhe. Sie tragen hölzerne Dachbalken den Namche-Berg hinauf – ich sah einen Mann unter einem sechs Meter langen, entrindeten Baumstamm schwanken, der vielleicht hundert Kilo wog.

Träger arbeiten auch für Trekking-Expeditionen. Die Bezahlung ist manchmal besser, aber dafür müssen sie auch mit größeren Höhen und größerer Kälte zurechtkommen. Auf einem Trek in der Gegend des Annapurna im Jahre 1995 traf ich vier holländische Wanderer, die mit vierzig Trägern unterwegs waren. Einer ihrer Träger schleppte ganze drei Wochen lang einen gusseisernen Holzofen, der gut über fünfzig Kilo wog. Er trug ihn über den 5500 Meter hohen Thorung La, und der Schnee lag hoch in diesem Jahr.

Es gibt ein Wort, das die Menschen von Khumbu häufig benutzen: *Dhukpaa*. Dhukpaa bedeutet Härte, aber auch Leiden. Es heißt so viel wie Arbeit, die ungerecht ist, einfach zu schwer. Es steht für Unterdrückung; für Arbeitgeber, die sich Leute nehmen und sie ungerecht behandeln und die Armen leiden lassen. Dhukpaa, Dhukpaa, sagen sie und seufzen, was so viel bedeutet wie: Nun ist es mal wieder so weit, was kann man dagegen tun, man muss damit zurechtkommen, auch wenn es nicht so ist, wie es sein sollte.

Das Nepali-Wort dafür ist *Dhukaa*. Ein Träger aus dem Tiefland, der für eine Trekkinggesellschaft arbeitete, ging den Hauptweg in Namche entlang, seine Last war gigantisch und kaum zu tragen. Ein Kind sprach ihn auf seine Kraft an, und er sagte auf Nepali: »Dhukaa, Dhukaa«: Leiden, Unterdrückung. Er schwankte und versuchte, auf dem Eis nicht auszurutschen und sich auf dem steinigen Weg die Knie aufzuschlagen.

Oberhalb von Namche, auf dem Weg zum Everest-Basislager, arbeiten Träger für Trekkinggesellschaften bis zu einer Höhe von 5500 Metern barfuß oder nur in dünnen Stoffschuhen. Kranke Trekker werden von Hubschraubern evakuiert, deren Krankenkassen jedes Mal 4000 Dollar dafür bezahlen. Für einen Träger mit Lungenentzündung oder Höhenkrankheit gibt es keine Evakuierung. Im großen Sturm vom November 1997 gerieten Trekkinggruppen in ganz Nepal in die Schneefalle. Eine ganze Reihe Ausländer wurden von Hubschraubern ausgeflogen. Die Träger ließen sie zurück, denn niemand war bereit, für ihre Rettung zu bezahlen. Viele von ihnen starben. Man fand einen Toten, der auf dem Pass hinter Lukla, in der Nähe von Namche, zurückgeblieben war. Sein Gepäck war voll mit Schlafsäcken und Daunenjacken für die Trekker.[2] Für diese Arbeit hätte er drei Dollar pro Tag erhalten, mehr als die Männer, die Coca-Cola nach Namche tragen.

Hauptsächlich benutzen die Menschen Dhukaa und Dhukpaa, wenn es ums Tragen geht. Wenn sie sich an die alten Tage erinnern, wissen sie zwei Dinge immer ganz sicher: aufs Pfund genau, wie viel Gewicht sie trugen, und bis auf den *Anna* (ein Sechzehntel einer alten Rupie) genau, wie viel sie dafür bekamen.

Khansa wäre nicht verhungert, wenn er keine Lasten getragen hätte. Seine Familie hatte Kartoffeln. Doch für alles andere – Kleidung, Mais, Öl, Tee, Dachbalken, Gebetsfahnen, Fleisch – musste er seine Dienste als Träger anbieten.

Als Khansa siebzehn Jahre alt war, kamen zwei Schweizer Expeditionen nach Khumbu, eine im Frühjahr, die andere im Herbst, um sich am Everest zu versuchen. Der *Sardar*, der Obmann der Träger, war in beiden Fällen Tenzing Norgay. Im Winter davor hatte sich Khansa mit zwei Freunden nach Darjeeling abgesetzt. Er wollte für die britische Expedition im folgenden Frühjahr arbeiten. Darjeeling lag in Bengalen, in den Ausläufern des Himalaya, drei Wochen Fußmarsch östlich von Khumbu. Als

Khansa dort ankam, gingen er und seine Freunde geradewegs zu Tenzing Norgays Haus. Er wusste, dass Tenzing bereits als Sardar für die britische Expedition ausgesucht worden war.

Sie standen im Dunkeln auf Tenzings Terrasse und riefen nach ihm. Tenzing kam ans Fenster, und fragte, wer sie seien.

»Khansa, Sohn des so und so aus Namche.«

»Ich erinnere mich an deinen Vater«, sagte Tenzing. »Ich stieg mit ihm in den Dreißigerjahren auf den Everest. Komm herein.«

Die Väter der beiden anderen Jungen kannte er nicht und schickte sie wieder weg. Khansa blieb vier Monate in Tenzings Haus, arbeitete hart, schrubbte Töpfe und versuchte, sich zu bewähren. Mit einem anderen Jungen ging er den Darjeeling-Grat entlang, um Brennholz zu sammeln und unglaubliche Mengen davon wieder hochzutragen. Mit seinem Fleiß hoffte er, Tenzing zu beeindrucken und dem Sardar seine Kraft zu zeigen.

Nach vier Monaten sagte Tenzing: »In Ordnung, du kannst auf den Everest mitkommen.« Zum ersten Mal in seinem Leben sollte er klettern. Die größte Schwierigkeit war es, in Steigeisen auf dem Eis zu gehen und sich dabei nicht die Beine zu verletzen oder mit den Spitzen die Hose zu zerreißen. »Er zeigte es mir und schwankte dabei wie ein schwer Betrunkener. Auch die Stiefel haben nicht gepasst, da die Briten geizig waren und nicht genügend Paare mitgebracht hatten.« 1963, zehn Jahre später, arbeitete Khansa für eine amerikanische Expedition, die Stiefel in jeder Größe dabei hatten, viel mehr Paare als sie benötigten. Doch 1953 musste Khansa nehmen, was kam – und humpeln.

Der erste und gefährlichste Teil der Everest-Besteigung war der Eisbruch, ein zerklüfteter gefrorener Fluss, der sich ständig langsam über die darunter liegenden Felsen bewegt. »Wenn du im Basislager in einem Zelt liegst, kannst du die ganze Nacht sein Mahlen und Stöhnen hören. Das ganze Gewicht des darüber liegenden Gletschers drückt ihn hinunter. Ständig gehen Lawinen ab, und plötzliche Bewegungen im Eis können den Weg zuschütten und dazu jeden Mann, der sich darauf befindet.«

Die ganze Zeit im Eisbruch hatte Khansa Angst gehabt. Ständig sagte er zu sich selbst, sodass es niemand hörte: »Buddha, schütze mein Leben, Buddha, schütze mein Leben.« Die älteren Männer aus Darjeeling waren freundlich gewesen, und hatten ihm gezeigt, wie er sich bewegen sollte. Nach einer Woche hatte er es endlich raus und konnte mit den Steigeisen gehen, wie es sich gehörte.

»Die ganze Zeit über«, sagte er, »ungeachtet, wie viel Angst ich hatte, und ich hatte in meinem Leben noch nie so viel Angst gehabt wie damals, und auch nie wieder danach, war ich glücklich.« Nun verdiente er *täglich* fünf Rupien, anstelle von fünf Rupien in vier Tagen, als es noch über den Nangpa La gegangen war. Am Ende der Expedition würde er außerdem seine neue Ausrüstung mit nach Hause nehmen dürfen, und wenn er es bis zum South Col auf 7925 Meter schaffte, würde er einen Extrabonus von dreihundert Rupien erhalten.

Sherpas gingen für Geld auf die Berge.

Für die Interviews mit Hochträgern in Khumbu hatte ich mir eine Liste von Fragen zusammengestellt. Die eine, die mich wirklich weiterbrachte, lautete: »Weshalb steigen Ausländer auf Berge?« Das war eine lustige Frage, teilweise, weil ein Ausländer sie stellte. Ich benutzte das übliche Sherpa-Wort für Ausländer, das wörtlich übersetzt »Weißaugen« heißt und nicht sehr freundlich ist. (Sherpas denken Ausländern gegenüber in etwa so, wie Leute überall auf der Welt, die in der Tourismusbranche arbeiten.)

Hauptsächlich war diese Frage jedoch deshalb so lustig, weil es ihnen ein Mysterium und gleichzeitig jedermanns Wohlergehen von diesem merkwürdigen Geheimnis abhängig war. Einige der Männer, denen ich diese Frage stellte, hatten darüber fast fünfzig Jahre nachgedacht und waren dennoch zu keiner zufrieden stellenden Antwort gelangt.

Offensichtlich taten es Ausländer für Geld und um berühmt zu werden. Sherpas kletterten für Geld, und selbst sie sagten, dass sie einen »großen Namen« haben wollten. *Ming Girpu* – großer Name – ist nicht ganz dasselbe, was man im Westen unter einem großen Namen oder Ruhm versteht. Es bedeutet Anerkennung im eigenen Dorf und möglicherweise in den anderen Dörfern in Khumbu. Einem Freund, einem älteren Sherpa erzählte ich, dass ich seinen Namen in verschiedenen Dörfern Khumbus erwähnt hätte, und jedes Mal hatte die Person, mit der ich sprach, bereits von ihm gehört. Mein Freund war ein reservierter und in sich gekehrter Mann, doch nun saß er ganz ruhig da, lächelte in sich hinein und dachte über das nach, was ich ihm gesagt hatte. Sein Leben voller Arbeit hatte sich also für ihn ausgezahlt.

Vier Männer aus dem nur vierzig Häuser zählenden Thame haben den Mount Everest insgesamt neunundzwanzigmal bestiegen. Lhakpa Rita war fünfmal oben, und sein Bruder, Kami Rita, viermal. Zwei Männer Anfang vierzig, Appa und Ang Rita, haben den Everest, jeder von ihnen, zehnmal bestiegen.[3] Zwischen den beiden herrscht sogar ein wenig Wettkampf, aber keiner redet groß darüber.

Mit einem Sherpa-Freund saß ich in einem preiswerten tibetischen Restaurant in Kathmandu. Am Nebentisch saß ein Mann – leicht gebaut, körperlich fit, etwa vierzig, nettes Gesicht, mit dem wir Freundlichkeiten austauschten. Als wir aufgegessen hatten, stellte uns mein Freund vor und sagte, das sei Appa von Thame.

»*Der* Appa?«, fragte ich. »Sie sind der Mann, der zehnmal auf dem Everest war?«

Er nickte. Ich drückte ihm die Hand und stammelte, wie geehrt ich mich fühlte. Sein Körper wandte sich von mir ab, aber seine Hand drückte doch die meine, dann wandte er mir sein Gesicht zu, und ich sah ihn lächeln. Es war offensichtlich, dass er ein so offenes Lob nur selten zu hören bekam. Er fühlte sich geschmeichelt, und gleichzeitig war es ihm peinlich.

Reinhold Messner und Sir Edmund Hillary gehen mit solchen Schmeicheleien problemlos um. Vermutlich sind sie davon sogar gelangweilt. Wenn Appa und Ang Rita in Amerika leben würden, wären sie auf den Titelblättern von *Newsweek* und *People Magazine*, würden sich gegenseitig schlecht machen und mit Nike und Pepsi Millionen verdienen. Tatsächlich fühlte sich Appa geschmeichelt, einen großen Namen zu haben – den Respekt einiger Tausend Menschen.

Es ist erstaunlich, wie wenig Anerkennung die meisten Sherpas bekommen. Khansa Sherpa trug 1953 insgesamt gut vierzig Kilo Sauerstoff zum South Col des Everest. Er hatte kein einziges Foto von sich oder dem Team. Im Sommer 2000 gab ich ihm ein Exemplar des Paperbacks von Sir James Hunt aus dem Jahre 1954, *Die Besteigung des Everest*. In diesem Buch befindet sich ein Gruppenfoto, auf dem auch Khansa abgebildet ist. Er drehte das Buch in seiner Hand und wusste nicht, was er sagen sollte. Er zeigte das Bild seiner Frau, dem Dienstmädchen und den Nachbarn. Nach siebenundvierzig Jahren hatte er etwas zum Vorzeigen.

In kleinen Lodgen sieht man manchmal ein Foto vom Hausherrn an der Wand, mit Schutzbrille und Daunenjacke, wie er auf dem Gipfel des Mount Everest steht. Um das Bild ist ein Gebetsschal aus Seide geschlungen, der Respekt und Stolz zum Ausdruck bringen soll. Aber gewöhnlich macht niemand ein Foto, wenn ein Sherpa den Gipfel erreicht, oder gibt ihm eins. Glücklicherweise händigt heute die Regierung von Nepal jedem Everestbesteiger eine Urkunde aus, einen sehr einfach gehaltenen Vordruck, mit einem darauf befestigten Passfoto. Damit haben Sherpa-Kletterer wenigstens *etwas*, das sie zusammen mit dem Gebetsschal an die Wand hängen können.

Kami Rita von Thame, der jüngere Sohn von Mingma Chering, bestieg den Everest viermal. Sein bester Aufstieg hatte anlässlich einer Jugendexpedition stattgefunden, die die Regierung von Nepal als Teil einer Jahresfeier organisiert und gesponsort hatte, und die mit einem Weltjugendkongress in Havanna zu Ende gegangen war. Kami Rita war einer der vier jungen Nepalesen gewesen, die den Gipfel erreicht hatten. »Diese Expedition war wie eine Befreiung«, sagte er, »weil keine Ausländer dabei waren. Man konnte sich am Morgen seinen Tee machen und den ganzen Tag klettern, ohne seine Zeit damit zu vergeuden, Sauerstoffflaschen und den ganzen anderen Plunder zu schleppen. Es war einfach.« Und die staatliche Jugendkommission hat ihm zwei Flaggen zur Erinnerung überreicht: die rot/grüne von Nepal und die rot/blaue von Kuba. Er nahm sie aus einem Regal und hielt erst die eine, dann die andere ausgebreitet vor sich hin; im Morgenlicht stand er vor dem Fenster und war stolz. Kami Rita ist der einzige Sherpa, den ich getroffen habe, dessen Hauptmotiv zum Klettern der große Name, nicht das Geld war. Er hat etwas vorzuweisen, dafür, dass er den Everest viermal bezwang. Und er gehört zu den Glücklichen, denn die meisten Leute haben keine Flagge.

Ich fragte Kami Rita und seinen Vater, Mingma Chering, weshalb Ausländer auf Berge stiegen, und sie lachten wie jeder andere auch. Es war ein warmer Frühlingstag. Auf den hoch gelegenen Viehweiden setzten wir uns in einen Haufen weicher dunkler, getrockneter Blätter – »Futter für die Yaks« –, und sie dachten darüber nach. Endlich sagte Mingma Chering, dass es mit dem großen Namen zu tun haben müsse.

»Ja«, sagte Kami Rita, der selbst für den großen Namen kletterte und zwei Fahnen zum Vorzeigen besaß. Aber dann dachte er weiter und fragte: »Weshalb würde jemand, der bereits viel Geld hat, dennoch auf die Berge steigen?«

Wir saßen da, zerbrachen uns den Kopf, und niemand wusste eine Antwort.

Ich fragte Khansa Sherpa auf Englisch, weshalb Ausländer auf Berge stiegen. Er lachte und sagte zu seiner Frau Lhakpa auf Sherpa: »Weißt du, was er mich gerade gefragt hat? Weshalb Ausländer auf Berge steigen?«

Lhakpa lachte ebenfalls.

Dann erzählte mir Khansa, dass er darüber seit 1953 nachgedacht habe. Endlich sei er zu dem Schluss gekommen, dass Ausländer auf Berge kletterten, weil sie Lust dazu hätten. Obwohl dies unwahrscheinlich klänge, gäbe es doch keine andere Erklärung dafür.

Berge töten.

Es ist nichts Natürliches daran, auf Berge zu steigen. Menschen, die in den Alpen, den Anden oder im Himalaya lebten, haben dies niemals getan. Der erste große Berg, der jemals bestiegen wurde, war 1786 der Mont Blanc in den Alpen. Im neunzehnten Jahrhundert waren ganze Generationen britischer Gentlemen die Wegbereiter alpiner Gipfelstürmereien, die sie mit ortsansässigen Dörflern als Bergführer unternahmen. Diese Gentlemen waren die Besitzer und Erben der industriellen Revolution. Sie waren die Ersten in der Menschheitsgeschichte, die glaubten, die Natur zu beherrschen, indem sie sich auf ihre höchsten Gipfel stellten.

Sherpas und Tibeter gingen über die Pässe, wenn sie mussten. Wenn sie sich den Kuppen der Pässe näherten, hatten sie Angst, und das mit gutem Grund. Wenn man in Tibet den Kamm eines Passes erreicht, wirft man eine Hand voll Reis in die Luft, um den Göttern zu danken und ruft: »*Tse tso, tse tso*« – langes Leben, langes Leben. In der Sherpa-Sprache gibt es noch nicht mal einen Ausdruck für den Gipfel eines Berges. Ältere Kletterer, die Sherpa sprechen, benutzen das englische Wort *top*, wie in »*Top ki Chomolungma*«, der Gipfel des Mount Everest. Jüngere Männer, die Sherpa sprechen, benutzen das englische Wort *summit*, wie in »*summit ki K2*«, der Gipfel des K2.

Meine erste Sherpa-Lehrerin, Nwang Dhoka Sherpa, war die Tochter eines der größten Bergsteiger der Sechzigerjahre, Pasang Kami Sherpa. Im Jahre 1995 gab es kein Lehrbuch für Sherpa, also haben wir den Unterricht selbst gestaltet. (Heute gibt es ein hervorragendes Lehrbuch, *Sherpa – Nepali – English* von Ang Phinjo Sherpa.) Ich wollte Begriffe für Bergsteigerei lernen, und

Nwang begann die Lehrkonversation folgendermaßen: »Wie ist es, den Mount Everest zu besteigen? Den Mount Everest zu besteigen, ist sehr gefährlich.« Und das war das Ende unserer Unterhaltung über Bergsteigen.

Nwang verbrachte ihre Kindheit mit Warten, dass ihr Vater zurückkam. Und immer kehrte er wieder. Zwischen 1953 und 1983 jedoch starben 116 Männer aus Solu und Khumbu bei ihrer Arbeit in den Bergen. Vierzehn stammten aus Nwangs Dorf, Namche-Basar.[4]

Der Vater ihres Vaters Pasang Kami, der heute von jedem nur mit seinem englischen Spitznamen PK angesprochen wird, starb, als dieser noch ganz klein war. Seine Mutter fristete ihr Leben als Näherin und Weberin in fremden Häusern. Wenn ihre Arbeitgeber ihr zu essen gaben, versteckte sie gewöhnlich Essensreste in ihrer Kleidung, um damit zu Hause ihren kleinen Jungen zu füttern. PK hat mir das nie erzählt, jedoch die Männer, die mit ihm zusammen in Namche aufgewachsen waren. Als ich in Namche war, bewunderten und beneideten sie ihn. »Wie kommt es, dass er so reich wurde«, fragten sie sich, »da wir ihm gegenüber doch große Vorteile hatten?« Aber dann sagten sie ganz schnell, dass er ein angenehmer Mensch sei. »Nicht so wie die meisten Reichen«, sagten sie, »er behandelt jeden gleich, lädt auch einen Armen ein, bei ihm zu Hause zu sitzen und Tee zu trinken.«

PK und seine Frau Namdu hatten gegen den Willen ihrer Familie aus Liebe geheiratet. Und seit dieser Zeit kamen sie wunderbar miteinander zurecht. Es gibt ein altes Foto, das ein Trekker vor dreißig Jahren aufnahm. Es ziert eine Postkarte, die in Kathmandu noch immer verkauft wird. Darauf sieht man eine wunderschöne junge Sherpafrau im traditionellen Kleid, die sich gerade aus einem handgeschnitzten Fensterrahmen lehnt und lächelt. Das ist Namdu.

Als sie heirateten, war PK kein bedeutender Mann, aber er war stark; und vor allem war er tüchtig. Er wusste, wie man mit

Europäern Freundschaft schloss, wie man ihnen zur Hand ging und wie man sie dazu brachte, einem zu helfen. Bei der Besteigung der Südflanke der Annapurna im Jahre 1970 – die erste Expedition, die diese großartige Himalayawand bezwang –, war er der Sardar von Chris Bonnington. PK investierte das Geld, das er verdiente, und freundete sich mit einem amerikanischen Senator und dem Besitzer der Northwest Airlines an, die er beide beim Trekken traf. Im Jahr 1982 führte er den damaligen Präsidenten der USA, Jimmy Carter, zum Everest Basislager. »Ich mochte Carter«, sagte PK, »er war ein netter Mann.« Carter hatte eine ganze Reihe Bodyguards vom Secret Service dabei, arrogante, stämmige Kerle, die auf dem Trekk einfach umkippten, über Kopfschmerzen klagten, nach Luft japsten und unfähig waren, mit Jimmy Carter Schritt zu halten. PK hatte das heimlich genossen.

Er baute eine der schönsten Touristenlodges in Namche, die über ein großartiges Panoramafenster mit Blick über den Fluss Dudh Khosi auf die Südflanke des 6187 Meter hohen Kwangde verfügt. Darüber hinaus wurde er Geschäftspartner einer Trekkingagentur in Kathmandu und bereiste die USA, Neuseeland und Europa. PKs Tochter, Nwang Dhoka, machte in Kanada eine Ausbildung als Zahnärztin, und sein Sohn, Pemba, besuchte die beste Schule in Bengalen und studierte anschließend in Australien. Da PK keine Schule besucht hatte, brachte er sich noch als Fünfzigjähriger mit Beharrlichkeit das Lesen der nepalesischen Schrift bei. Im Jahr 2000 starb er mit Anfang sechzig.

Namdu ist die Managerin ihrer Familienlodge und der emotionale Mittelpunkt der Familie. Ihre Kinder sind alle sehr nett. Als wir im Frühjahr 2000 in der Lodge im Esszimmer saßen, fragte ich Namdu, ob sie mit PK je Streit wegen des Kletterns gehabt hatte.

»Ja«, sagte sie, »ein wenig schon.«

Ich fragte sie, ob sich das auch körperlich ausgewirkt habe, denn ich kannte einige Ehefrauen, die am Arm ihres Ehemanns hingen und bettelten, und versuchten, sie davon abzuhalten, in die Berge zu gehen. Die Männer mussten ihre Frauen wegstoßen, um das Haus verlassen zu können.

»Nein«, sagte Namdu, »nur mit Worten, aber manchmal war es schlimm.«

»Und was war mit dem Geld?«, fragte ich sie und deutete auf die Lodge, die ganzen Gäste, die Fotos von ihr und PK in Neuseeland, ihre Tochter mit Doktorhut und Robe bei der Abschlussfeier in der Universität, ihr Mann zusammen mit Sir Edmund Hillary und Jimmy Carter.

»Vergiss das Geld«, sagte Namdu, »ich wollte ihn lebend.«

Anlässlich eines anderen Abends in einer Touristenlodge im Jahre 1997, nach einem dreitägigen Fußmarsch vom Basislager herab, malten meine Partnerin Nancy und die beiden Jungen des Hauses stundenlang Bilder. Die Jungen zeichneten Hubschrauber. Erst, als die anderen Gäste zu Bett gegangen waren, kam die Hausherrin dazu, sich zu uns zu setzen. Sie erzählte uns eine Geschichte.

Jahrelang war ihr Mann Träger gewesen. Er hatte an achtundzwanzig Expeditionen teilgenommen und war zweimal auf dem Gipfel des Everest. All diese Jahre hatte sie Angst gehabt. Aber die meisten Expeditionen am Everest oder dem Annapurna oder einem der anderen großen Gipfel hatten pro Saison je 1000 bis 1200 Dollar eingebracht. Ihr Mann verdiente also durchschnittlich zwischen 2000 und 2400 Dollar pro Jahr. Heutzutage ist die Bezahlung etwas besser, besonders durch den Bonus, den man bekommt, wenn man den Gipfel des Everest erreicht.

Immer wieder bat sie ihren Mann aufzuhören. Aber er sagte nein, denn sie mussten noch mehr Geld zusammenbringen, um eine Touristenlodge zu bauen, sie zu möblieren und für die Kinder eine Ausbildung in der englischen Mittelschule in Kathmandu zu finanzieren, damit sie sich später nicht krummlegen mussten.

Sie sagte, sie hätte ihn lieber lebendig.

Das letzte Mal, als ihr Mann den Everest bestiegen hatte, waren mehrere Expeditionen gleichzeitig unterwegs gewesen. Drei Sherpas einer anderen Expedition starben bei einem Unfall. Alle drei stammten aus dem Dorf Phortse. Wenn man bei unserer Hausherrin aus dem Schlafzimmerfenster sah, konnte man das abschüssige Tal von Phortse mit seinen etwa achtzig Häusern und den kleinen Feldern sehen.

Der Sardar der Expedition ging ins Tal hinunter nach Phortse, um den Frauen dieser drei Männer zu sagen, was passiert war. Dies war seine Pflicht, aber er war ein schüchterner Mann.

Als er in Phortse ankam, war der Sardar zu verzweifelt, um zu sprechen. Die Frauen von Phortse konnten es jedoch seinem Gesicht ansehen, dass jemand gestorben war. Aber sie bekamen den Sardar nicht dazu zu sagen, um wen es sich handelte. Also gingen die Frauen über den Fluss und rannten den Berg hinauf zum Kloster Thengboche. Dort sagten ihnen dann die Mönche, wer gestorben war.

Unsere Hausherrin hätte eigentlich zufrieden sein können, dass es ihrem Mann gut ging, doch plötzlich bekam sie schreckliche Angst um ihn. Sie schickte ihm eine Nachricht ins Basislager, dass sie ernsthaft erkrankt sei, mit dem Hubschrauber nach Kathmandu gebracht werden müsste und sterben könnte. Das war gelogen, trotzdem schickte sie die Nachricht, um ihn von diesem Berg herunterzubekommen.

Gerade, als sie mit dem Aufstieg auf den Everest beginnen wollten, bekam er die Nachricht. Er machte kehrt und rannte nach Hause (sie war stolz, als sie uns erzählte, dass er die Strecke in fünf Stunden geschafft hatte. Seine Geschwindigkeit war ein Zeichen seiner Angst und seiner Liebe).

Ihr Mann kam herein, atmete schwer, seine Brust hob und senkte sich. »Was ist los?«, keuchte er.

»Nichts«, sagte sie glücklich.

Er war wütend. Sie hatte ihm Schwierigkeiten bei der Arbeit gemacht. Und er hatte sich so um sie gesorgt.

»Jetzt weißt du, wie ich mich die ganze Zeit fühle«, hatte sie ihm geantwortet.

Sein Ärger verflog im Nu.

Nun arbeitet er als Trekkführer in Nepal. Er hat genug Arbeit. Und die Trekker freuen sich, mit einem Sherpa zusammen zu sein, der zweimal den Everest bestiegen hat.

Khansa Sherpa war nicht der Einzige, der nach Darjeeling davongelaufen war. Dies pflegten Sherpas seit mehr als fünfzig Jahren zu tun. Tenzing Sherpa (sprich Tensing) war jedoch der berühmteste aller Landflüchtlinge.

Tenzing wurde 1914 in Tibet geboren, im Tal von Kharte, etwas östlich vom Everest, unterhalb von Makalu.[5] Er war das elfte von dreizehn Kindern, von denen insgesamt nur vier das Erwachsenenalter erreichten. Als er noch ziemlich jung war, verließ Tenzings Familie Kharte mit allem, was sie auf ihren Rücken tragen konnten, überquerten den Nangpa La und ließen sich in Thame nieder.

Seit vierhundert Jahren waren arme Tibeter ins Sherpa-Land ausgewandert. Die Sherpa-Sprache war zwar anders, aber sie konnten sie mehr oder weniger verstehen, wie etwa Spanier Italiener verstehen, oder Dänen Norweger. Die zugezogenen Tibeter begannen, für etablierte Sherpas als Yakhirten oder Knechte zu arbeiten, dann erwarben sie sich eigene Felder, heirateten vielleicht ein ansässiges Mädchen oder einen Jungen. In späteren Generationen erinnerten sich möglicherweise die Leute noch daran, dass die Großeltern von diesem oder jenem Tibeter abstammten, aber hauptsächlich waren sie alle Sherpas.

Die führende Schicht Nepals nannte sie ohnehin alle *Bhotias*, ihr Ausdruck für alle Menschen in Nepal, die tibetische Dialekte sprachen und den Buddhismus praktizierten. Die Sherpas wollten nicht *Bhotias* genannt werden, weil sie wussten, was das Wort in der nepalesischen Elite bedeutete. *Bhotia* stand für schmutzig, arm und dumm. Es kursiert eine abschätzige Legende in Khumbu über einen Sherpa, der vor langer Zeit einmal von einem Nepalesen geleimt worden war. Der Nepalese stieg auf einen Baum und versteckte sich in den Zweigen. Als der Sherpa den Weg herunterkam, hörte er ein Geräusch. Er sah hinauf und entdeckte den Fremden im Baum. Der Sherpa war so überrascht, dass er mit offenem Mund dastand, und der schlagfertige Nepalese spuckte ihm mitten hinein. Das ist bis heute der Grund, weshalb viele hoch stehende nepalesische Hindus Sherpas als dumm und unrein bezeichnen.

Es ist also verständlich, dass Sherpas auch als Sherpas bezeichnet werden wollen, was in ihrer Sprache »Menschen des Ostens« bedeutet. Vielleicht bezieht sich das darauf, dass sie aus dem Osten Tibets kommen, aber vielleicht bedeutet es auch nur, dass es sich um einen *Bhotia* aus Nepal handelt, der östlich von Kathmandu stammt.

Im Jahr 1920 jedoch, als Tenzings Familie in Thame ankam, gab es keine Felder mehr zu verteilen. Sie mussten für andere Leute arbeiten. Tenzing schrieb in seiner Autobiographie, dass er bereits damals wusste, anders gewesen zu sein. Während die anderen Kinder spielten, saß er alleine da und träumte von Abenteuern in Lhasa, der Hauptstadt von Tibet, wo er etwa der große Kriegsherr sein wollte. Als er älter wurde, träumte er von Kathmandu und Indien, aber stets von Geld und einem großen Namen.

1920 gab es in Khumbu zwei Wege zum Reichtum: Entweder Regierungsbeamter oder Kaufmann zu werden. Nach dem nepalesisch-tibetischen Krieg von 1855 griff die Regierung von Nepal in die Angelegenheiten Khumbus ein. Sie ernannte Steuer-Bauern, die so genannten *Pembus*, um Steuern einzutreiben und einen Teil des Geldes oder der Ernte an die Regierung in Kathmandu abzuführen. In Khumbu gab es acht Pembus, und jeder von ihnen hatte die Aufsicht über jeweils ein Achtel sämtlicher Familien in allen Dörfern. Dies lag daran, dass die Menschen oft umzogen; die *Pembus* kontrollierten also nicht das Land, sondern den einzelnen Mann und die Frau und ihre Abkömmlinge. Der Pembu nahm zwanzig Prozent der Ernte, und mehrere Male im Jahr musste der Steuerzahler das Land bearbeiten, ohne dafür entlohnt zu werden. Noch mehr als die Steuern hassten es die Sherpas, umsonst zu arbeiten.

Die andere Möglichkeit, zu Reichtum zu kommen, war der Handel. Die Regierung von Nepal übertrug den Kaufleuten von Namche-Basar das alleinige Recht, Handel mit Tibet im Norden über den Nangpa La zu betreiben. Aber auch die Kaufleute aus dem Süden waren gezwungen, ihre Güter in Namche zu verkaufen, umgekehrt mussten die Kaufleute aus Tibet ebenfalls in Namche verkaufen. Tatsächlich gab es in Namche jedoch keinen Basar. Die Händler gingen von Haus zu Haus, um ihre Waren loszuschlagen. Im Jahr 1940 gab es fünfzig Häuser in Namche. Vier dieser Häuser wurden durch den Handel reich.

Die meisten wohlhabenden Familien besaßen eine Art Kombination von Pembu-Rechten und Handel, und die meisten davon wiederum hatten große Herden von Yaks und Naks. Eine zwanzigköpfige Herde war – und ist noch – für eine normale Familie eine große Herde. Doch um 1920 verfügte ein Pembu über vierhundert Stück Vieh. Im Herbst, wenn seine Yaks und Naks von den Hochweiden herunterkamen, war der Lärm, der sich über den Hauptweg in Pangboche herunterwälzte, wie Donner. Zu beiden Seiten der Herde liefen kleine Jungen und schrien aufgeregt: »Die Pembus kommen, die Pembus kommen.«

Dennoch war Khumbu immer noch Grenzgebiet, und Regierungserlasse zählten nicht viel. Dass eine bewaffnete Schutztruppe mal einem korrupten Beamten Rückendeckung gab, kam so gut wie nie vor. Im Jahr 1920 zum Beispiel tötete ein Pembu in Namche einen Mann, der seine Autorität in Frage gestellt hatte. Plötzlich wusste niemand mehr in Namche, weder der Pembu, noch sonst wer, was er tun sollte. Niemand konnte sich an einen früheren Mord erinnern. Der Pembu blieb in seinem Haus und traute sich nicht mehr heraus, weil er sich vor dem Zorn seiner Nachbarn fürchtete. Bei der ersten sich bietenden

Gelegenheit schlich er sich aus dem Haus, flüchtete nach Tibet und kam nie wieder zurück. Theoretisch hätten sowohl die Regierungen von Tibet als auch von Nepal Regierungstruppen über den Nangpa La hinunter oder hinauf nach Khumbu schicken müssen, um Offizielle zu schützen, aber in Khumbu herrschte eine Art rudimentärer Demokratie. Wenn auch die Zwangsarbeit und zwanzig Prozent Zinsen verabscheut wurden, war es doch nicht ein Drittel oder gar die Hälfte der Abgaben, die andere Bauern in großen Teilen Nepals und Tibets an die Landherren und Aristokraten abzuführen hatten.

Einfache Leute waren freundlich den Reichen gegenüber, aber sie waren keine Kriecher. Die meisten Menschen hatten ihr eigenes Land und verhungerten nicht, wenn sie sich mal mit den ortsansässigen Grundbesitzern überwarfen. Sie bewahrten sich so ihre grundsätzliche Unabhängigkeit. Später, im Jahr 1950, überrollte die Demokratiebewegung die *Ranas*, die Feudalherren, die Nepal einhundertfünfzig Jahre lang regiert hatten. Als die Ranas stürzten, verloren auch die Pembus von Khumbu ihre Macht. Die alten Pembu-Familien sind heute arm, und die neuen Reichen verdienten ihr Geld mit Bergsteigen und dem Tourismus. Aber Männer über fünfzig in Namche senken noch immer ihre Stimme, wenn sie über die alten Reichen sprechen. Als ich mit einem älteren Mann auf einem Berg saß, nur er und ich, zweihundert Meter im Umkreis keine Seele, dämpfte er, als die Sprache auf Pembus kam, aus tief eingewurzelter Vorsicht dennoch seine Stimme zu einem Flüstern.

Der Knabe Tenzing muss gewusst haben, dass es keine Möglichkeit für ihn gab, in Khumbu reich zu werden. Erfolg bedeutete, wegzulaufen. Als er noch ein Kind war, wurde er, wie so viele Jungen, ins Kloster gesteckt. Er war frech, wie die meisten Jungmönche. Als ihn ein älterer Mönch brutal schlug, lief er wieder nach Hause, erzählte Tenzing.

In den Jahren 1921, 1922 und 1924, als Tenzing zwischen sieben und zehn Jahren alt war, kamen britische Expeditionen auf die tibetische Seite des Everest. Er arbeitete bereits für reichere Familien, hütete Yaks, und von den Hochweiden aus betrachtete er den Everest.

Als er zwölf war, lief er über den Nangpa La davon nach Kharte, wo er zur Welt gekommen war, und lief von dort zwei Wochen lang zurück nach Kathmandu. Im großen Kuppeltempel von Bodhinath fand Tenzing bei buddhistischen Mönchen Unterschlupf und Nahrung. Er wanderte durch die Stadt, sog sie mit seinen Augen ein, die nächtlichen Lichter, die Frauen in ihren roten und goldenen Saris, das städtische Gewirr, die vielen kleinen Tempel. Nach zwei Wochen bekam Tenzing Heimweh – er war zwölf Jahre alt –, und folglich ging er nach Hause. Zuerst umarmten ihn seine Eltern, dann schlugen sie ihn.

Danach arbeitete Tenzing als Schulddiener für einen reichen Mann im Dorf Khumjung, oberhalb von Namche. Darüber spricht er in seiner Autobiographie nicht. Möglicherweise schämte er sich seiner armseligen Jugend – nach all dem Erfolg, den er später gehabt hatte. Viele Sherpas und aus Tibet eingewanderte Familien gaben ihre Kinder in den Schulddienst. Da gab etwa ein reicher Mann einem Armen fünfzig Rupien (zwölf Dollar) für seinen vierzehnjährigen Sohn. Der Sohn musste für den Reichen nun fünf Jahre arbeiten, es sei denn, der Vater zahlte die Schuld vorher zurück. Der Junge musste die Yaks hüten, schwere Trägerarbeiten übernehmen, den Pflug ziehen, was auch immer man ihm auftrug. Besonders die Hütearbeit war einsam.

Ein Zeitgenosse Tenzings, ebenfalls ein Schulddiener, erzählte, Tenzings Vater habe seinen Sohn immer wieder verpfändet. Solcherlei Arbeit konnte sich unglaublich unterscheiden, je nachdem, wie nett der Arbeitgeber war; manche waren nett, manche weniger. In jedem Fall aber war der Lohnarbeiter die tiefststehende Person im Haus, die eigenen Kinder wurden natürlich geliebt.

Eine Möglichkeit, dem Schulddienst zu entkommen, war davonzulaufen, ohne es vorher den Eltern zu sagen. Tenzing war achtzehn, als er zusammen mit elf anderen Jungen und Mädchen nach Darjeeling floh. Bereits Wochen zuvor legten sie sich Lebensmittellager in den Felsen an. Tenzing verließ seine Eltern, um aus der Schuldenfalle zu geraten. Nach einem Jahr vermisste er sie so sehr, dass er zurückkehrte. Als er ankam, bereiteten sie bereits seine Totenfeier vor. Dieses Mal gab es nur Umarmungen und keine Schläge. Einige Monate lang arbeitete Tenzing im Haushalt der Familie, dann kehrte er nach Darjeeling zurück. Er hatte die Welt gesehen und wollte sie nicht mehr missen.

Auch Mädchen gingen nach Darjeeling.

Galtzen ist heute vierundachtzig, der zweitälteste Mann in Namche und gleichzeitig der reichste. In den Fünzigerjahren arbeitete er als Hochträger, danach verdiente er viel Geld als Händler in Tibet. Doch bis er fast vierzig Jahre alt war, verdiente Galtzen niemals mehr als eine Rupie am Tag, und er trug viele Lasten.

Als junger Mann arbeitete er im Schulddienst für einen reichen, dicken, netten Mann in Namche. Nur die wenigen Reichen hatten Gelegenheit dazu, dick zu werden, einige von ihnen waren sehr erfolgreich.

Galtzens Freundin kam zu ihm und sagte: »Ich bin schwanger, was wirst du jetzt tun?«

»Ich weiß nicht«, antwortete Galtzen.

»Wir müssen nach Darjeeling gehen«, sagte sie.

»Ich weiß nicht«, sagte er und stellte sich quer.

Sie war immer die Intelligentere von beiden gewesen. Heute sind sie nach über sechzig Jahren noch immer glücklich verheiratet, und ihre rasiermesserscharfe Schlagfertigkeit, wenn sie bei Neujahrsfeiern zotige Witze reißt, hat sich bis heute erhalten.

»Wir müssen gehen«, sagte sie, »wenn mein Vater das erfährt, wird er dich zwingen, ein Abstandsgeld zu bezahlen. Woher willst du das nehmen?«

»Ich weiß es nicht«, sagte Galtzen, und so setzte sie sich durch.

Sprachen

Im Jahr 1934 sprachen die meisten Sherpas in Darjeeling verschiedene Sprachen. Ihre Muttersprache war Sherpa. Man kann Sherpa entweder als einen tibetischen Dialekt oder als eine Sprache, die mit Tibetisch verwandt ist, bezeichnen. Da Sherpa nicht geschrieben wird, fand die traditionell von Mönchen vermittelte Erziehung auf Tibetisch statt. Aus diesem Grund können viele der Älteren noch Tibetisch lesen. Die meisten Sherpas aus Darjeeling sprechen es sehr gut.

Nepali ist die Landessprache von Nepal. 1934 kannten die meisten Sherpas in Khumbu diese Sprache nicht, heute jedoch können sie sie wie die meisten Nepalis fließend. Nepali war und ist auch die vorherrschende Sprache im indischen Gebiet um Darjeeling. Die Sherpas, die nach Darjeeling gingen, mussten sie also schnell lernen. Deswegen sprechen viele jüngere Sherpas zwar Nepali, aber kein Sherpa.

Nepali gehört zur indoeuropäischen Sprachenfamilie, das vom Gälischen in Irland bis zum Bengali in Ostindien reicht. Nepali ist näher verwandt mit Englisch als mit Sherpa. Nepali und Hindi haben viele gemeinsame Wörter.

Hindi und Urdu sind eine Sprache ähnlich wie Serbo-Kroatisch. Der Name der Sprache hängt davon ab, wer sie spricht. Hindus sagen in der Regel, dass sie Hindi sprechen, Muslime sagen, dass sie Urdu sprechen. Im Jahre 1934 hieß die gesprochene Form von Hindi-Urdu Hindustani. Die Sprache ist eine Mischung aus Wörtern aus dem Sanskrit und dem Persischen. Man kann sie auf zwei verschiedene Arten schreiben. Wenn man eine abgewandelte Form der persischen und arabischen Schriften benutzt, spricht man von Urdu, bei einer modifizierten Form von Schriften aus dem Sanskrit von Hindi. Es gibt auch eine sehr gelehrte Version von Hindi, das viele Wörter aus dem Sanskrit verwendet, und ein literarisches Urdu, das viele alte persische Wörter benutzt.

1934 sprachen wenige Sherpas Englisch, heute hingegen viele.

Sie gingen für mehrere Jahre nach Darjeeling und kehrten mit Kindern zurück. Ihr Vater akzeptierte sie, und damit hatte sich der Fall erledigt.

Es war nicht immer nur Schwangerschaft, die Mädchen veranlasste wegzugehen. Einige brannten mit einem Jungen durch, den die Eltern nicht mochten. Und viele gingen, getrieben von der gleichen Abenteuerlust wie ihre Brüder, zusammen mit Freundinnen von zu Hause fort, aus freien Stücken.

Darjeeling galt damals als etwas Besonderes.[6] Mingma Chering kam im Jahr 1954 dort an und wohnte bei Verwandten. Im Jahr 2000, als Englischsprechender mit einer Baseballmütze der New York-Yankees auf dem Kopf, erzählte er mir, dass er beim ersten Anblick von Darjeeling dachte, dies sei eine der großen Städte der Welt. »Weißt du, wie dumm ich mir vorkam«, sagte er, »als ich Kalkutta und Bombay sah?«

1835 annektierte die British East India Company das Gebiet um Darjeeling im Distrikt Sikkim in der Hoffnung, hier einen guten Ort für ein Erholungsheim für britische Soldaten gefunden zu haben. Mit dem jedoch stets kühlen Niederschlag wurden die kranken Soldaten einsam und schwermütig. In einem Winter begingen vierzehn von ihnen Selbstmord, aus diesem Grund wurde das Invalidenheim geschlossen.

Der Tee und die Touristen jedoch machten Darjeeling groß. Kaum jemand auf der Welt kennt die Stadt Darjeeling, die meisten aber haben vom Darjeeling-Tee gehört. In den Bergen unterhalb von Darjeeling, wo die Böden fruchtbar sind, herrscht ein feuchtes, kühles Klima. Um das Jahr 1900 haben viele Teeplantagenbesitzer und Teebauern die meisten der Wälder gerodet. Fast alle Plantagenarbeiter und Kleinbauern sind Einwanderer aus Nepal, daher ist die vorherrschende Sprache im Gebiet um Darjeeling Nepali.

Die Stadt Darjeeling selbst wurde zur »Bergidylle«, zu einem Ferienort. Unter britischer Herrschaft verlegte die Provinzregierung von Bengalen ihren Sitz während der Sommermonate dorthin, um der »unenglischen« Hitze im Tiefland zu entfliehen. Und so entstand entlang des gewaltigen Gebirgskamms des Vorderen Himalaya hoch über den grünen, terrassenförmigen Teeplantagen und den üppigen Wäldern die Stadt Darjeeling. Auf der anderen Seite des Kamms, jenseits der Täler, erhebt sich das Massiv und der großartige Gipfel des 8598 Meter hohen Kangchenjunga, dessen Ausläufer den nördlichen Horizont bilden. Zur Dämmerung, im Winter, sieht es aus, als würde der Kangchenjunga über den Wolken der tiefer gelegenen Berge regelrecht schweben.

In seinem Leben sah Tenzing den Makalu, den Cho Oyu, den Nanda Devi, den Nanga Parbat, den Everest, die Rocky Mountains, die Berge Neuseelands und die Alpen. Von allen Bergen der Welt, sagte er, sei der Kangchenjunga der schönste. Als er in seinen mittleren Jahren reich wurde, baute er sein neues Haus so, dass er in seinem Gebetsraum sitzen und durch das Fenster den Kangchenjunga betrachten konnte.

Mit der Regierung kamen in den Sommermonaten auch mehr und mehr britische Touristen. Sie blieben zwei Wochen, und wenn sie es sich leisten konnten, verbrachten Frau und Kinder sogar den ganzen Sommer hier. 1923 bereits gab es Möglichkeiten für Kricket, Hockey, Gymnastik, Polo, Pferderennen und Golf. Im Varieté-Palast fanden Filmvorführungen und Tanzveranstaltungen statt, es gab eine Eislaufbahn, Blumenschauen, Pferdeschauen, Hundeschauen, sonstige Lustbarkeiten und sogar einen gastierenden Zirkus. Die Gesellschaft zum Schutz der Tiere machte sich bei ihren Treffen für eine Höchstlast für Esel stark.

1934 zählte die Bevölkerung von Darjeeling etwa dreißigtausend Menschen, mehrere hundert davon waren Sherpas. Sie lebten hauptsächlich in Toong Soom Busti, dem Armenviertel für Tibeter und Sherpas, ganz in der Nähe der Einkaufsmeile und den Touristenzentren, jedoch hinter einem Bergkamm ohne

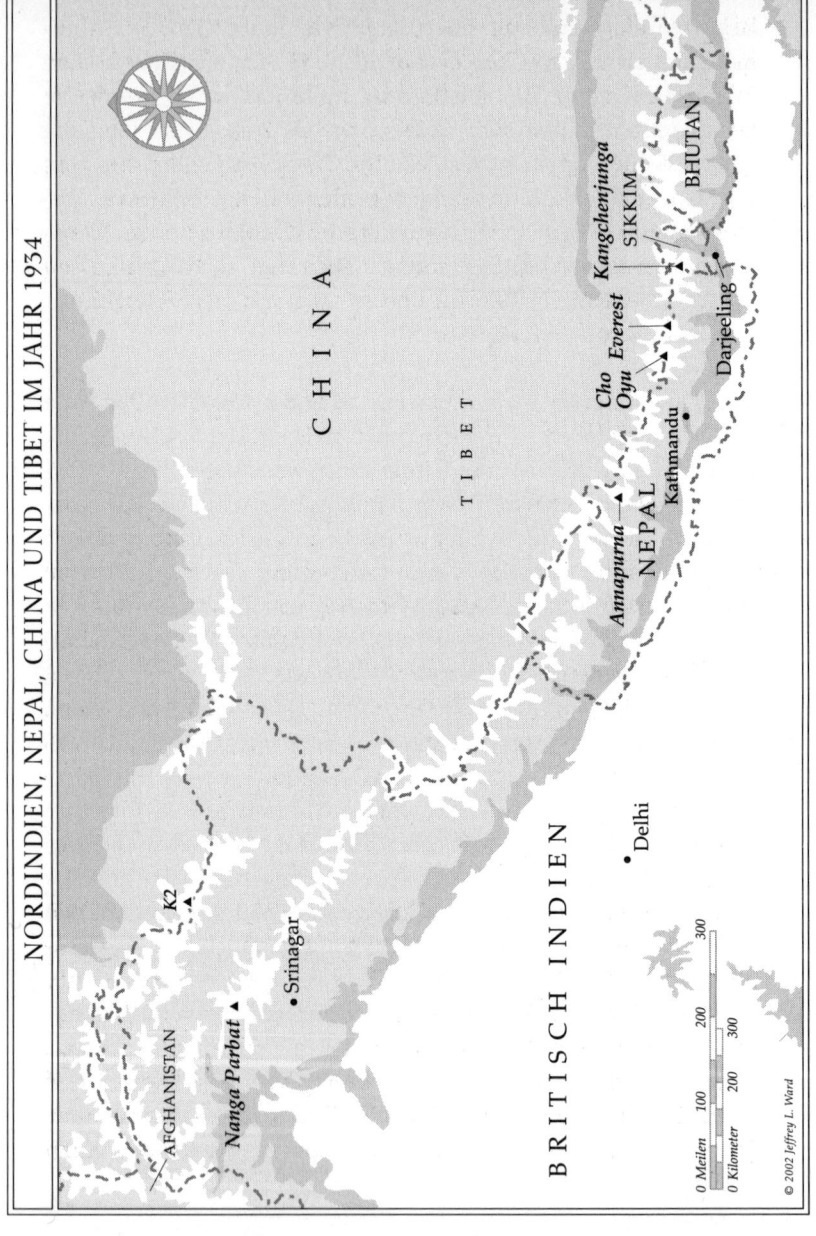

NORDINDIEN, NEPAL, CHINA UND TIBET IM JAHR 1934

CHINA

TIBET

BHUTAN

SIKKIM

Kangchenjunga

Everest

Cho Oyu

Darjeeling

Kathmandu

NEPAL

Annapurna

K2

Nanga Parbat

Srinagar

AFGHANISTAN

BRITISCH INDIEN

Delhi

0 Meilen   100   200   300

0 Kilometer   200   300

© 2002 Jeffrey L. Ward

Blick auf die Berge. Die Sherpas arbeiteten und lebten zusammen mit den anderen *Bhotias* aus Tibet, Sikkim und Bhutan. Die Tibeter, und daher auch die Sherpas, hatten Schwierigkeiten, die besser bezahlten und einfacheren Jobs als Hausdiener und Hotelangestellte zu bekommen. Tibeter, die genug Geld hatten, ein Pferd zu kaufen, konnten Reitgelegenheiten für Touristen anbieten, aber nur wenige Einwanderer waren dazu in der Lage. Meistens waren sie auf harte Arbeit wie etwa das Tragen von Lasten und das Ziehen von Rikschas angewiesen. In einem Reiseführer von 1922 war zu lesen:

Bei der Ankunft in Darjeeling besteigen Männer ein Pony, die Damen und Kinder steigen in Dandies und Rikschas... die sie zu den verschiedenen Hotels und Pensionen bringen. Hinter ihnen gehen weibliche Träger mit dem Gepäck... Der Dandy ist ein Sessel mit einem kleinen Treppenaufgang davor, nicht unähnlich den Kutschen im Tiefland, der auf die Ebene des Sitzes führt; der Dandy wird von vier kräftigen Männern getragen, gewöhnlich Bhotias, die die horizontalen Kreuzbalken, auf denen der Dandy ruht, auf ihre Schultern nehmen und ihre Last bergauf wie bergab im Laufschritt tragen. Ganz besonders freut es sie, wenn die Okkupanten auch nur das kleinste Anzeichen von Nervosität zeigen.[7]

Dies waren die Männer, die auch als Träger bei Bergexpeditionen Arbeit fanden.

Ang Tsering, der letzte noch lebende Mann von der Nanga Parbat Expedition aus dem Jahr 1934, war im Jahr 2000 sechsundneunzig Jahre alt. Er lebt in Toong Soom, das noch immer die Ansiedlung von Sherpas und Tibetern ist, aber kein Armenviertel mehr. Ang Tsering besitzt einen hübschen leuchtend blauen Bungalow aus Holz mit einem Meer aus Geranien und Stiefmütterchen davor. Zwei seiner Töchter, die über sechzig Jahre alt und verwitwet sind, leben mit ihm zusammen, dazu auch einer seiner Söhne, ein pensionierter Armee-Sergeant. Sie alle sind stolz auf ihren Vater und sehr fürsorglich. Sie zeigten mir seine Fotos und Medaillen und lachten liebevoll über seine Witzchen. Er sprach Nepali, sein Sohn übersetzte. Ang Tsering kam in Thame auf die Welt, lebt aber seit sechsundsiebzig Jahren in Darjeeling. An der Wand hing eine Medaille aus Deutschland, für den Nanga Parbat, und eine Plakette des Himalaya Clubs: »Tiger of the Snow«. Er war immer noch ein großer Mann, er schleppte sich durch das Haus, kümmerte sich darum, dass mir jemand Tee machte und holte seine alten Fotoalben.

Zwischen 1924 und 1934 arbeitete Ang Tsering als Rikschafahrer, nicht als Dandyträger. Ein Mann zog die Rikscha den Berg hinauf, zwei schoben von hinten. Bergab führte ein Mann, die zwei anderen bremsten. Er verdiente nicht besonders viel – etwa fünfzehn Rupien brachte er im Monat nach Hause. Aber manchmal dauerten die Empfänge im Regierungsgebäude bis in die frühen Morgenstunden, die Rikscha-Männer warteten draußen, unterhielten sich miteinander und genossen die Musik, die durch die Fenster drang. Das war das Angenehme an seinem Job.

Pasang Phutar, ein weiterer Hochträger, war im Jahr 2000 neunzig. Er kam von Namche nach Darjeeling und arbeitete in den Zwanziger- und Dreißigerjahren als Rikschafahrer. Wir sprachen Sherpa miteinander. Er sagte, es war nicht so sehr das Gewicht der Briten in der Rikscha, das ihn störte, sondern der Regen. Der Passagiersitz war überdacht, aber Pasang Phutar konnte sich keinen Regenmantel leisten. Er zog einfach die Schultern ein und klemmte sich zwischen die Zugstangen. In Darjeeling regnet es viel, und auf beinahe 2500 Meter Höhe ist es kalt. Auf die Berge zu steigen, so Pasang Phutar, war die »wärmere« Arbeit.

»War dies der Grund, weshalb du als Hochträger begannst?«, fragte ich.

»Zum Teil«, antwortete er. »Und zum anderen Teil« – lächelte er konspirativ – »hat sich noch niemand einen großen Namen durch Rikschafahren erworben.«

2

Die ersten Expeditionen

Wenden wir uns den britischen Bergsteigern und dem Mount Everest zu. Durch dieses Buch ziehen sich zwei verschiedene Schreibstile, die auf die unterschiedlichen Quellen, die ich benutzt habe, zurückzuführen sind.

Der eine Stil entspricht der historischen Stimme und basiert auf den Büchern und Briefen der Bergsteiger. Es ist eine gemessene Stimme, die die Zeugnisse bewertet und vorgibt, rational zu sein. Diese Stimme lässt Leidenschaft zu, vermeidet jedoch Ausflüge in die Welt der Gefühle. Sie gibt die Sicht der Arbeitgeber wider, da die Berichte ja von ihnen stammen, und ignoriert die Sherpas. Dies ist der Stil, den britische und deutsche Bergsteiger benutzten, und es ist auch der Stil, den ich benutze, solange ich deren Geschichte erzähle.

Der andere Stil rührt von den jüngst geführten Interviews mit älteren Sherpa-Männern und -Frauen her. Deren Stimmen und meine halten sich eher im Plauderton, sind umgangssprachlich, direkter und offen für Gefühle. Manchmal ist der Stil sehr einfach, was an mir liegt. Meist sprach ich mit den Leuten entweder Englisch – hier war deren Wortschatz gewöhnlich begrenzt –, oder Sherpa, hier war mein Wortschatz sogar noch begrenzter. In beiden Fällen neigen meine Notizen aus Unterhaltungen mit komplexen und intelligenten Menschen dazu, sich einfach zu lesen. Also versuchte ich, eine Sprache zu benutzen, die der Komplexität einer Sherpa-Unterhaltung nahe kommt.

Das Problem jedoch bleibt bestehen. Innerhalb dieses Buches

treten zwei verschiedene Stilrichtungen auf, was dem einen oder anderen Leser mühsam erscheinen mag. Das Herzstück dieses Buches ist jedoch der Kontrast sehr verschiedener Standpunkte von Menschen, deren Weltsichten extrem unterschiedlich waren. Dieser Kontrast kann in diesem Buch nur durch den Stil wiedergegeben werden. Um den Sinn des Geschehens – zu erfassen, brauchen wir sowohl den historischen Bericht, als auch das persönliche Interview. Wir brauchen sowohl die Ansicht des Bergsteigers, als auch die des Sherpas. Dies ist die Geschichte einer Beziehung.

»Weshalb klettern Ausländer auf Berge?«, fragte ich Sherpas, und sie lachten.

Der britische Bergsteiger George Mallory befand sich 1923 auf einer Lesereise in den Vereinigten Staaten. In New York fragte ihn ein Journalist, weshalb er den Mount Everest bestiegen habe. »Weil er da ist«, antwortete Mallory.[1]

Generationen von Bergsteigern haben Mallorys Antwort wie einen Schatz gehütet. Sie drückte ihre Gefühle zu dieser Frage aus: Frage nicht. Ich will es nicht wissen. Ich will es dir nicht sagen.

Dies ist eine wichtige Tatsache in sich selbst. Wenn man Leute fragt, weshalb sie fischen, jagen, tanzen oder Fußball spielen, bekommt man vernünftige, klare Antworten. Von einer Person zur anderen sind es nicht immer die gleichen Antworten, aber sie ergeben einen Sinn. Fußball ist kein Mysterium. Wenn man Europäer fragt, weshalb sie im Himalaya klettern, erscheint ihnen die Antwort selbst als Mysterium. Und aus genau jenem Grund ist es auch ein Mysterium für die Sherpas.

Hier wird irgendetwas versteckt. Etwas, das nicht nur vor anderen Menschen versteckt werden musste, sondern auch vor den Bergsteigern selbst.

Mallory fuhr den Journalisten gegenüber fort: »Der Everest ist der höchste Berg der Erde, und niemand hat je zuvor seinen Gipfel erreicht. Allein seine Existenz ist eine Herausforderung. Meine Antwort ist instinktiv, ein Teil des Begehrens der Menschheit, würde ich sagen, das Universum zu erobern.«[2]

Mallory antwortete mit Worten, die für Männer der Oberschicht jener Zeit und an jenem Ort sehr eindrucksvoll klangen: *Herausforderung, instinktiv, Mann, Begehren, erobern.* Es waren die Worte der ersten Menschheitsgeneration überhaupt, die sich das Universum als etwas vorstellte, das erobert werden konnte. Aber in diesen Worten kam auch Darwin vor, und Freud, und mit Sicherheit das britische Empire, das einen Großteil der Welt erobert hatte. Es steckte auch Ehrgeiz dahinter, zwar nicht explizit, aber doch offensichtlich für jeden, der Mallory kannte. Sein Ehrgeiz führte zum Tod von elf Männern. Nun aber wenden wir uns der Geschichte Mallorys auf dem Everest zu, und wie Rikscha-Männer zu Bergsteigern wurden.

Die Sherpas wurden nicht deshalb zu Bergsteigern, weil sie unter dem Mount Everest aufgewachsen waren, sondern weil sie als Lastenträger in Darjeeling gearbeitet hatten. Im Jahr 1921 setzte sich eine Erkundungsexpedition von Darjeeling aus in Marsch, um den Mount Everest von der tibetischen Seite zu besteigen. Einer der Bergsteiger, Alexander Kellas, hatte bereits mehrere kleine Expeditionen in den Himalaya ausgerüstet und dabei Lastenträger aus Darjeeling eingesetzt. Er konnte sie nur wärmstens empfehlen. Aber die Everest-Expedition hätte ihre Träger vermutlich ohnehin im Basar von Darjeeling angeworben, denn hier waren die Träger schließlich zu Hause. Sie nahmen zwanzig Mann, meistens Tibeter aus Sikkim und Tibet, aber auch einige Sherpas.

Die Briten hatten die Erlaubnis, den Everest von tibetischer Seite aus zu besteigen, im Gegenzug für ein beträchtliches Waffengeschenk an die tibetische Regierung erhalten. Führende Kreise in Tibet waren über die Weisheit dieser Entscheidung geteilter Meinung. Die Mönche aus den Klöstern der näheren Umgebung der Hauptstadt Lhasa und die Lamas in der Regierung misstrauten dieser britischen Allianz zutiefst. Denn immerhin war ein britisches Heer unter Francis Younghusband im Jahre 1904 in Tibet einmarschiert und hatte kurzfristig die Macht in Lhasa übernommen. Aber das Gleiche hatten 1910 für kurze Zeit auch die Chinesen getan; zu jener Zeit waren der Dalai Lama und die tibetische Armee besorgter über die Möglichkeit einer erneuten chinesischen Invasion. Also nahmen sie die Waffen und gaben die Erlaubnis, den Everest von ihrer Seite aus zu erkunden.[3]

Den Dorfbewohnern um den Everest herum wurde mulmig, erinnerten sie sich doch nur zu gut an die groß angelegten Plünderungen anlässlich Younghusbands Invasion im Jahre 1904 – einige der Offiziere hatten es auf tibetische Kunstgegenstände abgesehen. Dieses Mal jedoch waren die Dorfbewohner angenehm überrascht, als die Bergsteiger in aller Freundlichkeit für alles, was sie benötigten, auch bezahlten.[4]

1922 brach eine zweite voll ausgerüstete Expedition mit sehr viel mehr Trägern von Darjeeling auf, um den Everest zu besteigen. Diese tibetischen und Sherpa-Träger waren keine natürlichen Kletterer. Viele von ihnen waren über Pässe gegangen, doch im Jahr 1924 wussten britische Bergsteiger besser Bescheid über Felsen und Eis, als die Menschen unterhalb des Everest.

Das Verhältnis zwischen Herren und Dienern bei dieser Expedition war väterlich. Diese Art von Fürsorge kann man auf zweierlei Weise sehen.

Pasang Phutar, der gesagt hatte, dass niemand sich je einen großen Namen durch Rikscha-Ziehen erworben hätte, erinnerte sich, in den Dreißigerjahren manchmal auf Parkbänken auf dem Chowrashtra-Platz in Darjeeling gesessen und den Menschen beim Reiten zugesehen zu haben. Wenn einer der britischen Bergsteiger kam, um mit ihm zu sprechen, setzte sich der Bergsteiger auf die Bank, und Pasang Phutar musste aufstehen und sich auf den Boden kauern. »Das waren böse, schlimme

Menschen«, sagte er. »Für sie zu arbeiten bedeutete *Dhukpaa, Dhukpaa* – Unterdrückung und Leiden.«

Ang Tsering, der in den Zwanzigerjahren zu arbeiten begann, erinnerte sich ebenfalls daran, von den Bänken aufgestanden zu sein. Aber er sagte, dass die Briten besser waren als die indische Mittelklasse, die ihnen nachfolgte. »Die Briten«, sagte Ang Tsering, »stellten einen Koch, einen Träger, einen Wächter, einen Gärtner, einen Kehrer und ein Kindermädchen ein. Die Inder, die genauso viel Geld hatten, versuchten, mit nur einem Diener zurechtzukommen.« Aus Sicht eines Dienstboten, was Ang Tsering mehrere Jahre lang war, war ein guter väterlicher Fürsorger besser als ein kaltherziger Arbeitgeber.

Es gibt das Sherpa-Wort *Zhindak*. Das heißt Arbeitgeber, aber auch reicher Mann, der einen jungen Mann unter die Fittiche nimmt, ein Patron. Es ist absolut möglich, einen schlechten *Zhindak* zu haben; viele Leute haben das. Aber es ist besser, einen schlechten *Zhindak* zu haben, als gar keinen. In den alten Zeiten kam es manchmal vor, dass ein Reicher einen armen Jungen in den Handel mit Tibet einführte. Nur wenige der armen Jungen wurden dadurch reich, aber viele hatten von Geschichten gehört, dass dies jemandem widerfahren war. In Darjeeling konnte ein britischer Patron das Leben eines Arbeiters verändern. Daher gab es nicht wenige Sherpas und Tibeter, die auf der Suche nach einem möglichen britischen Zhindak waren.

Viele der britischen Bergsteiger betrachteten sich selbst als freundliche »Väter« und manche ihrer Träger als loyale »Söhne«. Andere freilich waren in ihren Augen widerspenstig, faul, schwach oder böse. Aber mit denen, die sie mochten, so dachten die Bergsteiger, könnten sie ihre Visionen von den Gipfeln teilen.

Bergsteiger und Träger nannten sich gegenseitig *Sahib* und *Kuli*. Heute klingen diese Wörter merkwürdig. In Hindi hieß *Sahib* ursprünglich »Herr« oder »Sir« und war eine respektvolle Anrede, besonders für einen Angestellten. Aber mit der Zeit wurde der Begriff zum Synonym für *alle* Weißen, denen die

Inder Respekt erweisen wollten – oder mussten. *Memsahib* war die Anrede für weiße Frauen. *Bara Sahib*, wörtlich »großer Sahib« bedeutete Seniorchef oder Leiter einer Expedition. Sherpas benutzten *Sahib* als ein Synonym für Weiße. Seit den Fünfzigerjahren jedoch wollten die Sherpas in Nepal weiße Bergsteiger nicht mehr so ansprechen, sie fanden, diese Anrede sei zu kolonial und unterwürfig. Stattdessen nannten sie die Bergsteiger bei ihren Vornamen, so wie die Bergsteiger auch sie ansprachen.

In diesem Buch gebrauche ich das Wort *Sahib* ziemlich häufig, da mir das Wort *weißer Chef*, was es in Wirklichkeit ja bedeutet, nicht zusagt.

Kuli bedeutet sowohl auf Hindi als auch auf Nepali »Träger« oder »ungelernter Arbeiter«. Auf Nepali kann es auch Geringschätzung ausdrücken, wie etwa: »Wer ist er?« – »Er ist nur ein Kuli.« Es kann aber auch neutral benutzt werden: »Welche Arbeit machst du gerade?« – »Kuli-Arbeit.« Die britischen Kolonialherren brachten das Wort nach China und übertrugen es auf chinesische Arbeiter. Nun klingt das Wort herabsetzend. Deshalb vermeide ich es so weit wie möglich. Dennoch: Wenn ich Sahibs zitiere, die es benutzen, soll das nicht bedeuten, dass sie unverschämt waren, sie benutzten nur das Hindi-Wort für Lastenträger.

Die Expedition von 1922 war die erste, die einen professionell vorbereiteten Versuch unternahm, den Mount Everest zu besteigen. Sie erreichte das Kloster Rongbuk, das am Anfang des Tales lag, das zum Basislager führte. In diesem wuchtigen Kloster mit seinen vielen Gebäuden lebten Hunderte Männer und Frauen, die ihre Meditationsübungen im Kloster selbst oder in Höhlen weiter oben im Tal ausführten. Die Erhabenheit und die Einsamkeit des Everest hatte sie in Scharen aus Tibet angezogen, aber auch die Persönlichkeit des Rimpoche, des inkarnierten Lamas, der das Kloster gegründet hatte.

Später schrieb Rimpoche seine Autobiographie in tibetischer

Sprache, wovon Teile übersetzt wurden. Wie es sich darstellt, war auch er ein Sympathisant der Mönche in Lhasa und dagegen gewesen, den Briten die Erlaubnis zur Everest-Besteigung zu geben. 1922 drängte der offizielle Regierungsbeamte des Bezirks den Rimpoche dazu, die Mitglieder der Expedition zu empfangen, was dieser aber nicht wollte. Daraufhin meinte der Regierungsbeamte, Rimpoche müsse dann wenigstens den Leiter der Expedition empfangen. Rimpoche fühlte sich schrecklich, aber dann sagte er dem Regierungsbeamten: »Wenn man einen Ketzer empfängt, kann man auch die anderen begrüßen.«[5]

Am nächsten Tag empfing der Rimpoche den Expeditionsleiter, Charlie Bruce, sowie drei weitere Bergsteiger und deren Übersetzer, den aus Darjeeling kommenden Tibeter Karma Paul. Charlie Bruce war der Gurkha-Offizier gewesen, der 1895 mit Mummery auf dem Nanga Parbat gewesen war. Nun war er General, sechsundfünfzig Jahre alt, groß, kräftig, fit, und seit über dreißig Jahren im Himalaya unterwegs. Bruce sprach fließend Nepali, fand Geschmack an Berufsringkämpfen zwischen Kämpfern aus dem Punjab und galt als der Begründer von Kleingefechten an der Nordwestgrenze. Die Gurkhas, die unter ihm dienten, behaupteten, er hätte mit jeder Ehefrau des Regiments geschlafen. Den Frauen der unteren Dienstgrade natürlich, nicht mit denen seiner Offizierskollegen.[6]

Der Rimpoche fragte Charlie Bruce, weshalb er den Everest besteigen wolle. Bruce antwortete, damit er Gott näher sei, denn er dachte, der Rimpoche wollte dies hören. Karma Paul übersetzte das ins Tibetische, allerdings so, dass es klang wie: Höchste Stellen der britischen Regierung gäben Bruce viel Geld für die Besteigung des Everest.

Der Rimpoche sagte zu Bruce: »Unser Land ist bitter kalt und frostig, daher ist es für jeden ohne tiefe religiöse Hingabe schwierig, keinen Schaden zu nehmen. Die hier ansässigen Geister sind bösartig, Sie müssen also mit großer Disziplin vorgehen.«[7] Er warnte die Briten, dass der Everest sehr gefährlich sei.

Das Basislager der Expedition befand sich in einem hoch gelegenen, unbewohnten Tal. Dennoch lebten hier Hunderte von
Menschen, die in Höhlen und unter den Felsen meditierten. Es
waren Mönche und Nonnen, aus der Gegend stammende Laien
und auch alte Menschen, die hier ihr Schicksal reflektierten.
Einige verbrachten in der Einsamkeit Wochen, andere Jahre. Alle
fühlten sich angezogen von der spirituellen Größe des Chomolungma (Everest), der über ihnen thronte. Captain John Noel,
einer der Transportoffiziere der Expedition, war insbesondere
beeindruckt von einem »sehr hoch angesehenen Heiligen, der in
einer Felszelle unterhalb des Mount Everest eingemauert war,
wo er seit fünfzehn Jahren in fast völliger Dunkelheit lebte, me-
ditierte, und Jahr um Jahr bewegungslos dasaß. Einmal am Tag
bringen Mitbrüder dem selbstisolierten Geistlichen eine Tasse
Wasser und Gerstenbrot. Ich warf einen Blick durch ein Loch in
der Wand der Einsiedlerzelle und sah, wie sich eine Hand her-
vorstahl und das Wasser und das Brot nahm. Die Hand war ver-
hüllt, denn nicht nur sollte ihn niemand sehen, nicht einmal das
Tageslicht durfte seine Haut berühren.«[8]

Nun ließen sich dreizehn *Sahibs*, einhundert Tal- und Hochträger sowie dreihundert Packtiere zwischen den Einsiedlern
nieder, die doch nach nichts anderem als Frieden und Einsamkeit
trachteten. Im Tal war es verboten, Tiere zu töten – General
Bruce hatte dem Rimpoche versprechen müssen, nicht zu jagen.
Jeden Morgen beobachteten die Bergsteiger wilde Bergziegen,
die sich zu den nur hundert Meter vom Lager entfernten Ein-
siedlerzellen begaben. Jeder der Einsiedler gab den Ziegen irgendetwas zu fressen, dann trotteten sie weiter zum nächsten.
Alle Tiere waren zahm, die Felstauben und Raben fraßen den
Bergsteigern aus der Hand.

Weshalb benötigten die Briten so viele Träger?

Sie wandten, wie man damals sagte, die arktische Methode an.
Heute sagt man Bergbelagerung dazu. Ausgehend vom Basisla-

ger suchten die europäischen Bergsteiger über die Felsen einen Weg nach oben, sie spurten einen Weg durch Schneeverwehungen, umgingen potenzielle Lawinenfelder und montierten für die Nachfolgenden Seile und Leitern. Dann schleppten die Träger, begleitet von anderen Bergsteigern, Ausrüstung und Vorräte hinauf zum Lager I. Über ihnen bahnten sich die Anführer bereits den Weg zu Lager II.

Auf dem Berg herrschte stets ein ständiges Kommen und Gehen. Die europäischen Kletterer wechselten sich beim Vorbereiten der Route und dem Begleiten der Träger ab. Erschöpfte Träger gingen hinunter ins Basislager, ausgeruhte Männer kamen wieder nach oben. So konnte es sein, dass einige der Kletterer bereits die Route zu Lager VI vorbereiteten, während die Träger noch damit beschäftigt waren, Sachen zum Lager II zu bringen.

Schritt um Schritt, von Lager zu Lager, versuchten die Europäer und deren asiatische Träger sich hinaufzuarbeiten, bis sie ein Lager direkt unterhalb des Gipfels errichteten. Von dort aus würden dann zwei Europäer an einem Seil, ohne Träger, zum Gipfel klettern. Sie benötigten also eine ganze Pyramide an Ausrüstung, um schließlich ein Zelt, zwei Schlafsäcke, das Essen für zwei Tage und einige Seile zum obersten Lager zu bringen. Um diese Ausrüstung nach oben zu schaffen, waren also schließlich zehn europäische Bergsteiger, vierzig oder fünfzig asiatische Hochträger und zwei- bis dreihundert Talträger angereist.

In den Alpen konnten zwei oder vier Männer alleine klettern. Doch im Himalaya, über fünftausend Meter Höhe, war es sicherer, von Lager zu Lager zu steigen. Jemand, der in einen himalayischen Schneesturm geriet, konnte wieder absteigen und würde bald wieder die Zelte erreichen, wo Wärme, Nahrung und Freunde auf ihn warteten. Wenn jemand in einem Höhenlager verletzt war, konnte schnell Hilfe aus dem Lager darunter herbeigeholt werden.

Das Klettern im Himalaya war ein Sport, den englische Gentlemen erfunden hatten. Auf dem Everest trugen die Träger Pakete von knapp vierzehn Kilo den Berg hinauf, die Briten trugen nichts – sie schonten sich für den Gipfel. Auf dem zweiwöchigen Marsch zum Everest-Basislager ritten die Sahibs auf Pferden, die Träger gingen zu Fuß und schleppten. Dies schien nur natürlich. Die Sahibs hatten ja auch Diener in England, die Briten in Indien sogar noch mehr. Bei einem Picknick am Fluss oder bei der Jagd auf den Tiger erwarteten die Briten ja auch, dass jemand trug und diente. Das war am Berg nicht anders.

Heutzutage gehen Kletterer die Gipfel des Himalaya in kleinen »alpinen« Gruppen an, ohne Träger. Dies ist ihrer Meinung nach romantischer, sauberer und auch billiger. Außerdem können sie nicht für den Tod irgendwelcher Träger verantwortlich gemacht werden. In der Tat versuchen Kletterer heutzutage Berge zu besteigen, die bereits bestiegen worden sind, dafür muss es heute schwieriger und gefährlicher sein: etwa ein erster Alleingang im Winter, auf direktem Weg die Nordwand hoch ohne Hose. Aber selbst heute ist es immer noch sicherer, die Himalayagipfel mit der Belagerungsmethode zu besteigen. Die Briten im Jahr 1922 jedoch kletterten für damalige Verhältnisse am Rande der menschlichen Möglichkeiten.

Bis in die Jahre um 1970 versuchte niemand, die Steilwände des Everest zu erklimmen. Stattdessen versuchten sie, zu den Graten hochzusteigen und dann auf ihnen entlangzulaufen. Auf den Graten war es einfacher, und außerdem waren sie dort sicher vor Lawinen und Steinschlägen.

Als Erstes musste die britische Expedition von 1922 also den Grat erreichen. Sie stiegen an der Seite des Westgrats, zu einem Sattel in einer Höhe von siebentausend Metern hoch, den sie *North Col* nannten. Dies war der höchste Punkt, auf dem jemals Menschen campiert hatten. Von dort aus versuchten vier Männer, den Gipfel zu erreichen – und scheiterten. Charlie Bruce, der Leiter und erfahrenste Bergsteiger im Himalaya, und Wakefield, der Expeditionsarzt, sagten, es sei Zeit, nach Hause zu gehen. Gerade hatte der Monsun begonnen, die Hänge waren über und über mit weichem Neuschnee bedeckt – ideal für Lawinen. George Mallory und Howard Somervell rebellierten und bestanden darauf, es ein letztes Mal zu versuchen.

Mallory gehörte zum britischen Establishment, fühlte sich darin jedoch nicht wohl. Er war der geborene Athlet, schlank, muskulös und geschickt; in Cambridge war er zum schönsten Mann seines Jahrgangs gekürt worden. Sein ganzes Leben war er ein Sozialist gewesen, ein Befürworter der Frauenemanzipation und ein lautstarker Anwalt fortschrittlicher Erziehung. Mallory war bisexuell, veröffentlichte ein Buch über James Boswell, schrieb an einem Roman, und gehörte der *Bloomsbury Group* an, einem Freundeskreis englischer Verleger, Kritiker und Schriftsteller in London. Auch genoss er es, in London vor dem Maler Duncan Grant nackt zu posieren. 1919 ging Mallory nach Irland, um den Krieg gegen Großbritannien aus erster Hand und aus Sicht seiner Gastgeber, der Irisch Republikanischen Armee, zu erleben.

George Mallory lebte von den Einkünften der britischen Oberschicht. Seine Frau Ruth hatte ein ererbtes Einkommen, man beschäftigte fünf Diener im Haus. Bis er sich daran machte, den Everest zu besteigen, war er Lehrer in *Charterhouse*, eine der bekanntesten *public schools* – die britische Redewendung für elitäre Privatschulen – gewesen. Er hasste diese Stellung, gab sie auf und ging dafür 1921 zum Everest. In jener Zeit war er abhängig vom Einkommen seiner Frau, er hielt aber auch Vorträge über den Everest. Seine Frau Ruth hatte sich überreden lassen, es ihm zu gestatten, sein Leben zu riskieren, da die Aussicht, am Everest erfolgreich zu sein, sein Leben verändert hätte.

Mallory hatte große Ambitionen, zum Gipfel vorzustoßen. Am 7. Juni kletterten Mallory, Somervell, Ferdie Crawford und vierzehn Träger vom Lager II aus hoch und hatten beinahe den North Col erreicht. Diese Träger kamen alle aus Darjeeling. Die

Expedition hatte auch tibetische Träger aus der Umgebung von Rongbuk engagiert, sowohl Männer als auch Frauen, aber sie weigerten sich, über das Lager II hinaus zu klettern, denn auf dem Berg war der Wohnsitz der Göttin Chomolungma, und sie hatten Angst vor den Dämonen, die sie schützten.

Die *Sahibs* und die Träger querten gerade ein steil abfallendes Schneefeld, die Nachmittagssonne glitzerte und brach sich in den Kristallen. Besonders nachmittags, wenn die Sonne den Schnee aufwärmt und lockert, besteht die größte Lawinengefahr. Mallory und Somervell jedoch drängte es mit Macht zum Gipfel. Auf einmal hörte Mallory »ein ominöses Geräusch, scharf, lähmend, heftig, und doch irgendwie auch wieder weich, wie die Explosion von losem Schießpulver«.[9]

Noch nie zuvor hatte er so ein Geräusch gehört, aber es war ihm augenblicklich klar, dass es eine Lawine war. Innerhalb weniger Sekunden war er mit Schnee bedeckt.

Mallory grub sich aus dem Schnee. Er hing mit drei anderen Männern am Seil – einem Träger, Somervell und Crawford. Die vier Männer untersuchten sich gegenseitig, sie waren in Ordnung. Sie sahen den Hang hinunter. Die vier Männer am zweiten Seil unter ihnen waren ebenfalls lebendig; sie saßen auf dem Schnee und deuteten nach unten.

Die neun Träger am dritten Seil hatte die Lawine über den Rand einer Eisklippe gefegt.

Captain John Noel, der Armee-Experte, und Doktor Wakefield schauten vom darunter liegenden Lager zu und verfolgten die schwarzen Punkte der Kletterer mit ihren Ferngläsern, wie sie durch den Schnee ruderten. Noel und Wakefield sahen kurz weg, und als sie wieder hinsahen, waren keine schwarzen Punkte mehr da. Noel wandte sich an den Arzt:

»Was bedeutet das, Mann?«, schrie ich.

»Eine Lawine«, antwortete er.[10]

Noel sah durch das Fernglas und sah, »dass die ganze Oberfläche der Eisklippe weggerissen war... [Wir] riefen nach den Trägern, deuteten auf die Klippe und sagten ihnen, was geschehen war. Sie wurden schrecklich aufgeregt und begannen, miteinander zu sprechen und zu weinen. Aber wir schafften es, sie in Bewegung zu setzen.«

Die Sahibs und die Träger begannen, den Berg hochzugehen, sie trugen Decken und Flaschen mit heißen Getränken, »in der Erwartung, eine Nacht im Freien verbringen zu müssen... Der Abend begann bereits zu dämmern. Wir wussten nicht, ob wir jemand lebend finden würden. Mit jedem verfügbaren Träger, die so viele Decken und Getränke schleppten wie nur möglich, kämpften wir uns vorwärts, um den Schauplatz der Tragödie zu erreichen.«

Sie fanden Mallory, der wie ein Wahnsinniger grub. Über ihm saßen die überlebenden Träger des zweiten Seils am Rand der Eisklippe, genau dort, wo ihr Sturz zum Halt gekommen war. Sie wagten es nicht, aufzustehen und zu gehen, oder auch nur, den Berg hochzukriechen, in der Furcht, eine neue Lawine auszulösen. Die nächsten paar Stunden saßen diese Männer dort, bewegungslos, und sahen zu, wie die Kletterer unter ihnen nach ihren toten Freunden gruben. Sie warteten darauf, bis sie vor Erschöpfung und Kälte über den Rand der Klippe in den eigenen Tod stürzen würden. Noel, der sorgfältig ihre Position prüfte, dachte, dass es wahrscheinlich unmöglich sei, diese Männer zu retten.

Die Träger, die über die Kante geschlittert waren, schrieb Noel,

waren mit einer solchen Wucht hinuntergefegt worden, dass einige der Seile zwischen ihnen wie Baumwollfäden gerissen waren. Die Männer, die am weitesten unten am Hang gestanden hatten, waren über den Rand hinausgetragen worden und in die Gletscherspalte gestürzt. Einige waren in die Zacken gefallen, und lagen tief begraben im weichen Schnee, andere waren über das geöffnete Maul hinausgeschossen und gegen die harten Wände des Eises geprallt. Diese mussten, wie wir später an ihren zerbrochenen Köpfen und Knochen und ihren zerschundenen Leibern feststellen konnten, sofort tot gewesen sein.

Wir riefen nach den Trägern, die wir aus dem Lager mitgebracht hatten, damit sie uns halfen, die Opfer zu finden. Diese Männer waren meistens blutsverwandt mit den Opfern, Brüder oder Cousins. Aber... vor lauter Niedergeschlagenheit waren sie wie gelähmt und rührten keinen Finger. »Wozu?«, fragten sie. »Sie sind ohnehin alle tot. Die Geister haben nach ihnen geschlagen. Die Überlebenden würden nur die Wut der Geister neu entfachen, wenn sie ihren toten Verwandten helfen würden.«

»[Die Sahibs gruben.] Fünf Träger wurden tot geborgen, zerschmettert auf dem harten Eis. Aber daneben war eine Spalte, die mit weichem Schnee gefüllt war. Zwei Seile, solche, an denen die Männer miteinander verbunden waren, führten in die Spalte hinein und verschwanden im Schnee. Wir zogen, aber die Seile bewegten sich nicht. Wir gruben in den lockeren Schnee hinein. In ein Meter fünfzig Tiefe stieß Mallory auf einen Stiefel, und als er weiter grub, zog er einen Mann heraus. Er war bewusstlos, doch obwohl er über zwei Stunden begraben war, erwachte er wieder zum Leben und erholte sich später völlig.

Auf einen anderen Mann stießen wir, als wir dem zweiten Seil nachgruben; mit der Eishacke stießen wir auf seinen Stiefel. Er war kopfüber in den Schnee gestürzt. Als wir ihn ausgegraben hatten, war er mausetot. Das Seil, das um seinen Leib gebunden war, führte noch tiefer in den Schnee hinein. Mallory zog daran. Der andere Mann, der noch vermisst wurde, hing daran, noch weiter unten, aber wir konnten nicht weiter graben.«

Lhakpa, Nurbu, Pasang, Pema, Sanga, Dorje und Pemba waren tot.

Im Jahre 1916 hatte Howard Somervell als Chirurg die Schlacht an der Somme miterlebt. Es hatte nur ein Operationszelt mit vier

Tischen gegeben, mehrere tausend Mann lagen draußen auf Tragbahren und starben. In seinen kurzen Operationspausen ging Somervell durch die Reihen der Sterbenden und sprach kurz mit dem einem oder anderen. Nicht einer jener Männer bat darum, vor den anderen operiert zu werden. Seit diesem Tag wurde Somervell ein verbissener, beinahe wütender Pazifist, und er blieb das bis zum Ende seines Lebens.

Als er damals im Schnee grub, dachte er, nur Sherpas und Bhotias [Tibeter] waren getötet worden – warum, o warum nur hatte nicht wenigstens einer von uns Briten ihr Schicksal geteilt.

»In jenem Augenblick würde ich gerne mit ihnen tot im Schnee gelegen haben, und wenn es auch nur darum ging, diesen feinen Kerlen, die überlebt hatten, das Gefühl zu geben, ihren Verlust mitzuempfinden, genauso, wie wir das Risiko mit ihnen geteilt hatten.«[11]

Es waren Somervell und Mallory gewesen, die darauf bestanden hatten, trotz der lawinenträchtigen Umstände, die die Träger getötet hatten, zu klettern; Somervell wusste das. Zwei Monate danach gab er eine vielversprechende Karriere in London auf und wurde Arzt in einem indischen Missionskrankenhaus in Kerala, wo er bis zum Ende seines Arbeitslebens blieb.

Nach Stunden schließlich, bei Anbruch der Nacht, hörten Somervell und Mallory mit dem Graben auf und gingen zurück, hinauf zu den Männern, die am Rand des Eisbruchs über ihnen saßen. »Die Männer hatten völlig ihre Nerven verloren und weinten und zitterten wie Babys«, schrieb Noel, stets der tapfere Soldat. »Mallory und Somervell brachten sie einen nach dem anderen aus der Gefahrenzone heraus… Es war zum Herzerweichen, ihren Zustand und ihre Trauer zu sehen. Sie fragten uns, wo ihre Brüder seien, denn einige der Überlebenden hatten ihren Bruder verloren. Dann gingen sie zu den zerschmetterten Körpern und nahmen ihnen ihre Amulette und andere religiöse Familienanhänger vom Hals.«[12]

Die Männer, die stundenlang regungslos dagesessen hatten,

waren gerettet. Und dennoch hatten sieben Männer sterben müssen; es waren Mallory und Somervell gewesen, die das unannehmbare Risiko auf sich genommen hatten, sie nachmittags über tiefen, weichen Schnee zu führen. Unten im Lager schrieb Mallory an seine Frau Ruth:

Die Konsequenzen meines Fehlers sind so schrecklich; es scheint mir fast unmöglich zu glauben, dass dies unabdingbar geschehen ist und ich nichts tun kann, es wieder gutzumachen. Nichts wollte ich so sehr, als mich um jene Männer kümmern. Sie sind, was die Gefahren in den Bergen angeht, wie Kinder, und sie tun so viel für uns, und nun sind durch meine Schuld sieben von ihnen tot.[13]

Dies ist die Sprache der väterlichen Fürsorge, sich um Männer zu kümmern, die wie Kinder sind. Aber die Qual und das Eingeständnis von Schuld sind echt.

Das war das Ende dieser Expedition. General Bruce sandte einen Boten mit Geld zum Rimpoche ins Kloster Rongbuk mit der Bitte, eine Trauerfeier abzuhalten. »Ich empfand großes Mitleid für die Männer, die so großes Leid für eine so unnötige Aufgabe auf sich nahmen«, schrieb der Rimpoche. »Ich organisierte einen sehr erhabenen Bsngo-Smon.«[14]

Auf ihrem Weg nach unten besuchten acht Sahibs den Rimpoche. Wie der Rimpoche schreibt, begann Bruce zu fragen, was mit dem Geld geschehen sei, das er ihm geschickt habe, und ob der Rimpoche eine Trauerfeier für die sieben toten Träger abgehalten habe. Der Rimpoche unterbrach ihn in seinem Redefluss und fragte Charlie Bruce:

»Sind Sie nicht sehr niedergeschlagen?«
»Ich? Ich bin so weit in Ordnung. Ein paar Männer sind tot«, antwortete er, und schämte sich etwas.

Ich gab ihm eine hölzerne Schale mit Perlen und eine aus Gold und Kupfer gefertigte Abbildung *[der Gottheit]* Tara; ich entschloss mich dazu, um seine zukünftige Bekehrung zum Buddhismus zu beten.[15]

Später schrieb Bruce, der Rimpoche sei »bezüglich dieser Angelegenheit äußerst mitfühlend und freundlich gewesen. Es ist sehr seltsam, mit diesen Leuten zu tun zu haben; sie stellen eine außergewöhnliche Mischung aus Aberglaube und guten Gefühlen dar.«[16]

Bruce war abgereist, und die Ortsansässigen wussten, dass die Briten beträchtliche Mengen an Mehl, Reis, Öl und andere luxuriöse Leckereien zurückgelassen hatten. Der obere Teil des Tales war heiliges Land, doch zwanzig junge Männer eines Dorfes entschlossen sich hinaufzugehen, ohne es vorher den Mönchen zu sagen. Laut dem Rimpoche »schlichen sie sich im Geheimen um Mitternacht am Kloster vorbei, und gelangten im Morgengrauen zum Fuß des Berges. Plötzlich kamen aus einer Felsspalte nahe eines Geröllfeldes sieben Bären. Zuerst sah sie nur einer der Männer, dann schließlich alle. Was immer ihre Hoffnung gewesen war, als sie die Vorräte entdeckt hatten, sie alle rannten in großer Panik davon.«

Die Männer liefen in großer Angst zum Kloster und gestanden, was sie getan hatten. Sie fragten den Rimpoche: »Bedeutet dieser unheilvolle Anblick nicht etwas Schreckliches und ist nun unser Leben bedroht?«[17]

Der Rimpoche machte ihnen klar, dass die Geister zwar erzürnt waren, aber die Mönche würden entsprechende Rituale abhalten, und es würde ihnen nichts Böses geschehen.

Der Rimpoche erwähnte es in seiner Autobiographie nicht, aber es kann wohl kaum Zufall gewesen sein, dass sieben Männer gestorben waren und man sieben Bären bei den Vorräten gesehen hatte.

Als Sir Francis Younghusband, der Ausrüster der Expedition in

London, von der Tragödie hörte, schrieb er seiner Frau: »Sie haben sich so gut geschlagen, es kann also nur Pech gewesen sein. Aber Gott sei Dank ging kein europäisches Leben dabei zugrunde.«[18] Younghusband begann, eine neue Expedition zum Everest zu planen.

Mallory kam nach England zurück. Drei Bergsteiger der Expedition – Charlie Bruce, Strutt und Longstaff – ließen durchblicken, dass Mallory und Somervell bei ihrer Beurteilung, die zum Tode der sieben Träger in der Lawine führte, Fehler gemacht hatten. Vor dem Mount Everest Komitee, das sich unter der Leitung von Younghusband aus Mitgliedern des *Alpine Club* und der *Royal Geographical Society* zusammensetzte, verteidigte sich Mallory erfolgreich. Inzwischen schien Mallory davon überzeugt zu sein, dass es nicht seine Schuld war. Seine Frau Ruth versicherte ihm, dass seine Schuldgefühle selbstzerstörerisch seien und dass er sie ablegen solle. Mit der Empfehlung des Mount Everest Komitees und angesehener Bergsteiger fand er eine Anstellung als Volkshochschuldozent der Universität Cambridge, wo er sich in Abendkursen der Fortbildung der Arbeiterklasse annahm. Er liebte diese Stelle.

Das Mount Everest Komitee erklärte sich schließlich zu einer Einmalzahlung von 250 Rupien für jede Familie der sieben toten Träger bereit. Nach indischen Maßstäben war dies fast ein Jahreseinkommen pro Mann. Nach britischem Geld waren dies 17,50 Pfund. Zum Vergleich: Mallory verdiente in Cambridge 500 Pfund pro Jahr, und das Mount Everest Komitee hatte durch Spenden um 2474 Pfund mehr eingenommen, als sie für die Expedition im Jahr 1922 ausgegeben hatte.

Younghusband und das Mount Everest Komitee stellten eine neue Expedition auf die Beine, und 1924 waren Mallory und Somervell wieder dabei auf dem Berg, mit Charlie Bruce als Expeditionsleiter. Sein Neffe, Captain Geoffrey Bruce, ebenfalls Gurkha-Offizier, war dafür verantwortlich, die Träger anzuwerben. Geoffrey Bruce schrieb später:

> Unsere Erfahrung beweist, dass der hellhäutige, wohlproportionierte, sauberrassige Mann unser Kandidat ist. Alle Träger sollten entweder Sherpas oder Bhotias sein. Der Amtsarzt in Darjeeling wird uns bei der medizinischen Untersuchung aller potenziellen Aspiranten behilflich sein. Ehemalige Träger sollten ein zweites Mal nur dann angestellt werden, wenn ihr Betragen bei der vorhergehenden Expedition laut ihren Zeugnissen als hervorragend bewertet wurde. Aus naheliegenden Gründen sollten selbst diese wenigen Altgedienten sorgfältig ausgesucht werden. Ansonsten sind neue tapfere Männer unbedingt vorzuziehen, da es nicht wahrscheinlich ist, dass sie den »alten Soldaten« spielen.[19]

Es ist nicht schwer zu begreifen, dass in Erinnerung an die Tragödie von 1922 Captain Geoffrey Bruce »alte Soldaten« vermeiden wollte. Neue Männer wären einfacher zu kontrollieren und würden vermutlich eher Risiken eingehen. Aber vielleicht war es eben doch nicht so. Captain Noel war auch mit dabei, und er schrieb:

> Alle unsere alten Sherpa-Träger, die trotz der Katastrophe von 1922 wieder bei uns mitmachen wollten, begrüßten uns. Es boten uns aber auch viele andere Männer ihre Dienste an. Der General [Charlie Bruce] und Dr. Hingston führten eine sorgfältige Prüfung durch, doch oft, wenn einer der alten Kandidaten nach dem anderen sich anbot und salutierte, klopfte ihm der General auf den Rücken und schleuste ihn schnell am Arzt vorbei. »Oh, da ist ja auch wieder der alte Chemshar! Sehr schön! Natürlich muss er dabei sein; und da ist ja auch wieder …« Auf diese Weise kamen wieder alle die alten Leute zusammen. [20]

General Charlie Bruce war 1924 ja selbst ein »alter Soldat«. Einer der alten Soldaten, den er auswählte, war der Mann, den Mallory nach dem Lawinenunglück lebend aus dem Schnee ausgegraben hatte. Alles in allem standen nun fünfzig tibetische Hochträger aus Darjeeling und fünf Sherpas bereit.

Das Vorurteil einiger Sahibs gegen erfahrene Sherpas hielt sich für Jahre. Frank Smythe war Mitglied der britischen Everest-Expedition im Jahr 1933. Er schrieb, »für unsere Trägerbrigade wurden nur junge Männer ausgesucht, da die ›alten Soldaten‹ die Angewohnheit haben, sich über ihre Kameraden zu beschweren und Unzufriedenheit zu äußern, während andere Träger vergangener Expeditionen immer noch in den Fängen des Aberglaubens verstrickt sind, der sich um den Everest webt«.[21]

Was den Aberglauben betraf, reduzierte sich dieser darauf, dass der Berg gefährlich war und die Kletterer vorsichtig sein sollten. Wenn man Träger, die diese Lektion gelernt hatten, ausschloss, erleichterte dies die Besteigung, machte sie aber auch insgesamt gefährlicher. Captain Bruce wollte Träger ohne Erfahrung anheuern, da er sie zu kontrollieren hatte, General Bruce hingegen wollte Männer mit Erfahrung, weil er sie brauchte.

Als die Expedition von 1924 das Kloster Rongbuk erreichte, kam ein Mönch auf John Noel zu:

Ein alter Mann mit verwittertem Gesicht, mit nur zwei Zähnen im Mund, schlurfte in seiner braunen Kutte über den Hof, dann führte er mich zum Eingang und ins Innere des Tempels, wo er mir auf einer Wand, die so dunkel war, dass ich zuerst gar nichts erkennen konnte, ein erst jüngst fertig gestelltes Gemälde zeigte. Ich betrachtete es genau und sah ... [einen] durchbohrten weißen Mann, der umringt von Wachhunden, Sukpas und gehörnten Dämonen zu Füßen des Everest lag. Cheddup, mein Übersetzer, erklärte es mir. Ich machte ein Foto und fertigte einige Skizzen davon an. Es war ein merkwürdiges Bild. [22]

Das Gemälde brachte die Gefühle der Mönche und Nonnen von Rongbuk und ihre Freude über die Vorstellung von toten britischen Bergsteigern zum Ausdruck. Obwohl Noel dies seinen britischen Lesern nicht ausdrücklich sagte, wusste er doch, dass es so war. Und er wusste auch, welchen Spaß der alte Mönch dabei hatte, ihm dieses Bild zu zeigen.

Die Träger mussten dieses Bild auch gesehen haben.

Dieses Mal achteten die Sahibs darauf, dass Träger niemals alleine kletterten. Wenn ein Träger starb, würde auch ein toter Sahib mit ihm am Seil hängen.

Die Expedition von 1924 arbeitete sich hinauf bis Lager III, eine Tagesetappe unterhalb des North Col. Während Sahibs und Träger das Lager III mit Ausrüstung und Vorräten bestückten, bereitete Mallory einen Weg zu Lager IV vor, das direkt auf dem North Col lag. Er wählte eine Route, die etwas oberhalb der Stelle querte, wo zwei Jahre zuvor die Lawine niedergegangen war, und hoffte, dass er diesmal richtig lag.

Die Träger bei Lager III waren in Schwierigkeiten. Vor zwei Jahren hatte Mallory die neuen Sauerstoffapparate, die der Wissenschaftler George Finch am Everest getestet hatte, abgelehnt. 1924 jedoch plante Mallory, Sauerstoff einzusetzen, und war überzeugt, dass dieser den Unterschied zwischen Sieg und Niederlage ausmachen würde. Zu seiner Aufgabe gehörte es, Ausrüstung und Vorräte den Berg hinaufzuschaffen, und er entschloss sich dazu, anstelle von Nahrung, Kleidung und Decken den Sauerstoffflaschen den Vorrang zu geben. Die britischen Bergsteiger trugen gute englische Stiefel, Wickelgamaschen aus Kaschmirwolle, vier Paar Socken, wollene Hosen, mehrere Strickjacken und darüber einen Anorak. Die Träger hatten viel weniger an und aßen auch schlechter. Die Briten hatten Fleisch, Käse und Zucker, die Träger nichts von alledem. Nicht nur ihre Rationen waren gekürzt worden, um die Sauerstoffflaschen hochtragen zu können, es kam auch noch Hunger zur Kälte hinzu, und das Wetter wurde immer schlechter. An den Graten erreichte der Wind Geschwindigkeiten von 160 Stundenkilometern, der Schnee wurde bis zu 300 Meter in die Höhe geblasen. Viele Träger im Lager III litten an der Höhenkrankheit, viele von ihnen hatten Frostbeulen.

Die Kränkesten wurden den Berg hinunter ins Basislager gebracht. Shamsherpun, ein nepalesischer Gurkha-Soldat, starb unmittelbar über dem Basislager an Erfrierungen und Gehirnblutung. Man Bahadur, ein weiterer Gurkha, hatte so schlimme Erfrierungen, »*dass seine Beine bis zu den Hüften abstarben*«.[23] Im Basislager wurden seine Beine schwarz und gingen auf; langsam faulte er zu Tode.

Shamsherpun und Man Bahadur starben aufgrund eines Irrtums in der Beurteilung des Vorratsbedarfs durch die Schuld von George Mallory, ein Irrtum hervorgerufen durch seinen Willen zu siegen. Er drängte immer weiter.

Die Bergsteiger baten den Rimpoche im Kloster Rongbuk um eine Feier für die Seelen der Verstorbenen. Der Übersetzer Karma Paul berichtete später Captain Noel, dass während der Feier der Rimpoche die Toten gesegnet, und über Chomolungma (Mount Everest) gesagt hatte: »Die große Chomolungma, die Muttergöttin, wird von den Geistern unserer alten Religion geschützt. Ich halte Fürsprache für euch bei ihr. Eure Abkehr wird sie besänftigen. Sie hat euch schon einmal gezwungen umzukehren, und sie wird es wieder tun.«[24]

Einer der Träger, der dem Rimpoche zugehört hatte, war Sherpa Ang Tsering. Er war zwanzig Jahre alt und erst seit einem halben Jahr in Darjeeling; es war seine erste Expedition. Zehn Jahre später sollte Ang Tsering der letzte Überlebende am Nanga Parbat sein. Er hörte zu, als der Rimpoche die Träger vor dem Zorn der Berggötter warnte. Der Rimpoche sagte den Trägern, dass sie ihre Aufgabe erfüllen sollten, denn dies war ja schließlich ihre Pflicht. Aber er forderte sie eindringlich auf, ihre Lasten im höchsten Lager schnell abzulegen, die Briten dort oben zu lassen, umzudrehen und sofort wieder abzusteigen. »Dort oben sterben die Menschen«, sagte der Rimpoche. »Lasst nicht zu, dass ihr das seid.« Ang Tsering glaubte dem Rimpoche und befolgte seinen Rat.

Zurück im Lager III hatte Mallory die Route zum North Col fertig gespurt. Er wusste, es würde schwierig sein, die Träger zum ersten Mal dort hinaufzubekommen. Das Armenviertel Toong Soom Busti war nicht groß. Sämtliche Träger von 1924 wussten von der Lawinenkatastrophe des Jahres 1922. Einige von ihnen waren damals ja sogar dabei gewesen.

Am 21. Mai 1924 führten Somervell, Irvine und Hazard die ersten zwölf Träger von Lager III zum Lager IV auf den North Col. Somervell gefielen die Bedingungen nicht: »Es war wild und stürmisch, es gab ein Schneegestöber, das alle Wege, [die Mallory vorbereitet hatte,][25] mit Pulverschnee zuschüttete.«

An den harten Stellen mussten die Sahibs Stufen für die Träger in den Schnee hacken. In einem vereisten Kamin hatte Mallory Leitern befestigt, über die die Träger sich hochhanteln konnten. Unmittelbar unter dem North Col kamen sie zum schwierigsten Teil, einem steilen etwa sechzig Meter breiten Eisfeld, das sie queren mussten. Sie schafften es, ohne Zwischenfall.

Somervell und Irvine kehrten, nachdem sie ihre Arbeit erledigt hatten, zum Übernachten ins Lager III zurück. Sie fühlten sich stark und wollten die Vorräte im Lager IV schonen.

Hazard, der andere Sahib, errichtete mit zwölf Trägern auf 6919 Metern das Lager IV. Sie stellten die Zelte auf und ließen sich nieder für die Nacht.

Am nächsten Tag schneite es. Unten im Lager III schrieb Somervell in sein Tagebuch: »Schrecklicher Tag. Die Träger, die wir hofften hinauf zum North Col zu führen, um die Ausrüstung zu vervollständigen, konnten noch nicht einmal losgehen. [Lager] III war die Hölle – ich glaube, die dreizehn oben auf dem North Col haben es gemütlicher als wir. Aber dieser Schnee macht den

Weg hinauf sehr gefährlich. Wir hoffen, morgen eine Seilschaft hinaufschicken zu können, obwohl es auf den Hängen des Col nicht besonders sicher ist.«[26]

Somervell fürchtete eine neue Lawine.

Am nächsten Morgen starteten Captain Geoffrey Bruce, Odell und vierzehn Träger mit weiterer Ausrüstung zum North Col. Aber der Neuschnee war so hoch, dass sie ihre Last unter dem Eiskamin ablegen und zum Lager III zurückkehren mussten.

Über ihnen saßen Sahib Hazard und zwölf Träger seit sechsunddreißig Stunden in ihren Zelten wie in einer Falle. In jenen Zelten müssen sie über vieles gesprochen haben, auch über die Lawine von vor zwei Jahren. Nun machten sie sich an den Abstieg. Es schneite, aber wenn sie oben auf dem North Col geblieben wären, hätte das Wetter sich ja auch verschlechtern können.

Fast unmittelbar unter Lager IV kamen sie zu dem Eisfeld, das sie zwei Tage zuvor ohne Unfall gequert hatten. Nun hatte es seit achtundvierzig Stunden geschneit. Neuschnee erhöht die Lawinengefahr; besonders Neuschnee, der auf einem Eisfeld liegt. Nun befanden sie sich also unmittelbar über der Stelle, wo 1922 die Lawine abgegangen war. Vier der zwölf Träger weigerten sich, das Feld zu queren. Hazard und die anderen acht Träger ließen sie zurück und stiegen hinunter zum Lager III.

Weshalb hat Hazard die vier Männer zurückgelassen? Es ist schwer zu sagen, was er sich dabei gedacht hat. Aus dem Basislager hatte Somervell vorher seinem Bruder geschrieben: »Hazard hat psychologische Wände um sich errichtet, die ihn nunmehr umgeben. Ab und zu bricht er aus und schreit: ›O Gott, ist das schön!‹ – (innerhalb seiner Wände) genießt er jede Minute dieser Tibet-Reise, selbst die Härten. Dann aber verschließt er sich wieder und lässt nichts an sich heran.« [27]

Hazard war ein erfahrener Alpinist. Während des Kriegs war er Offizier bei den Pionieren gewesen, er grub Tunnels unter den feindlichen Linien, aber der Himalaya war ihm neu. Natürlich hatte er die Entscheidung nicht alleine getroffen. Acht andere

Träger waren ja mit ihm gegangen. Aber Hazard war ihr Führer. Er war der einzige Sahib, der einzige Bergsteiger unter ihnen, und er war der Arbeitgeber. Zu jenem Zeitpunkt und an jenem Ort hätte sein Wort mehr bedeutet. Andererseits waren die acht Träger, die mit ihm abgestiegen waren, weder Kinder noch Schwachköpfe. Gut möglich, dass sie und Hazard dachten, die vier verängstigten Träger hätten sich im Gegensatz zu ihnen für ihren Tod entschieden.

Vom Lager III aus sah Somervell die Gruppe absteigen. Erleichtert schrieb er in sein Tagebuch: »Wie es aussieht, kommt Hazard mit seinen Kulis herunter – das Beste, was er tun konnte, denn weitere Schneefälle hätten zu einer großen Schweinerei führen können.« Aber dann: »Später. Hazard kam nur mit acht Kulis – das heißt, dass noch vier von ihnen oben sind –, wir alle denken, dass es ein großer Fehler war, jemanden zurückzulassen; entweder sollten alle oder niemand heruntergekommen sein.«[28]

Somervell war wütend. Und es hörte nicht auf zu schneien.

Somervell und Mallory, die Überlebenden von 1922, waren der Meinung, dass sie keine andere Wahl hatten, als die vier Träger am nächsten Morgen vom North Col zu retten. Nachdem General Bruce krank geworden und nach Darjeeling zurückgekehrt war, hatte Edward Norton die Führung der Expedition übernommen. Nun meldete sich Norton freiwillig, mit Somervell und Mallory mitzugehen. Norten war Colonel Lieutenant bei den Gurkhas und sprach fließend Nepali. Er wusste, dass die Männer oben auf dem North Col auch Menschen waren. Er schrieb:

Ausschlaggebend war, die Träger lebend herunterzubekommen. Meine ständige persönliche Absicht bestand darin, in diesem Jahr unter keinen Umständen Opfer unter den Trägern zu beklagen zu haben, und da standen wir nun, konfrontiert mit der Möglichkeit, vier Männer zu verlieren; denn zugegebenermaßen waren unsere Aussichten, die im Stich Gelassenen zu retten, alles andere als rosig. Auch waren wir alle zusammen bestimmt nicht die beste Wahl; sowohl Mallory als auch Somervell hatten einen schlimmen Husten und Halsweh, was ihnen beim Klettern nicht gerade zugute kam. Außerdem war der Zustand der Hänge unter dem North Col besorgniserregend. Wir würden nur sehr langsam und unter großem Aufwand vorwärts kommen, und zu all dem bestand auch noch eine große Lawinengefahr. Als wir in jener Nacht in unserem Zelt lagen und dem sanften Prasseln des Schnees an die Zeltwände lauschten, wusste ich, dass weder Mallory noch ich eine Wette zwei zu eins auf einen erfolgreichen Abschluss unseres Unternehmens am nächsten Tag angenommen hätten; allerdings behielten wir unsere pessimistischen Ansichten für uns. Gegen Mitternacht hörte es auf zu schneien, und der Mond kam hervor.[29]

Es war natürlich durchaus möglich, dass bei diesem Unterfangen auch Sahibs zu Tode kamen.

Über ihnen lagen die vier Träger in ihrem Zelt und hörten das Knurren der Geister, das Bellen der Wachhunde des Berges. Am Morgen hatten sie ihre letzten Nahrungsmittel verzehrt, sie rechneten nicht damit, gerettet zu werden. Sie kauerten sich in großer Furcht zusammen und warteten auf die Dämonen und den Tod.[30]

Norton, Mallory und Somervell verließen das Lager um acht Uhr morgens und stiegen langsam auf. Nur Norton hatte Steigeisen. Somervell »sah herannahende Lawinen, wo er ging und stand«.[31] Und es war schwierig, in siebentausend Meter Höhe durch den tiefen Schnee zu stapfen.

Um sechs Uhr abends erreichten sie das Eisfeld unter dem Col und sahen einen der gestrandeten Träger auf der anderen Seite, der auf sie wartete. Sie riefen zu ihm hinüber, dass er sich bewegen sollte.

»Rauf oder runter?«, fragte er.

Plötzlich dachte Norton, dass der Träger, wenn er die Notwendigkeit des sofortigen Abstiegs nicht sah, das Ausmaß der Gefahr überhaupt nicht erkannte. Norton fragte sich, ob Dummheit und Unerfahrenheit diese Männer dazu gebracht hatte, oben zu bleiben.

»Runter«, rief Norton über das Eisfeld, und der Mann verschwand. Einige Minuten später kam er mit den anderen drei zurück.

Die Sahibs hatten ein Sechzig-Meter-Seil mitgebracht. Nun schlugen Mallory und Norton ihre Eispickel in die Unterlage, um für Somervell eine feste Belegmöglichkeit zu schaffen. Somervell ging über das Eis zu den wartenden Trägern. Sechs Meter vor den Trägern ging ihm das Seil aus – nur etwa acht Schritte entfernt.

Somervell sprach etwas Hindi, so auch die Träger. Er ermutigte sie, ein wenig höher zu steigen, damit sie gewissermaßen über ihm standen, und sich dann hinunter zu bewegen. Er schlug seinen Pickel in den Schnee, belegte sich daran und fing die beiden ersten Männer auf. Diese beiden Männer arbeiteten sich dann am Seil entlang zu Mallory, Norton – und in die Sicherheit.

Die beiden, die noch über dem Eisfeld standen, sahen erleichtert zu. Dann hielten sie es plötzlich nicht länger aus zu warten. Ohne weit genug nach oben über Somervell zu klettern, liefen sie direkt auf das Eisfeld. Einer von ihnen rutschte aus und trat eine kleine Lawine los. Hilflos sah Somervell zu, wie beide Männer auf die Abbruchkante und den Tod zurutschten. Unmittelbar davor kamen sie zum Halt. Somervell dankte Gott. Er dachte, er könnte sie erreichen. »Um keinen Aufruhr und keine Hektik aufkommen zu lassen, die uns nur noch tiefer in die Tragödie hätten führen können, machte ich Scherze und rief Prost Mahlzeit (so gut ich es eben konnte in ihrer mir nicht sehr vertrauten Sprache). Ich sagte ihnen, sie sollten sich keinen Millimeter bewegen.[32]

Somervell zog seinen Pickel aus dem Schnee und schlug ihn

erneut ein, nun etwas näher in Richtung der beiden Männer. Er löste das Seil um seinen Körper, wickelte es einmal um den Pickel und band es sich dann an seinem rechten Handgelenk fest. Mallory und Norton hielten ihr Ende mit ausgestreckten Armen fest.

Vorsichtig ging Somervell über das Eis auf die beiden Träger zu, die bewegungslos am Rand der Klippe saßen. Das Seil an seinem rechten Handgelenk stoppte ihn kurz vor den beiden Trägern. Somervell war ein großer Mann. So weit wie möglich streckte er seine linke Hand aus. Wie ein Adler mit ausgebreiteten Schwingen stand er da, packte einen der Träger an seinem Kragen und zog ihn zum Seil. Dann streckte sich Somervell noch einmal und holte den zweiten Mann.

Unten im Camp 3 filmte Noel die Rettung aus zweieinhalb Kilometer Entfernung (er drehte den Film über die Expedition). Nun setzte er sich in Bewegung, um Somervell und den anderen entgegenzugehen.

Etwa eineinhalb Stunden hatten wir uns durch die Dunkelheit gequält, als wir – in Beantwortung unserer beständigen Rufe – etwas hörten. Als wir sie erreichten, brachen sie alle im Schnee zusammen… Die Träger waren wie betrunken, wussten nicht was vorging. Norton, Somervell und Mallory sprachen kaum etwas. Wir packten warmes Essen aus, um es ihnen zu geben. Einer der Träger erbrach sich in dem Augenblick, da er das Essen schluckte, und einen anderen mussten wir mit unseren Knien stützen… Bis zum Ende der Expedition waren sie nicht mehr in der Lage, auch nur noch einen Strich zu arbeiten. Tatsächlich spielte sich während der nächsten Tage im Lager Snowfield der große Exodus ab: Jeder, der nicht mehr fit war, reiste ab.[33]

So funktionierte Paternalismus: fürsorgliche Väter, die sich um ihre Kinder kümmerten.

Ang Tsering war einer der Männer, der blieb, der noch kräftig genug war; er befolgte, was der Rimpoche empfohlen hatte: hinaufgehen, die Ladung ablegen und schnell wieder absteigen.

Norton und Somervell griffen den Gipfel als Erste an, ohne Sauerstoff. Somervell kehrte um. Norton kletterte alleine weiter, ohne Sauerstoff, und musste, nur etwa dreihundert Meter vor dem Gipfel, aufgeben.

Dann bekam Mallory seine Chance, mit Sauerstoff. Sie hatten, so seine Rechnung, gerade genug dabei. Er konnte zwischen zwei Männern wählen. Der eine war John Odell, ein erfahrener Kletterer, der sich in den letzten paar Tagen stark gehalten hatte, der andere Sandy Irvine, einundzwanzig Jahre alt, sehr gut aussehend, breitbrüstig und stark. Wäre er nicht auf die Expedition mitgekommen, hätte er in jenem Jahr für Oxford im Ruder-Achter gegen Cambridge gesessen. Irvine war bereits bei einer arktischen Expedition dabei gewesen, hatte aber nur wenig Erfahrung im Klettern. Dies war ein Zeichen der Amateurhaftigkeit und des Klassendenkens der britischen Bergsteigerbewegung, jemand nur auf das Wort anderer Oxfordianer hin für geeignet zu halten, den Mount Everest zu besteigen.

Mallory entschied sich gegen Odell und für Irvine, mit ihm den Gipfel anzugreifen. Es ist darüber gemunkelt worden, und es ist auch möglich, dass dies deshalb geschah, weil Mallory in Irvine verliebt war. Aber die Ursache lag vermutlich eher daran, dass Irvine ein kräftiger junger Ingenieur war, der wusste, wie man den Sauerstoffapparat bediente.

Als Mallory zehn Jahre zuvor geheiratet hatte, wollte er in seinen Flitterwochen mit seiner Frau Ruth in den Alpen klettern. Sein alter Freund Geoffrey Young, der ihm viel über die Alpen beigebracht hatte, schrieb Mallory und warnte ihn, er tendiere dazu, mit unerfahrenen jungen Leuten zu große Risiken einzugehen. Mallory war beleidigt und nahm seine Frau Ruth trotzdem mit.

Nun hatte er sich also für Irvine entschieden. Mehrere Stunden danach sah Odell, wie sie sich dem Gipfel näherten. Seither wurden sie nie wieder gesehen. 1999 wurde Mallorys Leiche unweit des Gipfels gefunden, aber bis heute weiß niemand, ob er und Irvine den Gipfel erreicht hatten. Mallorys Ehrgeiz hatte zu Irrtümern geführt, denen Lhakpa, Nurbu, Pasang, Pema, Sanga, Dorje, Pemba, Shamsherpun, Man Bahadur, Sandy Irvine und schließlich er selbst zum Opfer gefallen waren. Jener Ehrgeiz, seine Bereitschaft zu sterben, um zum Gipfel zu gelangen, trotz aller Hindernisse immer höher hinauszuwollen, machte ihn zur Legende und zum Helden für Millionen.

Die Gesamtkosten der Everest-Expedition von 1924 beliefen sich auf zehntausend Pfund. Captain Noel hatte davon achttausend Pfund aufgebracht und im Gegenzug das Recht erworben, einen Film über die Expedition zu drehen. Er brauchte sein Geld zurück. In England wurde der Film künstlich aufgebauscht; die Schlagzeile der *Weekly Dispatch* lautete: »Everest – die unerreichte Lady«, eine Geschichte über »die leidenschaftlichen Bemühungen, die schreckliche Jungfrau des Schnees zu bezwingen«.[34]

Captain Noel hatte fünf Mönche des großen Klosters von Gyantse in Tibet überredet, mit ihm nach England zu kommen. Jedes Jahr führten in Tibet buddhistische Mönche zu speziellen Anlässen rituelle Tänze auf, um damit das Entstehen des Buddhismus in Tibet zu begehen und im reinen Licht der Religion übel wollende Dämonen auszutreiben. In billige Kleider und Masken gehüllt, veranstalteten nun diese fünf Mönche auf der Bühne des *Scala-Filmtheaters* kurze Reprisen, was Noel »Teufelstänze« nannte. Die Schlagzeilen in der *Daily Sketch* lauteten:

Bischof tanzt auf der Bühne
Hohe Würdenträger der tibetischen Kirche in London
Musik aus Totenschädeln
Tam-Tam-Zeremonien aus dem Himalaya[35]

In London lebten auch Tibeter. Einige studierten auf der Militärakademie Sandhurst, andere waren im Geschäftsleben etabliert, eine Tibeterin war mit einem britischen Diplomaten verheiratet. Sie alle schickten die Nachrichtenausschnitte der tanzenden Lamas nach Hause. Und mit Sicherheit las auch der Dalai Lama englische Zeitungen. Er und die Regierung von Tibet nahmen daran Anstoß. Den sich widersetzenden Mönchen gelang es schließlich, sich gegen die britische Allianz durchzusetzen. Tibet legte formellen Protest beim britischen Außenministerium ein, und neun Jahre lang durfte keine britische Expedition mehr auf den Mount Everest.

Was haben diese Sherpas gedacht, als sie bewegungslos auf dem Eis ausharrten und Mallory unter ihnen den Schnee aufgrub? Captain Noel schrieb, dass die Träger, in ihrer Furcht vor den Bergen, abergläubisch gewesen seien. Als er ihre Furcht religiös begründete, machte er sie zu Idioten. Aber hier müssen wir vorsichtig sein. Was der Rimpoche und die Träger gesagt hatten, war, dass der Everest gefährlich sei, das hatte auch Charlie Bruce versucht, Mallory zu verstehen zu geben, allerdings mit weltlichen Worten. Mallory und Somervell ignorierten diese Worte genauso, wie viele Ausländer jahrelang die Worte vieler Sherpas ignorierten.

Im Jahre 2000 interviewte ich einen erfahrenen Sherpa-Bergsteiger in Kunde, einen vorsichtigen, freundlichen und diplomatischen Mann. Wir sprachen eine ganze Stunde lang, ohne dass er sich kritisch über irgendjemand äußerte.

Ich fragte ihn, was die besten und die schlechtesten Expeditionen gewesen seien, für die er gearbeitet habe.

»Alle gut«, antwortete er.

Wer seien die besten und wer die schlimmsten Ausländer gewesen, für die er gearbeitet hatte?

»Alle gut«, antwortete er.

»Verstehen sich ausländische Bergsteiger auf Lawinen?«, fragte ich.

Er sah mich an, suchte nach Worten, war aber nicht in der Lage, auf eine so dumme Frage diplomatisch zu antworten.

Beinahe jeder erfahrene Sherpa-Träger, mit dem ich gesprochen habe, ist der Meinung, dass Lawinen die größte Gefahr in den Himalaya-Bergen darstellen, dass Ausländer nichts von Lawinen verstehen, und die Hauptgefahr für Expeditionen daraus erwächst, wenn Ausländer Lawinenwarnungen ignorieren. [36]

Je weniger Risiken man mit Lawinen in Kauf nimmt, desto wahrscheinlicher ist es, den Gipfel eines Berges im Himalaya zu erreichen. Wenn man es vermeidet, nachmittags zu klettern, ist das Risiko von Lawinen geringer, aber es dauert viel länger, auf den Berg hinaufzukommen. Gewöhnlich ist die steilste Route die sicherste vor Lawinen, aber auch die schwierigste und die langsamste. Die großen Himalaya-Expeditionen arbeiteten sich stets in kleinen Schritten zum Erfolg. Ausländer, für die nur der Gipfel interessant ist, nehmen Risiken an. Für die Sherpas hingegen zählen ihr Leben und ihre Familien. Deshalb nehmen sie diese Risiken nicht auf sich, müssen aber nur allzu oft tun, was ihnen ihre Arbeitgeber befehlen.

Zum Beispiel Major H.P.S. Ahluwalia, der 1965 bei der indischen Expedition zum Everest dabei war, schrieb, dass »Lager III auf 7000 Meter Höhe aufgebaut wurde; und obwohl es als sicher galt, war es unbeliebt bei den Sherpas«. Dies bedeutet, dass die indischen Bergsteiger das Lager als sicher einschätzten, die Sherpas jedoch nicht. Ahluwalia fuhr fort:

»1952, während der Schweizer Besteigung, wurde ein Sherpa in dieser Gegend von einer Lawine getötet. Seit dieser Zeit hat sich ein Aberglaube gebildet, dass der Geist des Wächters in dieser Gegend sein Unwesen treibt. Wenn es irgend möglich war, weigerten sich die Sherpas, über Nacht in jenem Lager zu bleiben. Sie behaupteten, von einem nächtlichen Besucher gestört zu werden – dem Wächter, der an ihre Zelte klopfte. Einer unserer Sherpas, Nawang Tshering, weigerte sich im Jahr

1960 trotz sehr schlechten Wetters im Lager III zu bleiben. Zwei Jahre später, 1962, wurde er bei der zweiten indischen Expedition von einem herabstürzenden Stein getroffen und starb an genau jener Stelle. Dieser Vorfall verstärkte nur den Aberglauben, und das Lager, obwohl es gut ausgerüstet war, behielt den Makel, »verflucht« zu sein.«[37]

Was Major Ahluwalia damit sagen will, ist, dass die Sherpas abergläubisch sind, weil sie es für verrückt halten, ein Zelt an einem Ort aufzustellen, wo eine Lawine bereits jemanden getötet hatte. Wenn es einen Zweifel gibt, dass ein Blitz zweimal am selben Ort einschlägt, so gibt es doch keinen Zweifel diesbezüglich über Lawinen. Sie kommen immer an denselben Orten runter, jedes Mal, immer wieder, Jahr für Jahr. Wenn sich Nawang Tshering weigerte, im Lager III zu bleiben, war er also kein abergläubischer Primitiver. Er versuchte nur, sein Leben zu retten, indem er sich daran hielt, was ihm die Sherpas im Jahr 1952 gesagt hatten. Zwei Jahre später errichtete eine weitere indische Expedition an derselben Stelle das Lager, und Nawang Tshering starb dort durch Steinschlag. Wo Lawinen abgehen, gibt es auch Steinschlag. Doch selbst nach zwei Todesfällen erkannten die indischen Bergsteiger immer noch nicht, was die Sherpas versuchten, ihnen zu sagen: Der Ort ist nicht sicher.

Genau das Gleiche war am Everest bereits 1922 passiert. Die Sherpas und Tibeter auf dem Berg waren, ebenso wie die Mönche in Rongbuk, gläubige Menschen. Sie dachten in religiösen Begriffen. Mit diesen Begriffen versuchten sie auszudrücken, dass der Berg unsicher ist.

Die britischen Bergsteiger betrachteten diese Informationen ebenfalls als Aberglauben.

Ich fragte Khansa in Namche, ob der Everest nun sicherer sei.

Er sagte ja, und ich fragte, weshalb.

»Weil die Bergsteiger und die Sherpas heute über eine bessere

Technik und bessere Ausrüstung verfügen. Außerdem gibt es heute dort oben weniger Schnee als 1953. Und der Platz für Lager III lag sehr gefährlich nahe unter der Lhotse-Wand, wo es viele Lawinenabgänge gab, doch endlich ist es den Sherpas gelungen, die Ausländer zu überzeugen, diesen Ort nicht mehr zu benutzen.«

Dies war jener Ort, von dem auch Major Ahluwalia gesprochen hatte, dort, wo Nawang Tshering 1962 einem Steinschlag erlegen war.

Ich fragte Khansa, was Sherpas dazu brächte, böse auf Ausländer zu sein.

»Wenn Trekker unverschämt werden«, antwortete er. »Dann fällt das Gesicht eines Sherpas nach unten, er sieht zu Boden. Das passiert täglich.«

»Und am Berg?«, fragte ich.

Khansa antwortete, Bergsteiger seien freundlicher als Trekker, und in den Bergen würden Sherpas nur selten ärgerlich. »Aber manchmal, bei schlechtem Wetter, sagt ein Sahib ›du‹« – Khansa schwenkte seinen Arm wie ein Feldherr nach oben – »›du trägst jetzt diese Last zum Lager III.‹ Die Sherpas wissen, dass das Wetter geeignet ist, eine Lawine auszulösen, aber sie können nichts tun. Sie sitzen einfach nur da und sind in ihrem Inneren böse.« (Khansa legte unter seinem Hemd die Hand auf das Herz und zeigte mir, wie man seinen Ärger bei sich behalten kann.) »Die Sherpas sprechen miteinander, in kleinen Gruppen, zu viert oder zu sechst, um sich selbst Mut zu machen. Dann setzen sie sich zusammen hin und weigern sich, die Lasten zu tragen, weil sie wütend sind.«

Manchmal jedoch waren sie nicht wütend genug. Bei der 1963er Everest-Expedition befahl einer der amerikanischen Bergsteiger Khansa und den anderen Sherpas, zum Lager IV hochzugehen.

Khansa imitierte einen schwachen, winselnden Sherpa, der Pidgin sprach: »Wetter zu schlecht, Lawine.«

Dann imitierte er eine strenge tiefe Stimme eines Amerikaners: »Nein, du gehst!«

»Also steigen wir auf, 1963«, sagte Khansa, »und nur zehn Minuten später kommt eine Lawine und erfasste uns. Neuschnee, nicht hart und schwer, ohne Eisklumpen. Das rettete unser Leben. Es war wie bei einer Busfahrt, alles zitterte unter uns« – Khansa hopste auf seinem Küchenstuhl neben dem Feuer auf und ab – »wie jemand in einem schlecht gefederten Bus.« Er lachte und freute sich, dass er noch lebte.

Als ihn die Lawine wegtrug, stak er bis zum Hals im Schnee, aber er konnte seinen Kopf drehen und sah seine beiden Freunde, die mit ihm am Seil hingen und mit ihm rutschten. Der vierte Mann, der ganz am Rand der Lawine war, belegte sie an einem Eispickel.

Die Lawine rauschte vorüber, und sie gruben sich aus. Die Sauerstoffflaschen, die sie trugen, ließen sie im Schnee liegen (Khansa lächelte. Das war seine kleine Rache).

Sie gingen zurück und berichteten den Amerikanern, was geschehen war.

»Tut mir Leid«, sagte der Amerikaner (Khansa bedeckte sein Gesicht mit den Händen und imitierte einen erschrockenen Amerikaner, der hilflos mit seinen Händen flattert und sich unwohl fühlt). »Tut mir Leid, tut mir Leid.«

»Manchmal ist man wütend«, sagte Khansa, und sein Körper zitterte etwas bei der Erinnerung an die Wut auf die Amerikaner, die vor allem die Augen verschließen.

»Bist du wütend, wenn jemand stirbt?«, fragte ich.

»Nein«, sagte Khansa. »Dann ist man traurig.«

3

Die Deutschen

Dieses Buch handelt größtenteils von der deutschen Expedition zum Nanga Parbat im Jahre 1934. Zwei Jahre zuvor, 1932, ereignete sich beim deutschen Versuch, den Nanga Parbat zu besteigen, eine Tragödie. An jener Expedition haben zwar keine Sherpas teilgenommen, dennoch ist es wert, über einige Details zu berichten. 1932 hatten die Deutschen schrecklichen Ärger mit ihren Trägern, und diese Schwierigkeiten sagen uns viel darüber, was die Bergsteiger von ihren Trägern erwarteten, und wie sie sie andererseits behandelten. Obwohl uns die Geschichte von 1932 wenig über die Sherpas erzählt, erfahren wir doch, was sie 1934 erwartete.

Die deutschen Expeditionen zum Nanga Parbat entstanden aus der Bergsteiger-Rivalität zwischen ihnen und den Briten. Der Spiritus Rector des deutschen Bergsteigerwesens, Paul Bauer, ein Münchner Notar und überzeugter Nationalsozialist, war ein äußerst entschlossener Mann. Er wollte den Everest besteigen. Die Briten, unfähig, selbst eine Erlaubnis aus Tibet zu erhalten, kontrollierten jedoch den Zugang nach Tibet. Sie machten Bauer weis, die Tibeter würden ihm den Zugang verwehren, und Bauer glaubte es ihnen. Vermutlich wäre die tibetische Regierung nicht abgeneigt gewesen, die Deutschen ins Land zu lassen. Lediglich die Briten und die Chinesen wollten sie nicht einreisen lassen. Als die Tibeter den Engländern in den Dreißigerjahren dann aber trotzdem dreimal die Erlaubnis gaben den

Everest zu besteigen, wollten die Briten diese mit niemandem teilen.

Bauer musste mit dem Kangchenjunga, dem dritthöchsten Berg der Erde, in Sichtweite von Darjeeling, vorlieb nehmen. Der Kangchenjunga mit seinen zersägten Graten und Steilwänden erwies sich jedoch als wesentlich schwieriger als der Mount Everest. Drei Expeditionen scheiterten kläglich kurz hintereinander: Bauers deutsche Expedition im Jahre 1930, die internationale Expedition unter der Leitung des Schweizers G.O. Dyhrenfurth, sowie eine weitere Expedition, die wiederum Bauer im Jahre 1931 anführte.

In Deutschland entschloss sich nun der Bergsteiger und Eisenbahningenieur Willy Merkl, einen Versuch am Nanga Parbat zu wagen. Sowohl Nepal als auch Tibet waren den Deutschen verschlossen. Von den indischen Gipfeln erwiesen sich der Kangchenjunga als zu schwierig, und der K2 mit seinen langen Zuwegen als noch komplizierter. Blieb also nur der Nanga Parbat übrig, der höher war als jeder Berg, der bis dahin bestiegen worden war.

Fotos von Merkl am Nanga Parbat zeigen einen gut aussehenden lächelnden Mann mit gelocktem blondem Bart und bayerischem Trachtenhut mit Feder. Als die Bergsteiger im Lager Rätselraten spielten und die Namen von berühmten Persönlichkeiten erraten mussten, war Merkl der Experte für Ingenieure und Fabrikbesitzer. Aber er hatte Schwierigkeiten gehabt, genügend Geld für die Nanga-Parbat-Expedition zu sammeln. Deutschland litt unter der großen Wirtschaftsdepression, es gab kaum Sponsoren aus der Industrie und keinerlei Regierungshilfe. Die Alpenvereine von Deutschland und Österreich sammelten von ihren Mitgliedern so viele Kleinspenden wie möglich. Merkl brachte noch zwei Amerikaner mit in die Geldsammelaktion ein:[1] Rand Herron, ein reicher, dunkelhaariger Mann, der italienische Gedichte schrieb; er kletterte auch gar nicht schlecht am Nanga Parbat, aber Merkl hatte ihn nur seines Geldes wegen mitgenommen. Elizabeth Knowlton war Absolventin des Sarah Lawrence-Colleges, eine Bergsteigerin und nicht zu unterschätzende Spendensammlerin. Sie war die Berichterstatterin der Expedition, und das Buch, das sie anschließend darüber schrieb, ist meine Hauptquelle für die Darstellung jenes Kletterversuchs.

Jedoch selbst mit diesen beiden Amerikanern war die Expedition unterfinanziert. Keiner der Bergsteiger war je zuvor im Himalaya gewesen. Die deutschen Bergsteiger mit Himalaya-Erfahrung und die englischen Kletterer in Indien versuchten alle, Merkl zu überreden, Tibeter und Sherpa-Träger aus Darjeeling anzuheuern. Mit den Engländern am Everest und den Deutschen am Kangchenjunga hatten sie sich großartig bewährt. Aber Merkl lehnte ab, weil er sie sich nicht leisten konnte. Er wollte versuchen, billigere Träger in der Nähe des Nanga Parbats aufzutreiben. Dies sollte er noch bereuen.

Mahatma Gandhis Unabhängigkeitsbewegung zwischen 1919 und 1932 hatte die Beziehung zwischen den herrschenden Briten und den indischen Untertanen verändert. Daher hatte sich auch die Beziehung zwischen weißen Bergsteigern und indischen Trägern gewandelt, ein Umstand, der Merkl mit beträchtlichen Problemen konfrontierte.

Militärische Auseinandersetzungen in der nächsten Umgebung vom Nanga Parbat hatten in der so genannten Nordwest-Grenzprovinz (NWFP) entlang der Grenze zwischen Britisch Indien und Afghanistan, dem Pashtunen-Land, stattgefunden.[2] In den Bergen hatten die moslemischen Pashtunen ihre eigene Stammesorganisation, die bereits seit achtzig Jahren immer wieder lokale Scharmützel mit den Briten ausgefochten hatten. Die britischen Soldaten rückten immer mal wieder in die pashtunischen Gebirgstäler vor, erschossen einige Leute, brannten ihre Häuser nieder und zogen dann wieder ab. In den exponierteren Ebenen und in der Provinzhauptstadt Peshawar allerdings beherrschten sie das Land ebenso wie den Rest von British India.

Im Jahre 1919 begannen Mahatma Gandhi und sein Indischer

Nationalkongress für die Unabhängigkeit von ganz Indien zu kämpfen. Die Wucht und die Begeisterung der Demonstrationen trafen die britischen Befehlshaber empfindlich. In Amritsar, der heiligen Stadt der Sikhs im Punjab, kreisten Gurkha-Truppen unter britischer Befehlsgewalt eine Menschenmenge auf einem großen Platz, dem Jallianwallabagh, ein. Die Soldaten sperrten die Zufahrtsstraßen zum Platz und eröffneten dann das Feuer auf die unbewaffnete Menschenmenge. Die offiziellen Berichte sprachen von 379 Toten, die indischen Angaben lagen bei weitem höher.

General Dyer, der befehlshabende Offizier, teilte einer Untersuchungskommission mit, sein Ziel sei es nicht nur gewesen, die Massen zu zerstreuen, er hatte auch gehofft, »einen moralischen Effekt«[3] zu erzielen. Das ist ihm auch gelungen, aber mit gegenteiliger Wirkung. Konfrontiert mit Aufruhr und Widerstand in ganz Indien, distanzierten sich die imperialistischen Machthaber von Dyer und seinem Massaker, ohne ihn jedoch anzuklagen.

Im moslemischen und pashtunischen Peshawar, der Hauptstadt der Nordwest-Grenzprovinz, fanden zu jenem Zeitpunkt keine Demonstrationen gegen das Massaker von Amritsar statt. Dennoch schrieb Ross-Keppel, der Distrikt-Kommissar, an seine Vorgesetzten in Peshawar, dass die Vorfälle in Amritsar »alle im Hass gegen die britische Herrschaft vereinigt« habe.[4]

Indien war 1919 nur eines von vielen Ländern, das nach Unabhängigkeit strebte. Seit vierzig Jahren war Afghanistan nur zur Hälfte autonom. Seine Waffenimporte und die Außenpolitik wurden von British India kontrolliert. Nun strebte der Amir von Afghanistan die völlige Unabhängigkeit an. Im Mai schickte er die afghanische Armee von Kabul hinunter zum Khyberpass an die Grenze nach Indien, mit dem Befehl, britische Positionen anzugreifen.

Im nahe gelegenen Peshawar brandeten Demonstrationen der Solidarität auf. Ross-Keppel schrieb seinen Vorgesetzten, »das ganze Land ist vergiftet… Große Teile der Bevölkerung hassen uns mit einer so großen Bitterkeit, dass sie selbst eine Invasion begrüßen würden, so lange sie uns nur loswürden«.[5] Trotz oder gerade wegen der Massenunruhen in ganz Indien ergriffen die Briten martialische Maßnahmen, um die Ordnung in Peshawar aufrechtzuerhalten, aber den Afghanen gestanden sie rasch die völlige Unabhängigkeit zu.

Abdul Ghaffar Khan begann nun geduldig, eine indische nationalistische Bewegung zwischen den Pashtunen und den Nordwest-Grenzlern ins Leben zu rufen. Die pashtunischen Dörfer wurden seit langer Zeit von den *Khans*, den feudalen Großgrundbesitzern beherrscht, die über eigene bewaffnete Milizen zur Kontrolle ihrer Landpächter verfügten. Abdul Ghaffar Khan gab seiner neuen Bewegung den Namen »Diener Gottes« (auf Pashtunisch »Khudai Khitmagar«). Die Briten nannten sie Red Shirts (Rothemden) wegen ihrer langen roten Hemden, die die Freiwilligen als Uniform trugen.

Die Diener Gottes wurden von gebildeten jungen Männern angeführt, wovon viele aus wohlhabenden Familien stammten. Abdul Ghaffar Khan war selbst der Sohn eines Großgrundbesitzers. In dem Maße, wie die Diener Gottes in den Dörfern aus den Reihen der ärmeren Bauern und Landpächter immer mehr Freiwillige rekrutierten, nahm die Macht der Großgrundbesitzer-Khans immer mehr ab.

Im Frühjahr 1930 setzten Gandhi und der Kongress eine neue nationale Massenbewegung in Gang. Die Diener Gottes beteiligten sich ebenfalls. Die Kolonialpolizei verhaftete zwei ihrer Anführer in Peshawar; vor der Polizeiwache rottete sich eine Menschenmenge zusammen. Der Stellvertretende Kommissar Metcalfe, der zweitmächtigste Brite in Peshawar[6], brachte, um die Massen in Schach zu halten, eine Polizeitruppe und vier Panzerwagen in Stellung. Die Menschen warfen mit Steinen und Ziegeln, wovon einer Metcalfe traf. Die Polizisten eröffneten das Feuer, und einer der Panzerwagen fuhr durch die Menge und walzte die Menschen nieder. Die Polizei alarmierte die Armee.

Die Menge weigerte sich dennoch, sich zu zerstreuen. Vier Stunden lang standen sich Soldaten und Demonstranten gegenüber, wobei die Soldaten Demonstranten, die ihnen zu nahe kamen, immer wieder mit ihren Bajonetten erstachen.

Die Menge hielt entschlossen, aber meist gewaltlos die Stellung; nur wenige warfen mit Steinen. Viele Menschen in Peshawar, heute wie damals, besaßen Waffen. Nicht eine kam zum Einsatz. Als alles vorüber war, war kein einziger Polizist, Soldat oder Weißer getötet worden. Aber die Polizeiangaben sprachen von dreißig Toten in der Menge. Die Kongresspartei sandte sofort Sardar Vallabhai Patel, einen Gujarati-Hindu und nationalen Führer nach Peshawar, um eine Untersuchung der Ereignisse vorzunehmen. Patels Untersuchung erbrachte den namentlichen Beweis von 125 Toten, aber er sagte, es hätte wesentlich mehr Opfer gegeben, deren Namen sie nicht ermitteln konnten.

Der Mut der Menschen, die bereit waren, sich vier Stunden lang gegen Bajonette zu stellen, hatte beträchtliche moralische Auswirkungen zur Folge. Zwei Tage später widersetzten sich zwei Aufgebote der Royal Garwhali Rifles, eines indischen Regiments von Bergbewohnern in der Nähe der nepalesischen Grenze, dem Befehl, durch die Stadt Peshawar zu patrouillieren und sagten, sie seien nicht bereit, auf Landsleute zu feuern.

Die Briten fürchteten, dass auch andere Armeeeinheiten dem Beispiel der Garwhalis folgen könnten. Dies hätte möglicherweise die generelle Befehlsverweigerung einheimischer Truppen im ganzen Land bedeutet, und somit das Ende der britischen Herrschaft. Die Briten zogen daraufhin sämtliche Truppen aus Peshawar ab. Die nächsten neun Tage kontrollierten die Diener Gottes und die Kongresspartei die Stadt. Der oberste britische Befehlshaber erlitt einen Nervenzusammenbruch und verließ die Stadt. Mitte Mai war die Regierung wieder zuversichtlich genug, um Truppen zurück nach Peshawar zu schicken und langsam wieder eine Art von Ordnung zu etablieren. Doch im nahe gelegenen Umland geschah nun etwas völlig Neues. Siebzig Jahre lang hatten die Briten die Volksstämme der Pashtunen – die Waziris, Afridis, Mohmands, Shinwaris und alle anderen – in ihren Gebirgstälern bekämpft. Nun aber marschierten freiwillige Volksmilizen – die Lashkars – auf die britische Festung Peshawar zu, um eine städtische nationale Bewegung, die Hindus und Moslems gegen die Briten vereinigte, zu unterstützen.

Diese Stammeserhebungen kamen schließlich wieder zur Ruhe, und bis zum Herbst 1930 hatte die britische Armee die Macht in der Nordwest-Grenzprovinz erneut etabliert. Doch in jenem Herbst riefen die Diener Gottes in Massenkampagnen zum Ungehorsam gegen die Machthaber auf. Sie organisierten die Verweigerung der Landsteuern; im darauf folgenden Jahr war das Steueraufkommen auf ein Drittel des Normalen reduziert. Gleichzeitig unterminierten sie britisches Recht. Sie gründeten, parallel zur offiziellen Gerichtsbarkeit, eigene Gerichte, sprachen eigenes Recht. Wenn die Polizei den Versuch unternahm, Menschen zu verhaften, deren Fälle vor britischen Gerichten zur Verhandlung angesetzt waren, stellte sich die Menge dagegen. Nachts schüchterten Nachbarn diejenigen ein, die erwogen, vor britischen Gerichten als Zeugen auszusagen. Die »Diener des Volkes« organisierten Menschenmengen, um in britische Gerichtssäle zu stürmen und die Verhandlungen zu unterbrechen. Dies waren keine Versuche, das Recht zu unterlaufen, sondern die Rechtsprechung der Briten zu kontrollieren.

Innerhalb eines Jahres, im Juni 1931, berichtete der Geheimdienst, dass ein bestimmter ländlicher Bezirk »Khattak Land rasend schnell zu den Roten überläuft… Die Anführer… verkünden, dass Tausende Freiwillige sich bei den Rothemden eingeschrieben« hätten. Ein anderer britischer Offizieller fürchtete, dass die Diener Gottes »Gefahr liefen, die Verhaltensweisen der Massenbewegung der Armen und der bedürftigeren Klassen anzunehmen«.[7]

Ihren Höhepunkt erreichte die Volksbewegung im September

und Oktober 1932, als alleine in der Stadt Peshawar siebenundzwanzig große Demonstrationen, neun große Volksaufläufe und ein Generalstreik stattfanden. Sechs Monate zuvor war die deutsch-amerikanische Nanga-Parbat-Expedition von 1932 ins Bergland gekommen und hatte begonnen, Träger anzuwerben.

Die Expedition von 1932 heuerte Diener, Köche, Träger und berittene Träger in Kaschmir an. Sie gingen nach Astor, einer kleinen Stadt östlich vom Nanga Parbat. Von dort aus wollten die Bergsteiger zur anderen Seite des Berges gehen, um ihr Basislager dort zu errichten und den Gipfel vom Nordwesten her anzugreifen. Das bedeutete, die Ausrüstung und Vorräte über Pässe zu tragen, die zu schmal für Pferde und Ponys waren. Also befahlen sie den Köchen und Dienern aus Kaschmir, die bisher keine Trägerdienste geleistet hatten, die Lasten selbst zu tragen.

Die Köche und Diener weigerten sich. Sie sagten, sie hätten keinen solchen Vertrag unterschrieben. Abdul Bhatt, der Obmann der Diener, ein erfahrener Jäger mit einem weisen, runzeligen Gesicht und einem weißen Bart, den er sich mit Henna rot färbte, versammelte die Diener und Träger um sich. Elizabeth Knowlton schrieb:

Abdul Bhatt hielt eine dramatische Ansprache, bei der er jedermann mit Gesten zeigte, wie er demjenigen die Kehle durchschneiden würde, der sich auf die Seite der Sahibs schlug, anstelle das natürliche Recht der indischen Träger aufrechtzuerhalten… Dies war unsere erste Erfahrung mit eingeborenem »Bolschewismus«, ein Begriff, der ab und an benutzt wurde, wenn es um den Mangel an Unterwürfigkeit vor der traditionellen Autorität des weißen Mannes ging. Man sagte uns, dass dies in den Bergen gang und gäbe sei. Zum Beispiel wäre früher jeder Einheimische, der auf der Straße einem Weißen begegnete, vom Pferd gesprungen und hätte als Zeichen seines Respekts in dieser Haltung verharrt, während der Sahib vorüberging. Nun machte man uns klar, dass viele junge Männer dies nicht mehr täten, sondern unbeirrt vorbeiritten, wie Gleichberechtigte.[8]

Die Kaschmiris und die Bergbevölkerung rund um den Nanga Parbat hatten alle von der Bewegung in den pashtunischen Bergen gehört. Die Gebirgstäler um den Nanga Parbat – Chilas, Astor und Hunza – waren erst in den letzten zwanzig bis vierzig Jahren erobert worden. Menschen mittleren Alters konnten sich noch daran erinnern, von den Briten unabhängig gewesen zu sein, und nun konnten sie sich vorstellen, dass es wieder so sein würde. Sie stiegen nicht von ihren Pferden, um sich vor den Sahibs zu verbeugen.

Willy Merkl wusste nicht, was er gegen die streikenden Kaschmiri-Diener unternehmen sollte. Er wandte sich an den Versorgungsoffizier, den die Briten ihm mitgegeben hatten, R.N.D (Royal Navy Division) Frier, einem Lieutenant der Gilgit Scouts. In Gilgit befand sich das britische Hauptquartier der Bergregion, wo Indien, China und Afghanistan zusammenstoßen; die Gilgit Scouts waren ein Regiment von Einheimischen unter der Führung britischer Offiziere. Der britische Befehlshaber in Gilgit hatte Frier als Dolmetscher und Mittelsmann für die Träger abkommandiert, und um ein Auge auf die Deutschen zu haben. Frier sprach Urdu sowie einige der Dialekte der Bergbevölkerung und glaubte zu wissen, wie man mit den Einheimischen umging. Er warf die protestierenden Kaschmiri-Diener und Träger hinaus und begann, sich nach neuen ortsansässigen Trägern umzusehen.

Die Kaschmiris hatten sich auf den Handel eingelassen, weil sie das Geld brauchten. Die neuen Männer hingegen waren nicht so frei. Die Briten regierten die größten Teile Indiens unmittelbar, aber in diesen weit nördlich gelegenen Bergen war ihre Macht doch eher beschränkt. In einigen Regionen nahe des

Nanga Parbat gab es völlig autonome Gebiete mit Herrschern, wie zum Beispiel dem Mir von Hunza, andernorts hatten Kleinfürsten das Sagen, wie etwa der Nahim Tesseldar in Astor, der wenige benachbarte Täler kontrollierte. Theoretisch war er befugt, seine eigenen Angelegenheiten zu regeln, praktisch aber hatte der Befehlshaber von Gilgit die Macht über ihn. Jener Befehlshaber der Gilgit Scouts hatte Frier nach Astor geschickt, und nun bat Frier den Nahim Tesseldar von Astor, ihm Träger zur Verfügung zu stellen. Der Nahim Tesseldar musste sich dem fügen.

In vielen Berggebieten Britisch Indiens, Nepals und Tibets war es üblich, dass sowohl die Kleinfürsten als auch die Regierung unbezahlte Fronarbeit einforderte für beispielsweise Transporte, Bewässerung oder Straßenbau. Unbezahlte Fronarbeit mussten die Dorfbewohner auch auf den Feldern des Kleinfürsten oder seines Stellvertreters leisten. Die hundertzwanzig Träger, die Nahim Tesseldar 1932 für Frier bereitstellte, wurden zwar bezahlt, aber sie waren keine Freiwilligen.

Darüber hinaus hatten sie auch die Expedition von 1895 nicht vergessen; auch nicht den Tod von Raghabir Thapa, Gaman Singh und Frank Mummery. Es war zwar lange Zeit verstrichen, dennoch war Astor damals der Ausgangspunkt jener in ihren Augen tollkühnen Expedition gewesen. Die Astoris waren Moslems, also Monotheisten, aber diejenigen, die an gefährliche Dämonen auf dem Nanga Parbat glaubten, hatten Recht behalten und die Information an ihre Enkel, die nun als Träger rekrutiert worden waren, weitergegeben.

Diese jungen Männer wussten nicht, was sie tun sollten. Frier hatte den Befehl gegeben, und sie waren gekommen. Sie wagten nicht, sich zu weigern, aber sie wagten auch nicht, auf den Nanga Parbat zu steigen. Also weigerten sie sich auf Grund der Tatsache, dass die Lasten zu schwer seien. Frier sagte ihnen, der Nahim Tesseldar wäre einverstanden gewesen, dass jeder dreiundzwanzig Kilo trüge. Die Männer von Astor blieben standhaft. Frier verstand nicht, was vor sich ging. Träger trugen ständig dreiundzwanzig Kilo. Zu Knowlton sagte er, dass er hoffe, »die Konsequenzen würden die Träger von ihrem unerklärlichen Eigensinn schon abbringen«.[9] Mit Konsequenzen meinte er, was der Nahim Tesseldar mit ihnen machen würde, wenn sie sich weiterhin weigerten.

Der Nahim Tesseldar hatte auch vierzig Balti-Träger für Frier vorgesehen. Die Baltis kamen aus den etwas östlicher gelegenen Dörfern, sie waren Moslems, die eine mit dem Tibetischen verwandte Sprache sprachen. Sie hatten den traditionellen Ruf, etwas zugänglicher zu sein – ihre Nachbarn jagten ihnen oft genug Furcht und Schrecken ein –, und so erwies es sich auch: Sie erklärten sich einverstanden, die Lasten, die die Astoris sich weigerten zu tragen, auf den Berg zu transportieren. Um Ausrüstung und Verpflegung um den Berg herum zum Basislager zu schaffen, organisierte Lieutenant Frier eine Art Staffellauf. Und siehe da, am nächsten Morgen erklärten sich auch die Astoris bereit, mitzutragen. Der Nahim Tesseldar hatte ihnen vermutlich »die Konsequenzen« erklärt. Aber es hatte auch Verhandlungen gegeben, und Frier musste sich damit abfinden, dass die Astoris nicht den Berg selbst besteigen würden.

Irgendwann im Verlauf der nächsten Tage stellten auch die Baltis klar, dass sie ebenfalls nicht auf den Berg gingen. Sie hatten wohl mit den Astoris gesprochen.

Der politisch Verantwortliche in Gilgit bat seinen Freund und Schützling, den Mir von Hunza, um Hilfe. Hunza war ein Königreich im äußersten Norden des Karakorum, am Fuß des Passes gelegen, wo die alte Verbindungsstraße ins chinesische Turkestan mündete. Einige Leute behaupteten, dass die Menschen dort regelmäßig hundert Jahre alt würden, andere sagten, dort lägen die Schauplätze von James Hiltons Roman über Shangrila, »Irgendwo in Tibet«. Es war ein wunderschönes Tal, ein Hochplateau mit wenigen Wasserstellen, bitter arm, jedoch berühmt für seine Aprikosen. Der politische Offizier in Gilgit hatte die Hoffnung geäußert, die Hunzas könnten möglicherweise die geborenen Hochträger sein. Immerhin waren sie Bergbewohner wie die Sherpas in Nepal. Und ihre isolierte Heimat lag viel weiter entfernt von den Zentren nationalistischer Agitation als Kaschmir und Astor.

Den Marsch um das Nanga-Parbat-Massiv begleiteten dreißig Hunza-Träger, und Knowlton fand es »amüsant zu sehen, wie sie stark und kräftig den Berg hinaufstiegen, und wie sie unter ihrer schweren Last lachten und schwatzten. Es waren große, dunkelhaarige und sehnige Männer, mit Gesichtszügen und der Statur wie Arier« – wie die Sahibs, die sich darüber freuten, dass sie »freundlich, hilfsbereit und ambitioniert« waren.[10] Mit ihnen kam auch ihr Obmann, der *Jemadar* (das Urdu-Wort für Sergeant). Er war der Mir der Hunza-Männer, und stets nahm er die Position der Sahibs ein.

Wenige Tage später erreichten sie das Basislager auf der flachen Ebene vor der Nordseite des Nanga Parbat, die die Deutschen *Märchenwiese* nannten. Im Sommer weideten dort die aus der Gegend stammenden Chilasis ihre Schafe. Nun lag er vor ihnen, aus weißem Eis und Fels, der mächtige Nanga Parbat. Die Träger stellten die Zelte der Sahibs auf, dann bauten sie sich, einige hundert Meter entfernt, aus Zweigen, Blättern und Gras ihre eigenen Unterkünfte. Auf dem Berg würden die Hochträger in Zelten schlafen, wie die Sahibs, unten jedoch mussten sie für sich selbst sorgen.

Lieutenant Frier und Willy Merkl einigten sich, die einhundertzwanzig unkooperativen Astoris auszubezahlen und nach Hause zu schicken. Die vierzig Baltis, die sich immer noch weigerten, auf den Berg zu gehen, die aber bereit waren, weitere Lasten zum Basislager zu tragen, behielten sie. Auf dem Weg zum Basislager waren einige der Lasten gestohlen worden; Merkl bestimmte zehn der Hunzas und ihren Jemadar, um danach zu suchen.

An jenem Abend, ohne ihren Jemadar, beschwerten sich die Hunzas über ihr Essen. Man hatte ihnen Rationen von 450 Gramm

Weizenmehl und 250 Gramm Linsen täglich zugesagt, alles in allem tausendachthundert Kalorien. Zu Beginn des Marsches hatten sie sich jeden Abend in einer Reihe vor einen der Sahibs aufgestellt. Dann trat jeder Mann einzeln vor, breitete sein Tuch aus, in das der Sahib vorsichtig die Ration schüttete. Der Mann nickte zum Dank und ging zurück zu seinem Platz. Tausendachthundert Kalorien sind in etwa so viel, wie Menschen essen, die auf Diät sind. Mindestens dreitausend Kalorien benötigen Menschen, die hart arbeiten, auf Meereshöhe versteht sich. Westliche Bergsteiger im Himalaya, die heute nur geringfügig mehr als dreitausend Kalorien pro Tag essen, verlieren auf einer Expedition zwischen zehn und zwanzig Kilo Gewicht. Durch die höhenbedingten Strapazen, selbst beim Schlafen, verbraucht man erst Fett und dann Muskelmasse. Die Hunzas waren sehnige Männer, wie wir uns erinnern.

Die Expedition von 1932 war, wie schon gesagt, unterfinanziert, aber der Geiz der Sahibs fiel nicht aus dem Rahmen. Auf britischen Expeditionen gab es die gleichen Rationen. Die Träger bekamen Tee, sowie etwas Salz und Öl, um aus ihrem Mehl flache Chapati-Brote zu backen. Sie bekamen kein Fleisch, keine Milch, keinen Käse, kein Gemüse, kein Obst, keine Kekse, keine Bonbons oder Zucker für ihren Tee. Die Sahibs bekamen all dies sehr wohl. Aber auch das entsprach dem Standard. Natürlich waren die Hunza-Männer arm und würden auch bei sich zu Hause nicht viel mehr Kalorien gegessen haben, aber zu Hause hätten sie Gemüse zu ihrem Brot gehabt und nicht versucht, einen der zehn höchsten Berge der Welt zu besteigen. Dorjee Lhatoo, der berühmte indische Bergsteiger, ist der Meinung, dass einer der Gründe, weshalb so viele Träger jener Zeit an der Höhenkrankheit gelitten hätten, die Unterernährung gewesen sei.

Auf dem letzten Stück des Marsches zur Märchenwiese war das mit den Hunzas vereinbarte Weizenmehl ausgegangen. Anstelle dessen wurde ihnen Reis angeboten. Heute ist Reis in den nördlichen Bergen ein Luxusessen, sehr teuer, und wird zu Hochzeiten gereicht. 1932 war Reis ein fremdartiges, ausländisches Lebensmittel. Die Hunzas wollten jedoch ihre Chapatis. Als sie am ersten Abend auf der Märchenwiese ihre Rationen abholen wollten und Reis bekamen, lehnten sie ihn ab. Lieutenant Frier wies die Sahibs an, »der Weigerung keine Beachtung zu schenken … Wie ungezogene Kinder würden sie spätestens am nächsten Morgen ihre Sturheit aufgeben«.[11] Früh am nächsten Morgen nahm Lieutenant Frier sein Gewehr und zog mit einem der Einheimischen los. Jemand hatte ein Ibex gesehen, eine dieser langhaarigen wunderschönen Bergziegen. Nun war neben ihrem Obmann auch Frier verschwunden. Die zwanzig verbliebenen Träger lehnten den Reis erneut ab. Im Halbkreis setzten sie sich zwischen die Zelte der Sahibs und begannen, einander Reden zu halten. Als Knowlton später über diesen Sommer schrieb, erinnerte sie sich an endlose Palaver und stellte sich vor, dass es genauso im kommunistischen Russland gewesen sein muss. Speziell erinnerte sie sich an »einen besonders aktiven und redefreudigen Hunza, der bereits aufgefallen war, als er auf dem Weg hierher Ärger gemacht hatte. Er war groß, hatte einen schwarzen Schnurrbart und sprach mit einer lauten, nachdrücklichen Stimme. Ein weiterer Rädelsführer, ein kleiner schlauäugiger Mann, hob sich in seinem langen ausgeblichenen roten Umhang zwischen all den schwarzbraunen und grauen Tönen deutlich ab.«[12]

Die Reden gingen immer weiter, ein Mann nach dem anderen sprang auf und schrie sich die Seele aus dem Leib. Bis endlich Fritz Wiessner ging und den Koch holte, damit er für ihn übersetzte.

Merkl war der Leiter der Expedition, aber Wiessner nahm sich der Sache an, denn Merkl sprach als einziger der Deutschen kein Englisch. Wiessner war ein erfahrener Bergsteiger und dazu auch ein Geschäftsmann, dem in Deutschland eine ganze Kette von Apotheken gehörte, dazu ein Importgeschäft in Amerika. In Deutschland waren einige Leute der Ansicht gewesen, Wiessner hätte der Leiter der Expedition sein sollen. Ja, sie bewunderten ihn sogar, mit welcher Gelassenheit er hinter Merkl zurücktrat. Nun übersetzte der Koch, und Wiessner stand da und versuchte, entspannt und gleichzeitig autoritär zu blicken. Die Verhandlung begann. Ziemlich bald erklärte Wiessner den Hunzas, dass es schon die ganze Zeit über geplant gewesen sei, mit der Besteigung des Berges auch die Ration Mehl zu verdoppeln. Vermutlich war dies nie geplant, denn wenn es so gewesen wäre, hätte dies jemand den Hunzas vorher gesagt. Aber mit dieser Version machte Wiessner eine Konzession, ohne zu offensichtlich nachzugeben. Die Hunza-Träger waren zufrieden, hörten mit ihren Reden auf und nahmen den Reis.

Am Nachmittag kam Lieutenant Frier mit einem erlegten Ibex zurück. An jenem Abend erklärte er den Trägern, dass sich unter der Ladung, die unterwegs gestohlen worden war, auch die Pakete befunden hatten, die die meisten Ausrüstungsgegenstände für die Hochträger enthielten: Pullover, Handschuhe, Stiefel, Wollmützen, Fäustlinge, Schneebrillen, Eispickel und Decken. Es sei nur noch die Ausrüstung für neun Mann vorhanden. Die Sahibs hätten daher beschlossen, dass sich die Träger abwechselten. Jeder Mann, der auf den Berg hinaufging, würde ein volles Set erhalten, und wenn er ins Basislager zum Erholen zurückkäme, würde er seine Ausrüstung an einen anderen Träger weitergeben.

Dieses Mal hielten die Träger keine Reden. Still begannen sie, ihre Sachen zu packen, um nach Hause zu gehen. Knowlton schrieb nicht, weshalb, aber den Grund kann man sich denken. Hochträger bekamen, wenn ihre Arbeit beendet war, im Regelfall ihre Expeditionskleidung als Bonus geschenkt. Solch eine Ausrüstung war sehr viel mehr wert als ihr gesamter Lohn. Zu jener Zeit konnte man in Khumbu etwa eine Expeditionsjacke, einen Schlafsack und Stiefel für so viel Geld verkaufen, wie ein kleines Haus kostete. Die Hunza-Träger mussten erkannt haben, dass nur wenige von ihnen, wenn überhaupt einer Bergsteigerkleidung mit nach Hause bringen würde. Außerdem hatten sie zu diesem Zeitpunkt sicherlich auch bereits mit den ortsansässigen Astori-Trägern über die Tragödie von 1895 und den Gott oder Dämon gesprochen, der auf dem Berg lebte. Sie wurden also von Leuten angeführt, die noch nie im Himalaya gewesen, und nicht mal in der Lage waren, Stiefel oder auch nur ihre Chapati-Brote zu organisieren. Es machte einfach keinen Sinn, einer solchen Führung sein Leben anzuvertrauen.

Freundlich erklärten die Hunza-Träger Lieutenant Frier, dass sie nun gingen, und zwar alle bis auf drei. Schweigend standen die Sahibs da und sahen zu, wie die Hunzas hinter der Biegung des Weges verschwanden. Und dann saßen die Sahibs niedergeschlagen in dem plötzlich so stillen Lager. Wie konnten sie sich mit nur drei Trägern an einen Aufstieg wagen?

Einer der Bergsteiger erinnerte sich daran, dass zehn Hunza-Träger und ihr Obmann ja noch immer unten im Tal waren und nach den gestohlenen Ausrüstungen suchten. Vielleicht, sagte er, würden diese Männer die Meuterer unterwegs treffen, und der Obmann würde sie wieder zurückbringen. Einer der anderen Bergsteiger meinte, die Meuterer könnten vermutlich die anderen überreden, mit ihnen zurück nach Hunza zu gehen.

»Ich glaube nicht, dass sie das tun«, meinte Frier mit der Zuversicht eines Mannes, der um seine Macht wusste. Er erklärte, dass der Obmann ein Freund des Mirs von Hunza sei, und er »sicherlich alles versuchen würde, dass sie bei uns bleiben. Denn sie wissen, dass ich melden werde, was passiert ist, und sie wissen auch, was ihnen vom Mir droht, wenn sie uns ohne guten Grund im Stich lassen, einfach nur so. Er hat die Macht, einem jeden sein Land wegzunehmen, ja, sie sogar aus Hunza für immer zu verbannen. Außerdem haben sie nicht genug zu essen, um so weit zu gehen. Keine Angst, morgen kommen sie wieder, mit eingezogenen Schwänzen.«[13]

Das waren üble Drohungen, die Frier aussprach. Ein Mann, der sein Land verloren hatte, musste Landpächter werden und durfte nur ein Fünftel bis zu einem Drittel der Ernte behalten, der Rest gehörte dem Landbesitzer. Er hätte Schwierigkeiten, Ehefrauen für seine Söhne zu finden und seine Frau oder Töchter vor den unwillkommenen Nachstellungen wohlhabenderer Männer zu schützen. Regelmäßig würde er öffentlich gedemütigt und hätte ständig Schwierigkeiten, seine Familie zu ernähren.[14] Hunzas waren keine freien Arbeiter, sondern von ihrem Feudalherrn abhängig. Friers Drohung gegen die Hunzas vermittelte auch eine Vorstellung über die »Konsequenzen«, die er zuvor den unwilligen Astoris angekündigt hatte.

Die Meuterer trafen tatsächlich ihren Obmann und dessen zehn Männer auf dem Weg. Sie stritten sich hin und her. Zwei der zehn Träger, die mit dem Obmann unterwegs gewesen waren, schlossen sich den Meuterern an und zogen mit ihnen nach Hause. Der Obmann und die verbliebenen acht Träger kehrten noch am selben Abend zur Märchenwiese zurück. Sie hatten die gestohlenen Pakete nicht gefunden. Die Sahibs beschlossen, dass jene acht Hunzas plus der drei, die nicht gemeutert hatten, also zusammen elf Träger, ausreichen mussten.

Am nächsten Morgen kamen drei der Meuterer zurück ins Lager; sie waren angespannt, schweigsam und grüßten niemand. Sie gingen auf Frier zu und sagten ihm, dass beinahe alle anderen unten am Weg warteten, dass sie um Verzeihung bäten und zurückkehren wollten. Frier ließ sie eine oder zwei Stunden schwitzen, bevor er ihnen vergab. Nur »drei oder vier der schlimmsten Unruhestifter waren nicht zurückgekehrt«.[15] Diejenigen, die zur Märchenwiese zurückkehrten, mochten dies vielleicht als Zwang empfunden haben, aber wenigstens liefen sie nicht Gefahr, zu Hause ihr Land zu verlieren.

Von der Märchenwiese aus konnten die Bergsteiger zwei bis dreimal pro Stunde Lawinen den Nanga Parbat herunterdonnern sehen, meistens in einer Höhe zwischen 2500 und 3500 Metern. Noch einmal: Die einfachsten Routen, um im Himalaya zu klettern, die relativ sanften Abhänge, sind gleichzeitig die lawinengefährdetsten. Die steilen Wände sind schwieriger zu besteigen, aber auch weniger lawinengefährlich, weil dort weniger Schnee liegt. Am sichersten sind die Grate, weil der Kletterer stets oben steht, während der Schnee zu beiden Seiten abgeht. Die Grate sind aber auch kälter, weil sie der vollen Kraft des Windes ausgesetzt sind. Auf einem Grat Höhe zu machen, dauert länger, weil der Kletterer, den Formen des Grates folgend, ständig auf und ab gehen muss. Daher ist das Auswählen einer Route im Himalaya immer eine Abwägung zwischen Gefahr, Schwierigkeit und Zeit.

Die Bergsteiger konnten sehen, dass die Lawinen die einfache Route quer über die Nordwestflanke unmöglich machten. Der einzige sichere Weg schien vom Norden her zum Gipfel zu führen. Dort würden sie die Flanke hochsteigen und sich ihren Weg durch das Gewirr von Eis und steilen Schneehängen bahnen. Dann könnten sie vielleicht den Nordgrat erreichen, der etwas nördlich einer tiefen Scharte begann. Von dort aus müssten sie dann, der Kontur des Grates folgend, hinunter in die Scharte laufen, und dann wieder hinauf in Richtung Gipfel gehen. Es würde Tage, vielleicht sogar Wochen dauern, auf dem Nordgrat Lager zu errichten. Das alles lag ja höher als 7000 Meter. Allerdings sah diese Route sehr viel sicherer aus als der direkte Weg nach oben.

Jene Route war tatsächlich sicherer, aber eben nur relativ. Die Kletterei zog sich hin. Eine Woche, nachdem sie aufgebrochen waren, hatten sie erst den Platz für Lager II erreicht. Damit hatten sie etwa ein Drittel des Weges zum Nordgrat zurückgelegt. Eines Tages führten Wiessner und Aschenbrenner vier Träger und den Koch hinauf zum Lager I. In dieser Nacht teilten sich die beiden Sahibs ein Zelt, die vier Träger und der Koch schliefen im anderen. Dies war auf Expeditionen normal – Sahibs und Träger schliefen niemals zusammen. Mitten in der Nacht wachten plötzlich alle sieben Männer vom Donnern einer Lawine auf. Das Geräusch schwoll an, sie warteten auf den Aufprall, und dann schlug sie zu. Beide Zelte fielen zusammen, die Stangen knickten um wie Streichhölzer. Wiessner und Aschenbrenner versuchten, die Leinwand ihres Zeltes mit ihren Körpern in die Höhe zu drücken, um einen Hohlraum für Luft zu schaffen, damit sie noch atmen konnten.

Langsam kehrte Stille ein. Alle sieben Männer stellten fest, dass sie atmen konnten und krochen aus ihren Zelten. Sie hatten genau unter dem Überhang einer Eiswand kampiert, und die Lawine war über sie hinweggefegt. Es war der Luftdruck gewesen, sozusagen die Bugwelle der Lawine, die die Stangen der Zelte umgeknickt hatte, und ringsum wirbelnder Schnee hatte dann ihre Zelte verschüttet. Aber sie lebten.

Wenn sie ihre Zelte einen oder zwei Meter entfernt aufgestellt hätten, dort wo Herron und Kunigk noch vor fünf Nächten geschlafen hatten, hätte sie der Überhang nicht geschützt, die Lawine hätte sie getötet. Dieser Vorfall wird nicht gerade dazu beigetragen haben, das Vertrauen der Träger in ihre Sahibs zu stärken.

Die ganze Nacht lagen die Träger wach und beteten. Knowlton schrieb, sie beteten zu Diamir, dem Gott des Nanga Parbat. Vielleicht taten sie dies auch, aber sie waren Muslims, und beteten in erster Linie zu Allah.

Als der Morgen graute, weigerten sich die vier Hunza-Träger weiterzugehen. Sie stiegen ab ins Basislager und erzählten den anderen von der Lawine. Alle entschieden sich erneut, nach Hause zu gehen. Doch dann zögerten sie wieder und waren hin und her gerissen von zwei Ängsten. Wenn sie blieben, konnten sie in einem Eisgrab enden. Wenn sie gingen, mussten sie mit dem Zorn Friers und dem Verlust ihres Landes rechnen. Aus ihren selbstgebauten Unterkünften kamen sie herüber, hockten sich wieder zum Palaver mitten unter die Zelte der Sahibs. Zwei Tage lang stritten sie sich mit Frier und ihrem Obmann. Der Obmann spielte den Bösen und schrie sie zusammen, Frier war der Gute, obwohl er derjenige war, von dem die Drohungen ausgingen und der über die größere Macht verfügte. Die Träger hielten Reden und verließen den Platz nicht mehr. Nach und nach war Frier gezwungen, ihnen immer mehr Geld anzubieten. Am Ende der zwei Tage schlug er fünf Rupien pro Tag für die Arbeit am Berg vor; das war der fünffache Satz. Im Jahre 1932 war dies mehr, als ein Arbeiter in England verdiente, und etwa zwei Drittel dessen, was 1938 den Arbeitern in den USA als Mindestlohn angeboten worden war. Die Hunzas nahmen es und setzten ihre Trägerarbeit am Berg fort.

Sahibs und Träger arbeiteten sich vor bis Lager IV, zwei Drittel der Strecke bis zum Nordgrat hinauf. Knowlton befand sich in einer Seilschaft mit Trägern. Bei jeder Kletterpause baten sie sie um eine *Zigarette*, das einzige Wort, das sie in englischer Sprache beherrschten. Sie gab jedem Mann eine Zigarette und Streichhölzer. Einer zündete sich seine an und ließ sie dann im Kreis gehen, damit jeder einen Zug nehmen konnte, die anderen packten die ihre vorsichtig weg, um sie an einem anderen Tag zu rauchen. Als Dankeschön schenkten sie Knowlton die berühmten getrockneten Aprikosen aus Hunza, die sie von zu Hause mitgebracht hatten.

Bergsteiger rauchten zu jener Zeit wie die Schlote. In seiner Autobiographie sagt Tenzing Norgay, dass er nie oberhalb des Basislagers geraucht habe. Als ich das zum ersten Mal las, war ich überrascht, dass er im Basislager überhaupt geraucht hatte. Nachdem ich mehr Bergsteigerbücher gelesen hatte, stellte ich jedoch fest, dass Tenzing mit seiner Selbstkontrolle übermäßig geprahlt hatte; und Maurice Herzog, ein Bär von einem Mann, ein Kletterer von außergewöhnlicher Ausdauer, machte 1950 am Annapurna nach einer schwierigen Passage immer eine Zigarettenpause.

Das andere, worum die Hunzas hoch oben am Berg baten, war Zucker für ihren Tee.

Die Expedition brauchte drei Monate und alles in allem sieben Lager, um den Nordgrat in 7000 Metern Höhe zu erreichen. 1924 hatten die Kletterer am Everest diese Höhe in sechs Wochen mit nur vier Lagern erreicht. Die Deutschen waren offenbar sehr langsam. Natürlich hatten sie weniger Träger, und die Sahibs trugen bis fast zum Ende so gut wie nichts. Aber selbst mit diesen Handicaps möchte man meinen, sollten sie mehr als 1800 Höhenmeter in drei Monaten geschafft haben.

Ausgehend vom Buch, das Knowlton anschließend geschrieben hat, ist es schwer zu sagen, wie schnell sie gegangen sind. Die meisten Expeditionsbücher geben ziemlich präzise und oft sehr langweilig ganze Listen von Daten und Details von Lagern wider, und wer wann wohin gegangen ist. Knowlton tat dies nicht. Sie war eine erfahrene Bergsteigerin und eine ausgezeichnete Autorin. Vermutlich nannte sie deshalb keine Daten, weil sie damit verraten hätte, wie langsam die Kletterer unterwegs waren und wie viele Tage sie sich zur Erholung genommen hatten.

Ihre Körper lernten auf die harte Weise, was sie verstandesmäßig noch nicht erfasst hatten – wie kompliziert die Himalayagipfel tatsächlich sind. Die Flanke, die sie hochstiegen, war schwierig und steil. An manchen Stellen reichte ihnen der Schnee bis zum Gürtel, an anderen Stellen war das Eis spiegelglatt. Sie waren mit ihren Kräften am Ende und mussten rasten. Das taten sie denn auch. Und sie gaben den Trägern die Schuld, dass sie so langsam vorwärts kamen.

An einem Tag – Knowlton sagt nicht an welchem – waren Wiessner, Bechtold, Merkl und zwei Hunza-Träger im Lager VI, gerade unterhalb des Nordgrats. Einer der Träger lag höhenkrank in seinem Zelt und stöhnte. Der andere Träger lehnte es ab, ihn alleine zu lassen, also entschieden sich die drei Sahibs, alleine weiterzugehen. Sie bestiegen den Nordgrat und kehrten wieder zurück. Aber Lager VI war »mit dem ständig stöhnenden Träger kein besonders angenehmer Ort«[16], schrieb Knowlton.

Den Sahibs war bekannt, dass der Mann die Höhenkrankheit hatte. 1932 wussten Bergsteiger, dass zu wenig Sauerstoff die Menschen krankmachen konnte. Was sie aber nicht wussten, war, dass die einzige Heilungschance darin bestand, den Kranken vom Berg runterzuschaffen, und zwar schnell. Merkl, Bechtold und Wiessner waren ängstlich darauf bedacht, auf dem Grat Lager VII zu errichten. Sie sagten sich, dass sie vom Lager VII aus den Gipfel in zwei Tagen erreichen könnten. Das war hochgradig optimistisch, rührte aber von einem tief sitzenden Pessimismus her. Sie spürten es in jeder Faser ihres Körpers, dass sie nicht in der Lage waren, noch zwei Wochen lang in dieser Höhe zu klettern. Also sagten sie sich, es würde nur noch zwei Tage dauern. Sie glaubten es, denn in den Alpen hätten sie eine Kletterpartie dieser Art leicht in zwei Tagen geschafft. Sie verstanden es eben nicht, dass dies im Himalaya in solchen Höhen und bei solchen Wetterbedingungen nicht möglich war.

Also versuchten sie es mit Gewalt, Lager VII zu errichten, und kümmerten sich nicht darum, den kranken Träger hinunterzuschaffen. Doch am nächsten Morgen ging es ihm so schlecht, dass sie der Meinung waren, sie könnten ihn nicht einfach mit dem anderen Träger zurücklassen. Dies impliziert, dass sie Angst hatten, er könnte sterben. Wiessner, Bechtold und Merkl zogen Streichhölzer, um zu sehen, wer bei dem Kranken bleiben musste – Wiessner war »*der Unglücksrabe*«.[17] Er blieb, und wartete auf Lieutenant Frier und weitere Träger zur Unterstützung.

An diesem Tag errichteten Merkl und Bechtold Lager VII auf dem Grat und kamen wieder zurück. Wer nicht da war, waren Frier und die Träger, und »der kranke Hunza, der nun schon Tage in seinem beklemmenden Loch verbracht hatte, stöhnte ärger denn je. Es bestand keine Hoffnung mehr, dass er und sein Kollege noch irgendwelche Lasten tragen würden. Lager VI war für Wiessner, der hier mit dem stöhnenden Kuli den ganzen Tag verbracht hatte, ein trostloser Ort gewesen.«[18]

An diesem Abend sah der Himmel beängstigend aus. Ein

Schneesturm drohte sie in Lager VI festzunageln. Schließlich entschieden sie sich, doch abzusteigen und den Träger mitzunehmen. An dem einen Seil kletterten Bechtold und Merkl, Wiessner nahm die beiden Träger an sein Seil. Wiessner war sein ganzes Leben lang ein Sicherheitsfanatiker gewesen und, wie es schien, auch ein gütigerer Mann als Bechtold und Merkl. Der Kranke, nach mindestens vier Tagen in dieser Höhe, konnte weder gehen noch kriechen. Der gesunde Träger stieg zuerst ab, Merkl als Letzter, der Kranke hing zwischen ihnen. Mal schleppten sie ihn, dann wieder ließen sie seinen Körper am Seil über das Eis schlittern. Sie erreichten ein steil abfallendes Schneefeld, übersät mit riesigen Eistürmen. Der gesunde Träger suchte sich seinen Weg durch die Brocken als Erster. Unter ihm taten sich gewaltige Gletscherspalten auf. Wenn er gefallen wäre, hätte dies seinen Tod bedeutet. Der Hunza schaffte es nach unten, kam sicher zu stehen, trieb seinen Eispickel in den Schnee und wickelte das Seil darum, um Wiessner zu belegen. Nun begann Wiessner den Abstieg mit dem Gewicht des Kranken vor ihm.

Als sie bei dem Hunza, der ihn belegt hatte, ankamen, passierte es. Knowlton schrieb, dass Wiessner die Schulter des gesunden Trägers »leicht gestreift« hätte und dieser das Gleichgewicht verlor. Tatsächlich aber muss Wiessner schwer gestürzt sein, denn der Aufprall war stark genug, den Pickel aus dem Eis zu reißen. Er rutschte den Berg hinunter und zog sowohl den Kranken als auch Wiessner mit sich. Im Fallen drehte sich Wiessner um und schaffte es gerade noch, seinen Pickel in den Schnee zu schlagen und sich daran festzuhalten. Wiessner konnte den Fall bremsen, aber alle drei Männer wussten, dass sein ursprünglicher Sturz sie beinahe getötet hätte.

Im Lager V war soeben Lieutenant Frier mit weiteren Trägern angekommen. Die Träger sahen den Kranken. Der gesunde Träger muss ihnen von Wiessners Sturz erzählt haben, und dass die Sahibs einen ernsthaft erkrankten Mann mehrere Tage lang im Lager VI behalten hatten. Daraufhin sagten alle Träger, sie seien zu krank um weiterzugehen. Bei einigen von ihnen traf dies mit Sicherheit zu. Aber auch die anderen wollten nicht sterben. Die Sahibs hatten keine andere Wahl als nachzugeben, und so gingen alle zusammen hinunter zum Lager IV. Dort jedoch wurden sie eingeschneit.

Tagelang blieben sie im Lager IV und wetterten den Sturm ab (wieder sagte Knowlton nicht, wie lange dies dauerte). Das Wetter am Nanga Parbat stellt für Expeditionen immer ein Risiko dar. Die Theorie besagt, dass der Nanga Parbat zu weit vom Entstehungsort des Sommermonsuns im Golf von Bengalen entfernt ist. Er liegt sozusagen im »Regenschatten« des Himalayas, daher regnet oder schneit es im Sommer nur wenig. Andererseits ist es schwierig, frühzeitig beim Berg anzukommen, da die Träger hohe Pässe überwinden müssen, die im Frühjahr alle noch mit hohem Schnee bedeckt sind. Daher hoffen die meisten Expeditionen auf den niederschlagsarmen Sommer. Das Problem ist nur, dass dies nicht immer so ist. Es kann auch schneien. Im Sommer 1932 schneite es heftig.

Die Sahibs sahen, dass es wohl möglich war, vom Lager IV ins Basislager abzusteigen und wieder hinauf, doch oberhalb von Lager IV war der Schnee jetzt zu tief. Immer wieder überlegten sie hin und her. Allmählich wurde es für ihre geplante Belagerungsmethode mit ausgewogenen Vorräten und wohl ausgerüsteten Camps zu spät im Jahr. Aber selbst wenn es nicht zu spät gewesen wäre, hätten sie dennoch nicht mehr die Kraft zum Weitermachen gehabt. Wieder besannen sie sich auf ihre Erfahrungen in den Alpen und entschieden sich für einen letzten durchgehenden Versuch mit acht handverlesenen Trägern.

Endlich klärte sich das Wetter, und die Sahibs befahlen den acht Männern, sich fertig zu machen für den Angriff auf den Gipfel, aber diese acht Hunzas sagten Frier, dass sie nichts mehr zu essen hätten. Während sie frierend, verängstigt, hungrig und tatenlos in ihren Zelten den Sturm abgewettert hätten, hätten sie mehr Chapatis gegessen als Frier geplant hatte.

Rand Herron, der Amerikaner, war ebenfalls ins Lager IV gekommen. Nun wollte er mit noch einem Bergsteiger und zwei
Trägern den Gipfel wagen. Er sagte, dafür seien noch genug Chapatis vorhanden. Merkl und Wiessner sagten Herron, dass sie das
nicht schaffen würden. Mit nur zwei Trägern müssten die Sahibs
selbst Lasten tragen und gleichzeitig einen Weg spuren. Im tiefen Schnee unterhalb des Grates ginge dies über ihre Kräfte.

Die meisten der Träger gingen hinunter ins Basislager, um
mehr Chapatis zu holen. Einige von ihnen kehrten gleich wieder
zurück, um zu melden, dass im Basislager auch kein Mehl mehr
sei. Sie ließen keinen Zweifel daran, dass sie von den Sahibs erwarteten, abzusteigen und die Heimreise anzutreten.

Die Expedition kehrte zurück ins Basislager, aber Wiessner
und Merkl weigerten sich aufzugeben. Sie schickten Träger hinunter ins Tal, um Mehl zu kaufen; am 28. August hatten sie
schließlich genug Mehl für die Chapatis. Merkl, Wiessner, Herron und zwölf Hunza-Träger brachen vom Basislager auf, um ein
letztes Mal den Gipfel in Angriff zu nehmen. Knowlton erwähnte in ihrem Buch nicht, wie zwölf Männer mit nur neun Trä-
gerausrüstungen zurechtkamen. Vielleicht liehen sie sich das
eine oder andere von den Sahibs aus, die nicht mitgingen, vielleicht froren sie auch.

Unten am Berg hatte sich der Schnee in Matsch verwandelt.
Unter der abwechselnden Führung von Herron und Wiessner
brauchten sie für die sonst üblichen vier Stunden zum Lager II
zehneinhalb Stunden. Später erzählten sie Knowlton:

Während sich die Sahibs mit aller Kraft ins Zeug legten, wurden die Kulis ständig langsamer und mürrischer. Mit der ganzen Kraft ihres unbeugsamen Willens und ihrer festen Absicht
mussten sie die Träger sowohl moralisch als auch physisch den
Berg hinaufzerren. Das war für die Männer, die nun fast genauso viel auf ihren Schultern trugen wie die Kulis, und zusätzlich den Weg durch den tiefen weichen Schnee bahnen

und spuren mussten, knochenbrechende Arbeit. Doch die physische Anstrengung war nichts gegen die nervliche Belastung. Merkl sprach im fröhlichen Befehlston, Herron bemühte sich um ernsthafte Freundlichkeit, Wiessner verbog sich, um guten Humor an den Tag zu legen, und alle redeten sie auf die Träger ein wie auf kranke Pferde.[19]

Bemerkenswert ist, dass die Männer, die drei Monate gebraucht hatten, um nur 1800 Höhenmeter zurückzulegen, immer noch einen unbeugsamen Willen hatten. Natürlich sollte man nicht vergessen, dass es die Männer mit den leichteren Lasten waren, die diejenigen mit den schwereren vorwärts trieben. Aber auch nicht, dass Träger Widerstand leisten konnten und zum Ende hin die Sahibs Überzeugungsarbeit leisten mussten.

Unten im Basislager machten sich einige der Träger fertig, um den Hunzas weiter oben noch mehr Chapatis zu bringen. Die Sahibs jedoch bekamen etwas Besseres. Knowlton schrieb:

> … eine Art Weihnachtsüberraschung für die Bergsteiger. Das kleine weiße Schaf musste daran glauben [und wurde] von dem stets interessierten und sympathischen alten Koch für die Sahibs gebraten.
>
> »Und Brot für die Sahibs?«
>
> »Ja, Brot. Bot (viel) Brot.« Es wurden Weizenküchlein gebacken, und es gab noch ein paar kleine Delikatessen dazu, die ihnen sonst oben ausgehen könnten… Marmelade und Zucker…
>
> Der Koch brachte mir das Essen… der Jemadar begleitete ihn, er war sehr interessiert und half mir, eine hübsche, feine Schachtel auszusuchen, eine »*bokkus*« [Box]. Er war sich sicher, dass die, die ich ausgesucht hatte, zu klein war. Hunzas kamen vorbei… Während ich die Päckchen vorbereitete, legte der Jemadar die Sachen in die »Bokkus«, und alle die Kulis hatten sich über seine Schulter gebeugt und machten

Vorschläge, was noch alles hineingehörte. Dabei sahen sie sich gegenseitig an und sprachen davon, was man den Sahibs noch schicken sollte.

»Chai?« (Tee?)

»Upar bot hai.« (Ist noch einiges oben.)

»Chini?« (Zucker?)

»Bot. Bot.« (Viel, viel.)

»Cigarettes?...«

Schließlich wurde alles zu jedermanns Zufriedenheit zusammengepackt... alle lächelten... [aber manchmal] kamen Kulis auf mich zu und bettelten mit Jammermiene um alles, vom Hemd angefangen bis zu Schnürsenkeln, und quasselten mich in ihrem unverständlichen Urdu voll. Sie zogen sich ihre Kleider aus, um mir ihre Not zu demonstrieren. Im Allgemeinen verfügte ich nicht über das, was sie wollten. [20]

Die *Bokkus* mit den Leckereien wurde also den Berg hochgeschickt. Die drei Sahibs und die zwölf Hunzas hatten Lager IV erreicht. Manchmal staken sie bis zum Gürtel, ja sogar bis zur Brust im Schnee. Am nächsten Morgen reichte ihnen der Neuschnee außerhalb des Zelts bis zum Kinn. Neun der Träger waren krank, und die drei, die noch übrig waren, weigerten sich weiterzugehen.

Die Sahibs wussten, dass sie nichts mehr von ihnen verlangen konnten. Alle fünfzehn Mann stiegen ab. Sie zahlten die Hunzas aus und machten sich auf den Weg nach Hause.

Die Sahibs machten die Träger für das Scheitern der Expedition verantwortlich. Knowlton sagte, die Hunzas wären »kapriziös und launisch gewesen, körperlich fast genauso sensibel wie Europäer, nicht stärker im Tragen als die Sahibs und viel anfälliger für Krankheiten. Alles in allem waren sie als Gebirgsträger höchst unbefriedigend.«[21]

Die Träger waren ganz normale Bauern aus Hunza-Dörfern, die

Sahibs hingegen gehörten zu den stärksten und zähesten Männern Deutschlands, eines Landes mit einer tausendfünfhundertmal größeren Bevölkerung als Hunza. Die Träger waren gemessen an indischen Bauern groß gewachsen, aber die Sahibs waren größer – Herron und Kunigk waren beide über ein Meter fünfundachtzig groß. Die Sahibs aßen auf der Expedition Fleisch, die Träger hingegen Brot. Als sie in ihrer Kindheit herangewachsen waren, hatte es bei den Hunzas oft nicht genug Brot gegeben, die Sahibs hingegen hatten einer Klasse angehört, die so viel Fleisch essen konnte, wie sie wollte. Die Sahibs hatten wärmere Kleidung. Die Sahibs hatten Schlafsäcke, die Hunzas nur Decken. Die Deutschen hatten wasserdichte Jacken, die Hunzas nicht.

Dennoch war Knowlton enttäuscht darüber, dass diese gewöhnlichen Bauern auf die Härten fast genauso sensibel wie die Elitebergsteiger reagiert hatten. In Wirklichkeit waren sie jedoch zäher gewesen als die Sahibs und bereit, mehr zu ertragen, aber eben nicht zäh genug. Und Knowlton war enttäuscht, dass sie »beim Tragen von Lasten nicht stärker waren als die Sahibs«.

Knowlton brachte hier die Ansicht der meisten weißen Bergsteiger zum Ausdruck, obwohl ihr ein Fehler zugrunde lag. Gewöhnlich waren sie der Meinung, dass der weiße Mann der bessere Mann sei und nur ihm die Bezwingung der Berge zustünde. Aber tief in ihrem Inneren erwarteten sie von ihren indischen Trägern, deren Namen in keinem der Bergsteigerbücher auftauchten, dass sie stärker und zäher seien als der weiße Mann, der zum Schluss den Ruhm erntete. Wenn die Träger nicht stärker waren, wusste der weiße Mann, dass er die Berge nicht bezwingen konnte und machte die Träger dafür verantwortlich.

Dieser Widerspruch im Denken der weißen Bergsteiger war ihnen selbst nicht gegenwärtig. Selbstbewusst gingen sie davon aus, dass Weiße die besseren Athleten seien und natürlich sie es waren, die die großen Berge bezwingen würden, genauso, wie sie vermutlich eines Tages die Meile in vier Minuten liefen. Dies war die Zeit, als ein schwarzer Boxer wie etwa Jack Johnson oder ein schwarzer Footballspieler wie Paul Robeson oder ein Läufer wie Jesse Owens Europäer und weiße Amerikaner in höchstes Erstaunen versetzten. Tatsächlich aber ärgerten sich viele über solche Erfolge, weil sie bewiesen, dass die verschiedenen Rassen gleich leistungsfähig waren. Während also viele sehen konnten, dass diese Männer große Athleten waren, passten die kleinen Asiaten in keinerlei athletisches Stereotyp.

Und dennoch vermuteten die meisten Bergsteiger, dass die Träger in der Lage waren, härtere Arbeit zu leisten. Allerdings sprachen sie kaum darüber, weil es ihre eigene Überlegenheit in Frage stellte. Dies war nicht einfach nur Rassismus. Es handelte sich ja immerhin um sehr gute, wenn nicht gar große Bergsteiger. Es waren Menschen mit Sportsgeist, die das Klettern über alles stellten. In ihren Köpfen spukten zwei sich vollkommen widersprechende Ideen: Die Träger sind stärker, also müssen sie Lasten schleppen, wir hingegen sind stärker, also werden wir es sein, die den Gipfel erreichen. In den Momenten, in denen in der Realität diese beiden Gedanken kollidierten, entstand Angst oder auch Ärger, aber manchmal auch die Erkenntnis, dass die Menschen gleich sind.

1932 wünschten sich die Sahibs am Nanga Parbat viele Male, sie hätten Sherpas und tibetische Träger aus Darjeeling engagiert, von denen sie bereits so viel gehört hatten. Zwei Jahre später waren Merkl und Bechtold zurück; ausgestattet mit beträchtlichen Summen von Hitlers neuer Regierung, mit genug Geld, um Träger aus Darjeeling zu bezahlen. Sie gaben den Hunzas die Schuld für ihr erstes Versagen. Nun aber, mit den Sherpas, wussten sie, dass es ihnen gelingen würde.

Teil II

Die Besteigung

4

Zeugnisse und Messer

Im Jahre 1934 gerieten auf einem langen Grat hoch oben am Nanga Parbat sechzehn Männer in einen Sturm von der Stärke eines Orkans. Sie hatten kein Zelt, waren nächtelang im Freien ohne Lebensmittel und ohne Wasser, sie alle litten unter Erfrierungen, waren verwirrt und zu Tode erschöpft. Als sie schließlich begannen, sich den langen Grat hinunterzuquälen, starben neun von ihnen, einer nach dem anderen.

Während dieses langen Rückzugs durch den Sturm rangierten die Handlungsweisen der verschiedenen Männer von Liebe bis Menschenverachtung, von Glaube und Mut bis hin zu unbarmherziger Selbstsucht. Was damals geschah, veränderte für immer die Einschätzung der Sherpa-Träger von sich selbst. Die Nanga-Parbat-Expedition von 1934 steht deshalb im Mittelpunkt dieses Buches, weil sie in der Geschichte der Sherpas einen Wendepunkt darstellt. Vor 1934 waren die Sahibs die paternalistischen Anführer. Sie kümmerten sich um ihre Träger, mal recht, mal schlecht. Doch nach 1934 wussten die Sherpas, dass *sie* die Verantwortlichen am Berg waren. Wann immer nach diesem Zeitpunkt wieder etwas schief lief, übernahm der Sherpa Sardar die Kontrolle. Sie konnten es sich nicht mehr leisten, wie Kinder behandelt zu werden.

1934 versuchte der Expeditionsleiter Willy Merkl, den Nanga Parbat zu schnell zu besteigen, ohne genügend Versorgungslager für den Notfall errichtet zu haben. Merkl machte diesen Fehler deshalb, weil er erstens nichts von Höhe verstand, und er

zweitens dem politischen Druck aus der Heimat nicht stand-
hielt.

Auf die Probleme mit der Höhe kommen wir später zu sprechen. Der politische Druck entstand durch die neue nationalso-
zialistische Regierung. Als Willy Merkl 1932 vom Nanga Parbat
nach Deutschland zurückkehrte, war keineswegs gesichert, dass
er eine neue Expedition organisieren würde. Dann aber kamen
im Januar 1933 die Nazis an die Macht. Der neue Reichskom-
missar für den Sport, Hans von Tschammer und Osten, stellte begeistert alles zur Verfügung, was Merkl brauchte. So willkommen
ihm diese Hilfe war, so groß waren auch die Erwartungen, die
nunmehr auf Merkls Schultern lasteten. In diesem Buch geht es
um Sherpas, nicht um deutsche Politik. Aber um zu verstehen,
was am Berg schief lief, müssen wir auch verstehen, was in
Deutschland schief lief, weshalb die Nazis Merkl unterstützten,
und was dies für ihn bedeutete.

1934 war Deutschland eine gespaltene Nation.[1] Die Spal-
tung ergab sich aus der Art und Weise, wie der Erste Weltkrieg
geendet hatte. Im Herbst 1918 begann das Deutsche Heer den
Krieg in den Schützengräben zu verlieren. Daraufhin erhielt
die Kriegsmarine den Befehl, eine letzte verzweifelte Schlacht
zu schlagen, doch die Matrosen weigerten sich, sie meuterten
und verließen die Schiffe. Auf ihrem Wag nach Hause zogen die
einzelnen Matrosengruppen von einer Heereseinheit zur anderen und riefen die Kameraden zur Kriegsdienstverweigerung
auf.

Mehrere Jahre später, als er im Gefängnis *Mein Kampf*
schrieb, erinnerte sich Adolf Hitler an diese Tage. Als Gefreiter
war er im Schützengraben von den Engländern beinahe getötet
worden. Auch zu dem Krankenhaus, in dem Hitler sich von
seinen Verletzungen erholte, kamen die Matrosen und forderten
die dort liegenden Soldaten auf, sich ihrer Bewegung, die rasch
eine Revolution werden würde, anzuschließen. Hitler jedoch
liebte die Armee und den Krieg, die Kameradschaft und die Ziel-

strebigkeit. Er bezeichnete die Matrosen als Verräter, als *Novemberverbrecher*. Die meisten deutschen Soldaten hatten jedoch genug vom Krieg und ließen sich von den Matrosen auf ihre Seite ziehen.

Nun legte ganz Deutschland die Waffen nieder. Die Regierung sah sich gezwungen, die Alliierten um einen sofortigen Waffenstillstand zu bitten, und zwar um jeden Preis. Die Soldaten und Arbeiter in den Städten begannen Revolutionskomitees aufzustellen, die letztlich den Sturz Kaiser Willhelms bewirkten und ursächlich für die Gründung der Weimarer Republik waren. Die Regierung setzte sich nunmehr aus Mitgliedern der Sozialdemokratischen Partei Deutschlands zusammen.

Die nächsten fünf Jahre erlebte das Land Massenstreiks, Arbeiteraufstände und eine nicht zu unterschätzende Anzahl von Morden an Arbeitern durch rechtsgerichtete Milizen. Manchmal schien es so, als ob die Revolution an Boden gewinnen würde. Das Beispiel der Russischen Revolution im Jahre 1917 war in allen Köpfen. Doch für Adolf Hitler und die Millionen deutscher Nationalisten war das Ende jenes Kriegs eine reine Schreckensvorstellung. In ihren Augen war Deutschland und die alte Ordnung vom Volk gedemütigt worden. In ihren Augen hatte nicht Deutschland den Krieg verloren, sondern war hinterrücks gemeuchelt worden.

Nach 1923 beruhigte sich die Situation, und die Aussichten auf eine Revolution nahmen ab. Hitler und die Seinen fanden nur noch wenig Zulauf, bis es 1929 zum Börsenkrach an der Wallstreet kam. In der nun folgenden Weltwirtschaftskrise wurden Millionen von Menschen arbeitslos, und viele kleinere Betriebe gingen zugrunde. Dies war für Deutschland zwar kein Todesstoß – in den USA zum Beispiel war die Arbeitslosigkeit viel höher –, aber Präsident Roosevelt und seine Wirtschafts- und Sozialpolitik wurden von der arbeitenden Bevölkerung als überaus erfolgreich angesehen, sodass sich links vom Präsidenten keine kommunistische Massenbewegung entwickeln konnte.

In Deutschland hingegen lag eine Revolution im Bereich des Möglichen – dies hatte bereits das Jahr 1918 bewiesen. Nach 1929 erfuhren sowohl die Kommunistische Partei als auch Hitlers Nazipartei einen gewaltigen Zulauf. Die Nazis waren eine neuartige rechtsgerichtete Bewegung. Vor 1920 waren konservative Parteien in Europa eher von Zurückhaltung geprägt. Sie wurden von Männern aus der Oberschicht gelenkt, die sich in ihren Aktivitäten auf das Parlament und das Militär beschränkten. Zwar war es möglich – und es kam auch vor –, dass in Europa Militärputsche stattfanden und Truppen gegen das Volk eingesetzt wurden, aber man griff dabei nicht auf die breiten Massen, den Mob zurück. Hitler jedoch organisierte und formte nach dem Vorbild Mussolinis in Italien aus den Mitgliedern des aufgebrachten und ängstlichen Bürgertums eine Massenbewegung. Seine »Sturmabteilung«, die SA, oder »Braunhemden«, wie sie genannt wurden, marschierten in Uniform und verprügelten Kommunisten und Sozialisten.

Die politische und wirtschaftliche Situation wurde zunehmend unstabil. Großunternehmer und Armeeoffiziere begannen, sich über drohende Massenstreiks und eine kommunistische Revolution Sorgen zu machen. Die meisten von ihnen trauten Hitler nicht über den Weg und fühlten sich auch mit dem Mob nicht verbunden, aber sie spürten, dass sie vor die Wahl gestellt waren: Revolution von links oder Revolution von rechts. In dieser Situation unterstützte die Mehrheit von ihnen die Nazis.

Im Frühjahr 1932 erreichte Hitlers Bewegung bei den Parlamentswahlen mit 33 Prozent einen Höhepunkt. Bei der nächsten Wahl im Herbst fiel die Quote auf 30 Prozent. Die Sozialisten und Kommunisten zusammen lagen bei etwas über 50 Prozent. Verschiedene kleinere liberale und gemäßigte rechte Parteien hielten den Rest. Unter diesen Umständen forderte der ehemalige Weltkriegsgeneral, Reichsmarschall von Hindenburg, der nun das Amt des Staatspräsidenten innehatte, Hitler auf, eine Regierung zu bilden. Bis zum Frühjahr 1933 hatten die Nazis mit Unterstützung der SA und der Gestapo diese Regierung in eine Diktatur verwandelt.

Nun schwenkten auch viele der Unterstützer der gemäßigten rechten Parteien zu den Nazis über. Nur knapp weniger als die Hälfte der deutschen Bevölkerung war für die Diktatur, etwas mehr als die Hälfte der Menschen favorisierte immer noch die sozialistische und kommunistische Opposition. Diese Zweiteilung führte zu einem klaren Trennungsstrich in der Gesellschaft. Während im Großen und Ganzen – natürlich mit vielen Ausnahmen – Geschäftsleute, Freiberufler, höhere Angestellte und Landwirte die Nazis unterstützten, erfuhren die Sozialisten und Kommunisten ihre Anerkennung– wieder mit vielen Ausnahmen – durch die Arbeiter und Arbeitslosen in den Städten.

Die Nazis mussten dem deutschen Volk ihre Kraft und ihre Macht zeigen. Da gab es die brutale Variante: Konzentrationslager (die ursprünglich als Gefängnisse für Sozialisten und Kommunisten gebaut wurden), und die Propaganda; um der Welt und dem eigenen Volk zu zeigen, dass sie in der Lage waren, aus den Deutschen wieder Sieger zu machen, öffneten die Nazis ihre Schatztruhen dem Sport. Das war der politische Hintergrund, aus dem heraus die Nazis geradezu versessen darauf waren, Merkls Expedition zu unterstützen.

Beim Versuch der Deutschen, ihre Wunden, die ihnen der verlorene Erste Weltkrieg geschlagen hatte, zu heilen, spielte der Nanga Parbat auf bestimmte Art und Weise auch eine kleine Rolle. Die Rivalität der Briten und Deutschen im Himalaya hatte schon immer militärische Anklänge gehabt. Nun wurde sie erst richtig sichtbar. Paul Bauer, der Nazi-Beauftragte für das Deutsche Bergsteigerwesen, schrieb im April 1935:

Versetzen wir uns zurück in die Jahre nach dem großen Ringen. Als wir damals das Gewehr aus der Hand geben mussten, tastete die verwaiste Hand nach dem Pickel. Der letzten Grundlage des Lebens scheinbar für immer beraubt, trieb es uns suchend nach neuem Boden hinaus in die Natur, dorthin wo sie einsam, wild und unberührt ist. Dort hat uns der Kampf mit den Bergen das stolze Bewusstsein der Ehre und Wehrhaftigkeit wiedergegeben.[2]

Und schließlich waren die Nazis Rassisten; ihr Rassismus hatte mit einem ganz bestimmten Ideal von Männlichkeit zu tun. Natürlich waren es nicht nur die Deutschen oder die Nazis, die Männlichkeit mit Bergsteigen in Verbindung brachten. Vorstellungen von Männlichkeit gab es überall in den Bergen, meistens unausgesprochen, weil es so selbstverständlich war. Zu Anfang des Jahrhunderts hatte die Amerikanerin Fanny Workman Bullock mit ihrem Mann kleinere Gipfel im Himalaya bezwungen, es kletterten auch Frauen in den Alpen. Doch bei großen Himalaya-Expeditionen tauchte dieses Problem fast niemals auf – es war ganz einfach undenkbar.[3]

Der einzige Bergführer, der eine Ausnahme machte, war Willy Merkl, als er 1932 Elizabeth Knowlton mit zum Nanga Parbat nahm.[4] Ansonsten war dies immer eine Männerwelt. Viele der Wörter, die Bergsteiger benutzten: *Stärke, Mut, Angriff, Belagerung, Streben, Kampf*, waren in ihren Augen mit maskulinen Assoziationen versehen. Die Nazi-Ideologie fügte einen Schlenker hinzu und hob die rassische und physische Überlegenheit deutscher »*arischer*« Männer über Juden, Ausländer, Homosexuelle und deutsche Frauen hervor. Ein Teil dessen, was Deutschland wieder groß machen würde, war die Stärke des deutschen Mannestums.

Natürlich kamen Rassismus und Sexismus auch in anderen europäischen Ländern vor. Aber dieser Rassismus stellte gewöhnlich die intellektuelle, nicht die physische Überlegenheit des weißen Mannes in den Vordergund. Die üblichen Rechtfertigungen für die britische Herrschaft über die Inder, zum Beispiel, waren die, dass Engländer klüger und besser organisiert waren, und fähiger, ihre Emotionen zu kontrollieren. Der Nazismus war anders. Das Körperliche hatte den größeren Stellenwert. Deshalb waren die Nazis so sehr an Sport interessiert und waren so stolz auf die Berliner Olympiade 1936. Das Klettern im Himalaya war eine besonders dramatische Demonstration der Überlegenheit deutschen Mannestums, denn hier standen Männerkörper gegen die stärksten Kräfte der Natur. Sie kämpften am äußersten Rand der menschlichen Möglichkeiten. Mut war mehr als Gerede, denn es starben ja tatsächlich Männer dabei. Nach einem Ausspruch, der in der Nazi-Propaganda Fuß gefasst hatte, waren die Berge eine perfekte Möglichkeit, den »Triumph des Willens« herauszustellen.

Diese Unterstützung machte Merkls Expedition möglich. Aber Merkl hatte noch eine weitere Verpflichtung zu erfüllen, stand unter anderweitigem Druck. Die meisten deutschen Bergsteiger im Himalaya waren, wie die meisten britischen oder amerikanischen Bergsteiger auch, Geschäftsleute oder arbeiteten in höheren Berufen und stammten aus reichen Familien. Merkl gehörte nicht zu dieser Klasse. Seine Mutter war eine alleinerziehende Frau gewesen, die in einem kleinen Haus in der bayerischen Kleinstadt Traunstein lebte. Er war ein Absolvent der Realschule und nicht des Gymnasiums. Mit achtzehn kam er zum Militär, aber nicht als Offiziersanwärter, sondern als Rekrut. Glücklicherweise endete der Krieg nur wenige Wochen nach seiner Einberufung. Merkl bekam eine Lehrstelle als Elektriker in den Bayerischen Kohlendioxydwerken. Nach mehreren Jahren dort erhielt er die Gelegenheit zu einem zweijährigen Ingenieurskurs an der Technischen Hochschule, nicht der Universität. Und erst danach wurde er Ingenieur bei der Deutschen Reichsbahn mit gesichertem freiem Sonntag und zwei Wochen Urlaub pro Jahr – zum Klettern.

Merkl hatte also bereits einen mühsamen Weg zurückgelegt, und am Nanga Parbat war er schon einmal gescheitert. Das war damals nicht so kritisch betrachtet worden wie jetzt ein Scheitern betrachtet werden würde. Schließlich wurde noch nie ein

Die Sahibs
im Jahr 1934 am Nanga Parbat

Die Bergsteiger:

Willy Merkl, Expeditionsleiter, Ingenieur bei der Reichsbahn, München

Willo Welzenbach, stellvertretender Expeditionsleiter, Ingenieur, München

Fritz Bechtold, Merkls Jugendfreund; drehte den Film über die Besteigung des Nanga Parbat, nahm bereits 1932 an der Expedition teil

Peter Aschenbrenner, österreichischer Bergführer, ebenfalls Veteran der Expedition von 1932

Erwin Schneider, österreichischer Geologe und häufig Aschenbrenners Kletterpartner

Alfred Drexel, Merkls Kollege bei der Reichsbahn

Peter Müllritter, Standfotograf

Uli Wieland, der bereits mit Bauer am Kangchenjunga war

Die Nicht-Bergsteiger:

Willy Bernard, Österreicher, Arzt

Hanns Hieronimus, Verantwortlicher für das Basislager

Emil Kuhn, Schweizer, Assistent im Basislager

Wissenschaftler im Basislager:

Richard Finsterwalder, Kartograph

Walter Raechl, Geograph

Peter Misch, Geologe

Britische Versorgungsoffziere:

Captain Sangster

Captain Frier

Himalaya-Riese bezwungen. Die Briten waren viermal am Everest gescheitert und die Deutschen zweimal am Kangchenjunga. Wenn Merkl ein zweites Mal versagte, wäre dies wohl die letzte Expedition, die er anführen würde. Selbst wenn er den Gipfel nicht erreichte, musste er es wenigstens so unerbittlich versuchen, wie ihm dies verdammt noch mal überhaupt möglich war.

Bevor Willy Merkl zum Nanga Parbat aufbrach, besuchte er seine Mutter und seinen siebzehnjährigen Halbbruder, Karl Herrligkoffer. Seine Mutter fragte Willy, was er sich auf dem Nanga Parbat erwarte. Willy gab keine Antwort, er saß nur einfach da und sah traurig aus dem Fenster. Der junge Karl ahnte bereits damals, dass Willy sterben könnte.[5]

Von den Männern, die 1934 auf den Nanga Parbat gingen, lebt nur noch Ang Tsering. Er kam 1904 in Thame in der Region Khumbu zur Welt. Als ich im Mai und Dezember des Jahres 2000 mit ihm sprach, war er fünfundneunzig beziehungsweise sechsundneunzig Jahre alt.[6]

Ang Tsering beklagte sich über die Auswirkungen des Alters. Er höre nicht mehr gut, sagte er, »und die Augen…«. Bis vor zwei Jahren ging er noch jeden Morgen zum Chowrashtra, sechshundert Meter von seinem Haus entfernt. Zu den Zeiten der Engländer war der Chowrashtra an der rechten Seite zwischen der Mall und dem Planters Club gelegen, das Zentrum von Darjeeling. Am Chowrashtra standen damals und stehen heute noch die tibetischen Männer und Frauen mit ihren Ponys und bieten Touristen Reitgelegenheiten an. Ang Tsering war viele Jahre einer von ihnen gewesen. Um den ganzen Chowrashtra-Platz herum sind Bänke errichtet, wo alte Tibeter und Sherpas sich täglich treffen und miteinander sitzen und reden. Ang Tsering sagte mir, dass er seine Freunde vermisse, aber er beklagte sich auch, was das Alter aus ihm gemacht habe – er war immer ein kräftiger Mann gewesen, stark und stolz auf seinen Körper.

Es gab Leute, die sagten, er erinnere sich an weniger als noch

Die Träger,
die in den Sturm von 1934 gerieten

Alle diese Männer waren Sherpa, geboren in Nepal, die in Darjeeling lebten.

Die erste Seilschaft:

Pasang Picture aus Charma Digma in Solu, Assistent des Filmkameramannes

Nima Dorje, der höher stieg als jeder andere Expeditionsteilnehmer

Pinzo Norbu, aus Khumjung

Die zweite Seilschaft:

Nima Tashi aus Khumjung

Da Thundu ebenfalls aus Khumjung, Pinzo Norbus älterer Bruder

Kitar aus Thame, war 1921, 1922 und 1924 auf dem Everest, sowie 1929, 1930 und 1931 auf dem Kangchenjunga; Da Thundus Schwiegervater

Pasang Kikuli aus der Umgebung von Jorsale in Pharak, auf dem Weg zwischen Solu und Khumbu

Blieben im Hochbiwak zurück:

Nima Norbu

Dakshi aus Thame

Ang Tsering ebenfalls aus Thame, lebt heute noch

Gaylay, ein sehr schlanker Mann, etwa vierzig, aus Paphlu in Solu vor einem Jahr, er sei weniger präzise, mir schien er erstaunlich agil für sein Alter zu sein. Als ich im Dezember nach Darjeeling zurückkam, ging ich erneut zu Ang Tsering. Er wohnte in Toong Soom Busti in einem leuchtend blau gestrichenen Bungalow mit vier Zimmern. Hier fällt der Hang steil ab, von der Straße führen Steinstufen zu seinem Haus hinunter. Ganz oben auf den Stufen blieb ich stehen und sah hinunter und über das Tal, das sich zwölfhundert Meter in die Tiefe zieht; und auf der anderen Seite erhebt sich der Grat des Kangchenjunga. Ang Tsering saß auf einer kleinen Terrasse, die über den Hang gebaut ist, in der Sonne. Er erkannte mich aus einer Entfernung von fünfzehn Metern und winkte. Ganz so schlimm konnte es also weder mit seinem Gedächtnis noch mit seinen Augen gewesen sein.

Ich ging hinunter, und wir gaben uns die Hand. Er war damit beschäftigt gewesen, den Stiel einer Gartenharke zu glätten. »Schaffen«, sagte er stolz. »Schaffen.«

»Immer bei der Arbeit«, sagte Dawa Thempa, sein ältester Sohn.

Natürlich konnte er nicht mehr viel arbeiten, aber sein Gedächtnis war immer noch bemerkenswert. Er konnte sich noch im Detail an jedes Nachtlager auf dem Weg zum Everest-Basislager im Jahr 1924 erinnern. Er erinnerte sich an viele Namen und woher diese Männer kamen und mit wem sie was zu tun hatten. Und, genauso wichtig für einen Historiker: Wenn Ang Tsering sich nicht mehr erinnern konnte, sagte er dies auch, anstatt Vermutungen zu äußern.

Ich besuchte ihn viele Male. Seine Erinnerungen an den Nanga Parbat waren detailliert und gehaltvoll. Er konnte sich an jedes einzelne Lager erinnern, was er dort gedacht und gefühlt hatte, und wo jeder einzelne Mann gestorben war. Ang Tsering hat diese Geschichte viele Male erzählt. Es war ja schließlich die Zeit gewesen, in der er ein Held gewesen war, die Zeit, in der er Geschichte gemacht hatte. Vier Jahre zuvor hatte ihn der japanische Bergsteiger und Schriftsteller Nebuka Makoto interviewt. Was mir Ang Tsering nun erzählte, deckte sich mit dem, was Makoto damals geschrieben hatte.[7]

Ich konnte Ang Tsering nicht überreden, Sherpa zu sprechen. Er lebte seit nunmehr sechsundsiebzig Jahren in Darjeeling und sprach mit seinen Kindern Nepali, die gewöhnliche Landessprache. Sein ältester Sohn Dawa Thempa Sherpa übersetzte für uns.

Dawa Thempa war ebenfalls ein Bergsteiger gewesen, dann hatte er beinahe dreißig Jahre bei der indo-tibetischen Grenzpolizei gedient und war schließlich als Sergeant in Pension gegangen. Während er dolmetschte, stritt er sich oft mit seinem Vater. Manchmal dachte Dawa Thempa, sein Vater hätte nicht verstanden, was ich ihn gefragt hatte, oder wäre bei der Antwort von der Frage abgewichen. Manchmal dachte er, sein Vater hätte ganz einfach Unrecht. Dann sprach Dawa Thempa lauter, fast schrie er die Worte und unterstellte, der alte Mann würde ihn nicht verstehen. Ang Tsering beugte sich auf dem Sofa nach vorne und blickte streitlustig umher. Mit vorgerecktem Kinn antwortete er laut und detailliert, mit der rechten Hand fuchtelte er in der Luft. Nach erneutem Streit wandte sich Dawa Thempa zu mir und erklärte, dass er dies glaubte und sein Vater jenes. Manchmal gab er zu, dass sein Vater Recht hätte. Bei anderen Gelegenheiten sagte er, sein Vater hätte eindeutig Unrecht, aber er wollte nicht weiter bohren.

Alle beide waren sie Männer mit starkem Eigensinn, aber wie mir schien, genoss Ang Tsering den Streit mehr als sein Sohn. Er lief sicher nicht Gefahr, sich als alter Mann herabwürdigen zu lassen.

Dawa Thempa erzählte mir, dass er seinen ersten Einsatz als Expeditionsträger zusammen mit Ang Tsering hatte. »Wie war das?«, fragte ich. »Es ist nicht leicht, mit dem Vater zusammenzuarbeiten«, antwortete Dawa Thempa.

Und dennoch herrschte im Raum, als er dolmetschte, stets eine liebevolle Atmosphäre. Dawa Thempa versuchte, alles richtig hinzubekommen, er suchte nach der Wahrheit, weil er stolz

Die anderen Träger aus Darjeeling von 1934

Alles in allem gab es vierunddreißig Träger und einen Sardar, die zu etwa gleichen Teilen aus Tibet und dem Sherpa-Land stammten. Die meisten Träger, die nicht für den Gipfelsturm ausgesucht worden waren, stammten aus Tibet. Dies sind die Namen jener, die bei Ang Tsering oder in Bechtolds Buch vorkommen:

Lewa, der Sardar

Ang Nima, ging bis Lager V

Ang Tenjing, ging bis Lager V

Pasang II

Aiwaa

Lobsang

Nurbu, ging bis Lager VII

Wangdi Norbu

Palten, ging bis Lager V

Sonam Topgay

Norbu Sonam

Nima Thondup

Tundu, ging bis Lager VII

Ramona, Koch

Nima Dorje, Koch

Jigmey Tshering, Dolmetscher

auf seinen Vater war. Er wollte, dass ich die Geschichte wahrheitsgemäß niederschrieb. Er hatte Bauers altes Buch über den Nanga Parbat gelesen und sagte, dass einiges darin nicht wahr sei. Ich kannte die Passagen, von denen er sprach, und wusste, weshalb sie Ang Tsering wehtaten.

Im Mai hatte mich Dawa Thempa gebeten, ihm, wenn ich wiederkäme, ein Exemplar von Fritz Bechtolds Buch über den Nanga Parbat mitzubringen. Im Dezember las er es dann und sagte, es sei überraschend, wie wenig die Sahibs über Sherpas erzählt hätten. Dawa Thempa hatte gute Gründe, nun auch meinem geplanten Buch zu misstrauen. Er sagte, mein Sherpa sei nicht besonders gut. Dawa Thempa war das älteste Kind. Als seine Mutter vor dreißig Jahren im Sterben lag, hatte sie ihn gebeten, auf den Vater zu achten. »Der Mann hat acht Kinder«, hatte sie gesagt, »er kann sich nicht um alle gleichzeitig kümmern.« Dawa Thempa hatte seiner Mutter versprechen müssen, ihr diesen Wunsch zu erfüllen, er hat nie geheiratet und war seit dieser Zeit stets bemüht gewesen, sich um die Familie zu kümmern. Nun lebte er zusammen mit seinem Vater und seinen drei geschiedenen Schwestern, sie waren eine eng zusammengehörige Familie von fünf Menschen, alle über fünfzig. Ein jüngerer verheirateter Bruder lebte nebenan.

Können wir uns darauf verlassen, was Ang Tsering über 1934 erzählte? Ich denke, ja. Viel mehr sogar, als dies bei Menschen seines Alters üblich ist. Wir haben seinen früheren Bericht, den der Japaner Makoto niederschrieb, als Bestätigung. Und es gibt noch einen weiteren Aspekt, der die positive Bewertung seiner Aussage als historische Methode rechtfertigt.

Im Allgemeinen haben sowohl mündlich überlieferte Geschichte – was alte Leute erzählen – als auch schriftliche Quellen ihre Vor- und Nachteile. Dokumentierte Geschichte ist fixiert. Was 1934 geschrieben wurde, kann auch heute, im Licht moderner Vorurteile, nicht verändert werden. Dokumente können beiseite geschafft werden, Historiker können sie verzerrt darstellen, sie können sogar lügen, aber Dokumente lassen sich nicht so leicht verändern wie etwa die Erinnerung. Außerdem sind Dokumente in Bezug auf Daten, Namen und Orte verlässlicher. Die Erinnerung bezieht sich mehr auf das, was wir gefühlt und gedacht haben.

Schriftliche Dokumente erfreuen sich jedoch nicht notwendigerweise eines größeren Wahrheitsgehalts als Erinnerungen. Menschen schreiben, damit es von der Öffentlichkeit gelesen wird, und alte Menschen, die zurückblicken, sind oft bereit, Dinge zuzugeben, die sie in ihrer Jugend verdeckt gehalten hätten. Für den Nanga Parbat ist die Hauptquelle an Dokumenten Fritz Bechtolds Buch, das er unmittelbar nach der Tragödie schrieb. Bechtold hatte einiges zu verbergen gehabt, deshalb gibt es bei ihm sowohl Auslassungen als auch Verzerrungen. Ang Tserings Erinnerung hat einen größeren Wahrheitsgehalt, weil er sich über nichts schämen musste.

Es gibt noch einen weiteren grundlegenden Punkt in Bezug auf mündliche Überlieferung. Schriftliche Dokumente geben meistens die Meinung der Gebildeten und Mächtigen wider. Oft besteht die einzige Möglichkeit, herauszubekommen, was die Befehlsempfänger dachten, darin, sie zu besuchen und sie zu fragen, falls sie noch leben.[8] Wenn natürlich alle gestorben sind, muss man sich mit den Dokumenten begnügen. Dann gibt es keine Möglichkeit mehr, sich für das eine *oder* das andere zu entscheiden.

Ich fuhr nach Nepal und Indien, um für mein Buch über die Nanga Parbat Expedition von 1934 zu recherchieren, aber ohne die Erwartung, noch Überlebende anzutreffen. Ich hatte in der Tat großes Glück, dass Ang Tsering noch lebte und geistig auf der Höhe war. Ohne ihn und die Erinnerungen anderer Träger wäre dies ein Buch geworden, in dem die Sahibs im Vordergrund gestanden und wir versucht hätten, einen Blick auf die Sherpas hinter ihnen zu werfen. Mit dem »Rückwärtslesen« von Berichten der Reichen und Mächtigen, zwischen den Zeilen lesen, sich fragen, wie man sich selbst gefühlt hätte, wenn ein Weißer so mit einem umgegangen wäre, kann man weit kommen. Aber es gibt eine Grenze, wie weit man kommen kann.

Und schließlich gibt es noch einen politischen Aspekt. Wer ist es eigentlich, der der Geschichte Sinn verleiht? Wer analysiert und gestaltet sie? Die Historiker mit all ihrer Bildung, oder die alten Menschen, die sie gelebt haben?

Meine Antwort, mit einigen Einschränkungen lautet, die alten Menschen. Im Zweifelsfall habe ich mich Ang Tserings Version angeschlossen. Er war dabei, er wäre fast gestorben, und dies ist seine Geschichte.

Ang Tsering erzählte mir, wie es kam, dass er bei der Expedition von 1934 dabei war und wie es beinahe schief gegangen wäre – es ist eine Geschichte, die von Pech kündet.

1924 war er auf dem Everest, und 1929, 1930 und 1931 auf dem Kangchenjunga gewesen. 1933 fand er eine Anstellung als Diener der Gemahlin des Sahibs Willington, des britischen Repräsentanten in Sikkim, das zwischen Darjeeling und Tibet liegt. Heute ist Sikkim ein Bundesstaat in Indien, 1933 war Sikkim in erster Linie ein unabhängiges Königreich, aber in Wirklichkeit war es Sahib Willington, der dem König, dem *Chogyal*, sagte, wie der Hase zu laufen hatte. Ang Tsering war also der persönliche Diener von Mrs. Willington und dazu der Diener bei Tisch.

Im Großen und Ganzen wurden Sherpas nicht als Diener angestellt, Ang Tsering hatte also mit dieser Stellung Glück gehabt. Er ist immer noch der Meinung, dass die Briten die besseren Arbeitgeber waren als die Oberschicht der Inder, die sie später ersetzten. »Wenn eine britische Familie pro Monat nur viertausend Rupien zur Verfügung hatte«, sagte er, »gaben sie dreitausend für die Diener aus. Für jede Arbeit stellten sie separate Leute ein. Es gab einen Koch, ein Kindermädchen, einen Gärtner, einen Wächter, einen Fahrer, einen Putzmann und einen Diener – und einen Küchenjungen, der das Geschirr wusch. Die reichen Inder heutzutage haben einen Diener, und wenn ihnen viertausend Rupien monatlich zur Verfügung stehen, geben sie dreitausend für sich selbst aus.«

Ang Tsering sagte es nicht direkt, aber die Arbeit als Diener war sicher, behütet und beständig. Mit den Willingtons war sie sogar spannend. Während des Winters 1933 war Mr. Willington auf einer diplomatischen Mission in Lhasa. Er wurde von seiner Frau begleitet, und deshalb war auch Ang Tsering mit dabei.

Ang Tsering erzählte, dass Willington für die Regierung Tibets das Angebot im Gepäck hatte, in Lhasa ein Krankenhaus mit freier Behandlung und kostenlosen Medikamenten für die Bevölkerung zu bauen. Dafür, dass sie ihm erlaubten, das Krankenhaus zu bauen, versprach er der tibetischen Regierung, Waffen und Munition zu liefern. Ang Tsering sagte, es sei ihm vorgekommen, als ob das tibetische Volk von diesem Handel sehr angetan gewesen wäre. Die drei großen Klöster um Lhasa waren es jedoch nicht. Sie fragten sich: »Wofür brauchen wir die britischen Medikamente? Wir haben unsere eigenen bewährten Heilmittel, die wir seit jeher benutzen.« Und weiter sagten sie sich: »Wenn uns die Briten kurzfristig Medikamente geben, wollen sie auf lange Sicht nichts anderes als unser Land.« Deshalb blockierten die Mönche den Vorschlag.

Der Höhepunkt der Reise für Ang Tsering war die Erlaubnis, an der einstündigen Audienz Willigtons beim Dalai Lama teilnehmen zu dürfen. Als sie dann nach Sikkim zurückgekehrt waren, erfuhren sie vom Tod des Dalai Lama.

In Sikkim bekam Ang Tsering schließlich Ärger. Mrs. Willington hatte nämlich mehrere Diener, die alle arrivierter waren als er. Wenn sie ihnen Trinkgeld gab, behielten sie das Geld für sich. Ang Tsering war dafür, das Geld in einen Topf zu werfen und es anschließend zu teilen. Darauf ließen sich die anderen natürlich nicht ein, und Ang Tsering kündigte voller Ärger. Und nun stand er da, mitten im Winter, ohne Arbeit. Er musste also zurück und die Willingtons bitten, ihn bis zum Frühjahr wieder einzustellen. Damit waren sie einverstanden.

Inzwischen erhielt Ang Tsering ein Angebot von Merkl. Er informierte den Vorsitzenden des Himalaya Clubs, Mr. Kitt, dass er im Frühjahr mit den Deutschen auf den Nanga Parbat ginge, doch dann bekam er ein besseres Angebot. Charles Bell, ebenfalls ein britischer Diplomat, sollte zu einer neuen Mission nach Lhasa aufbrechen und bot Ang Tsering an, ihn als Diener zu begleiten. Ang Tsering war begeistert, aber Mr. Kitt erzählte Charles Bell, dass Ang Tsering bereits den Deutschen versprochen war. Bell akzeptierte das, und so verlor Ang Tsering den Lhasa-Job. Er musste also auf den Nanga Parbat.

Das, so Ang Tsering, sei der Ablauf der Ereignisse gewesen, durch die er Teilnehmer der unglückseligen Expedition von 1934 geworden war.

Pasang Phutar aus Darjeeling erzählte eine andere Geschichte. Auch er hatte in jenem Jahr das Angebot bekommen, auf den Nanga Parbat zu steigen, doch bevor er zusagte, ging er zuerst zu einem Astrologen. »Nein«, sagte der Astrologe, »gehe nicht.« Pasang Phutar hielt sich daran. »Wenn ich gegangen wäre«, sagte er, »wäre ich gestorben.«

Das ist sehr wahrscheinlich.

Da Merkl ein Angestellter der Reichsbahn war, forderte deren Kommissar für Sport und Gymnastik jeden Angehörigen der Reichsbahn auf, zehn Pfennige für die Expedition zu spenden. Merkl nahm zwei der Veteranen von 1932 mit, seinen Jugendfreund Fritz Bechtold und den österreichischen Bergführer Peter Aschenbrenner. Einer der neuen Teilnehmer, Uli Wieland, wurde bereits vorher, allein, nach Darjeeling geschickt, um die Träger anzuheuern. Dies geschah wahrscheinlich deshalb, weil Wieland bereits 1929 am Kangchenjunga mit dabei gewesen war. Er kannte Darjeeling, aber auch einige der Sahibs im Himalaya-Club, und viele der Träger. Wieland, von Beruf Lehrer, war beauftragt, den Sardar und vierunddreißig Träger auszuwählen. In seinem Kopf hatte er die Namen der Männer, die er von 1929 her kannte, Bauer und andere deutsche Himalaya-Veteranen würden weitere Männer vorschlagen, und selbstverständlich auch der Vorsitzende des Himalaya-Clubs. Wenn der Sardar erst ausgewählt war, würden auch von ihm Vorschläge kommen, und zusätzlich würden Leute einfach auf ihn zukommen.

Jeder der Träger, der auch nur ein bisschen Erfahrung hatte, zog seine *Chits* heraus, seine Zeugnisse, um sie Wieland zu zeigen. *Chit* ist das Hindi-Wort für Brief. Wenn ein Engländer früher einen indischen Diener anheuerte, brachte der zukünftige Koch oder Gärtner seine Chits mit. Dies waren einzelne Blätter Papier, oft waren sie verblichen oder an den Knickfalten gerissen, jedoch stets aufs Sorgfältigste aufbewahrt, immer mit einer Empfehlung des früheren Arbeitgebers auf Englisch. Da die Diener kaum Englisch lesen konnten, ließen sie sich die Inhalte vorlesen, nur um zu hören, was darin stand. Auch die Träger aus Darjeeling hatten Chits und bewahrten sie mit Sorgfalt und Stolz auf, waren es doch ihre Schlüssel zu künftiger Arbeit.

Wieland suchte zunächst die Leute aus, die grundsätzlich in Frage kamen und schickte sie ins Victoria-Krankenhaus in Darjeeling zur medizinischen Untersuchung. Da viele Träger oft chronisch krank waren, war dies nicht nur eine Formalität.

Als der britische Bergsteiger Frank Smythe mit dem Zug aus London abreiste, um 1930 an der Expedition zum Kangchenjunga teilzunehmen, brachte ihn der Everestbesteiger Charlie Bruce zur Victoria Station: »General Bruce wies mich nachdrücklich auf eines hin: ›Vergiss nicht, die Träger zu entwurmen‹, flüsterte er mir ins Ohr.« In Darjeeling, so fand Smythe heraus, hatten nur sehr wenige Träger tatsächlich Würmer. »Häufiger war eine Art von Skorbut, höchstwahrscheinlich die Folge von Unterernährung, die sich in Form von Schrammen und Beulen auf der Haut abzeichnete. Eine Anzahl von Trägern war davon so schlimm betroffen, dass es unmöglich war, sie mitzunehmen.«[9]

Das bedeutete nichts anderes, als dass viele der Männer, die für den Nanga Parbat ausgesucht wurden, bereits dünn und unterernährt waren, noch bevor sie zum Berg kamen. Nach der medizinischen Untersuchung verfügte Wieland schließlich über fünfunddreißig Männer, fünfzehn Sherpas[10] und zwanzig Tibeter. Dann erst kamen Willy Merkl und Fritz Bechtold in Darjeeling an. Merkl als der Bara Sahib, der Big Boss, würde die Verträge machen.

Als Bechtold das Buch über die Expedition schrieb, beschrieb er die Anheuerung der Träger mit nahezu homerischer Sprachgewalt:

In langer Reihe traten die »Tiger« zur Vorstellung an… Nima Thondup, Smythes Faktotum, der seit 1921 jede Himalaya-Expedition mitgemacht hatte. Wangdi Norbu und vor allem Pasang, einer der Besten aus Bauers Garde von 1929; … als Erster Sirdar (Trägerobmann) wurde Lewa angeworben, der sich bisher auf allen Expeditionen durch ungewöhnliche Willenskraft, sowohl als Bergsteiger wie auch als Träger ausgezeichnet hat… Unter den Trägern der letztjährigen Everest-Expedition waren ausgezeichnete Leute, von denen alle in Lager IV (7400 Meter), fünfzehn in Lager V (7900 Meter) und Nima Dorje II in Lager VI (8300 Meter) gewesen sind. Es war hochinteressant zu beobachten, mit welcher Feierlichkeit diese Elitetruppe ihre Zeugnisse vorwies. Alle berühmten Namen des Himalaya tauchten als Unterschriften auf: Bruce, Ruttledge, Norton, Bauer, Smythe, Birnie und Dyhrenfurth… Mit großer Spannung erwarteten sie das Eintreffen des Bara Sahib. Als Merkl… alle fünfunddreißig Mann verpflichtete, herrschte großer Jubel und eitel Freude. Hüte flogen in die Luft und alle militärische Disziplin war für einige Zeit vergessen. Lewa hielt noch eine zündende Ansprache, und die »Tiger« des Himalaya gelobten ihrem neuen Bara Sahib treue Gefolgschaft in unserem Kampf um den Nanga Parbat.[11]

Dies waren glückliche Männer, arme Menschen, die jetzt eine feste, gut bezahlte Arbeit hatten. Ang Tsering sagte, dass er mit seiner Rikscha-Arbeit durchschnittlich fünfzehn Rupien monatlich verdient hatte, aber nur während der Saison. Bei der Expedition von 1934 verdiente man fünf Viertel Rupien pro Tag, beziehungsweise siebenunddreißigeinhalb Rupien pro Monat, plus dem, was ein Träger erlösen konnte, wenn er anschließend seine Ausrüstung verkaufte.

Davon, dass die Sahibs »alte Soldaten« vermeiden wollten, war hier keine Rede. Sie brauchten erfahrene Leute, und in den vergangenen Jahren waren aus vielen von ihnen Spitzen-Hochträger geworden. Die Chits, die sie vorwiesen, waren der Beweis dafür. Sie offenbarten auch den Ausbildungsgrad. So konnte ein Träger zwar ein schlechtes Zeugnis unter den Tisch fallen lassen, aber die Sahibs würden vermutlich miteinander über die Leute sprechen. Auf der Expedition von 1932 verhielten sich die Hunza-Träger jeden Tag den Umständen entsprechend. 1934 mussten die Träger aus Darjeeling immer vorausdenken. Wenn ein Mann sich dazu entschloss, den Bergen den Rücken zu kehren, brauchte er keine Chits mehr und konnte tun und lassen, was er wollte. Falls aber nicht, musste er immer seine Karriere im Auge behalten. Das brachte einen Mann dazu, sich mehr anzustrengen, tapferer zu sein, Ärger hinunterzuschlucken, zu lächeln und zu versuchen, einen Freund unter den Bergsteigern zu gewinnen.

Aus dem Blickwinkel der Sahibs ergaben sich mit der großen Auswahl an Trägern aus Darjeeling zwei große Vorteile: Diese Männer waren erfahren, und sie waren diszipliniert.

Im Jahr 2000 lehrten mich in Darjeeling eine alte Frau und ein kleiner Junge, wie wichtig diese Chits waren. Ich besuchte Pasang Phuti, die Witwe von Ang Tsering Phenzing, der von den Briten Pansy genannt worden war und in den Jahren um 1930 den Ruf eines großen Kletterers hatte. Als kleine Aufmerksamkeit brachte ich mehrere Törtchen mit, und sie bot mir Tee an. Pasang Phutis Schwiegertochter brachte die Medaillen und Dokumente, die sie besaßen, an den Tisch. Sie zeigten mir Ang Tsering Phenzings Tigerplakette, die Medaille, die er 1940 erhalten hatte, als der Himalaya-Club die zehn besten noch lebenden Darjeeling-Träger ehrte. Sie sagten mir, die Plakette käme aus England. Auf der einen Seite der Medaille sah man das Relief eines Tigerkopfes, auf der anderen Seite war »Ang Tsering Pansy, H.C. no. 51, 1940« eingraviert. Der Himalaya-Club (H.C.) hatte jedem Träger, der für sie arbeitete, eine Nummer gegeben, weil so viele von den Männern ähnliche Namen hatten.

Dann bekam ich den Chit der britischen Everest-Expedition von 1936 zu sehen. Das Papier hatte sich gelbbraun verfärbt, es war an einigen Stellen zerrissen und hatte Flecken. Die Familie hatten den Chit erst kürzlich in Plastik verschweißt, um ihn zu erhalten.

Das meiste auf dem Papier war mit der Schreibmaschine geschrieben. Quer über dem Kopf stand der Name der Expedition, darunter der des Trägers. Darunter standen die Bezüge – da er nur Küchenjunge gewesen war, hatte er eine dreiviertel Rupie pro Tag verdient. Als Tagesration war ihm der Gegenwert von sechs Anas zugebilligt worden. Darunter befand sich die Stelle, wo der Name und die Adresse der Ehefrau eingetragen werden konnten, vermutlich für Rentenzahlung im Todesfall. Hier stand ein Betrag von zehn Rupien pro Monat – vermutlich auszubezahlen an die Ehefrau. Wieder darunter befand sich ein handgeschriebener Eintrag von Hugh Ruttledge, dem Expeditionsleiter. Er schrieb, dass obwohl Ang Tsering Pansy seinen Dienst als Küchenjunge versah, er stets willig war, hoch nach oben zu klettern, und er, Ruttledge, ihn jeglicher Expedition nur wärmstens empfehlen könne. Darunter, ganz unten, befand sich Ruttledges Unterschrift.

In der linken unteren Ecke war ein Foto von Ang Tsering Phenzing befestigt. Dies vermutlich, damit kein anderer den Chit als Referenz benutzen konnte. Damit besaß seine Witwe ein Foto, das ihren Gatten als jungen Mann zeigte.

Als wir miteinander sprachen, tanzte ihr kleiner Enkel durch das Zimmer. Er war fünf Jahre alt und ging in den Kindergarten, nur waren zu der Zeit gerade Ferien. In Khumbu mussten Knaben seines Alters bei solchen Anlässen ruhig sitzen, wie erwachsene Männer, und den Gästen vielleicht Tee anbieten. In Darjeeling sind die Sherpa-Jungen genauso wie die indischen Jungen, die ich noch aus meiner Kindheit kannte, laut und nur auf sich selbst bezogen. Seine Mutter, halb verärgert, halb stolz, sagte mir, er sei ein *Budmaash*, ein Wort, das ich als Kind oft gehört hatte, das für Affen, für kleine Gauner und für freche Buben benutzt wurde.

Der Junge war von der Tigerplakette und dem Chit in der Plastikfolie fasziniert. Er wusste, wie viel sie seiner Mutter, seiner Großmutter und mir bedeuteten. Er versuchte, die Gegenstände an sich zu reißen, wir versuchten, sie wiederzubekommen. Dann sprachen wir wieder miteinander, und der Junge sah seine Chance. Er nahm die Tigerplakette und tanzte damit aus der Türe hinaus auf den Balkon. Auf den Gesichtern seiner Mutter und Großmutter sah ich Entsetzen aufblitzen. Da ich am nächsten saß, packte ich die Medaille und gab sie seiner Mutter zurück. Sie dankte mir überschwänglich und räumte die Plakette und den Chit wieder sorgfältig weg.

Der Sardar, der 1934 die Träger zu führen hatte, war Lewa, ein Tibeter in seinen mittvierziger Jahren. Er wohnte in der Nähe der Truppenunterkunft der Armee auf dem Grat oberhalb von Darjeeling. Wenn er auf keiner Expedition war, arbeitete er in der Truppenunterkunft als Putzmann und Aufwarter. Damit hatte Lewa ein festes Monatseinkommen, außerdem sprach er viel besser Englisch als die meisten Tibeter oder Sherpas. Selbst ein erfahrener Bergsteiger, war er zum ersten Mal als Sardar bei Dhyrenfurths Internationaler Expedition 1930 auf den Kangchenjunga eingesetzt worden.

1931 war Lewa der Sardar bei der britischen Expedition auf den Kamet. Über diese Besteigung schrieb der britische Bergsteiger Smythe ein Buch. Es lohnt sich, hier ein wenig zu verweilen, um zu zeigen, wie Lewa war, wie er seine Sardar-Arbeit machte, und wie der Paternalismus zwischen Herren und Dienern funktionierte, bevor die Tragödie von 1934 die Dinge veränderte.

Smythe fühlte sich von Lewas »Tatendrang und Energie«[12] angezogen. Er verglich Lewa mit Alam Singh, dem Versorgungsoffizier, den ihnen der örtliche Hindu-Führer zur Verfügung gestellt hatte.

Alam Singh ist ein Hindu, Lewa ein buddhistischer Sherpa. Es ist interessant, diese beiden Männer miteinander zu vergleichen: Lewa, der hartgesichtige kampfbereite Mann, entschlossen, brutal in seiner Diktion, der niemals einen Befehl gibt, den er nicht in der Lage wäre, selbst auszuführen, ein Mann mit großartigem Körperbau, zäh, hellwach, drahtig, loyal bis ins Innerste, der weder sich selbst noch seine Kameraden im Dienst für die Sahibs schont. Alam Singh, willig, aber schwach, intelligent, jedoch ohne Initiative, unfähig, Verantwortung zu übernehmen, einer, der erwartet, dass die Expeditionsmaschinerie von alleine läuft, hilflos angesichts kleinerer Schwierigkeiten oder Gefahren, bei stürmischer See eher der Passagier als der Kapitän, einer, der die meisten Dinge dem Zufall und dem lieben Gott überlässt, und dennoch ein liebenswerter Mann, der ergeben sein Bestes tut, uns zu helfen, einer, dessen liebenswürdiges Lächeln in angenehmer Erinnerung bleibt.[13]

Smythe hatte den kolonialen Durchschnittstyp von Hindu engagiert; sie waren schwach und unfähig, sich selbst zu verwalten. Glücklicherweise hatte diese Aufgabe ein anderer Menschenschlag aus Übersee für sie übernommen. Aber Smythe war sich auch ängstlich bewusst, dass die meisten Inder die Unabhängigkeit wollten. Doch als die Kamet-Expedition die Berge erreichte, »befanden wir uns nicht mehr in der Reichweite von Gandhis

Aktivitäten. Nach den frechen Blicken, die uns die ›Kongress-Wallahs‹ aus den Ebenen und niedrigeren Bergen zuwarfen, war es erfrischend, von der Landbevölkerung mit einem respektvollen und freundlichen ›Salaam Sahib‹ oder ›Salaam Huzoor‹ unterwegs begrüßt zu werden.«[14]

Ein Grund, weshalb Smythe einen Mann wie Lewa mochte, war der, dass er stark und würdevoll war, gleichzeitig aber loyal. Er war in der Lage zu führen, entschied sich aber zu folgen. Unter den Trägern aus Darjeeling gab es wenige Kongress-Wallahs – Mitglieder Gandhis Indischer Nationaler Kongresspartei. Sie mochten die Engländer zwar nicht sonderlich, verdienten ihren Lebensunterhalt aber mit dem Tourismus, und eine gute Stelle als Diener oder Träger war immer von der britischen Herrschaft abhängig. Darüber hinaus hatten die Briten nicht gezögert, in ihrem geliebten Darjeeling die Kongresspartei rasch zu zerschlagen.

Ein weiterer Grund für Lewas Attraktivität war seine physische Erscheinung. Aus Smythes Worten hört man förmlich die Bewunderung eines starken Mannes für einen von Seinesgleichen. Auf Fotos sieht man Lewa als einen bemerkenswert gut aussehenden Mann; Smythe sah das auch.

Auf dem Kamet erwies sich Lewa als der stärkste Träger und als zäher Sardar. An der Expedition nahmen nur neun Träger aus Darjeeling teil. Der Rest der Hochträger setzte sich aus ortsansässigen tibetisch sprechenden Bhotias aus den Garwhal-Bergen um den Kamet zusammen. »Anfangs waren wir verwundert über ihr mürrisches und verdächtiges Verhalten«, schrieb Smythe. Das Problem war, wie es sich herausstellte, Lewa: »Nicht nur, dass er unerschrocken seine Überlegenheit demonstrierte, er betrachtete die Garwhal-Bhotias im Gegensatz zu den Darjeeling-Sherpas und Bhotias auch als rassisch minderwertig. Aus diesem Grund legte er sich auch ein tyrannisierendes, wildes Kasernenhofgehabe zu… Verständlicherweise nahmen [die Garwhal Bhotias] Lewa sein Verhalten übel, und ihre Ablehnung brachte sie dazu, ihre Arbeit zu vernachlässigen. Anfangs rief Lewa immer voller Leidenschaft, ›Diese Männer taugen nichts‹.«[15]

Smythe und die anderen Sahibs sagten Lewa, er solle die Garwhal-Bhotias in Ruhe lassen, und ab da wurde die Sache besser.

Im Gegensatz dazu war es mit Nima Dorje das reine Vergnügen. Auch er war ein Träger aus Darjeeling, ein junger Mann, der aus Khumjung in der Region Khumbu stammte. Auf dem Hinweg, »als wir nach dem Mittagessen den Weg entlang gingen, war Nima Dorje ständig gesprächsbereit. Seine Englischkenntnisse waren besser, als ich gedacht hatte, und freudig erzählte er vom Everest und Kangchenjunga [auf denen er bereits gewesen war]. Genauso wie Lewa war er überzeugt davon, dass der Everest einmal bezwungen würde.[16]

Als sie sich den Kamet hinauf zum Lager IV vorarbeiteten, wurde klar, dass Lewa und Nima Dorje die besten Träger waren. Die Sahibs erreichten das oberste Lager, Lager V, und brachen im Schnee zusammen:

Endlich erschienen [die Träger], eine kämpfende Reihe todmüder Männer ... apathisch hockten *[sie]* sich in den Schnee, setzten ihre schweren Lasten von den Schultern ab, nahmen den schweißgetränkten Trageriemen von ihrer Stirn. Sie hatten eine hervorragende Tagesarbeit geleistet, aber im Augenblick waren sie zu müde, um dies zu realisieren. So gut wir es in der fremden Sprache konnten, brachten wir ein großes Lob über ihre Leistung zum Ausdruck. Nach ein paar Minuten Rast hatten sie sich wieder erholt. Wie gewöhnlich vertrieb Nima Dorjes unvermeidliches Grinsen die Mattigkeit. Sogleich begannen sie die Zelte zu errichten und für sich selbst und uns Tee zu kochen. Wie gut doch dieser Tee schmeckte![17]

Nima Dorje und Lewa waren die einzigen Träger, die im Lager V bei den Sahibs blieben. Am nächsten Morgen waren drei Sahibs ausgeruht genug, den Gipfel anzugreifen. Da sie einen Film drehten, nahmen sie Lewa und Nima Dorje zum Tragen der schweren Kamera und der Ausrüstung mit.

Am 21. Juni standen Lewa, Nima Dorje, Holdsworth, Shipton und Smythe auf dem Gipfel des Kamet, mit 7756 Metern der höchste Gipfel, der je bestiegen worden war. Aber beim Abstieg

> bewegte sich Lewa sehr langsam und schien ganz offensichtlich zu leiden. Sein Gesicht war ganz grün, seine Augen blickten starr vor Erschöpfung. Er stöhnte, dass er große Schmerzen hätte und deutete auf seinen Magen. Wir konnten nichts für ihn tun, außer ihn zu ermutigen, weiterzugehen und ihm die Traglast abzunehmen. Als ich den Rucksack mit etwa zehn Kilo Filmausrüstung hochhob, wurde ich zwangsweise an den Energieaufwand erinnert, mit dem Nima Dorje und Lewa die Sachen zum Gipfel hochgeschleppt hatten.[18]

Als sie wieder zurück ins Lager V kamen, war die zweite Gruppe bereit, am nächsten Morgen zum Gipfel aufzubrechen. Nima Dorje war so verängstigt vom Gipfel, dass er den anderen Trägern erzählte, ein gefährlicher Gott wohne dort oben. Am nächsten Morgen beschlossen alle Sahibs, noch einen Tag länger im Lager V zu warten, »da [Lewas] Füße so erfroren waren, dass je eher er ins Basislager geschickt wurde, es umso besser für ihn wäre. Greene [der Arzt] sagte, er könnte, wenn dies nicht augenblicklich geschähe, die Verantwortung für die Konsequenzen nicht übernehmen; in der dichteren Luft geringerer Höhen und der dadurch bedingten Zunahme des Sauerstoffs im Blut läge die einzige Möglichkeit, seine Füße zu retten.«[19]

In Anbetracht der Tatsache, dass sie nun fürchteten, Lewa könnte nicht nur seine Zehen verlieren, sondern die ganzen Füße, schickten sie ihn zu Tal, gaben ihm aber keinen Sahib mit oder jemanden, der ihn hätte tragen können. Sie alle fieberten dem zweiten Gipfelsturm am nächsten Tag entgegen.

Der Grund für Lewas Erfrierungen war möglicherweise, dass seine Stiefel ein Loch hatten oder zu klein waren. Bergsteiger sind überaus anfällig, wenn sie zum Beispiel einen Handschuh verlieren. Wahrscheinlicher aber ist, dass er sich ganz einfach zu viel selbst abverlangt hatte. Erfrierungen in großer Höhe sind oft ein Zeichen dafür, dass der ganze Körper aufgibt. Unter extremen Bedingungen reagiert der menschliche Körper, indem er seinen Blutkreislauf reduziert. Die Organe und das Gehirn werden noch ausreichend versorgt, aber der Blutfluss in die Arme oder Beine geht zurück, die Füße und die Hände bekommen nur sehr wenig, die Finger und die Zehen nichts mehr. Physiologisch ist das sinnvoll. In der Höhe steht dem Körper weniger Sauerstoff zum Zirkulieren zur Verfügung. Die Produktion von Körperwärme kostet Energie. Finger und Zehen sind die Teile des Körpers, deren Oberfläche im Verhältnis zur Fleischmenge am größten ist. Wenn man die Hand spreizt, erkennt man, dass die Hautoberfläche an den Fingern im Verhältnis zum Handteller und -rücken größer ist. Ein Beweis dafür ist, dass man in Fäustlingen weniger friert als mit Fingerhandschuhen.

Wenn sich also der Körper entscheiden muss, entweder die Extremitäten zu riskieren oder den ganzen Körper, verzichtet er lieber auf Finger und Zehen. Der Mechanismus ist einfach: Die kleinen Arterien und Kapillargefäße machen einfach zu.

Bei schweren Erfrierungen werden Hände und Füße taub und nehmen eine weiße Farbe an. Wenn sich die Gefäße wieder erwärmen, verursacht das schreckliche Schmerzen. Wenn sie sich nicht erwärmen, beginnt das Fleisch, das vom Blutkreislauf abgeschnitten ist, zu sterben. Innerhalb von Tagen oder gar Stunden, werden die Finger oder Zehen schwarz, dann die Hände und die Füße. Dieses schwarze Fleisch bleibt für immer tot. Es muss entfernt werden, da sich ansonsten Wundbrand durch die Glieder verbreitet und alles Fleisch schwarz wird. Man stirbt dann an Blutvergiftung.

Ein Bergsteiger mit tauben Händen und Fingern wird Schwierigkeiten haben, mit einem Seil oder einem Pickel umzugehen. Sich einfach nur die Stiefel anzuziehen ist mit erfrorenen Händen unmöglich. Bergsteiger mit erfrorenen Füßen können kaum laufen. Ihre Füße sind taub, und die Beine knicken unter ihnen weg. Selbst wenn sie von Kollegen gestützt werden, rutschen sie aus und stolpern. An Seilen zu klettern, wozu man natürlich Hände und Füße braucht, ist nahezu ausgeschlossen.

Während Lewa unter unermesslichen Schmerzen den Kamet hinunterhumpelte, war die zweite Gipfelstürmermannschaft mit einem Problem konfrontiert. Sie »brauchten zwar keine Filmkamera mehr zu tragen, aber sie entschieden sich dennoch, einen Träger mitzunehmen, der ihre Bekleidung und das Essen hochbringen sollte. Aber es war nicht einfach, einen Träger zu bekommen. Keiner der Männer aus Darjeeling war bereit mitzugehen. Nima Dorje hatte sie gehörig verunsichert; und Lewas Krankheit hatte sie demoralisiert.«[20]

Schließlich meldete sich Kesar Singh, einer der Träger aus der Gegend, freiwillig. Der zweite Gipfelsturm war ein Erfolg. Nun stiegen die Sahibs ab. Sie trafen Lewa im Lager II, aber er war unfähig, seine Arbeit fortzusetzen.[21] Lewas Füße »boten einen schrecklichen Anblick. Es war offensichtlich, wenn sie gerettet werden sollten, dass er so schnell wie möglich ins Tal gebracht werden musste. Hilflos lag er da, sein wildentschlossener Wille gefesselt an einen unfähigen Körper, unfähig, Anweisungen zu geben, und gezwungen, der Tatenlosigkeit seiner Untergebenen zuzusehen, ohne etwas dagegen tun zu können, ein Zustand, der ihm die Galle zum Überlaufen brachte«.[22]

Sie mussten ihn hinuntertragen. Beauman und Shipton gaben Anweisungen, und vier der Bhotias aus der Gegend trugen ihn hinunter. Im Lager I angekommen, weigerten sich die Bhotias, Lewa weiterzutragen. Stattdessen stiegen sie wieder auf zu Lager II, um die Reste ihrer Ladung zu holen, vermutlich die Kleidung und Ausrüstung, die sie mit nach Hause nehmen wollten.

In jedem Fall aber hatten sie von der Art und Weise, wie Lewa sie während der Expedition behandelt hatte, die Schnauze voll. »Nicht Takt, sondern schiere Gewalt war Lewas Knute gewesen«, schrieb Smythe.

Die Sahibs zogen die vier Bhotias nicht zur Rechenschaft. Vielleicht wollten Shipton und Beauman ihre Würde wahren, oder vielleicht waren sie einfach nur zu müde. Stattdessen schickten sie den stets positiv eingestellten Nima Dorje, um sich mit den vier Trägern zu »einigen« und sie zurückzuholen. »Zwischen den Ortsansässigen und den Männern aus Darjeeling hatte nie ein besonderes Verhältnis der Freundschaft oder der Sympathie bestanden, es waren harte Worte zwischen ihnen gefallen. Nima bekam sogar einen Faustschlag ins Gesicht, aber schließlich wurden doch genug Männer aufgetrieben, die Lewa hinuntertrugen.«[23]

Vom Basislager aus ritt Lewa »gebeugt und zusammengekauert« auf einem Pony. Smythe beschrieb es so:

Die Tränen liefen ihm über die Wangen, und er weinte bitterlich, aber nicht, wie ich glaube, aus Schmerz, sondern weil er sich in einer entwürdigten Position sah und Angst um seine Zukunft hatte. Er war nur noch ein Schatten seiner selbst, und wir konnten nicht umhin, in seinem moralischen Zusammenbruch und seinem Leid den wesentlichen Unterschied zwischen einem Europäer und einem Einheimischen zu entdecken. Hätte einer von uns ernsthafte Erfrierungen davongetragen, hätte er versucht, sein Unglück mit stoischer Ruhe und Tapferkeit zu ertragen. Aber ein Einheimischer kann seine Gefühle nicht kontrollieren; er ist wie ein Kind.[24]

Lewa hatte guten Grund zu weinen. Als der französische Bergsteiger Maurice Herzog im Jahre 1950 den Annapurna bestieg, zog er sich Erfrierungen an Händen und Füßen zu. Als der Expeditionsarzt Herzog mit Injektionen behandelte, strömte wieder Leben in seine Beine und Arme. Es schüttelte ihn, und er schrie und heulte wie ein Hund. Als ihn die Träger den Berg hinabtrugen, konnten sie gewisse Stöße nicht vermeiden. Die Schmerzen waren unerträglich. Später lag er am Ufer eines Flusses und hatte hohes Fieber: »Die Aufgabe war beendet, ich war bei klarem Bewusstsein. Ich konzentrierte die letzten Bruchstücke meiner Energie, und in einem letzten langen Gebet flehte ich den Tod an zu kommen und sich meiner zu bemächtigen… Ich gab mich darein – die letzte Erniedrigung für einen Mann, der bis dahin immer stolz auf sich gewesen war… Ich sah dem Tod geradewegs ins Angesicht und erflehte ihn mir mit all meiner Kraft.«[25]

Maurice Herzog war durchaus ein zäher Mann. Erfrierungen sind schmerzhaft, und sie hören nicht auf, Schmerzen zu bereiten. Lewa musste, wenn er Glück hatte, mit zwölf Monaten Schmerzen und mit einem ebenso langen Krankenhausaufenthalt rechnen, und er wusste es. Sein Bergsteigerleben wäre wohl zu Ende, wenn er seine Zehen verlor, und wenn er seine Füße verlor, wohl sein ganzes Arbeitsleben. Vom Himalaya-Club konnte er sich nur wenig Schadenersatz erhoffen, sicherlich keine Pension. Smythe hatte vermutlich Recht, dass er mehr aus Angst vor der Zukunft als vor Schmerzen weinte.

Und dann war da noch die Einsamkeit. In Lewas Stunde der Not hatten ihn die Sahibs alleine hinuntergehen lassen, und die Männer, die unter seinem Befehl arbeiteten, hatten sich geweigert, ihn zu tragen. Nur Nima Dorje war an seiner Seite gewesen.

Konfrontiert mit Lewas Schmerzen und Angst hatte Smythe allen Grund, seine Augen zu verschließen. Smythe war einer der Leute gewesen, die Lewa mit seinen Erfrierungen noch einen zusätzlichen Tag in Lager V gelassen hatten. Dann hatte er ihn alleine ins Lager II geschickt. Er würde seinem treuen Sardar auch keine Pension bezahlen. Alles zusammengenommen bedeutete, dass Smythe das menschliche Ausmaß von Lewas Tränen an sich heranlassen konnte. Stattdessen flüchtete sich Smythe in Paternalismus. In guten Zeiten bedeutete Paternalismus, dass der weiße Mann der Vater war, der Diener ein vertrauensvoller Sohn, und der Vater kümmerte sich um den Sohn. In schlechten Zeiten bedeutete Paternalismus, dass der Europäer der Mann war, der Einheimische das Kind, der weiße Mann sich aber nicht um das weinende Kind kümmern musste.

Aus all dem soll nicht gefolgert werden, dass Smythe ein kaltherziger oder unsympathischer Mann war. Unter den Bergsteigern seiner Generation war er bekannt für seine Liebe zu den Sherpas. Seine Bücher gelten deshalb als gute Quelle für die Geschichte der Sherpas, weil er sie als Individuen wahrnahm, als Individuen mit ihnen sprach und sie als Individuen beschrieb. Nur weil er auf Lewa achtete, bemerkte Smythe, dass er weinte. Nur weil er beinahe so fühlte wie Lewa, musste er diesen Mann in ein Kind verwandeln.

Lewa verlor seine Zehen, behielt aber seine Füße. Drei Jahre lang fand er keine Bergträgerarbeit mehr. Sein Freund in der Not, Nima Dorje, erhielt wieder Arbeit bei der britischen Everest-Expedition im Jahr 1933. In diesem Jahr war er einer der acht Träger, die mit ihren Lasten bis zum Lager VI vorstießen, höher als der Gipfel des Nanga Parbat (den Sahibs gelang es wieder nicht, den Gipfel zu erreichen, wohl aber schaffte »Policey« auf dem North Col den Höhenrekord von 6705 Metern für Hunde).

Ein Jahr danach wurden sowohl Nima Dorje als auch Lewa für die Nanga Parbat Expedition angeheuert. Die Deutschen wussten, dass Lewa ein harter Trägerführer sein würde. Sie nahmen ihn, wie Bechtold schrieb, »wegen seiner außergewöhnlichen Willensstärke, sowohl als Kletterer als auch als Führer«.[26] Hoch oben am Berg hätten sich seine amputierten Zehen als Problem herausstellen können. Aber die Sardars jener Tage wurden hauptsächlich im Basislager eingesetzt, von wo aus sie den Fluss der Träger und den Nachschub den Berg hinauf organisierten. Dabei spielten Lewas Füße keine Rolle. Und er war immerhin noch der Mann, der den Kamet bezwungen hatte. Nima Dorje hatte mit ihm auf dem Gipfel gestanden. Und es kam noch hinzu, dass Nima Dorje höher geklettert war als jeder von der Nanga Parbat Expedition, und höher als je ein Deutscher gekommen war.

Nachdem sie im Jahr 1934 eingestellt worden waren, nahmen die Träger aus Darjeeling den Zug nach Kalkutta, wo sie alle fotografiert wurden. Dann stiegen sie von einem Zug in den anderen und gelangten schließlich nach Kaschmir. Während der Zugfahrt war Ang Tsering verantwortlich für die Geldkisten und daher beinahe starr vor Ehrfurcht: Er hatte zehn Lakhs bei sich, eine Million Rupien (in Münzen).

Für die erste Etappe zum Basislager heuerte die Expedition in Kaschmir sechshundert Träger an. Die Darjeeling Männer hatten die Aufsicht über die ortsansässigen Träger. Lewa, der Sardar, nahm seine Aufgabe sehr ernst. Bechtold schreibt: »Wenn sich 600 Kaschmiri mit orientalischer Profitlichkeit und afrikanischer Wildheit jauchzend auf einen turmhohen Stapel Lasten werfen, dann geht das nie ohne erhebliches Geschrei ab. Zum ersten Mal greifen die ›Tiger‹ erfolgreich in den Lastentransport ein. Wie Katzen springen sie die Kaschmiris an. Ein Fels in tobender Brandung, Lewa, der erste Sardar der Darjeelingleute.«[27]

Alfred Drexel arbeitete wie Merkl bei der Reichsbahn. Als sie auf den Tragbal-Pass zuschritten, schrieb Drexel in sein Tagebuch:

Die Träger gehen in Gruppen zu dreißig Mann, jede unter der Aufsicht eines der Expeditionsteilnehmer, eines Obmanns und eines Darjeeling-Trägers. Die bekannten Sherpas und Bhutia-Träger aus Darjeeling spielen für uns auf dem Vormarsch die Rolle von Polizisten. Ihr Verhältnis zu den unzuverlässigen Kaschmiris ist wie das zwischen Herren und Untergebenen …

Die letzten Gepäckstücke für die Nachtruhe erreichen uns erst spät am Abend. Als Fackeln tragen sie Äste: Eine lange

Schlange von Lichtern klettert durch den dunklen Hochwald und vermittelt uns, die wir keine Lasten auf dem Rücken tragen, ein Märchenbild.[28]

Die elf Expeditionsteilnehmer kamen in einem Gästehaus der Regierung unter. Die Verhältnisse waren »außergewöhnlich beengt«, schrieb Drexel, »aber nichtsdestotrotz ist man aufgehoben, im Kamin brennt das Feuer, und unser Koch Ramona bringt heißen Tee. Wenn man an die Nachtlager der Träger denkt, ist man zweifellos dankbar für diesen Komfort: wie sie sich im Freien, ob es nun regnet oder schneit, ob Sterne oder Sturmwolken über ihnen stehen, um die Lagerfeuer drücken.«

Auf dem halben Weg zum Basislager wurden die Kaschmiri-Träger ausbezahlt und neue ortsansässige Träger eingestellt. Bechtold: »Hinter Gurais laufen neu angeworbene Leute in ihre heimatlichen Dörfer, um sich Mundvorrat zu holen und vor allem, um noch einmal zu ihren Frauen zu kommen. Da und dort sieht man einen Sahib in eine solche Abschiedsszene hineingaloppieren und wild fluchend von seinem Gaul springen, in Sorge um fehlende Lasten. Kräftige bayuwarische Worte mengen sich mit dem Geheul und den Tränen der Weiber.«[29]

Bevor sie zum Burzil-Pass kamen, erinnerte sich Aschenbrenner, dass er Geburtstag hatte. Die Bergsteiger hielten eine kleine Feier ab. Drexel schrieb in sein Tagebuch: »Wir feiern in aller Stille, während die Träger draußen im Schnee frieren.« Um zwei Uhr morgens verließen sie das Lager in der Hoffnung, dass der Schnee am Pass durch die Nachtkälte hart bleiben würde. Drexel schrieb:

Viele der Träger sind nun schneeblind und erhalten von unserem Arzt Mittel gegen die schrecklichen Schmerzen ... Auf der anderen Seite des Passes geht es steil bergab: Für uns auf Skiern eine wunderbare Gelegenheit, für die Träger die reinste Plackerei ...

Für die Träger war das Queren des Passes eine ungewöhnliche Leistung. Die Nacht zuvor hatten sie fast nicht geschlafen, dann waren sie mit dreiundzwanzig Kilo Gewicht auf dem Rücken auf eine Höhe von 4225 Meter geklettert – mit nichts als Lumpen und Strohsandalen an den Füßen, einige waren sogar barfuß sechzehn Stunden lang durch den Schnee marschiert.

Am nächsten Morgen laut Bechtold:

Wenn 314 Kulis ihr Tagewerk mit wüstem Geschrei beim Kampf um die Lasten täglich beginnen, dann erträgt man es allmählich mit orientalischer Gelassenheit. Nur hier im Schnee und im Dunkel der Nacht ist es wirklich schlimm. Lewa steht eisern da und haut mit seinem dicken Stecken auf Rücken und Köpfe ein, rücksichtslos und brutal, dass es nur so kracht. Ein Kuli will seine Gruppe teilen und sich selbst als Unterführer aufspielen, Lewa packt ihn mit beiden Fäusten und wirft ihn durch die Veranda des Bungalows hinaus in den Schnee… Wie ich… in die sternklare Nacht hinausziehe, hören wir noch lange das Geschrei der zankenden Kulis und den Taktstock des Lewa.[30]

Bald traf die Expedition auf alte Freunde. Frier war, wie schon 1932, wieder der Versorgungsoffzier. Erst kürzlich war er zum *Captain* befördert worden, und dieses Mal wurde er begleitet von Captain A.N.K. Sangster, ebenfalls ein Mitglied der Gilgit Scouts.

Wie schon zuvor verhandelten Frier und Merkl mit dem Tesseldar von Astor um ortsansässige Träger. Dieses Mal hatten sie bei weitem mehr Ausrüstung, also mussten sie 570 Astoris finden, die all die Sachen um den ganzen Berg zur Märchenwiese und zur Nordwest-Flanke trugen.

Wieder begleitete sie ein Balti-Kontingent, um für sie als Hochträger zu arbeiten. Sie hatten denselben Obmann wie damals, und auch einige andere mussten bei der Expedition von 1932 dabei gewesen sein. Dieses Mal waren die Baltis nur als Hilfskräfte für die Sherpas vorgesehen, um die Lasten bis zu den ersten Lagern zu tragen. Bevor sie jedoch wieder nach Hause gingen, hatten viele Baltis je dreißig Ladungen bis ins Lager IV getragen.

Nun musste die Expedition sich für eine Route auf den Berg entscheiden. Allen Touren im Himalaya liegt ein Abwägen zwischen Geschwindigkeit, Gefahr und Kletterkomfort zugrunde. Wenn man von der Märchenwiese aus zum Nanga Parbat blickt, wäre die direkteste Route die, die gerade hinauf Richtung Ostgipfel und dann zum Gipfel führt. Lawinen machten diesen Weg unmöglich. Mit bloßen Augen konnten sie die Schneebrüche erkennen, wo gigantische Wächten abgegangen waren, und konnten ständig beobachten, wie es wieder und wieder passierte. Der direkte Weg war ihnen also versperrt.

Dafür beschlossen sie, sich die Wand unter dem Nordgrat hinaufzuarbeiten, sich ständig links zu halten, vom Gipfel weg. Diese Route war vergleichsweise sicher und auch ein bisschen weniger steil. Aber vom Lager I zum Lager III mussten sie dennoch sehr vorsichtig einen Eisbruch hinaufklettern.

Ein Eisbruch ist ein komplexes Phänomen. In erster Linie ist es ein Gletscher, der oben auf einem Berg sitzt. Der Gletscher besteht aus hart gefrorenem Schnee, der sich seit vielen Jahren über dem Eis aufgetürmt hat. Da der Eisbruch auf einem Berg sitzt, bewegt er sich langsam den Berg hinunter. Gleichzeitig fällt neuer Schnee auf den Gletscher und erhöht das Gewicht, das ihn niederdrückt. Der Gletscher schiebt sich also unter enormem Druck Zentimeter um Zentimeter den Berg hinunter. Stets sieht es so aus, als ob er sich nicht bewegte, aber da der Druck ständig zunimmt, schiebt er eben doch voran, wenn auch nur wenig. Riesige Eismassen, die langsam den Berg hinunterfallen – das ist ein Eisbruch.

In seinem Inneren wird das Eis von enormem Druck verformt und verdreht. Die Bewegungsgeschwindigkeiten oben und unten sind verschieden. Dadurch kommt es ständig zu Brüchen, Gletscherspalten, wie man sagt. Einige von ihnen sind einen Meter breit und eineinhalb Meter tief, andere sind drei Meter breit und dreißig Meter tief, und wieder andere bilden ein ganzes Tal im Eis.

Manchmal finden Bergsteiger Schneebrücken, die über die Spalte führen. Behutsam und verbunden miteinander am gesicherten Seil, gehen sie hinüber. An anderen Orten bedeckt frisch gefallener Schnee die Spalte und verbirgt sie den Augen, und oft kann das Gewicht eines Bergsteigers unerwartet die ganze Seilschaft durch die Schneedecke in die Spalte brechen lassen. Bergsteiger queren ein Eisfeld stets sehr vorsichtig, mit drei oder mehr Kameraden am Seil, sodass, wenn einer überraschend in eine Spalte stürzt, die anderen ihn halten können.

Wenn die Kletterer über eine große Spalte keine Brücke finden, legen sie Leitern darüber. Diese Leitern müssen natürlich den Berg hochgetragen werden. Am Nanga Parbat benutzten sie jeweils drei Baumstämme aus dem Wald am Fuß des Berges, die sie über die Spalten legten und als Leitern benutzten.

Zusätzlich zu den Spalten gibt es Seracs, riesige Blöcke aus Eis, die vom Gletscher abgebrochen sind und auf der Oberfläche des Eisbruchs liegen. Wenn sich das Eis darunter bewegt, bricht es die Seracs frei, die dann krachend den Berg hinunterdonnern. Sie können dreißig, sechzig oder hundert Meter groß sein; am Nanga Parbat waren sie das, und noch größer. Manchmal ragen Seracs wie Türme in die Höhe und versperren den Weg, manchmal liegen sie auf der Seite und sehen geradezu grotesk aus.

Das Eis ist ständig in Bewegung. Eine erste Gruppe von Kletterern etwa findet einen Weg über den Eisbruch, bringt Sicherheitsleinen und Fixseile an, schlägt Stufen und sucht nach Brücken über die Spalten. Aber dann bewegt sich das Eis entlang ihrer Route, Tag für Tag. Der Druck schließt alte Spalten, reißt

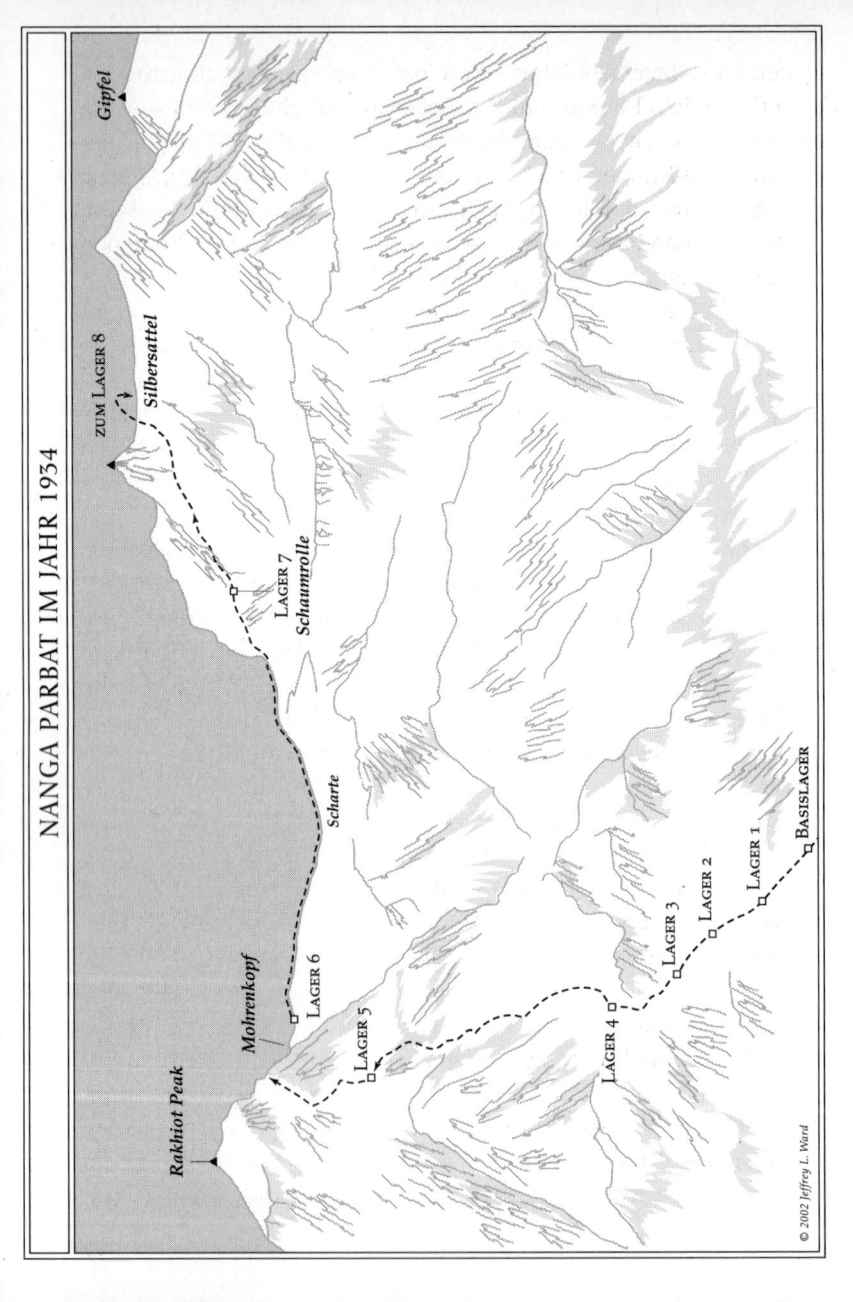

NANGA PARBAT IM JAHR 1934

Gipfel

Silbersattel

ZUM LAGER 8

Schaumrolle
LAGER 7

Scharte

Mohrenkopf
LAGER 6

Rakhiot Peak

LAGER 5

LAGER 4

LAGER 3
LAGER 2
LAGER 1
BASISLAGER

© 2002 Jeffrey L. Ward

neue auf. Schneebrücken, die einmal als sicher galten, werden zerbrechlich. Leitern und Baumstämme rutschen davon und gehen verloren, neue Seracs fallen auf den Weg. Eine Route, die einmal fertig ist, bleibt nicht so. Jeden Tag, den sie höher gelegene Lager beliefern, erleben die Träger neue, unerwartete Gefahren. Beinahe ständig sind die Bergsteiger dabei, die alten Routen neu zu gestalten und Umwege zu finden. Manchmal kriechen sie am Boden einer Spalte entlang, manchmal unter einer Spalte hindurch. Neunzehn Jahre später beschrieb Hermann Buhl das Klettern in einem Eisbruch am Nanga Parbat wie »durch ein Labyrinth von Klumpen, Türmen und Höhlen so nah beieinander, dass man beinahe die Fassung verliert. Es ist, als ob man sich im Straßenlabyrinth einer fremdartigen Stadt befindet, deren Hauswände oben zusammenstoßen«.[31]

1934 suchten sich die Sherpas und die Deutschen ihren Weg durch den Eisbruch. Vom Talboden einer großen Spalte aus konnten sie hinaufblicken und ihre Kameraden sehen, drei dunkle kleine Gestalten dreißig Meter über ihnen, die vorsichtig an der Lippe der Spalte entlangliefen. Dort oben brannte die Sonne auf den harten Schnee, und das Licht pulsierte. Ganze Wände riesiger hängender Eiszapfen blitzten in der Sonne. Am Rand spielten Schatten, die Wände lagen im Halbdunkel, kühl, urtümlich, rau wie Tropfsteinhöhlen, innen bis fast nach oben hin gewölbt. Und unter der fast grün schimmernden Oberfläche konnte man mächtige Venen aus eingeschlossenem, tief blauem Eis sehen. Nie war es still. Stets ächzte das Eis, oder etwas Entferntes brach.

Eine Tagestour oberhalb der Märchenwiese errichteten Merkls Leute das Basislager. Lager I lag eine Tagesstrecke höher, zu Füßen des Eisbruchs, Lager II oben am Eisbruch. Aber wenn sie von dort aus weiterstiegen, waren sie erneut mit einem potenziellen Lawinenfeld konfrontiert. Also machten sie einen Umweg und traversierten nach links über einen neuen Eisbruch und diesen hinauf und schwenkten dann zurück nach rechts zum Lager III. Von Lager III an hatten sie den Eisbruch überwunden. Wieder gingen sie nach rechts, und dann im Winkel zu Lager IV, wo sie sich dann endlich auf dem langen Nordgrat zum Nanga Parbat befanden.

Vom Lager III aus, oberhalb des Eisbruchs, brachen sie auf, um Lager IV zu errichten, das, wie schon gesagt, auf dem Grat lag. Unterhalb der obersten Gruppe führten andere Bergsteiger die Träger mit jeweils dreiundzwanzig Kilo Gewicht durch den Eisbruch von Lager zu Lager. Die Baltis trugen, angeführt von den Darjeeling-Leuten, hinauf ins Lager II. Zu diesem Zeitpunkt trugen nur Darjeeling-Leute Lasten über Lager II hinaus. Bechtold war beeindruckt, um wie viel besser sich die Sherpas am Seil verhielten als die Baltis, als ob die Sherpas ihr Leben lang nichts anderes getan hätten.

Die Balti-Träger traten bald in Streik. Sie sagten, die Darjeeling-Männer würden fünf Rupien am Tag bekommen, und sie wollten genauso viel haben. Tatsächlich jedoch verdienten die Sherpas nur fünf Viertel Rupien pro Tag. Aber 1932 hatten die Hunza-Träger fünf Rupien pro Tag bekommen. Die Baltis mussten sich daran erinnert haben und glaubten, die Sherpas würden das Gleiche bekommen. Captain Sangster, einer der Versorgungsoffziere, verhandelte mit den streikenden Baltis, erreichte jedoch nichts. Lewa, der Sardar, war aus anderem Holz geschnitzt. Laut Bechtold

greift zur rechten Zeit Lewa ein, der kennt seine Pappenheimer. Sofort zieht er ihnen die Ausrüstung aus, dass sie nurmehr mit einem Lendenschurz bekleidet im Schnee stehen. Dann steckt er ihnen mit vier Stangen eine unmögliche große Fläche Schnee aus. Die müssen sie noch ausschaufeln, bevor sie gehen dürfen. Das wirkt! Zwölf Leute erklären sich bereit, für den Bara Sahib weiterzutragen. Die anderen werden am Abend entlassen.[32]

Lewa war in einer stärkeren Position als Frier 1932, der die Loyalität wenigstens einiger Balti- und Hunza-Träger zurückgewinnen musste. Mit vierunddreißig Darjeeling-Männern konnte er es sich leisten, alle zu entlassen.

Irgendwann einmal, vermutlich im Basislager, durchsuchten sich die Darjeeling-Männer gegenseitig nach Messern.

Dies taten sie auf jeder Expedition seit 1931. In diesem Jahr waren drei Männer, Tsin Norbu[33], Pasang und Hermann Schaller auf einen Grat am Kangchenjunga geklettert. Pasang und Schaller rutschten aus und fielen. Tsin Norbu gelang es, sie zu belegen und sie festzuhalten. Pasang und Schaller baumelten am Seil unter der Klippe, unfähig, wieder hochzuklettern. Tsin Norbu war nicht stark genug, sie nach oben zu ziehen, aber er hielt fest. Irgendwann, erschöpft und geschwächt, wusste er, dass ihr Gewicht auch ihn bald vom Berg herunterziehen würde. Tsin Norbu nahm sein Messer heraus und schnitt das Seil durch. Pasang und Schaller stürzten zu Tode. Tsin Norbu überlebte.

Andere Bergsteiger haben an anderen Bergen das Gleiche erlebt.[34] Die erfahrensten Kletterer haben sich gefragt, was sie in so einer Situation machen würden, und es ist nicht leicht, diese Frage zu beantworten. Weshalb sollten drei oder zwei sterben anstelle von einem? Aber Bergsteiger sind aufeinander angewiesen. Früher oder später stürzt jeder einmal, und da sich das Seil spannt, rettet ein Mann oder eine Frau des anderen Leben. Auf schwierigen Strecken führt stets einer die Kletterpartie an und findet die Route, während der andere unten steht und sichert, und bereit ist, festzuhalten. Die Abhängigkeit zwischen zwei oder drei Kletterern liegt im Seil – ihre Schicksale hängen buchstäblich aneinander. Ein steiler Felsen: wenn einer den anderen nicht sehen kann, spüren sie sich doch gegenseitig am Seil. Der Zug, das Nachlassen, das Zittern, die Spannung, ein scharfer Ruck als vereinbartes Zeichen – all das erzählt Bände.

Bergsteiger geben große Acht auf Knoten.

Mehr als alles andere bedeutet das Seil Vertrauen. Alte Sherpas sagen, ohne jemandes Namen zu nennen, ganz ruhig, dass sie mit dem einen oder anderen lieber nicht an einem Seil gehen würden. Auf andere, mit denen man gerne klettert, kann man sich wieder verlassen. Klettern ist kein Teamsport. Selbst auf den großen Expeditionen wird der individuelle Wettkampf offensichtlich. Dennoch fehlt den meisten bei der neuen Disziplin Soloklettern etwas Entscheidendes. Das Seil bedeutet Sicherheit, Leben, aber auch Freundschaft.

Das Seil zu durchtrennen mag notwendig sein, es kann aber auch bedeuten, Vertrauen zu durchschneiden, Liebe zu durchtrennen.

Die Bhotia- und die Sherpa-Träger am Kangchenjunga haben verstanden, was Tsin Norbu getan hatte. Sie wussten, dass sie vermutlich das Gleiche getan hätten. Und doch wollten sie es nicht tun. Deshalb beschlossen sie unter sich, dass keiner von ihnen ein Messer bei sich trug.

Das war natürlich nicht so einfach. Sie wussten, dass Menschen versucht sein könnten zu betrügen. Deshalb durchsuchten auf sämtlichen Expeditionen der nächsten Jahre, inklusive der zum Nanga Parbat, die Darjeeling-Träger sich gegenseitig nach Messern. Den Sahibs erzählten sie davon nichts.[35]

5

Eiserne Entschlossenheit

1934 starben am Nanga Parbat zehn Menschen, weil Willy Merkl zu viele Männer zu schnell den Berg hinaufführte. Einen der Hauptgründe für diesen Fehler kennen wir bereits: die Politik. Nun wenden wir uns dem anderen zu: Die Bergsteiger verstanden nichts von Höhe. Beginnen wir damit, was Höhe einem dieser Bergsteiger, Alfred Drexel, zufügte, und wie seine Kameraden darauf reagierten.

Drexel arbeitete in derselben Abteilung der Reichsbahn wie Willy Merkl, und oft hatten sie miteinander Berge bestiegen. Am 6. Juni waren Drexel, drei weitere Bergsteiger und verschiedene Darjeeling-Träger im Lager III. Die zwei Österreicher, der Bergführer Peter Aschenbrenner und der Geologe Erwin Schneider, sahen sich oberhalb des Lagers III nach einem neuen Platz um, der weniger lawinengefährdet war. Mit ihren Skiern, die sie gewöhnlich am Rücken festgebunden hatten, spurten sie einen Weg nach oben. Unter ihnen führten Willo Welzenbach, ein städtischer Ingenieur aus München, und Alfred Drexel die Träger mit ihren Lasten vom Lager II den Berg hinauf.

Nun brach ein Schneesturm los, der schlimmer war als alles, was Aschenbrenner zwei Jahre zuvor am Nanga Parbat erlebt hatte. Zusammen mit Schneider machten sie sich durch das Schneegestöber zurück auf den Weg zum Lager III. Unter ihnen ging Welzenbach mit seinen Trägern an dem einen Seil, Drexel am anderen. Als er feststellte, dass er den Kontakt zu Drexel verloren hatte, stieg Welzenbach zurück und sah, dass Drexel und seine Träger sich verstiegen hatten. Welzenbach brachte sie auf den richtigen Weg zurück und drängte weiter. Drexel war der letzte Mann, der an diesem Nachmittag im Lager III ankam; er war völlig erschöpft. Er »klagt über heftige Kopfschmerzen und kann trotz Müdigkeit die ganze Nacht keinen Schlaf finden«.[1]

Drexel litt unter Höhenkrankheit.[2] Je höher man hinaufsteigt, desto geringer wird der Luftdruck. Niedriger Luftdruck bedeutet weniger Luft pro Kubikmeter und daher weniger Sauerstoff pro Atemzug. Das Natürlichste ist es, die Atemfrequenz zu erhöhen, wenn man mehr Sauerstoff benötigt. Das ist der Grund, weshalb Menschen nach einem Lauf keuchen, oder eben schneller atmen, wenn sie einen Berg hinaufgehen. In großer Höhe dringen von überall im Körper Signale zur Lunge, sich zu beeilen und mehr Sauerstoff zu zirkulieren. Nun entsteht aber ein Problem. Wenn die Lungen in großer Höhe schneller atmen, ist die aufgenommene Sauerstoffmenge gleich groß wie bei normaler Atmung auf Seehöhe. Da aber die Lungen bei jedem Atemzug stets dieselbe Menge Kohlendioxyd abgeben, atmet man bei schnellerer Atmung in großer Höhe mehr Kohlendioxyd aus, was gleichbedeutend ist mit einem Kohlendioxydverlust des Körpers. Dieser Kohlendioxydverlust senkt den pH-Wert, die Balance zwischen säurehaltigen und alkalischen Substanzen im Blut gerät ins Wanken. Und das bedeutet Ärger.

Der menschliche Körper kann nur geringe Toleranzen in seinem pH-Wert (Wasserstoffkonzentration im Körper) verkraften. Ist der Körper zu alkalisch oder zu sauer, sorgen sämtliche Mechanismen mit aller Kraft dafür, zu einem normalen pH-Wert zurückzukehren. Noch streiten sich die Wissenschaftler, weshalb das so ist; eine Theorie besagt, dass die verdauungsfördernden Enzyme im Magen nur bei einem bestimmten pH-Wert arbeiten können. Was auch immer der Grund sein mag, die Konsequenzen in großer Höhe sind schwerwiegend. Der Körper tut alles, um den pH-Wert ausgewogen zu halten, bis hin zum Selbstmord. Teile des Körpers schreien nach Sauerstoff, der Mensch atmet schneller. Gleichzeitig signalisieren die Mechanismen, die den pH-Wert schützen, man soll langsamer atmen, um dem Körper seinen Kohlendioxydbestand zu bewahren.

Im wachen Zustand versucht man, schneller zu atmen, und das gelingt auch eine Zeit lang. Dann kann man plötzlich nicht mehr und beginnt zu keuchen. Ein Bergsteiger oder Trekker, der in der Höhe schläft, atmet eine gewisse Zeit schnell und hört dann völlig auf zu atmen. Dann wacht er auf, erlangt sein Bewusstsein wieder und fängt sofort wieder damit an, normal zu atmen. Wenn dies geschieht, weiß man nicht, was einen aufgeweckt hat, aber man weiß, dass man Angst hat. Dann schläft man wieder ein, und der Prozess wiederholt sich. Man wacht wieder auf, keucht, ist orientierungslos und hat Angst. Das geht so die ganze Nacht.

Sehr häufig wacht man mitten im Traum auf. Normalerweise wachen Menschen langsam auf. Aber wenn sie zu atmen aufhören, wachen sie schnell auf und haben ihr letztes Traumbild vor Augen, selbst wenn sie bereits wach sind. Dies führt dazu, dass man denkt, der Traum sei real. In einer langen Nacht erwachen Höhenkranke sehr häufig, und die Träume beginnen zunehmend beängstigend zu werden. Am nächsten Morgen glauben die Menschen, dass es der Traum gewesen sei, der ihren Schlaf gestört hatte.

In großer Höhe ist dies normal. In Namche-Basar etwa, in der Region Khumbu, auf 3350 Metern Höhe, leiden eine ganze Menge Trekker unter Kopfschmerzen, schlaflosen Nächten und Wachträumen. Irgendwo zwischen Namche und dem Everest-Basislager befällt etwa die Hälfte aller Trekker die allgemeine Höhenkrankheit. Die häufigsten Symptome sind Kopfschmerzen, Appetitlosigkeit, Schlafstörungen und eine generelle Lethargie. Die Menschen wirken oft auch leicht irritiert und verwirrt. Bei 3350 Metern wartet man dann am besten ein oder zwei Tage, und wenn es nicht besser wird, geht man zu der Höhe zurück, wo man sich zuletzt wohl fühlte.

Jemand mit der normalen Höhenkrankheit, der bei 3350 Metern abwartet, wird es in der Regel bald besser gehen, da sich seine Nieren der Höhe anpassen. Der Körper verliert Kohlendioxyd auf zweierlei Arten: durch die Lungen und mit dem Urin. Nach ein paar Tagen in entsprechender Höhe senden die Nieren gewöhnlich weniger Kohlendioxyd in die Blase. Auf diese Weise können die Lungen mehr davon verlieren und schneller atmen.

Aber sogar in einer Höhe von 3350 Metern funktioniert das nicht immer. Alfred Drexel jedoch war auf einer Höhe von über 5000 Metern, wo seine allgemeine Höhenkrankheit sich in eine akute Höhenkrankheit verwandelte; befällt sie die Lunge, nennt man die Krankheit höhenbedingtes Lungenödem, beim Gehirn höhenbedingtes Cerebralödem.

Das höhenbedingte Lungenödem äußert sich in der Schwellung des Lungengewebes. Ist es einmal so weit, geschehen zwei Dinge. Zum einen werden Teile der Oberfläche des Lungengewebes mit nur noch so wenig Sauerstoff versorgt, dass sie zusammenfallen. Nun muss also ein kleinerer Teil der Oberfläche versuchen, Luft zu verarbeiten, die zudem dünner ist, wodurch das Atmen immer schwieriger wird. Man beginnt zu ersticken.

Das andere Problem besteht darin, dass der Druckausgleich zwischen dem Blut und der Luft in der Lunge gestört ist. Der Luftdruck ist gefallen, nicht aber der Druck im Körper. Auf diese Weise kann Flüssigkeit durch Lungenwände in die Hohlräume sickern, beziehungsweise durch den Unterdruck in der Lunge herausgesaugt werden. Die Flüssigkeit staut sich, die Lunge versucht auszuhusten. Wenn die Flüssigkeit einen kritischen Pegelstand erreicht, ertrinkt der Mensch. Dafür genügt schon ein Viertelliter.

Das höhenbedingte Cerebralödem löst eine Schwellung des Gehirns aus. Hierbei ist der Prozess ein anderer, und er spielt sich auch nicht so eindeutig ab. Bekannt ist aber, dass dabei die Barriere, die das Blut zum Gehirn abgrenzt, beeinträchtigt wird. Das Gehirn liegt in der Gehirnflüssigkeit auf einer Art flüssigem Kissen. Die Blut-Gehirn-Barriere nimmt Einfluss auf sämtliche Membranen und Prozesse und verhindert, dass das Blut mit dieser Flüssigkeit in Berührung kommt. Jene Membranen und Prozesse blockieren nicht nur etwa infektiöses Material oder Fremdkörper, die im Blut mitgeschwemmt werden können, sie sorgen auch dafür, dass bei steigendem Blutdruck der überschüssige Druck in geordneten Bahnen an die Gehirnflüssigkeit abgegeben wird. Beim höhenbedingten Cerebralödem hört diese Barriere auf zu arbeiten und der Druck in der Gehirnflüssigkeit steigt unkontrolliert.

Dies alles passiert in kleinem Maßstab, wenn Menschen, wie so häufig, bereits in geringen Höhen Kopfweh bekommen; ähnlich dem Kopfschmerz, den viele Frauen haben, wenn sie die Antibabypille nehmen – die ebenfalls den Druck in der Gehirnflüssigkeit erhöht. In beiden Fällen denkt man, es sei eine Hand, die sich um das Gehirn schließt, und so etwas Ähnliches passiert auch.

Das höhenbedingte Cerebralödem kann durch das Zusammendrücken des Gehirns Ataxie auslösen, was bedeutet, dass das Gehirn und die Lymphen nicht mehr koordiniert sind. Der Mensch taumelt, seine Arme baumeln, seine Beine schlottern, und bald kann er nicht mehr gehen. Manchmal können zwei Männer die Arme des Kranken um sich legen und ihn so zu Tal bringen, manchmal müssen sie ihn tragen.

Sowohl mit dem Cerebral- als auch dem Lungenödem hat das Herz zu kämpfen. Da nicht genug Sauerstoff im Blut vorhanden ist, versucht das Herz, das Blut immer schneller durch den Kreislauf zu pumpen. Bei der allgemeinen Höhenkrankheit versucht man, selbst wenn man liegt, schneller zu atmen, und der Puls rast. Bei der akuten Krankheit ist der Druck auf dem Herzen noch höher, und oft bricht das Herz zusammen, bevor die Lungen ersticken oder das Gehirn aufhört zu arbeiten. Oder es platzen durch den zunehmenden Druck im Gehirn die Arterien und lösen einen Schlaganfall aus.

Das Lungenödem kommt in den Bergen viel häufiger vor als

das Cerebralödem. Alfred Drexel mag beides gehabt haben. Wenn heute erfahrene Bergsteiger bei einem Kameraden eines dieser beiden Symptome identifizieren, wissen sie, dass sie die Person sofort hinunterbringen müssen. Wenn er noch gehen kann, gut. Falls nicht, sollte man ihn an den Armen nehmen und ihn vom Berg runterführen, am besten, am Seil hinunterlassen. Wenn notwendig, muss man ihn auf dem Rücken nach unten tragen und darf dabei niemals auf morgen warten, selbst wenn es bereits dunkel ist. Oft genügt schon ein kleinerer Abstieg, manchmal sogar nur hundert oder zweihundert Meter, damit eine kranke Person wieder gesund wird.

In der Nacht des Schneesturms lag Alfred Drexel im Delirium. Am nächsten Morgen war der Sturm vorüber. Die anderen Bergsteiger sagten Drexel, er solle ins Tal absteigen. Er weigerte sich, und sie drängten ihn nicht dazu. Drexel lag im Sterben, aber sie erkannten es nicht und benahmen sich wie sonst auch. Schneider und Aschenbrenner, die zwei stärksten Kletterer, gingen wieder nach oben, um den Weiterweg zu Lager IV auszubauen. Als sie am Nachmittag zurückkamen, erklärte sich Drexel, der nun auch erkannte, wie krank er war, bereit, mit seinem persönlichen Träger Ang Tenjing abzusteigen. Die anderen ließen ihn gehen, ohne dass ein Sahib ihn begleitete. Ihr Auge war nur auf das Ziel gerichtet. Drexel kroch »mühsam auf zwei Skistöcke gestützt« den Berg hinunter.[3]

Ang Tenjing unterstützte Drexel, bis sie fast das Lager II erreicht hatten, dann rannte er los, um Hilfe zu holen. Bechtold, der ihn empfing, sagte, Ang Tenjing »kam aufgeregt bei uns im Lager an« und meldete, Drexel sei ernsthaft erkrankt.[4] Pasang Picture und Müllritter liefen sofort los und kamen zehn Minuten später mit Drexel an. Bechtold konnte sehen, dass Drexel »etwas blau [war] im Gesicht und schwer atmete«, dachte aber nicht, dass ein ernster Grund zur Besorgnis vorläge. Bechtold hatte nicht verstanden, wovon Ang Tenjing sprach.

Im Lager II gab es für die Sahibs nur ein Zelt und einen Schlafsack. Die Sahibs teilten sich häufig einen Schlafsack, um sich gegenseitig zu wärmen. Müllritter meldete sich sofort freiwillig, ins Lager I hinunterzugehen. Auf diese Weise hätte Drexel Platz zum Schlafen, und außerdem sollte Müllritter den Arzt bitten, am nächsten Morgen mit hochzukommen.

Drexel war krank und atmete nicht richtig, dennoch planten sie, den Arzt zu ihm hinaufzuschicken.

Bechtold und Drexel teilten sich in dieser Nacht den Schlafsack. Beim Einschlafen wurde Drexel von einem »furchtbaren Husten geplagt, der die halbe Nacht anhielt. Gegen Mitternacht verfiel er in Halbschlummer mit wirren Fieberträumen«. Bechtold lag nahe bei ihm, es war eine »lange, schwere Nacht«. Um acht Uhr wachte Drexel auf, und es schien ihm, wie es häufig bei der akuten Höhenkrankheit vorkommt, viel besser zu gehen. Bechtold sagte zu Drexel, dass sie nun aufbrächen.

Auf einmal ging es Drexel wieder viel schlechter. Bechtold war der Meinung, »dass von unserem Aufbruch schon keine Rede mehr sein konnte«. Bechtold ging vom Modell einer Krankheit auf normaler Höhe aus und hielt es für wichtiger, den Patienten ruhig zu lagern, als ihn hinunterzubringen. Aber er war in Sorge dabei.

Bechtold schickte Pasang Picture mit einer Nachricht hinauf ins Lager III, um Willo Welzenbach zu bitten, ein weiteres Zelt und einen Schlafsack hinunterzuschicken. Damit wäre auch für den Arzt gesorgt. Gleichzeitig schickte er Ang Tenjing, Drexels besorgten Träger, und Ang Nima hinunter ins Lager I. Sie sollten die Nachricht überbringen, dass Drexel sehr krank sei, und wenn Dr. Bernard im Lager I ankäme, sollte er unverzüglich zum Lager II hochsteigen, selbst in der Dunkelheit. Die Nachricht endete mit »äußerste Eile dringend notwendig«.[5]

Als Pasang Picture Lager III erreichte, um nach einem Zelt und einem freien Schlafsack zu sehen, war niemand mehr da. Die Sahibs und die Träger waren weitergegangen, um Lager IV zu errichten. Pasang Picture besaß nicht den Mut, sich einfach einen Schlafsack zu nehmen. Besorgt stieg er wieder ab ins Lager II. Der Weg hinauf und zurück kostete ihn drei Stunden. Als er unten ankam, war Drexel ohnmächtig.

Unten im Lager I konnte Merkl den ganzen Tag niemanden nach oben schicken, denn »es hagelt, was es kann«.[6] Er war in Sorge um die Sicherheit derer, die er hinaufschickte. Oben im Lager II konnte Bechtold erkennen, dass Drexel starb. »Er verfällt von Stunde zu Stunde sichtlich«.[7] In seiner Angst jagte Bechtold Pasang Picture hinaus in den Hagelsturm und hinunter ins Lager I, um den Arzt zu holen. Um halb sechs Uhr kehrte Pasang zusammen mit Müllritter und Dr. Bernard zurück. Ang Tenjing, Drexels Träger, war ebenfalls dabei. Der Arzt lehnte den ihm angebotenen Tee ab und begab sich sofort zu seinem Patienten.

Bernard diagnostizierte Lungenentzündung, dennoch wusste der Arzt ebenso wenig wie die Bergsteiger, womit er es zu tun hatte. Aber er war sehr besorgt und sagte, dass Drexel augenblicklich Sauerstoff benötigte.

Um es noch einmal zu sagen: Heute würden Bergsteiger den Kranken hinunter zum Sauerstoff tragen. Bernard und Bechtold schickten eine Nachricht hinunter ins Lager I und baten Merkl, den Sauerstoff hinaufzuschicken. Pasang Picture und Palten gingen erneut hinaus in den Sturm und eilten hinunter, so schnell wie möglich. Gerade, als es dunkel wurde, um etwa sieben Uhr abends, kam Pasang Picture erschöpft im Lager I an. An diesem Tag war er nun oben im Lager III gewesen, war ins Lager II zurückgekehrt, dann ins Lager I abgestiegen, danach wieder zum Lager II aufgestiegen, und kam nun wieder in Lager I an. Die Nachricht, die er für Merkl dabei hatte, lautete: »Schick mehr Sauerstoff hoch, es geht um Balbos Leben.«[8] Balbo war Drexels Spitzname.

Merkl hatte keinen Sauerstoff in Lager I. Die Expedition benutzte den Sauerstoff nicht beim Klettern, sie besaß nur geringe Mengen für medizinische Notfälle. Merkl schickte Pasang Kikuli und Jigmey hinunter ins Basislager, um einen Sauerstoffapparat zu holen.

Die anderen warteten in Lager I. Wieland meldete sich freiwillig, den Sauerstoff, wenn er ankam, hinaufzubringen. Pasang Picture und Palten würden ihn begleiten. Aber jetzt ruhten sie sich einfach nur aus.

Oben im Lager II taten Müllritter und Dr. Bernard für Drexel, was sie konnten. Bechtold, der in der Nacht zuvor nicht geschlafen hatte, war vor Erschöpfung und Kummer unfähig zu helfen. Der Sturm wurde wieder stärker. Der Schnee schlug schwer gegen das Zelt. Noch einmal rissen für einen Augenblick die Abendwolken auseinander und die Sonne stand rot über dem Hindukusch.

Weit unten im Basislager setzten sich kurz nach acht Uhr abends die Träger Gaylay und Dakshi mit dem Sauerstoff in Bewegung. Schnell stiegen sie in der Dunkelheit durch den Eisbruch, einer von ihnen trug eine Kerosinlampe. Um fünf vor halb elf erreichten sie Merkls Zelt im Lager I. Merkl bot ihnen Tee und jedem eine Zigarette an, die sie dankbar annahmen, und ging nun, um Pasang Picture, Palten und Wieland zu wecken. Um Mitternacht verschwanden die drei Männer mit dem Sauerstoff in der Dunkelheit in Richtung Lager II.

Drexel war bereits gestorben. Um neun Uhr zwanzig, etwas mehr als elf Stunden, seit er das Bewusstsein verloren hatte, starb er im Schlaf, mit einem Lächeln auf dem Gesicht. Dr. Bernard und die anderen Bergsteiger wussten immer noch nicht, was ihn getötet hatte. Die ungestüme Energie, mit der die Sherpas den Berg hinauf- und hinuntergestürmt waren, könnte ein Hinweis darauf gewesen sein, dass sie möglicherweise um die Gefahr für Drexels Leben gewusst hatten.

Als Bernard feststellte, dass Drexel tot war, warf er sich über dessen Leiche und weinte. Danach knieten sich Bernard, Müllritter und Bechtold draußen in den Schnee, sie weinten und beteten ein Vaterunser. Drexels Träger Ang Tenjing und die anderen Träger standen bei den Sahibs und »weinten hemmungslos«.[9]

Die drei Sahibs ließen Drexel tot in ihrem Zelt liegen und bezogen ein anderes. Sie weinten, dann sprachen sie über Drexels Eltern in Deutschland. Nach einer Weile begannen sie, mit Drexels Vater und Mutter zu sprechen, als ob sie im Zelt anwesend wären. Draußen konnten sie Stunde um Stunde die Klagelieder der Träger hören. Die Bergsteiger wussten nicht, weshalb Drexel gestorben war.

Höhe kann manche Menschen töten, geschwächt aber wird von der Höhe jeder. Der reduzierte Sauerstoff bewirkt, dass die Bergsteiger unbeholfen, langsam und dumm werden. Ihre Worte und Gedanken geraten in Unordnung, und auch ihre Beine. Menschen, die nicht sterbenskrank sind, können auf 7000 Meter Höhe dennoch in der Nacht ständig aufwachen, ständig träumen, dass sie ertrinken. Außerdem fühlen sich Bergsteiger ständig erschöpft und ausgepumpt.

Die deutschen Bergsteiger haben dies 1934 nicht gewusst. Später führte sie ihr Weg auf den langen Nordgrat, auf dem sie in großer Höhe viele Tage lang verweilten. Merkl und seine Kameraden trafen Entscheidungen, die sie in den Alpen weitergebracht hätten, die jedoch im Himalaya tödlich waren. Dafür gab es zwei Gründe. Einer davon war ganz einfach Nichtwissen, der andere die Weigerung, dazuzulernen.

Widmen wir uns zuerst dem Nichtwissen. Einige Menschen auf der Welt hatten schon seit langem von der Höhenkrankheit gehört. Die ersten Berichte darüber stammen aus dem alten China, als Reisende und buddhistische Pilger berichteten, dass an der weit entfernten Südwestgrenze des Landes die Menschen auf den Pässen der *Großen und Kleinen Kopfwehberge* sterben konnten. 1934 hatten Ärzte in den Anden bereits eine Menge über die Höhenkrankheit veröffentlicht. Ihre Arbeiten hatten sie jedoch auf Spanisch verfasst; erst Ende der Dreißigerjahre begannen Ärzte aus Europa und Nordamerika damit, diese Berichte zu lesen. Auch die Sherpas wussten von einer *Passkrankheit*, aber niemand fragte sie um Rat.

Europäische Ärzte und Bergsteiger realisierten, dass man in der Höhe nur schwer klettern konnte, aber sie verstanden nichts von Ödemen. Sie wussten, dass es am besten war, jemanden mit Kopfschmerzen oder Lungenentzündung nach unten zu bringen, aber nichts von der Eile, die dabei geboten war. Und im Wissen, dass es Zeit brauchte, Menschen an die Höhe zu gewöhnen, unterschätzten sie doch stets die damit verbundenen Schwierigkeiten. In ihren Memoiren und Expeditionsberichten unterstrichen viele erfahrene Himalaya-Kletterer die Notwendigkeit der Akklimatisierung. Jeder von ihnen sagte es aufs Neue, die Bergsteiger, die zum ersten Mal in den Himalaya kamen, hätten darüber schon gelesen, die Tatsache als solche jedoch nicht akzeptiert.

Um zu verstehen, weshalb es für Bergsteiger schwer war, die Probleme mit der Höhe zu verstehen, braucht man sich nur die Trekker anzusehen, die noch heute an der Höhenkrankheit sterben.

Es ist bekannt, dass über 3000 Metern Höhe Durchschnittsmenschen nicht mehr als 300 Meter pro Tag aufsteigen sollten. Sie können zwar höher klettern, sollten aber keinesfalls mehr als 300 Meter höher als am Vortag übernachten. Natürlich sind auf den meisten Bergen die Lager mehr als 300 Höhenmeter voneinander entfernt. Wenn man also zu einem Lager geht, das 600 Meter höher liegt, muss man einen zusätzlichen Ruhetag zur Akklimatisation einlegen. Oder aber man schläft eine Nacht im höheren Lager, verbringt danach die nächste Nacht wieder im tieferen und geht dann noch mal hinauf.

Aber selbst heute noch haben viele Bergsteiger und Trekker Schwierigkeiten, die Grenzen anzuerkennen. In den Jahren um 1990 starben in Khumbu jedes Frühjahr und jeden Herbst immer wenigstens zwei Personen. Mit der ständig zunehmenden Zahl der Trekker sind es heute sogar mehr. Die Gründe liegen in der Vorstellung von Männlichkeit und der jeweiligen Zeit.

Nachdem ich 1995 drei Monate lang in Namche gelebt hatte, stieg ich den Berg zum Kloster Tengboche hinauf. Froh um Gesellschaft schloss ich zu zwei österreichischen Bergsteigern auf. Sie waren auf dem Weg zum Ama Dablam, einem wunderschönen und herausfordernden Berg aus Eis und Fels. Wir blieben stehen, um uns zu unterhalten. Sie trugen Bärte, hatten Shorts an, ihre enorm muskulösen Beine waren blond behaart. Sie keuchten, und ich fragte sie, wie schnell sie in den letzten Tagen hier heraufgekommen wären. Sie sagten es mir. Ich riet ihnen zu stoppen und sich einige Tage lang anzupassen, weil sie sich viel zu schnell nach oben bewegten. Sie sahen mich an, sahen einen Mann, der dreißig Jahre älter war als sie und eindeutig Übergewicht hatte. Was die Sache noch verschlimmerte, war, dass mein Rückengepäck größer war als ihres. Sie achteten nicht darauf, was ich sagte.

Die beiden waren kräftige Männer, und, wie die meisten Kletterer, stolz auf ihre Kraft. Das ist eben eines der Probleme beim wettbewerbsmäßigen Klettern. Es ist schwierig zu verstehen, dass Akklimatisation nichts zu tun hat mit Kraft oder körperlicher Fitness, sondern nur mit der Menge an Kohlendioxyd, die die Nieren an den Urin abgeben. Zur Akklimatisation führt ausschließlich die verbrachte Zeit in der Höhe, nicht die Anstrengung. Wenn man sich drei Tage lang in einer Touristenlodge aufs Bett legt und Stephen King liest, ist das genauso gut, wie drei Tage lang auf gleicher Höhe Lasten zu schleppen. Hinzu kommt, dass die Menschen sich individuell unterschiedlich der Höhe anpassen. Diese Unterschiede haben nichts mit den Unterschieden zwischen starken, kräftigen Menschen und faulen Schwächlingen zu tun. Im Großen und Ganzen haben dickere und ältere Trekker weniger Schwierigkeiten mit der Höhe. Das liegt daran, dass sie dazu tendieren, langsamer zu gehen und sich mehr Tage zum Ausruhen nehmen.

Bergsteiger und die meisten Trekker hingegen sind hervorragende Athleten. Sie haben für sich eine Art Fitnesstraining entwickelt, mit der sie nun auch die Höhe bewältigen wollen. Bei der Fitness ist es bis zu einem gewissen Grad so, dass sie immer fitter werden, je mehr sie sich abverlangen. Jeder ernsthafte Bergsteiger, der sich mit einem Hindernis konfrontiert sieht, wird sich vermutlich noch mehr anstrengen; aber mehr Anstrengung ist bei der Höhenfrage der falsche Weg. Sie kann einen töten.

Das Geheimnis heißt stehen bleiben, umdrehen, sich vom Ziel abwenden und einige Tage ausruhen und hinlegen. Bergsteigern fällt es schwer zu verstehen, dass das, was wie Schwäche aussieht, zur Stärke führt.

In Khumbu haben es heute Bergsteiger und Trekker aus den Alpen, wie etwa jene Österreicher auf dem Weg nach Tengboche, mit einer weiteren Schwierigkeit zu tun. Höhenkrankheit hatten sie bereits kennen gelernt, was für sie kein Problem war. Die Alpen sind sehr viel niedriger als der Himalaya. Der Gipfel des Montblanc ist mit 4807 Metern niedriger als das Basislager des Everest. Alpine Kletterer erleben also eine abgeschwächte Form der Höhenkrankheit und erholen sich davon rasch. »Als ich auf den Montblanc stieg, hatte ich Kopfschmerzen«, sagen sie. »Sie vergingen, als ich wieder runterkam.« Und daraus schließen sie: »Ich werde das schon schaffen.«

Die Deutschen und die Österreicher am Nanga Parbat waren Alpenkletterer. Und neben ihrem Wunsch, Stärke zu beweisen, standen sie noch einem anderen Problem gegenüber, das für Bergsteiger und Trekker Gefahr in sich birgt: dem Zeitdruck.

Sich an Höhe anzupassen ist ein langsamer Prozess. Bergsteiger und Trekker stehen jedoch unter dem ökonomischen Druck, schnell aufsteigen zu müssen. Die Menschen haben ihren Beruf, der sie zurückerwartet. In den Jahren um 1930 waren viele Bergsteiger im Himalaya wohlhabend und unabhängig. Doch an jeder Expedition nahmen auch Menschen teil, die Ärzte oder Lehrer oder Ingenieure waren. Und was möglicherweise noch mehr ins Gewicht fiel, waren die Kosten für all die Träger und die Verpflegung einer großen Expedition.

Bei heutigen kommerziellen Kletter- und Trekkingexpeditionen ist der ökonomische Druck sogar noch größer. Man sehe sich einmal eine Trekkinggruppe in Nepal an, die zum Everest-Basislager geht. Die Mitglieder der Gruppe bezahlen ihre Gebühren an eine Agentur, dafür stellt die Agentur einen Sardar, Zelte, Köche und Träger. Je schneller sie zum Basislager kommen und wieder zurück, desto größer ist der Gewinn für die Agentur. Die meisten Trecks bewegen sich mit einer Geschwindigkeit, die der Durchschnittsfähigkeit zur Akklimatisation entspricht. Es liegt in der Natur der Sache, dass in jeder Trekkinggruppe mit zwölf Mitgliedern einer oder zwei dabei sind, die unter dem Durchschnitt liegen. Aber die Trekkinggruppe verfügt nicht über genügend Personal, um sich aufzuteilen. Daher stehen die Trekker, die sich langsamer akklimatisieren, unter dem Druck, mit den anderen mithalten zu müssen.

Nun kommt noch eine Art Männlichkeitswahn hinzu, meistens bei Männern mittleren Alters, die oft nur deshalb trekken, um sich zu beweisen, dass sie in Wirklichkeit noch gar nicht so alt sind. Auch sie fühlen sich genötigt, mitzuhalten. Für ihren Urlaub des Lebens haben sie viel Geld bezahlt. Sie wollen nicht nach Hause gehen und sagen müssen, sie hätten es nicht bis zum Everest-Basislager geschafft. Sie haben einen Fahrplan, an dessen Ende das Flugzeug steht, das sie wieder nach Hause und zu ihrer Arbeit bringt. Also kämpfen sie sich vorwärts.

Menschen, die alleine gehen oder zusammen mit einem Freund, bleiben einfach stehen, wenn sie Warnsignale aus ihrem Körper vernehmen, und ruhen sich aus. Ausländer, die in Nepal alleine wandern, sterben fast nie; dafür aber gewöhnlich die langsamste Person in der Gruppe, die sich die letzten hundert Meter den Berg hinaufschleppt und dann verärgert sagt: »Ich bin schon in Ordnung.« Die langsamste Person ist ebenso oft eine Frau wie ein

Mann. Aber Frauen scheint es leichter zu fallen zuzugeben, dass sie krank sind. Einige Männer finden es schwierig, in einer gemischten Gruppe Schwäche zu zeigen, besonders vor Frauen, denen sie Eindruck machen wollen. Die Person, die stirbt, ist in der Regel diejenige, die versucht, die Krankheit zu verbergen.

Die Sherpas und anderen Nepalesen, die Trekks anführen, halten ständig nach solchen Personen Ausschau. Sie wissen, was passieren kann, und wollen das vermeiden. Die Lodgebesitzer passen auch auf, aber europäische Trekker sind im Großen und Ganzen nicht gewillt, auf Nepalesen zu hören.

All jener Druck, der auf heutigen Trekkern lastet, lastete auf den Deutschen am Nanga Parbat noch heftiger. Sie waren ausgezeichnete Athleten mit Höhenerfahrung aus den Alpen. Die Deutschen waren stolz auf ihre Kraft und es gewohnt, Schwierigkeiten zu überwinden. Sie waren in Eile und mussten gewinnen. Sie verstanden nichts von Höhe, hörten nicht auf die Sherpas und mussten es auf die harte Weise lernen.

Eines müssen wir noch über Höhe wissen, um völlig zu verstehen, was am Nanga Parbat geschah. Als sie erst einmal hoch oben auf dem Grat festsaßen, waren die Sherpa-Träger ebenso verwundbar wie die europäischen Bergsteiger.

Fast alle Darjeeling-Träger hatten auf fast allen Expeditionen Probleme mit der Höhe. 1924 auf dem Everest erreichten von fünfundfünfzig Trägern nur sechs das höchste Lager. Das war nicht ungewöhnlich. Zum Teil lag es daran, dass die Träger unterernährt waren, aber auch daran, dass die Höhe sie krank machte.

Weder die Sherpas noch die Tibeter waren an das Leben in extremen Höhen gewöhnt, und sie waren es auch niemals gewesen. Die Mehrzahl der Sherpas in Nepal leben ein gutes Stück südlich vom Everest in Dörfern, die zwischen 2700 und 3000 Metern liegen. Tibeter und Sherpas in Khumbu leben meist auf einer Höhe zwischen 3000 und 3800 Metern. Tibetische und Sherpa-Hirten führen im Sommer ihre Herden auf Weiden, die 5200 Meter hoch liegen. Aber selbst dann schläft niemand auf einer viel größeren Höhe als 4800 Meter – und es ist die Schlafhöhe, die den Ausschlag gibt. Sherpas, die in Gegenden auf Meereshöhe ziehen, wie etwa Katmandu, müssen sich akklimatisieren, wenn sie nach Hause zurückkehren, wie jeder andere auch. Die Darjeeling-Männer lebten auf einer Höhe von 2300 Metern.

In der menschlichen Anpassung an Höhe gibt es eine qualitative Zäsur, die etwa dort beginnt, wo das Everest-Basislager liegt, also auf etwa 5300 Meter. Die noch wesentlich wichtigere Zäsur liegt zwischen 6000 und 7000 Metern. Von dem letztgenannten Punkt an verfällt der menschliche Körper stetig. Dies gilt für Tibeter ebenso wie für Sherpas und Europäer. Die meisten Menschen können sich, wenn sie die Zeit dazu haben, anpassen, um auf Höhen bis zu 5000 Metern zu leben. Der wichtige Punkt dabei ist, dass die meisten Sherpas ebenso wie die meisten Europäer Schwierigkeiten in wirklich großen Höhen bekommen. Bis zur Höhe der höchstgelegenen Weiden können sich Sherpas und Europäer anpassen. Darüber hinaus jedoch sind wir alle nur Menschen, obwohl es einige Ausnahmeerscheinungen gibt.

Sie brachten Afred Drexel hinunter ins Basislager. Zum Begräbnis stiegen alle Bergsteiger und Träger vom Berg herab. Die Träger sammelten Blumen »und Aschenbrenner schnitzt ein schlichtes Holzkreuz«. Sie hoben das Grab aus, und alles war bereit. Sechs Sahibs trugen Drexels Leichnam auf einer Trage, »bedeckt mit den Fahnen des neuen Deutschlands«.[10] Müllritter machte Fotoaufnahmen von den Männern, die den Toten trugen. Bechtold beschrieb es wie folgt:

Am späten Nachmittag des 11. Juni bewegt sich der lange Zug der Männer zum Grabhügel hinauf. Voraus Willy Merkl und Konsul Kapp, dahinter unser lieber Alfred, getragen von den Kameraden und bedeckt mit den Fahnen des neuen Deutschlands. Dann folgen die englischen Transportoffiziere [Frier und Sangster] und die lange Reihe der braven Träger, dreißig Darjeeling- und dreißig Balti-Leute.

Willy Merkl spricht am Grabe. Er meißelt mit kurzen Worten das hohe Ziel heraus, um das Alfred Drexel gestorben ist, und sagt, dass sein Tod eine große Lücke in unseren Kreis geschlagen hat. Er führt unsere Gedanken in die Heimat zu den tieftrauernden Eltern und wieder zurück zum Nanga Parbat, um den wir weiterkämpfen wollen, ganz im eisernen Kampfwillen unseres Toten. So reißt er unseren Geist empor in höhere Regionen und gibt dem letzten Gang des Kameraden den entschlossenen Sinn eines Soldatenbegräbnisses.

Merkl hatte mit Drexel in derselben Abteilung der Reichsbahn gearbeitet und musste auch seine Eltern gekannt haben. Die Kollegen bei der Reichsbahn hatten alle kleinere Spenden für die Expedition getätigt und für alle Bergsteiger ein Abschiedsfest veranstaltet, bevor sie Deutschland verließen.

Als Nächster sprach Kapp, der deutsche Konsul in Bombay. Da Indien eine britische Kolonie war, gab es keinen Botschafter; Kapp war der höchste deutsche Diplomat. Er stieß zu der Expedition teilweise als Übersetzer, der das Land kannte und bei den Vereinbarungen hilfreich sein konnte. Kapp war sicher auch das Auge und die Stimme der Regierung, die die Expedition finanzierte. Er sprach am Grab, schrieb Bechtold, »als Kamerad und Vertreter Deutschlands. Er schließt mit einem Vaterunser. Hakenkreuz und die schwarz-weiß-rote Fahne flattern hinab ins Grab. Dann fällt Erde darauf, Blumen und immergrüner Wacholder. Aus rauen Kehlen klingt das Bergsteigerlied. Im klaren Firnenleuchten des Abends bewegt sich ein stiller Zug abwärts, der Zeltstadt des Lagers zu.«[11]

Das Hakenkreuz, »eiserner Kampfwille«, »weiterkämpfen«, »entschlossener Sinn«, »Soldatenbegräbnis« – das waren 1934 in Deutschland keine neutralen Symbole und Worte. Sie verkündeten Militarismus, rechte Diktatur, Naziherrschaft.

Mit Ausnahme des Bergführers Peter Aschenbrenner waren die Bergsteiger, die zum Nanga Parbat gekommen waren, alles Freiberufler oder höhere Angestellte. In anderen Worten, sie kamen aus Gesellschaftsschichten, die geneigt waren, die Nazis zu unterstützen. Willo Welzenbach war Offizier der SA, Hitlers paramilitärischer Straßenkämpfer und Marschtruppen. Doch zu den »Braunen« war er erst 1933, also nach der Machtergreifung, gestoßen. Mitglieder der Familie Welzenbachs haben später ausgesagt, er sei nur deshalb zur SA gegangen, um sich seine Stelle als Ingenieur bei den Münchner Stadtwerken zu sichern. Selbst wenn dies wahr gewesen sein sollte, war Welzenbach doch bis zu Hitlers Machtergreifung Mitglied bei der Bayerischen Volkspartei, einer Organisation des rechten Flügels, die mit den Nazis im Wettstreit lag.[12] Wie auch immer: Welzenbach nahm nicht seiner Politik wegen an dieser Expedition teil, sondern weil er einer der besten Bergsteiger Deutschlands war. Wenn das Gehen am Berg schwer wurde, benahm er sich großzügiger und zurückhaltender als alle seine weniger politischen Kletterkameraden.

Entscheidend war nicht die persönliche politische Einstellung der Bergsteiger, sondern der politische Druck von außen, oder aber die persönliche Ambition, die sie antrieb. Ein Beispiel aus England mag dies verdeutlichen. Nach dem Scheitern ihres ersten Versuchs am Everest im Jahre 1922 gab es unter den Kletterern einen erbitterten Streit. Mallory und Somervell wollten erneut losgehen. Bruce war dagegen, weil sich das Wetter verschlechtert hatte und sie ihr Leben aufs Spiel setzten. Mallory und Somervell behielten die Oberhand, und wie es sich herausstellte, kostete der zweite Angriff sieben Trägern das Leben.

Mallory und Somervell entsprechen meinen politischen Sympathien wesentlich mehr als Bruce, der ein Imperialist der alten Schule war. Seit vielen Jahren unterdrückte er paschtunische Rebellen an der Grenze zu Indien und war Pionier im Führen nächtlicher Hinrichtungskommandos. Howard Somervell hingegen war Pazifist, der dann auch den Rest seiner Tage als medizinischer Missionar in Indien verbrachte. George Mallory war Sozialist, Wortführer in der Unterstützung der Frauenrechte und der irischen Rebellen gegen Britannien. Aber Bruce, der Mann vom rechten Flügel, war eben auch ein Offizier der Gurkhas und daher in erster Linie besorgt um das Leben der Träger, die er führte. Somervell und Mallory wollten in erster Linie den Berg besteigen.

Auch am Nanga Parbat war dies das Ziel gewesen – wir erinnern uns, wie dringend sie den Gipfel erreichen mussten.

Die deutsche Presse verfolgte ihre Fortschritte genau. Von dem Zeitpunkt an, da sie München verlassen hatten, nahm Fritz Bechtold seine Kameraden mit der Filmkamera auf, Tag für Tag, im Basislager und auf dem Berg. Durch Bechtolds Linse konnten sie das Auge Deutschlands auf sich ruhen fühlen. Die Bergsteiger wussten, dass der Film vor einem großen Publikum in Deutschland laufen würde, vor einem gewaltigen Publikum, wenn sie den Gipfel erreichten. Bis dahin waren es weitgehend ganz normale Männer gewesen, berühmt, wenn überhaupt, nur bei einigen anderen Bergsteigern. Nun konnten sie zu Helden werden, zu Repräsentanten einer einst gedemütigten und nun stolzen Nation.

Merkl hatte bald auch noch andere Probleme. Am nächsten Tag schrieb Willo Welzenbach aus dem Basislager an seine Familie. Sein Biograph, Eric Roberts, schreibt:

Auf einem gesonderten Blatt, das mit »vertraulich« gekennzeichnet war, berichtete Welzenbach von einem bedauerlichen Vorfall zwischen Merkl und Schneider. Schneider hatte Merkl »ehrfurchtsloses Verhalten« vorgeworfen, als er Sensationsaufnahmen von Drexels Leichnam auf seinem letzten Weg ins Tal, sowie Bilder der Beerdigung angeordnet hatte. Aus Welzenbachs Sicht hatte Schneider »nur gesagt, was die meisten von uns dachten«. Diese öffentliche Kritik machte

Merkl so wütend, dass er Schneider »von der Expedition ausschließen« wollte, weil er davon ausging, »dass Kritik seine Autorität untergrabe ...« Merkl versucht zunehmend, sich wie ein Diktator zu benehmen, der keinen Widerspruch duldet. Er scheint wirklich zu glauben, dass ein unerbittliches und kompromissloses Verhalten dazu dient, seine Autorität zu festigen und den Minderwertigkeitskomplex zu unterdrücken, den er als Emporkömmling zweifellos verspürt ... in Balbo haben wir einen wirksamen Mitstreiter gegen Willys Vorstellungen von Größe und seinen Verfolgungswahn verloren.[13]

Welzenbach war Merkls Freund gewesen, er war mit ihm in den Alpen geklettert. Aber Welzenbach war der viel distinguiertere von beiden. Er war Ingenieur mit Doktortitel, Merkl hingegen nur ein ehemaliger Handwerker mit dem Diplom einer technischen Hochschule. Aber es gibt noch einen anderen Grund, weshalb Welzenbach dachte, Merkl sei ein »Emporkömmling«. Der Nanga Parbat war Welzenbachs Idee gewesen, sein großer Traum, bevor es auch der von Merkl wurde. Diesmal hatte sich Welzenbach nur deshalb in die zweite Reihe gestellt, weil Merkl bereits eine Expedition geführt hatte und in der Lage gewesen war, eine neue zu organisieren. Nun war er wütend und enttäuscht über Merkls inkompetente Führung.

Am Tag nach Drexels Begräbnis brachten der Sardar, Konsul Kapp und der britische Versorgungsoffizier Frier zwanzig Balti-Träger auf den Berg, um damit zu beginnen, das Lager IV zu bestücken. Die anderen blieben unten, um am Grab zu arbeiten. Aus großen Steinplatten errichteten sie einen Sarkophag, darüber streuten sie Erde und pflanzten Blumen darauf. Dann warteten sie, um zu erfahren, wie Lewa und die Baltis vorankamen.

Es ist unklar, weshalb sie warteten. Im Gegensatz zu vor zwei Jahren schienen sie keine Eile zu haben. Wenige Tage später kam Lewa mit den Balti-Trägern zurück. Er sagte, dass der gewaltige Luftdruck der vielen abgegangenen Lawinen aus der Nanga Parbat-Steilwand die Zelte des Lagers I eingeknickt hätte. Dies könnte die Balti-Träger erschreckt haben. Auf jeden Fall sagten sieben der zehn ausgewählten Träger, die die Lasten nach Lager IV bringen sollten, dass sie zu krank seien, um weiterzugehen. Und über Lager III sei überhaupt niemand hinausgekommen.

Dr. Bernard untersuchte die Baltis und sagte, sie sähen ihm gesund aus. Daraufhin warf Lewa acht von ihnen hinaus; er verlangte die Zurückgabe der wertvollen Hochgebirgsausrüstung und schickte sie nach Hause.

Von Frier kam aus dem Lager II eine Nachricht, dass Pasang II, einer der Darjeeling-Träger, »an Bronchialkatarrh und Gelenkrheumatismus ernstlich erkrankt«[14] sei (am Nanga Parbat waren drei Pasangs: Pasang Kikuli, Pasang Picture und jener Pasang II, der von den Sahibs so genannt wurde, um alle unterscheiden zu können).

Wieder führte man den Kranken nicht hinunter, sondern Dr. Bernard musste erneut hinauf ins Lager II. Als er Pasangs Zustand sah, brachte ihn Dr. Bernard auf dem schnellsten Weg nach unten. Pasang II überlebte.

Im Basislager hatte Merkl soeben bemerkt, dass ihnen das *Tsampa* ausgegangen war. Tsampa, ein traditionelles tibetisches Gericht, bestand aus vermahlener Gerste und war auf dieser Expedition die für die Darjeeling-Träger vorgesehene Höhennahrung. Wie Reis und Weizenmehl enthält Tsampa, gemessen an seinem Gewicht, außerordentlich viele Kalorien. Aber anders als Reis und Weizenmehl lässt es sich in der Höhe leicht zubereiten. Man muss es nur mit heißem Wasser vermischen, um einen dicken, wohlschmeckenden Brei zu erhalten, der den Magen füllt. In Khumbu ist Tsampa immer noch das bevorzugte Frühstück an kalten Wintertagen.

Wegen eines im Schneesturm stecken gebliebenen Nachschubtransports gab es also im Basislager kein Tsampa mehr. Willo Welzenbach war darüber ebenfalls wütend, aber er dachte auch, dass sie selbst ohne Tsampa genügend andere Nahrungsmittel hätten, um einen Vorstoß auf den Gipfel zu wagen.

Merkl war nicht dieser Meinung. Tagelang saßen die Sahibs im Basislager und warteten auf die Lieferung aus Kaschmir, bis sie schließlich eintraf. Am 22. Juni, elf Tage nach Drexels Beerdigung, machten sie sich fertig zum Aufbruch. Bevor Welzenbach wieder auf den Berg ging, schrieb er an seine Familie:

Der Angriff sollte in zwei Gruppen vonstatten gehen. Erste Gruppe: Merkl, Welzenbach, Schneider, Aschenbrenner, Müllritter [und Bechtold]. Zweite Gruppe: Wieland, Bernard, Kuhn, Sangster. Der Aufbruch der ersten Gruppe war für heute geplant. Merkl kann sich jedoch vom Basislager nicht losreißen und wird uns nicht vor morgen folgen. Dadurch wird unser Aufstieg erneut verschoben. Ich glaube, dass Merkl immer noch nicht begriffen hat, was auf dem Spiel steht, und auch nicht, dass der Erfolg des ganzen Unternehmens darauf beruht, hier sehr tatkräftig Maß zu nehmen. Ansonsten kehren wir nämlich ohne den Gipfel nach Hause zurück; und es ist unausweichlich, dass Merkl für das, was er (mit den 175 000 von den 200 000 Reichsmark, die das Unternehmen kostet) erreichte, zur Verantwortung gezogen wird. Gegenwärtig scheint es ihm wichtiger zu sein, Briefe im Basislager zu schreiben, als den Gipfel anzugreifen. Er liebt es, sich hier in der Rolle des großen Pashas zu sehen, eine Vorstellung, von der er sich vermutlich verabschieden muss, wenn es weiter oben darum geht zu leben oder zu sterben…

Ihr werdet Euch wundern, weshalb ich Euch das alles erzähle. Ganz einfach, weil ich es nicht meinem Tagebuch anvertrauen möchte. Man kann nie wissen, in wessen Hände Tagebücher fallen. Balbos Tagebuch, zum Beispiel, hat Merkl augenblicklich in Beschlag genommen.[15]

Als er den Brief fertig geschrieben hatte, brachen Welzenbach, Schneider, Aschenbrenner, Müllritter und Bechtold zusammen mit elf Trägern vom Basislager auf. Hanns Hieronimus war der Lagerkommandant. Als die Bergsteiger loszogen, spielte er auf dem Grammophon Marschmusik. In der klaren Luft begleitete sie die Musik noch weit den Berg hinauf, und als Antwort schallten fröhliche Jodler zurück. Schneider wusste, dass sie dieses Mal, »nur als geschlagene Männer oder als Sieger« zurückkehren würden«.[16]

Nun waren beinahe alle Teilnehmer der Tragödie, die folgen sollte, an Ort und Stelle versammelt. Merkl stand unter persönlichem Druck und leitete eine geteilte Expedition. Er hatte sich für »eisernen Kampfeswillen« entschlossen. Die Route zum Gipfel bedeutete, dass sie viele Tage auf einem langen Grat in einer Höhe gingen, deren Auswirkungen keiner einschätzen konnte.

Nach vier Tagen Klettern war die erste Gruppe Sahibs und Träger bei Lager IV auf 5900 Meter Höhe angekommen. Vor ihnen ragte der Rakhiot Peak. Da sie einen relativ sicheren Weg hinauf gewählt hatten, standen sie nun auf der falschen Seite dieses Berges, der erst überwunden werden musste, bevor sie auf den Grat kamen, der sie zum Gipfel führte. Sie mussten nach einer Möglichkeit suchen, den Rakhiot Peak zu umgehen. Am 26. Juni machten sich vier Sahibs und fünf Träger auf den Weg, diese Route zu finden, doch sie kehrten wegen aufkommenden Nebels unverrichteter Dinge zurück. Am nächsten Tag gingen die Träger zum Lager III hinunter, um weitere Ladung zu holen; die Sahibs warteten auf sie und erholten sich einen ganzen Tag.

Am 28. Juni kamen die Träger zurück. Im Schlepptau hatten sie die zweite Gipfelstürmergruppe, die einige Tage später aufgebrochen war: Merkl, Dr. Bernard, Wieland, der britische Captain Sangster und mehrere Träger. Nur Kuhn hatten sie im Lager III zurückgelassen, weil er sich unwohl fühlte. Am nächsten Morgen kam ein Träger, der sagte, Kuhn sähe ziemlich krank aus. Schnell fuhr Dr. Bernard mit seinen Skiern vom Lager IV nach unten und organisierte zwei Balti-Träger, um Kuhn hinunter ins Basislager zu schaffen. Danach stieg Bernard wieder zum Lager IV auf. Er hatte erlebt, wie Drexel ihm unter den Händen weggestorben, wie Pasang II und Kuhn dem Tod nahe gewesen waren. Er war Zeuge geworden, was dünne Luft Menschen zufügen konnte. Als er in den Himalaya kam, hatte er von Höhe nichts verstanden – wie auch? Nun aber war er sehr besorgt.

Am Morgen, fünf Tage, nachdem die erste Gruppe Lager IV erreicht hatte, waren alle Sahibs und Träger bereit für den Versuch, den Rakhiot unterhalb der Spitze zu queren. Dr. Bernard hielt vor allen Bergsteigern eine Rede. Eindringlich beschrieb er die Gefahren der Höhe. Abschließend sagte er, dass ihm jeder etwas versprechen müsse: Keiner dürfe am Berg weitergehen, als er aus eigenen Kräften zurück schaffen könne. Einzeln gab jeder Sahib dem Arzt dieses Versprechen. Dann trat ein Träger vor und hängte Merkl einen traditionellen Seidenschal um den Hals. Ein zweiter Träger kniete sich in den Schnee und küsste Merkl zum Zeichen des Respekts die Schuhe. Dann zogen sie los. An jenem Nachmittag errichteten sie genau unterhalb des Peaks auf 6600 Meter Höhe das Lager V. Entfernt, in nördlicher Richtung, konnten sie das Karakorum-Gebirge mit dem K2 und dem Mustagh Tower sehen.

Mit bergsteigerischem Können und mit Hilfe von Steigeisen, Pickeln, Seilen und Eishaken, legten die deutschen Bergsteiger hoch oben unter dem Rakhiot Peak, quer über den steilsten Teil der vereisten Wand, zwei Tage lang eine Zickzack-Reihe von Stufen an. Für die Träger, die ein Gewicht von dreiundzwanzig Kilo drückte und die keine Steigeisen trugen, musste der Weg gesichert werden. Auf einem Großteil der Strecke würde etwaiges Abrutschen einen Sturz von einigen hundert Metern und den Tod zur Folge haben. Die Stufen im Eis mussten tief genug sein, dass die Träger darauf stehen konnten. Im steilsten Stück, genau oberhalb des Lagers V, spannten sie Fixseile und verbanden sie zu einem Seilgeländer, an dem sich die Träger zum Sichern festhalten, und wenn es nötig war, sich daran hochziehen konnten.

Alles in allem fixierten sie drei Sechzig-Meter-Seile, also hundertachtzig Meter. Heute klingt das so, als sei das nichts. Auf dem Everest verlegen kommerzielle Expeditionen Tausende von Metern Seil, im Zickzack durch den Khumbu-Eisbruch und hinauf zur Lhotse-Wand und dann hinüber zum South Col. Sowohl Träger als auch die Bergsteiger brauchen sich nur noch anzuklicken und können dann sicher nach oben trudeln. Aber 1934 schien es Fritz Bechtold nicht nur heldenhaft, sondern auch kolossal, so viel Seil zu spannen.

Am 4. Juli gingen Sahibs und Träger vom Lager V los und stiegen an den fixierten Seilen entlang. Bechtold war ein wenig besorgt, was die Träger davon hielten. Dies, so dachte er, war der entscheidende Test der Männer aus Darjeeling. Doch »wenn ich in einer Atempause zurückschaue, dann sehe ich steil unter mir in lachende, begeisterte Gesichter«.[17]

Sie schafften es bis auf den Firngrat auf 6900 Meter Höhe und begannen damit, das Lager VI zu bauen. Gerade als sie dabei waren, die Zelte aufzustellen, lichteten sich die Wolken um den Gipfel. Träger und Sahibs ließen ihre halb aufgestellten Zelte liegen, standen still zusammen und staunten hinüber zum Nanga Parbat.

Vor ihnen erstreckte sich der Grat nach Süden, ein schön geschwungener Firnhöcker, der sich abwärts neigte zu einem tief gelegenen Punkt, der *Scharte*, um dann fast etwas steiler wieder anzusteigen, etwa die gleiche Strecke wieder hinauf. Oben auf der Anhöhe erhoben sich zwei Gipfel aus schwarzem Fels, die aussahen wie die Spitzen zweier Ohren. Sie ragten zu beiden Seiten des schneebedeckten Sattels, den sie bereits 1932 *Silbersattel* getauft hatten. Hinter diesem Sattel würden sie wieder eine Strecke absteigen müssen und sich dann scharf nach links wenden zum letzten Gipfelgrat. Von dort, wo sie standen, konnten sie dieses Teilstück nicht einsehen – es war vom Silbersattel verdeckt. Aber auf der linken Seite des Sattels konnten sie in der Ferne das letzte Stück des Gipfelgrats erkennen.

Alle waren sie fasziniert von der ungeheueren Fels- und Eisflanke des Südpfeilers, der vom Gipfel fast senkrecht Tausende von Metern bis zu den Bäumen und Wiesen hinunter in die Tiefe fiel. Zum Glück mussten sie dort nicht hinaufsteigen, eigentlich waren alle Schwierigkeiten überwunden. Ihr Weg lag klar vor ihnen. Die komplizierten Kletterphasen waren vorüber.

Ang Tsering sagte, der Mount Everest sei ein schwieriger Berg gewesen, Kangchenjunga noch schwerer, aber der Nanga Parbat aufgrund des Rakhiot Peaks der schwierigste von allen.

Nach dem Essen wollte Bechtold im Zelt, das er sich mit Merkl, Wieland und Welzenbach teilte, eine Zigarette rauchen. Erst als sie drohten, ihn an die Luft zu setzen, zog er es vor, zu Aschenbrenner und Schneider ins Sturmzelt auszuweichen. Nun waren die drei Raucher glücklich zusammen.

Willy Merkl hatte bereits entschieden, dass sie am nächsten Tag mit allen Kräften, die zur Verfügung standen, den Gipfel angreifen wollten. Diese Entscheidung hatte er bereits im Basislager getroffen, davon wollte er nun nicht mehr loslassen.

Nach Ang Tserings Meinung war dies der entscheidende Fehler, der die nun folgende Tragödie auslöste. 1934 war Ang Tsering bereits ein erfolgreicher Bergsteiger im Himalaya gewesen, fünf große Expeditionen hatte er schon hinter sich gebracht. Seine Meinung hat Gewicht und entspricht den Fakten.

Ang Tsering sagte mir im Gespräch, dass damals und größtenteils auch heute noch der gewöhnliche Weg, einen Himalaya-Riesen anzugreifen, der ist, den Berg hinauf eine Kette von Lagern zu errichten und diese mit Vorräten zu bestücken. Eine Vorhut sucht die Route und errichtet Lager. Wenn die Männer erschöpft sind, kommen sie wieder runter, und eine zweite

Gruppe steigt auf. Wenn die zweite Gruppe rasten muss, steigt eine dritte nach oben. Wie im Bocksprung arbeiten sich Kletterer und Träger den Berg hinauf.

Der große Vorteil dieses Systems ist die Sicherheit. Wenn irgendetwas schief geht, können die Bergsteiger, die weit oben sind, sich in das darunter liegende Lager zurückziehen, wo Freunde und Lebensmittel auf sie warten. Wenn sie dieses Lager krank oder verletzt erreichen, wartet dort immer jemand, der ausgeruhter ist und sie ins Basislager bringen kann. Wenn sie nicht mehr in der Lage sind, sich zu bewegen, können sie auf Hilfe warten, die von unten kommt.

Die Aufgabe des Sardars war es, so Ang Tsering, von unten zu führen. Er blieb im Basislager oder in der Nähe und stellte sicher, dass das Transportsystem funktionierte und die Ausrüstung reibungslos nach oben gelangte. (Ang Tsering benutzte das englische Wort *ferry*, um dies auf Nepali zu erklären.)

Ab Lager IV aufwärts hatte Merkl dieses System aufgegeben. Mit allem, was zur Verfügung stand, drängte er nach oben. Anstelle zurückzubleiben und den Nachschub zu organisieren, ging er mit den anderen Bergsteigern mit.

Vom Lager VI aus, mit dem Rakhiot Peak im Rücken, wollten sie den Grat entlanggehen. Erst hinunter in die Scharte, dann wieder hinauf zum Silbersattel, dann wieder etwas hinunter und zum ersten Gipfel, und dann weiter zum Hauptgipfel. Dies sollte von Lager VI aus in drei Tagen zu schaffen sein.

Wenn sie sich zurückziehen mussten, stünden im Lager VI die Zelte. Aber diese Zelte waren nicht ausgerüstet, es gab keine Vorräte und kein Wasser, keinen Brennstoff, keine Freunde, keine Schlafsäcke, keine Decken. Sämtliche Ausrüstung hatte jeder der Gipfelstürmer bei sich. Wenn etwas fehlschlug, so würden sie auf dem langen, hohen Gipfelgrat stranden.

Ang Tsering, ein vorsichtiger Mann, sagte, er wisse nicht sicher, weshalb Merkl so entschied, daher wolle er auch nicht spekulieren. Wir aber dürfen Vermutungen anstellen.

Zum Ersten waren sie spät dran. Drexels Tod, die Krankheit der Balti-Träger und die Tatsache, dass das Tsampa-Mehl ausgegangen war, hatte sie drei Wochen zurückgeworfen. Der Monsun ist am Nanga Parbat nicht vorhersagbar, manchmal kommt er, manchmal nicht. Aber er kann kommen. Merkl stand auch unter politischem und persönlichem Druck. Der aussichtsreichste Weg, so schien ihm, war alles gegen den Berg zu werfen, was ihm zur Verfügung stand. Er wollte den Gipfel erreichen, und zwar schnell.

Merkls zweiter Fehler war, dass er selbst auf den Gipfel wollte. Lange Zeit hatte er vom Nanga Parbat geträumt. Zweifellos gehörte er zu den schwächeren Bergsteigern. Aschenbrenner und Schneider hatten am Rakhiot Peak die Hauptarbeit im Spuren und Sichern geleistet. Auch Willo Welzenbach war stark am Berg: »unermüdlich«, sagte Bechtold über Welzenbach. »Überall, wo es dreckig hergeht, will er dabei sein.«[18] Wann immer sich eine Gruppe dem Gipfel genähert hatte, waren stets zwei dieser drei Männer beteiligt.

Im Gegensatz dazu war Merkl nicht so erfolgreich, aber er war ein disziplinierter Mann, den seine enorme Willenskraft vorwärts trieb. Und dennoch war er schwächer als die anderen. Wenn ein Vorratslager zu bemannen war, blieb in der Regel er zurück. Wenn er entschied, selbst weiterzugehen und einen offensichtlich stärkeren Mann zurückzulassen, gab es Streit. Wenn also Merkl zum Gipfel wollte, musste er jeden anderen auch mitnehmen.

Aus seiner Sicht waren die Schwierigkeiten nun bewältigt. Was er vor sich sah, konnte er in den Alpen in eineinhalb, höchstens zwei Tagen bewältigen.

Am Morgen des 5. Juli rechneten sich die Bergsteiger aus, dass sie drei Tage bis zum Gipfel brauchen würden. Drei der noch übrig gebliebenen sechzehn Träger meldeten sich krank: Ang Tenjing, Palten und Nima (ein anderer Nima als Nima Dorje, der so hoch auf den Everest gekommen war). Die drei Träger baten um Erlaubnis, absteigen zu dürfen; dies wurde ihnen gestattet. Sechs Sahibs und dreizehn Träger zogen gegen den Gipfel. Erst ging es den Grat ein wenig hinunter, dann einen breiten, tief verschneiten, leicht ansteigenden Firnhöcker hinauf. Unterhalb dieses Höckers erhob sich vor ihnen ein dunkler etwa 15 Meter hoher Felsen mit Einbuchtungen und Vorsprüngen, die ihn aussehen ließen wie das Gesicht eines Schwarzen. Sie nannten ihn, wie schon die Teilnehmer der 32er Expedition, »*Mohrenkopf*«. Dieses große schwarze Gesicht im weißen Schnee merkten sie sich gut als Wegweiser für die Rückkehr, wenn sich die Sicht verschlechtern sollte.

Unterhalb des Mohrenkopfes ging es auf vereister Fläche steil bergab, bis es 150 Meter weiter unten wieder flacher wurde. Die Bergsteiger hackten Stufen in Schnee und Eis, damit die Träger weiterkonnten. Nun ging es wieder bergab, einen leicht abfallenden Grat entlang, der mit hohem, hartgefrorenem Schnee bedeckt war. Die Hänge unter ihnen lagen in Wolken. Dort unten schneite es, aber oben auf dem Grat war es ein sonniger Tag. Sie erreichten den tiefsten Punkt des Grats, die Scharte, und sahen zum Silbersattel hinauf.

Es ist nicht einfach zu beschreiben, was sie sahen. Man kann sich die Fotos, die sie machten, ansehen (siehe Bildteil). Worte für den Himalaya zu finden ist immer schwer. Auf den Fotos scheinen die Felsen schwarz zu sein, weil der Kontrast zum gleißenden Schnee so stark ist. Selbst wenn man die Felsen vom Tal aus betrachtet und sich dann abwendet, erinnert sich das innere Auge an Schwarz. Sieht man vom Tal aus jedoch genauer hin und überlegt sich, welche Farben man für ein Gemälde verwenden würde, erkennt man die Töne der Felsen als dunkle Brauns und Graus. Die steilsten Stellen, wo der Schnee sich nicht hält, sind die dunkelsten. Aber selbst hier erkennt man kleine Äderchen aus Schnee, die vermutlich über Simse führen, und weiße Flecken, die aussehen wie Bandagen.

An den etwas weniger steilen Stellen türmt sich der Schnee Schicht um Schicht in riesigen Wächten übereinander. Überall, wo zum Teil hunderte von Tonnen Schnee losgebrochen und in Lawinen abgegangen sind, sieht man Abbruchkanten, und darunter scharfkantig verzerrte Fels- und Eisklippen.

Die Perspektive täuscht das Auge. Von unten aus gesehen sieht jeder Fels und jeder Berg begehbar aus. Da die Luft dünn und sauber ist, scheint alles näher zu sein. Aber die Größenverhältnisse sind so, dass das Auge nicht ermessen kann, was es sieht. Wenn man nach oben steigt, scheint plötzlich das tiefer Gelegene, wo man eben noch gewesen ist, weit, weit entfernt zu sein. Man denkt ständig, man habe eine große Höhe überwunden und der Gipfel sei zum Greifen nah.

Als die Bergsteiger nach oben sahen, stand links vom Grat, dem sie folgten, die Rupal-Wand mit ihren gigantischen Orgelpfeifen aus Fels, die tausende Meter jäh in die Tiefe stürzt. Weiter vorne stieg die Wand nach links an, hier war das Gestein urwüchsiger und durchsetzt mit strömenden Flüssen aus Eis. An der Oberkante dieser Wand türmte sich der Schnee in riesigen überhängenden Wächten. Und ganz oben links, am höchsten Punkt der Wand, ragte der Hauptgipfel empor.

Unmittelbar vor ihnen stieg ein gezackter Schneegrat in die Höhe, der jedoch breit genug war, um sicher darauf gehen zu können. Dann führte der Kamm steil nach oben und verbreitete sich zu einer Flanke aus dickem, wild zerklüftetem Schnee. Zuoberst leuchtete gegen den mit weißen Wolken verwirbelten blauen Himmel der Silbersattel. Der über und über mit tiefem Schnee bedeckte Sattel war flach und lang, ein Ort, der zur Rast einlud. Dort angekommen, würde man den Weg bis zum Gipfel sehen können. Zu beiden Seiten des Sattels erhoben sich dunkle Felsspitzen, jene Ohren, die nun aussahen wie der Knauf und die Steißstütze eines Sattels. Der Gipfel zur Linken, die Steißstütze, war dick und rund, der Peak zur Rechten ragte in die Luft wie ein eingekerbter Daumen.

Sie begannen zu klettern. Von den unter ihnen liegenden Hängen stiegen Wolken auf und hüllten sie ein. Oft blieben sie stehen, um zu atmen. Endlich kamen sie, auf etwa halbem Weg zwischen Scharte und Silbersattel, zu einer Stelle am Grat, die ausladend und flach war. Dort stellten sie in 7184 Metern Höhe Lager VII auf. Wegen seiner eigenartig geformten Schneeverwehungen nannten sie den Ort »*Schaumrolle*«.

Langsam wurde es dunkel, die Wolken und der Nebel lichteten sich, und wieder konnten sie den Gipfel sehen. Bechtold schrieb: »Durch unsere Müdigkeit zieht traumhaft die schwindelnde Vorstellung, dass nach den unsäglichen Mühen der gewaltige Berg uns zufallen könnte, morgen schon oder übermorgen.«[19] Noch bevor es dunkel wurde, rollten sie sich in ihre Schlafsäcke.

Es war ihre dritte Nacht auf Höhen um die 7000 Meter, der Silbersattel lag nur etwas mehr als 400 Meter über ihnen, und bis zum Gipfel waren es von dort aus dann nur noch knapp 600 Meter, in heimischen Gebirgen eine Lappalie.

Am nächsten Morgen, als alle bereit waren aufzubrechen, klagten Tundu und Norbu über Höhenkrankheit. Vom bloßen Augenschein wussten die Sahibs, dass sie die Wahrheit sagten. Aschenbrenner, Schneider, Wieland und Welzenbach fühlten sich alle stark und in der Lage, den Gipfel zu stürmen. Merkl war der Anführer. So fiel es Bechtold, dem sechsten Sahib, zu, Tundu und Norbu sicher nach unten zu geleiten.

Bechtold war unglücklich darüber, absteigen zu müssen, aber er dachte, er würde mit neuer Verpflegung wieder zurück nach oben kommen, um die Gipfelmannschaft zu unterstützen. Bechtold gab jedem der anderen einen kräftigen Händedruck und machte sich an den Abstieg. Immer wieder blieb er stehen und drehte sich um. Aschenbrenner, Schneider und Welzenbach, der die Gruppe anführte, waren bereits nahe unter dem Silbersattel, »drei kleine dunkle Pünktchen in dem makellosen Blau des strahlenden Morgens«.

Die beiden Träger, die bei Bechtold waren, gerieten bald in ernsthafte Schwierigkeiten. »Die kranken Träger sitzen alle Augenblicke im Schnee, ich habe große Mühe, sie immer wieder hochzureißen.«[20]

Der 120 Meter tiefe Abstieg vom Mohrenkopf war beim Hinweg leicht gewesen, nun sah Bechtold, wie schwer es für einen Mann mit Höhenkrankheit war, ihn zu erklettern. Es kostete sie Stunden, die Gegensteigung zum Mohrenkopf hinaufzukriechen. Dann kamen sie zu der steilen Eiswand unterhalb des Rakhiot Peak. Den Abstieg am Seilgeländer entlang führte Bechtold an, Norbu ging in der Mitte, und Tundu kam als Letzter. Tundu, völlig erschöpft, rutschte aus und stürzte ins Seil. Norbu konnte ihn halten, »aber es dauert noch lange, bis sie genug Kraft gesammelt haben, um weitergehen zu können«. Bechtold schrieb: »Ich muss alle Beredsamkeit aufwenden und dauernd den Kranken beispringen, um die armen Kerle die Seile hinabzubringen.«[21]

Die drei Männer schafften es hinunter bis nach Lager V, wo sie die Zelte tief verschneit vorfanden. Bechtold erkannte, dass es hier unten tagelang heftig gestürmt haben musste, während oben auf dem Grat die Sonne schien. Beim weiteren Abstieg zum Lager IV »sind wir plötzlich in dichtestem Schneetreiben. Die alte Spur ist verschneit. Immer wieder verlieren wir in dem unübersichtlichen Gelände den Weg und machen viele Irrgänge. Manchmal muss ich mit den kranken Trägern saugrob werden, sie möchten im Schnee sitzen bleiben und schlafen. Das Schneetreiben ist in Sturm übergegangen, die Nacht droht immer näher … Jetzt, da es um unser Leben geht, ist meine eigene Müdigkeit abgefallen und einer Kampfstimmung gewichen. Die Kranken können einfach nicht mehr.«

Bechtold sah, dass Tundu und Norbu eine weitere Nacht im Freien nicht überleben würden. Die einzige Möglichkeit, sie zu retten, so entschied er, war es, sie zurückzulassen und hinunter-

Rechts:
Darjeeling im Jahr 2000: Ang Tsering Sherpa hält auf seiner Terrasse die Harke, deren Stiel er selbst schnitzte.
Foto: Neale

Unten:
Ang Tsering Sherpas Medaillen. Mitte oben die Tigermedaille des Himalayan Club; die Medaille für den Nanga Parbat unten links.
Foto: Neale

Lhamoo Iti Sherpa, die Witwe Da Thundus, hält die Medaille, die der Deutsche Alpenverein ihrem Mann für seinen heldenhaften Einsatz am Nanga Parbat verlieh. *Foto: Neale*

Khansa mit seiner Frau Lhakpa Sherpa zu Hause. *Foto: Neale*

Links:
Darjeeling, 2000: Die erste Seite von Da Thundus Himalayan Club Buch, das seine Familie als Erinnerung hütet.
Foto: Neale

Rechts:
Namche, 2000: Repro des im Besitz der Familie befindlichen Fotos von Khansa Sherpa aus Namche als junger Mann in den fünfziger Jahren. Khansa kletterte bei der 1953-er Expedition bis zum South Col des Mount Everest.
Foto: Neale

Darjeeling 2000: Pasang Phutar, der in den 30er Jahren ein berühmter Bergsteiger war. *Foto: Neale*

Rechts:
Ein Träger oberhalb von
Namche, auf dem Weg
zum Everest Basislager im
Jahr 2000. *Foto: Lindisfarne*

Namche 2000: Nandu
Sherpa in ihrem Hotel
»Khumbu Lodge«.
Foto: Neale

Anu Sherpa, Bergsteiger und Sardar, zu Hause in seiner Küche. *Foto: Neale*

Darjeeling, Anfang des 20. Jahrhunderts: Tibetische Rickscha-Männer spielen Karten.
Foto: Das Studios Collection, Darjeeling

Tibetische Rickscha-Männer vor einer Touristen-Rickscha.
Foto: Das Studios Collection, Darjeeling

Nanga Parbat 1934: Nima Dorje liest im deutschen »Reichssportblatt«.
Foto: Müllritter

Teile des Nanga Parbat-Expeditionsgepäcks von 1934.
Foto: Müllritter

Ein altes Foto im Besitz der Familie von Pasang Diki Sherpa, der Witwe von Nima Dorje. Später heiratete sie Ang Tsering und sie hatten zusammen acht Kinder. *Foto: Müllritter*

Der Sardar Lewa, 1934. *Foto: Müllritter*

Aufbruch zum Nanga Parbat von einem der tiefer gelegenen Lager bei
Sonnenaufgang. *Foto: Müllritter*

Rechts:
Nanga Parbat, 1934: Die Bergsteiger überqueren eine Spalte im Eisbruch.
Foto: Bechtold

Rakhiot Peak (23,196 ft)

Fixed ropes

Camp 6 (22,818 ft)

Moor's Head

Cam

Camp 5
(21,950 ft)

Route to
Camp 4

Nanga Parbat Group from the Southern Chongra Peak

Nanga Parbat: Die Route der Expedition von 1934. *Foto: Wieland*

Summit (26,642 ft)

Southeast peak
(24,705 ft)

Silver Saddle
(24,446 ft)

Northeast peak
(24,925 ft)

North peak
(25,541 ft)

Aschenbrenner und Schneider spuren mit Skiern auf dem Rücken den Weg zu Lager II. *Foto: Welzenbach*

Rechts:
Nanga Parbat, 1934: Blick vom Lager VI aus hinunter zum Mohrenkopf, und weiter dem Grat entlang zum Silbersattel zwischen den beiden dunklen Spitzen. Wieland spurt den Weg hinunter zum Mohrenkopf.
Foto: Aschenbrenner

Nanga Parbat, 1934: Alfred Drexels Kameraden tragen seinen mit der Hakenkreuzfahne bedeckten Leichnam zur Bestattung.
Foto: Müllritter

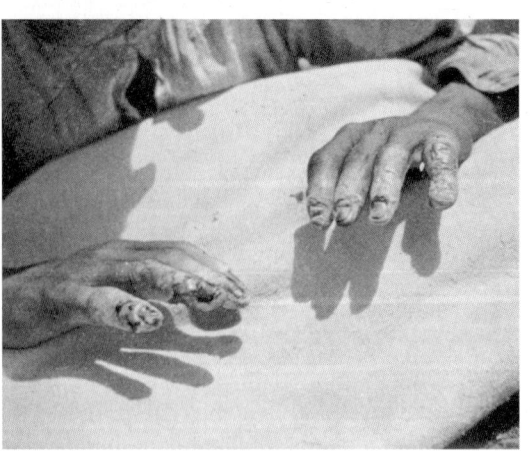

Oben:
Nanga Parbat 1934: Ang Tsering, links, kommt nach dem Rückzug im Basislager an. *Foto: Müllritter*

Rechts:
Nanga Parbat 1934: Pasang Kikuli (Mitte) erreicht beim Rückzug nur mit fremder Hilfe Lager IV.
Foto: Müllritter

Links:
Pasangs erfrorene Hände.
Foto: Müllritter

Nanga Parbat 1934: Im Basislager, nachdem alles vorüber war.
Oben (v.l.n.r.): Schneider, Aschenbrenner, Bechtold, Müllritter.
Unten: Da Thundu, Pasang Kikuli, Kitar, Pasang Picture. *Fotos: Müllritter*

zulaufen, um Hilfe zu holen. Er wusste, Lager IV musste ganz in der Nähe sein. So schnell er konnte ging er alleine weiter und rief um Hilfe. Schließlich hörte er Antwortrufe. Einen Augenblick lang riss der Wind die Wolken auf, und Bechtold sah, wie sich Bernard und Müllritter näherten. Er führte sie hinauf zu den Trägern.

Als es dunkel geworden war, lagen Tundu und Norbu völlig erschöpft in einem Zelt im Lager IV. Norbu schlief zwei Tage lang, und er reagierte noch nicht einmal, als ihm Bernard Injektionen verpasste.

Müllritter und Bernard fragten Bechtold, was seiner Meinung nach oben über ihnen geschah.

»Morgen fällt der Gipfel.«

Obgleich es in Lager IV vier Tage lang heftig geschneit hatte und das Wetter oben schön gewesen war, wussten sie nicht, wie es jetzt oben aussah. Bernard und Müllritter wollten zur Unterstützung der Gipfelstürmer Vorräte hinaufschaffen, doch die wenigen Träger in Lager IV waren alle krank oder völlig erschöpft. Nur Ang Tenjing, zwei Tage zuvor krank angekommen, war bereit, wieder aufzusteigen. Auch Lewa meldete sich freiwillig, eine Last hochzutragen. Als Sardar war das zwar nicht seine Aufgabe, aber irgendjemand musste ja die Arbeit tun. Lewa, dem man vor drei Jahren wegen seiner Erfrierungen die Zehen amputiert hatte, setzte seine Füße erneut der Gefahr aus. Aber er war ein harter Mann, und er hatte Verantwortungsgefühl. Zu diesem Zeitpunkt waren die Sahibs noch nicht ernsthaft besorgt um ihre Kameraden oben, Lewa hingegen schon.

In dieser Nacht schneite es wieder heftig. Ang Tenjing, Lewa, Bernard und Müllritter machten sich früh auf den Weg zu Lager V. Sie kamen kaum voran, waren ständig am Kämpfen, fielen in den tiefen Schnee. Zwei Stunden später kamen sie wieder zurück. Sie nahmen sich vor, am nächsten Tag zu versuchen, ohne

Lasten bis zum Lager V zu gelangen, damit wenigstens irgendjemand dort war, um den Männern zu helfen, wenn sie herunterkamen. Die ganze Nacht wütete der Sturm, und es schneite ununterbrochen, sodass am nächsten Morgen keine Möglichkeit bestand, hinaufzugehen. Nun waren die Männer über ihnen von jeglicher Hilfe abgeschnitten.

6

Der Sturm

Nachdem Bechtold abgestiegen war, um Tundu und Norbu den Berg hinunterzuhelfen, befanden sich noch fünf Sahibs und elf Träger im Lager »Schaumrolle«. Die Expedition war mit vierunddreißig Trägern ausgerückt, fünfzehn Sherpas und neunzehn Tibetern. Die beiden Männer, die mit Bechtold krank nach unten gegangen waren, können sowohl Sherpas als auch Tibeter gewesen sein – ihre Namen geben keinen Hinweis auf die Herkunft. Doch die verbliebenen elf Träger in Gipfelnähe waren alle Sherpas. Vier von ihnen, Ang Tsering, Kitar, Dakshi und Nima Norbu stammten ursprünglich aus dem Dorf Thame, das auf dem Weg zum Nangpa La-Pass nach Tibet liegt. Drei von ihnen, Da Thundu, Pinzo Norbu und Nima Tashi, stammten aus dem Dorf Khumjung, und Gaylay kam aus Solu, im tiefer gelegenen Teil des Sherpa-Landes.

Willy Merkl hatte sie den Tibetern gegenüber bevorzugt. Ang Tsering sagte, die Tibeter seien alle älter gewesen, viele von ihnen waren Teilnehmer der Everest-Expedition von 1924. Außerdem war er der Meinung, dass Merkl sich deshalb für die Sherpas entschieden hatte, weil sie besser klettern konnten.

Merkl war dem Trend der britischen Bergsteiger gefolgt. General Bruce hatte mit Gurkha-Trägern, Nepalesen, die aus dem Mittelgebirge kamen, begonnen, um festzustellen, dass sie größere Höhen nicht gingen. 1921 heuerte Bruce hauptsächlich Tibeter an. In den Jahren zwischen 1930 und 1940 begannen die Briten, Sherpas den Tibetern vorzuziehen, und 1950 wurden nur noch sehr wenige Tibeter zur Arbeit am Berg herangezogen.

Die Briten in Indien tendierten dazu, genauso wie die Vertreter der dortigen Oberschicht, die Welt in Kasten einzuteilen. In ihren Augen waren manche Kasten für ganz bestimmte Arbeiten geradezu biologisch prädestiniert. Hauptsächlich waren die Briten an Soldaten für ihre Armeen interessiert. Sie entwickelten ihre eigenen Theorien in Bezug auf Kasten, behaupteten, dass einige Arten von Indern von Natur aus Soldaten waren, »martialische Rassen«.[1] Die britischen Offiziere dachten, dass großgewachsene hellhäutige Männer bessere Krieger abgäben. Also rekrutierten sie Männer aus dem Norden, besonders Pathanen, Punjabis und Nepalesen. Aus demselben Grund vermieden sie es, Dalits (»Unberührbare«) oder Brahmanen anzunehmen, die ihrer Ansicht nach sowohl dreist waren als auch schwach.

Auch die Tibeter entsprachen nach britischer Vorstellung nicht dem Idealbild einer kriegerischen Rasse. Das Problem lag in ihrer Streitbarkeit begründet. Weder akzeptierten sie, dass man sie respektlos behandelte, noch befolgten sie Befehle. Die Tibeter werden im Westen gern als ruhige, gewaltlose Menschen gesehen. Dies liegt vor allem an der Persönlichkeit und den Wertvorstellungen des gegenwärtigen Dalai Lama. Und es gab auch immer schon Tibeter, die so waren wie er, doch die meisten sind es nicht. Das alte Tibet war ein schwach regiertes und dünn besiedeltes Land. Viele Menschen waren Hirten, die sich, wie Hirten überall auf der Welt, gegenseitig Vieh stahlen. Banditentum war an der Tagesordnung. Die großen Klöster führten gegeneinander Kriege, jedes verfügte über ein eigenes Regiment von Kriegsmönchen.

In Khumbu wird der Unterschied zwischen Tibetern und Sherpas sichtbar. Der Nangpa-Pass nach Tibet ist für normale Tibeter und Nepalesen geöffnet, allerdings nicht für Touristen und Asylsuchende. Tibeter kommen über den Pass, um in Namche-Basar Handel zu treiben. Diese Männer sind freundlich, witzig und oft sehr schön. Aber irgendetwas in ihnen sagt dir: Sei vorsichtig.

Khumbu-Sherpas sagen, dass tibetische Männer zwei Messer tragen. »Das eine im Stiefel benutzen sie dafür, um dir den Bauch aufzuschlitzen, das andere im Gürtel nehmen sie, wenn sie dich umarmen. Und dann stoßen sie es dir in den Rücken.«

Die Sherpas lachen, wenn sie das erzählen. Natürlich ist es zweifelhaft, dass sie Menschen erstechen, aber nicht, dass sie zwei Messer tragen.

Dorjee Lhatoo, der bekannte indische Bergsteiger, kam als Sohn einer Sherpa-Mutter in Tibet zur Welt. Als Dorjee noch ein Junge in Darjeeling war, besuchte Tenzing Norgay seine Familie. Tenzing war immer nach der Mode gekleidet, ein gut aussehender Mann, der stets zwei Messer trug. Als er einmal mitten beim Reden plötzlich ein Messer zog und es an einem Schleifstein, den er sich auf den Schenkel legte, wetzte, schauten ihn die Jungen voller Bewunderung an. »Er war ein Vorbild für uns«, lächelte Dorjee Lhatoo.

Die tibetischen Träger in Darjeeling hatten oft Ärger mit den Briten, weil sie aufbegehrten, wenn man sie ungerecht oder kleinlich behandelte. Die großen Expeditionen zum Everest und zu den anderen großen Bergen wurden nach militärischen Richtlinien mit vielen Europäern durchgeführt. Da wagte kein Tibeter, Ärger zu machen. Aber auf den kleineren Expeditionen und Trekks war es anders. Als Dorjee Lhatoo 1960 mit dem Bergsteigen begann, erzählten die Älteren am Lagerfeuer so manche Geschichten.

Ständig versuchten die Tibeter, bessere Bezahlung zu erhalten, und manchmal schüchterten sie sogar die Briten ein. Eine der Lagerfeuergeschichten war, dass ein britischer Trekker seine Träger mit einem Bambusstock vor sich hertrieb. Die Männer ertrugen es viele Tage, doch eines Morgens riss einer der Träger dem Tyrannen den Stock aus der Hand, zerbrach ihn und warf ihm die Stücke ins Gesicht.

Dies war keineswegs das einzige Mal, dass ein Tibeter einen Sahib schlug. Nach solchen Vorfällen rannten sie auch nicht auf und davon. Sie verstanden einfach die Grundregel der Kolonialgesellschaft nicht: Schlage niemals einen Weißen. Die Sahibs sagten erstmal gar nichts und warteten ab. Als sie wieder in Darjeeling waren, ließen die Briten die Polizei holen, um den Tibeter zu verhaften. Viele Tibeter endeten so im Gefängnis.

Solcherlei Vorfälle brachten die Briten immer häufiger dazu, Sherpas anzuheuern. Sie kletterten ebenso hoch wie die Tibeter, sagte Dorjee Lhatoo, aber sie waren ängstlicher und unterwürfiger, so wie es die Briten schätzten.

Das ist die eine Art, sie zu unterscheiden. Es gibt noch andere. Ich fragte Anu Sherpa aus Namche, weshalb es in Khumbu achtzig Jahre lang keinen Mord gegeben hätte, dagegen viele in Tibet. Anu sagte, dass Khumbu immer ein gesegnetes Land gewesen sei. Selbst zu den alten Tagen des Guru Rimpoche hätten sich heilige Männer nach Khumbu zurückgezogen, weil das Tal voller Frieden war.

Lhakpa Diki Sherpa erklärte es etwas anders. Sie kam um 1930 von Pare in der Nähe von Thame nach Darjeeling und fand sehr schnell Arbeit als Trägerin. Sie mochte ihren Beruf und übte ihn auch jahrelang aus. Sie erzählte, die Briten hätten deshalb Sherpas bevorzugt, weil sie ihnen trauen konnten. Wenn tibetische Träger abends nicht rechtzeitig ins Lager kamen, fürchteten die Briten, sie hätten ihnen die Ladung gestohlen. Wenn ein Sherpa sich verspätete, hatten die Briten keine Angst, selbst wenn er an diesem Abend nicht mehr kam. Dann wussten sie, dass er oder sie irgendwie verhindert waren, dass sie mit ihrer Ladung irgendwo unterwegs schliefen; dann konnte man sich einfach darauf verlassen, dass sie am nächsten Morgen mit ihrer Ladung wieder auftauchen würden.

Dorjee Lhatoo, Anu und Lhakpa Diki sprechen von ein und derselben Sache. Der eine sagt, die Sherpas seien unterwürfig, die Tibeter hingegen unabhängig. Der andere sagt, die Sherpas seien ehrlich und freundlich, die Tibeter seien Gauner. Aber sie waren einheitlich der Meinung, dass die Sherpas den Briten mehr zusagten.

Als die Briten damit anfingen, die Sherpas den Tibetern vorzuziehen, begründeten sie ihre Entscheidung mit Kasten und rassischen Gründen. Die Sherpas, sagten sie, seien besonders geeignet für Arbeiten in großen Höhen, da ihre Heimat zu Füßen des Mount Everest liegt. Wissenschaftlich gesehen war dies Unsinn. Khumbu liegt nicht höher als das Hochland von Tibet. Die ersten Sherpas waren vor fünfhundert Jahren aus Tibet eingewandert. In der menschlichen Evolution physikalischer Unterschiede bedeutet diese Zeitspanne so gut wie nichts. Und Tenzing Norgay, der großartigste Sherpa von allen, wurde in Tibet geboren.

Sherpa-Träger widersprachen den britischen Theorien in keiner Weise. Einem geschenkten Gaul schaut man nicht ins Maul, und wenn einem jemand Arbeit anbietet, sagt man ihm nicht, dass er einem Irrtum unterliegt. Sherpas sind nun mehr seit sechzig Jahren Bergspezialisten, und viele der Jüngeren glauben bereits, dass sie genetisch für eine solche Arbeit prädestiniert seien.

Wie so viele Briten mochte auch Merkl die Sherpas und bewunderte sie. Seine Entscheidung, sämtliche Sherpa-Träger auf den Gipfel des Nanga Parbat mitzunehmen, war der Wendepunkt. In jenem Augenblick, da sie aufhörten »Sherpas und Bhotias« zu sein, wurden sie »die Sherpas«.

Schneider und Aschenbrenner übernahmen die Führung zum Silbersattel. Die letzten 200 Meter hinauf waren steil. Sie mussten stehen bleiben und Stufen schlagen, damit ihnen die Träger folgen konnten. Als sie oben auf dem Silbersattel waren, blies ihnen ein kalter kräftiger Wind entgegen. Die Gipfel zu beiden Seiten ragten wie Eselsohren in die Luft. Im Schutz der warmen Felsen des Nordostgipfels ließen sie sich nieder und rauchten eine Zigarette. Der Weiterweg erschien ihnen einfach. »Von hier bis zum Vorgipfel«, schrieb Aschenbrenner in sein Tagebuch, »erstreckt sich in einer Fläche das schneebedeckte Hochplateau ohne Hindernis. Neue Kraft und Siegesfreude durchströmte uns bei diesem Anblick.«[2]

Sie rauchten ihre Zigarette zu Ende und gingen weiter am flachen Plateau entlang. Der Bruchharsch war tief und an vielen Stellen hatte ihn der Wind zu Dünen aufgehäuft. Es war wie in einer Wüste oder auf der pockennarbigen Oberfläche des Mondes, aber das Licht, das vom Schnee reflektierte, war hart und kristallin. Wie immer im Himalaya war die Perspektive von unten trügerisch – in der klaren Luft schien ihnen der Vorgipfel nahe zu sein. Nun erreichte Welzenbach, der ihnen gefolgt war, den Silbersattel. Schneider und Aschenbrenner, die aus den Alpen stammten, jodelten ihm zu, und Welzenbach jodelte zurück.

Schneider und Aschenbrenner befanden sich bereits jenseits des Plateaus und stiegen hinauf in Richtung des ersten der beiden Nanga Parbat-Gipfel. Sie wähnten sich auf einer Höhe von 7900 Metern (von Finsterwalder später mit 7895 Metern vermessen), 236 Meter unter dem Hauptgipfel. Um etwa drei Uhr nachmittags wandten sie sich um und sahen, wie die Träger auf dem flachen Plateau 200 Meter weiter unten das Lager aufschlugen. Schneider ging zurück, um Merkl und die Träger zum Weitergehen zu überreden, um am nächsten Morgen dem Gipfel für einen letzten Angriff näher zu sein. Aschenbrenner wartete auf Schneider, dass er sie heraufbrachte.

Den ganzen Nachmittag hatte der Wind auf dem Plateau zugenommen. Nach eineinhalb Stunden, in denen Aschenbrenner kläglich fror, beschloss er, da Schneider anscheinend keinen Erfolg hatte, auch wieder zurückzugehen.

Lager VIII stand auf etwa 7700 Meter. Es war ihre vierte Nacht in der so genannten Todeszone. Mit zunehmender Dunkelheit steigerte sich der Wind zum Sturm, obwohl blauer Himmel über ihnen war. Sie machten sich etwas Suppe und legten sich in ihre Zelte.

In jener Nacht nahm laut Aschenbrenners Tagebuch »der Sturm

stündlich zu und wurde zum brüllenden Orkan«. Die Windböen rissen ein Zelt um, in die anderen drang der Schnee durch sämtliche Ritzen (die Zelte waren vorne zugebunden, sie hatten keinen Reißverschluss). Die Zeltwände schlugen und knatterten im Sturm.

Auf dem Nanga Parbat war der Monsun angekommen. Der Orkan dauerte die ganze Nacht. Schneider und Aschenbrenner hatten sich einen kleinen Rucksack mit einer Fahne, einem Fotoapparat und etwas zu essen für den Gipfelgang gepackt, doch »der Sturm tobte an diesem Morgen mit solcher Gewalt«, dass sie das Lager nicht verlassen konnten.

Es gibt zwei Möglichkeiten zu erzählen, was als Nächstes geschah. Die eine folgt der Version der Sahibs, die in Bechtolds Buch beschrieben ist. Diese deckt sich jedoch nicht annähernd mit der Version der Sherpas. Die Alternative ist, Bechtolds Bericht zu benutzen und mit der Sichtweise eines Sherpas, nämlich Pasang Pictures zu rekonstruieren, was geschah. Damit sind wir auf Vermutungen und Einfühlungsvermögen angewiesen, aber es ist einen Versuch wert:

Pasang Picture stammte aus Charma Digma in Solu. Einmal war er auf dem Everest und zweimal auf dem Kangchenjunga. Da er auf dem Kangchenjunga der Assistent und persönliche Träger des Fotografen gewesen war, hatten ihm die anderen Träger den englischen Spitznamen *Picture* gegeben. Auf dem Nanga Parbat war er der Träger von Bechtold, der ebenfalls für die Film- und Fotoaufnahmen zuständig war. Pasang mochte seinen Namen, er war stolz auf seine Arbeit.

Den ganzen Tag lagen sie in ihrem Zelt auf dem ungeschützten Plateau. Draußen trieb der Wind den Schnee mit einer Geschwindigkeit von über hundertfünfzig Stundenkilometer waagerecht durch die Luft. Der Schnee fiel so dicht, dass er die Sonne verdunkelte; zu Mittag war es immer noch dunkel. Die

Wände von Pasangs Zelt knatterten und knallten wie Pistolenschüsse.

Die Pflicht der Sherpas war es zu kochen. Aber das Zelt schwankte so erbärmlich, dass sie kaum in der Lage waren, Wasser heiß zu machen. Pasang Picture zündete den Ofen an, doch der Wind heulte durch den Eingang und blies das Feuer aus. Sie versuchten es den ganzen Tag, brachten es aber nicht fertig Essen zuzubereiten, sondern nur ein wenig Wasser zu erhitzen. Pasang Picture hatte alle Hände voll zu tun, sich über den Gasofen zu kauern und ihn vor dem Wind zu schützen. Seine Zeltgenossen, Nima Dorje und Pinzo Norbu zogen es vor, in ihren warmen Schlafsäcken zu bleiben. Pasang stemmte sich gegen den Wind und brachte das Wasser in das Zelt der Sahibs. Er stemmte sich gegen den Sturm, versuchte, nicht umgeweht zu werden und nichts zu verschütten.

Den ganzen Tag über nahm der Wind stündlich zu. Als es dunkel wurde, lag Pasang Picture in seinem Schlafsack und betete zu Buddha um sein Leben, um aller Leben. Seine Lippen bewegten sich nicht, er dachte die Worte in seinen Gedanken. Er hoffte, dass am Morgen die Sahibs ein Einsehen hätten und sich entschlössen, umzudrehen. Dann schlief er ein, wachte heftig atmend auf, schlief wieder, wachte wieder auf, schlief wieder ein.

Plötzlich spürte er, wie Aschenbrenner ihn wachrüttelte und schrie. Aschenbrenner war ein groß gewachsener Mann, er hatte ein lautes Organ, seine Finger gruben sich in Pasangs Schulter. Pasang zog sich den Schlafsack mit beiden Händen über den Kopf, um sich darin zu verbergen. Aschenbrenner beugte sich über sein Gesicht und schrie: »Hinunter, hinunter!«

Hinunter, dachte Pasang Picture und kämpfte sich aus seinem Schlafsack. Es war Morgen. Das Zelt schwankte immer noch im Wind. Draußen würde es unermesslich kalt sein. Doch wenn sie leben wollten, mussten sie augenblicklich absteigen. Pasang half Aschenbrenner, Nima Dorje und Pinzo Norbu aufzuwecken. Es war schwer, sie wachzukriegen, sie waren angeschlagen, träge und langsam. Pasang zog Nima Dorje aus seinem Schlafsack, fand seine Stiefel im Inneren, zog sie ihm an. Nima Dorje dankte ihm.

Nun war Nima Dorje wach, er rollte seinen Schlafsack zusammen und band ihn auf seinen Packsack. Pasang Picture und Pinzo Norbu sahen sich an, und keiner von ihnen nahm seinen Schlafsack. Pasang dachte, je weniger Gewicht er trüge, desto eher würde er es schaffen, in nur einem Tag hinunterzusteigen. Es gab nur diese eine Möglichkeit: Entweder den Abstieg an einem Tag zu schaffen oder zu sterben. Der Schlafsack war es nicht wert. Aber er riet Nima Dorje nicht, auch seinen Schlafsack zurückzulassen. Jeder traf seine eigenen Entscheidungen. Und wenn es sein musste, konnte der Schlafsack zwei Männer aufnehmen.

Nun standen sie vor dem Zelt, der andere Österreicher, Schneider, machte sie am Seil fest. Er war wütend, schrie sie gegen das Heulen des Sturmes an und zog die Knoten fest. Nun stehen wir wie drei kleine Kinder in der Reihe, halb wahnsinnig vor Kälte, dachte Pasang. Er schämte sich, dann überwog die Angst um die beiden anderen am Seil und um sich selbst. Schneider ist wütend, dachte er, weil er nicht auf den Gipfel kann. Die Aussicht auf Ruhm in seiner Heimat ist verflogen. Er ist böse auf den Berg, auf den Sturm, auf uns. Ein nepalesischer Satz fiel ihm ein: Zur Hölle mit dir! Aber dann dachte er: Vielleicht wird uns Schneiders Wut lebend hinunterbringen.

Aschenbrenner hatte mit den anderen Sahibs gesprochen. Nun kam er zurück, band sich fest, und sie gingen los. Da Thundu kam herüber und sagte etwas zu seinem Bruder Pinzo Norbu. Pinzo nickte. Pasang konnte nicht hören, was Da Thundu sagte, vielleicht: Viel Glück, vielleicht etwas, das er ihrer Mutter ausrichten sollte. Wenn ich das wäre, dachte Pasang, würde ich es vorziehen, zusammen mit meinem Bruder am Seil zu gehen. Aber es sind nicht wir, die dies entscheiden.

Sie stapften los. Schneider führte die Gruppe an, dann kam

Pinzo Norbu, Pasang Picture war in der Mitte, Nima Dorje hinter ihm, und Aschenbrenner am Ende. Pasang Picture sah sich um, als sie losgingen. Die anderen waren alle aus ihren Zelten gekommen, banden sich fest und nahmen ihre Bündel. Sie würden unmittelbar hinter ihnen gehen.

Pasang Picture kämpfte sich vor zum Silbersattel. Als sie an den schwarzen Felsen zu ihrer Linken vorbeigingen, ließ der Wind etwas nach. Dann stiegen sie auf den Grat hinunter, das erste Stück war abscheulich steil. Auf dem alten Eis lag Pulverschnee, auf dem er ins Rutschen kam. An manchen Stellen hatte der Wind das Eis blankgefegt. Pinzo Norbu vor ihm stolperte, verlor das Gleichgewicht, stand wieder auf, kroch weiter. Pasang sah sich nicht um, durch einen immer wiederkehrenden Ruck am Seil wusste er, dass auch Nima Dorje am Kämpfen war. Beide Männer waren eindeutig krank, sei es von der Höhe, oder von zu wenig Flüssigkeit, oder durch die Kälte, es spielte keine Rolle.

Pasang hielt seinen Pickel in der Hand und war bei jedem Schritt bereit, falls ein Mann vor ihm fiel, den Pickel ins Eis zu treiben und das Seil darumzulegen; dann konnte er nur noch hoffen, ihn halten zu können.

Die Luft war voller Schnee, aber er konnte Pinzo Norbu, zehn Meter vor ihm, sehen; meistens auch Schneider, der führte. Davor lag graue Dunkelheit. Die Spur, die sie auf dem Weg hinauf getreten hatten, war vom Wind und vom Schnee verweht worden. Schneider, ganz an der Spitze, lief hin und her und war sich des Weges nicht mehr sicher.

Pasang musste sich auf jede Bewegung konzentrieren, sämtliche Fasern seines Körpers waren angespannt und auf jeden Notfall vorbereitet. Sein Gehirn funktionierte, so gut es ihm in der Höhe möglich war.

Nun waren sie gezwungen, sich mit den Konsequenzen von Merkls Entscheidung auseinander zu setzen. Es war seine Idee gewesen, darauf zu verzichten, Vorräte hinaufzubringen und mit allen in einer Gruppe aufzusteigen. Pasang kalkulierte: Ein Zelt stand bei der Schaumrolle, ein weiteres unterhalb des Mohrenkopfs. In diesen Zelten gab es weder Nahrungsmittel noch Schlafsäcke. Sechs Tage hatten sie vom Lager IV zum Lager VIII gebraucht. Nun sollten sie in nur einem Tag zurückgehen. Normalerweise war es einfach, einen Berg hinunterzugehen. Die Männer trugen weniger Gewicht, liefen bergab, und das vor allem schneller, um ihre Angst hinter sich zu lassen. Normalerweise konnten Bergsteiger und Träger durchaus vier oder fünf Lager an einem Tag schaffen. Aber dieses Mal waren sie auf dem langen Grat. Zuerst mussten sie hinunter in die Kerbe des Grates steigen, dann hinauf zum Mohrenkopf. In ihrer ganzen Erschöpfung mussten sie also zuerst hinauf, um hinunterzukönnen. Dann käme nach dem Mohrenkopf die Querung der Rakhiot-Flanke. Dort ging es an vielen Stellen beinahe senkrecht hinunter. Bei schönem Wetter hatten sie ihren Weg langsam und vorsichtig ausgewählt. Nun war es nur schwer vorstellbar, wie dies bei fast keiner Sicht mit den torkelnden Trägern Pinzo Norbu und Nima Dorje funktionieren sollte. Erst wenn sie dies geschafft hatten, wären sie beim Seilgeländer angekommen.

Pasang Picture war ein erfahrener Bergsteiger. Er wusste, dass Merkls Fehler sie vermutlich töten würde.

Pasang sah Schneider, den Anführer, wie er zuversichtlich ausschritt, immer geradeaus. Nun befanden sie sich an der Kante des Grats, der Rupal-Wand gegenüber. Sie sahen hinaus ins Dämmerlicht und in den tiefen Abgrund hinunter ins Tal. Pasang wusste, dass der Mann überlegte.

Der Wind heulte. Sie standen auf dem offenen Grat, ohne die Möglichkeit, sich zu schützen. Die Schneebrille bedeckte zwar Pasangs Augen, aber der Wind blies die Schneeschauer wie Nadeln in sein Gesicht. Auf einmal spürte er einen Ruck am Gürtel, dann hörte er hinter sich einen Schrei im Wind. Pasang stemmte seine Füße in den Schnee und drehte seinen Oberkörper, um nach hinten zu schauen.

Einen Augenblick lang konnte er nicht glauben, was er sah.

Bei Bechtold ist laut Aschenbrenners Tagebuch zu lesen: »Etwa 100 m [vor] der Scharte wurde Nima vom Sturm aus den Stufen gerissen. Nur mit größter Mühe gelang es Pasang und mir, ihn zu halten und uns dadurch alle vor dem sicheren Absturz zu bewahren. Aber der Sturm hatte von seinem Rücken den Schlafsack gerissen. Wie ein Luftballon segelte der große Packsack vor unseren Augen über die Rupalseite hinaus. Wir fünf Mann hatten nurmehr einen Schlafsack. Damit ergab sich die zwingende Notwendigkeit, noch am gleichen Tage Lager V oder Lager IV zu erreichen, wenn wir nicht erfrieren wollten...«

Pasang Picture sah Nima Dorje besorgt an: »Geht's gut?«

Nima Dorje nickte und sagte: »Gut.«

Sie standen auf. Keiner erwähnte den Schlafsack, aber sie wussten, was das bedeutete. Nun gingen sie sehr langsam, sie hatten Angst, setzten bedächtig einen Fuß vor den anderen und verbrauchten dabei kostbare Zeit.

Das steilste Stück bergab hatten sie überwunden, sie befanden sich nun in der Nähe der Schaumrolle. Aber Pasang konnte das Zelt nicht entdecken. Schneider an der Spitze spurte erst in die eine, dann in die andere Richtung. Nun, da es flacher wurde, war der Schnee auch tiefer. Schneider sank bis zu den Knien ein. Pasang trat wie mechanisch in die Löcher, die die Männer vor ihm getreten hatten.

Schneider blieb an einer flacheren Stelle stehen und wartete, bis die anderen aufgeschlossen hatten. Als sie alle um ihn standen, begann er mit Aschenbrenner ein Gespräch.

»Geht's gut?«, fragte Pinzo Norbu Nima Dorje noch einmal.

»Gut«, antwortete Nima Dorje.

Pasang sah Nima Dorje besorgt an. Mit der Schneebrille und der Kapuze im Gesicht war es schwer zu sagen, aber der Mann sah immer noch irgendwie geschockt aus. Vielleicht bilde ich mir das nur ein, dachte Pasang. Vielleicht, weil ich solche Angst habe.

Die beiden Österreicher machten sich vom Seil los. Pasang

dachte: Jetzt sind sie wahnsinnig geworden. Wir fünf können in dieser Hölle doch nicht unangeseilt gehen. Aber vielleicht denken sie, wenn einer von uns stürzt, dann geht eben der Rest alleine weiter. Dies ist zwar unmoralisch, aber vielleicht haben sie Recht.

Schneider nahm seinen Rucksack ab und band die Skier los. Nun verstand Pasang Picture: Die beiden Österreicher würden mit ihren Skiern abfahren und die Sherpas zum Sterben zurücklassen.*

---

* Das schändlichste Detail von allen war, mit Skiern abgefahren zu sein und die Träger alleine gelassen zu haben. Weder Aschenbrenner noch Bechtold erwähnen dies, auch nicht die britischen Quellen. Ang Tsering hat mir dies jedoch so berichtet, und in Darjeeling war diese Darstellung unter den älteren Sherpas auch bekannt. Es ist jedoch gut möglich, dass Ang Tsering sich irrte und die Österreicher keine Skier benutzten. Dafür sprechen drei Gründe. Der wichtigste ist der, dass Skier zum Hochtragen zu schwer waren und den Aufstieg unnötig kompliziert hätten. Sinnvoll wäre es gewesen, die Österreicher hätten sie im Lager IV oder V zurückgelassen. Der zweite Grund ist, dass wenn dies so geschehen wäre, auch die anderen Bergsteiger dies erfahren hätten. Paul Bauer etwa, der Spiritus Rector des deutschen Bergsteigerwesens, wurde nach der Rückkehr von Aschenbrenner und Schneider nach Deutschland ein großer Gegner der beiden. Wenn er von der Geschichte mit den Skiern gewusst hätte, hätte er dies öffentlich verkündet und angeprangert, und zum Dritten hat der englische Colonel Bruce seine eigenen Untersuchungen über diesen Vorfall in Darjeeling durchgeführt. Er sprach fließend Nepali, diese Geschichte hat er jedoch nicht erwähnt. Andererseits ist es möglich, dass alle europäischen Bergsteiger die Geschichte der Sherpas unterdrückten oder beiseite schoben. Es bleibt schwierig zu verstehen, wie Schneider und Aschenbrenner so schnell hinunter kamen. Womöglich waren sie von Todesangst getrieben. Ein weiteres Indiz, dass Ang Tsering falsch liegt, begründet sich darin, dass Ang Tsering die Geschichte (von Pasang Picture) nur vom Hörensagen kennt. Ich jedoch habe mich bemüht, im Zweifelsfall immer der Version der Sherpas zu folgen. Sie waren ja schließlich dabei. Aus diesem Grunde gebe ich die Geschichte der Sherpas wieder. Unbestritten ist, dass Aschenbrenner und Schneider sich vom Seil lösten und die Träger zum Sterben zurückließen.

Schneider und Aschenbrenner waren groß gewachsene Männer, mehr als einen Kopf größer als die drei Sherpas. Sie waren auch die besten Bergsteiger der Expedition. Pasang hatte sie beobachtet, wie sie zwei Tage zuvor den Silbersattel hochgesprintet waren. Insgeheim hatte er sich sicherer gefühlt, mit ihnen zu gehen, in der ersten Seilschaft.

Schneider zog sich die Skier an.

Pasang kannte diese Skier bereits. An einem Ruhetag hatte Schneider versucht, oberhalb von Lager I den Sherpas das Skifahren beizubringen. Die Sherpas waren hingefallen, ihre Beine kreuz und quer in der Luft. Sie lachten übereinander, und Schneider lachte über sie.[3] Schneider, Aschenbrenner, der Arzt und der verstorbene Drexel waren alle hervorragende Skifahrer gewesen. In weiten Bögen fuhren sie von einer Seite des Hangs zur anderen und legten dabei ihr Gewicht immer höchst elegant auf den jeweiligen Talski.

Auch Aschenbrenner zog sich seine Skier an. Schneider sprach nun mit Pasang. Pasang sah ihm nicht ins Gesicht und verweigerte die Antwort. Er war so voller Wut, dass er nicht wusste, was er getan hätte, hätte er dem Mann ins Gesicht gesehen.

Aschenbrenner kam auf seinen Skiern herüber. Er gab Handsignale, deutete auf sich, dann den Berg hinunter, dann wieder auf Pasang, und schließlich sagte er: »Kommt nach.«

Sie behandeln mich wie ein Kind, dachte Pasang. Und sie machen mich hilflos wie ein Kind.

Die beiden großen Männer wendeten auf ihren Skiern. Schneider drückte seine Skistöcke in den Schnee und glitt davon, erst langsam, dann nahm er Geschwindigkeit auf, lautlos in dem Sturmgeheul, unerträglich graziös. Er verschwand im Grau des Schneegestöbers. Dann folgte ihm Aschenbrenner. Er sah nicht zurück. Gerade war er noch da, dann auf einmal nur noch ein Fleck im Grau, dann war er verschwunden.

Pasang Picture dachte, das wäre ein gutes Bild gewesen.

Er sah Pinzo Norbu auf der einen Seite, Nima Dorje auf der

anderen. Sie standen einfach nur da und schauten, wohin die Sahibs verschwunden waren. Keine Chance, dachte Pasang, dass einer von beiden führen könnte. Sie alle standen bis zu den Knien im Schnee. Weiter unten würde er tiefer werden. Einer musste spuren, den ganzen Weg.

Nun bin ich der Führer, dachte Pasang. Aber darauf war er nicht stolz, er war nur voller Wut und Angst. (Dies war der Augenblick in der Geschichte, in dem ein Sherpa Verantwortung am Berg übernahm, der Augenblick, in dem aus »Kulis« Sherpas wurden.)

Pasang war in der Mitte zwischen den beiden Männern angehängt. Um zu führen, musste er sich losbinden und vorne festmachen. Er zog am Knoten an seinem Bauch. Der Knoten war gefroren und ließ sich nicht öffnen. Er zog seine Fäustlinge aus, sagte sich, dass er nicht vergessen durfte, sie wieder anzuziehen, weil es leicht möglich war, etwas zu vergessen, in dem müden Zustand, in dem er sich befand.

Mit bloßen Fingern öffnete er den Knoten. Nima Dorje stieß einen Schrei aus. Pasang blickte hoch und sah, dass Nima Dorje dachte, auch er würde sich losbinden und sie verlassen.

»Nein«, brüllte Pasang gegen den Sturm, »ich führe! Ich binde mich vorne an. Ich werde euch führen!«

Nima Dorje nickte und sah zu Boden.

Pasang machte sich vorne fest, dort wo Schneider gewesen war. Keiner wusste, was er sagen sollte.

Ich muss irgendetwas tun, dachte er. »Tse tso!«, schrie Pasang. »Langes Leben!«, wie man im Volk rief, wenn man den Scheitelpunkt eines Passes überschritten hatte.

»Tse tso!«, schrien die anderen zurück, und der Wind riss ihnen die Worte von den Lippen.

Pasang erinnerte sich daran, dass er seine Handschuhe wieder anziehen musste, dann zogen sie los. Eine Zeit lang folgte Pasang den Skispuren, doch sie wanderten stets von einer Seite zur anderen. Sein Gehirn arbeitete langsam. Natürlich, so geht das Skifahren, zuerst zu der einen Seite, dann zu der anderen. Er verlor zu viel Zeit, den Skispuren zu folgen. Er wählte eine Route, von der er hoffte, sie würde sich zwischen den Skispuren befinden. Schon bald hatte er sie alle verloren.

Sehr langsam kamen sie voran. Sie waren nun irgendwo auf dem Grat. Wenn er so weiterging, könnte er sie über die Kante führen, von der es keine Rückkehr gab. Im blinden Schneegestöber konnten sie kein Stück des Weges sehen. Ihre einzige Hoffnung bestand darin, dass sich das Wetter morgen bessern würde. Sie hielten an und gruben mit Händen und Füßen eine Höhle in den Schnee, tief genug, dass der schlimmste Wind über sie hinwegfegen konnte. Sie lagen nah beieinander, sprachen nicht, hielten sich gegenseitig fest und warteten auf die Nacht.

Schneider und Aschenbrenner kamen rasch voran. Noch vor Mittag waren sie beim Mohrenkopf. Die Sicht war so schlecht, dass sie fürchteten, den Weg unter dem Rakhiot Peak nicht zu finden. Also gingen sie direkt über die Spitze des Rakhiot, ein Unterfangen, das die Träger hinter ihnen wohl niemals zustande gebracht hätten. Dieser Weg bedeutete zusätzliche einhundertfünfzig Höhenmeter und verlangte Erfahrung im Felsklettern; aber er war sicherer.

Im Lager V fanden Schneider und Aschenbrenner Lebensmittel und Schlafsäcke vor. Am späten Nachmittag waren sie unten im Lager IV, bei ihren Freunden und in Sicherheit.

Seit dem Unfall, dem 1922 sieben Träger auf dem Everest zum Opfer gefallen waren, achteten britische Bergsteiger darauf, in schwierigen Situationen mindestens immer einen Sahib in die Träger-Seilschaft einzubinden. Denn erstens waren die Sahibs die erfahreneren Bergsteiger, und zweitens stellten sie damit sicher, dass kein Träger verunglücken konnte, ohne dass nicht auch ein Europäer starb. Diese bewährte Praxis hatten die Briten an die anderen europäischen Bergsteiger weitergegeben.

Schneider und Aschenbrenner jedoch hatten diese Regel gebrochen. Nachdem die Expedition beendet war, zeigten sich die deutschen Bergsteiger über Schneiders und Aschenbrenners Tat empört. Aber diese hatten nicht nur die Träger hoch oben am Berg zurückgelassen, sondern auch ihre schwächeren Kameraden. Sie beide waren die stärksten Kletterer am Nanga Parbat gewesen.

Aschenbrenners Erklärung anschließend lautete, dass Pinzo Norbu und Nima Dorje krank gewesen seien und nicht mithalten konnten. Darüber hinaus hatten sie, nachdem Nima Dorje seinen Schlafsack im Sturm verloren hatte, für fünf Personen nur noch einen Schlafsack übrig, nämlich den von Aschenbrenner. Wenn Schneider und Aschenbrenner nicht alleine losgezogen wären, hätten sie es an diesem Tag nicht mehr geschafft, nach unten zu gelangen, was ihren Tod bedeutet hätte. Deshalb seien sie alleine losgezogen.[4]

Das Beschämendste an allem war, dass sie auf Skiern abgefahren waren. Weder Aschenbrenner noch Bechtold erwähnen dies in ihren veröffentlichten Berichten, es steht auch in keiner anderen deutschen Quelle. Ich selbst habe es von Ang Tsering erfahren, aber unter den älteren Trägern in Darjeeling ist allgemein bekannt, dass Schneider und Aschenbrenner Skier hatten, und es schließlich auch sinnvoll wäre, sie im tiefen Neuschnee einzusetzen. Ohne Skier wären sie ständig gestolpert und hingefallen, hätten sich durchkämpfen müssen. Auf Skiern jedoch konnten sie über die Hänge flitzen. Dafür sind Skier schließlich da. Außerdem ist es nur schwer nachzuvollziehen, wie sie ohne Skier bis zum späten Nachmittag vom Lager VIII ins Lager IV gekommen waren.

Am Morgen dieses Tages hatten sich Pasang Picture, Aschenbrenner, Schneider, Nima Dorje und Pinzo Norbu am ersten Seil auf den Weg gemacht. Die anderen, Merkl, Wieland, Welzenbach, Ang Tsering, Dakshi, Gaylay, Kitar, Da Thundu, Nima Tashi, Pasang Kikuli und Nima Norbu, folgten als zweite Seilschaft. Sie hatten zwar einige Schlafsäcke, dafür aber keine Lebensmittel und kein Zelt. Die Sahibs hatten erwartet, in einem, höchstens zwei Tagen unten zu sein, wo Hilfe auf sie wartete. Je weniger sie trugen, desto schneller würden sie sich bewegen können und lebend unten ankommen. Seit sechs Tagen waren sie nun schon auf Höhen über 7000 Meter. Diese Männer waren zu Tode erschöpft, einige waren krank, und alle mussten sie Angst gehabt haben. Kälte und Angst verwirren Menschen. Die große Höhe tat ein Übriges. Sie konnten keinen klaren Gedanken fassen, sie hatten nicht die Energie zuzupacken, aber sie wollten um ihr Leben laufen.

Bald hatten sie bei jedem Schritt mit dem Sturm zu kämpfen. Das Schneegestöber schränkte ihre Sicht bis auf wenige Meter ein, die Spuren waren verweht, sie hatten Mühe, ihren Weg zu finden. Beim Aufstieg waren sie satt und ausgeruht gewesen, nun waren sie erschöpft. Vor zwei Abenden hatten sie die letzten Schlucke Suppe zu sich genommen.

Sie schafften es bis zum Silbersattel und noch etwas weiter hinunter. Irgendwo über Lager VII, bei der Schaumrolle, sagten die Sahibs, sie könnten nicht mehr weiter. Es mussten also alle anhalten. Sie hatten vor zu biwakieren. Dies bedeutete, im Schnee zu schlafen.

Elf Männer verfügten insgesamt über drei Schlafsäcke. In jeden Schlafsack passten zwei – dann war es zwar eng, dafür aber wärmer. Einer der Schlafsäcke gehörte den Sahibs. Welzenbach überließ ihn Wieland und Merkl und schlief nur in seinen Kleidern.

Welzenbach war offensichtlich in besserer Verfassung als Merkl und Wieland. Vermutlich sagte er sich, dass die beiden anderen Männer schwächer waren und der Wärme mehr bedurften. Vor drei Jahren hatten er und Merkl in einer Steilwand in den Alpen biwakiert und sechzig Stunden überlebt. Vielleicht war Welzenbach einfach nur vermessen, wahrscheinlicher aber ist es, dass er schlicht anständig war.

Die acht Träger hatten zusammen zwei Schlafsäcke. Vier Mann werden sie wohl benutzt haben, die anderen schliefen wie Welzenbach im Schnee. Sie hatten Pullover und Anoraks, aber keine Daunenjacken.

In jener Nacht starb Nima Norbu aus Thame im Schnee.

Am Morgen hatten Merkl und Wieland Erfrierungen, Merkl an seiner rechten Hand, Wieland an allen beiden. Vermutlich hatten sie sich die Erfrierungen im Schlafsack geholt, vielleicht aber auch schon in der Nacht zuvor. Bei ihnen handelte es sich um erfahrene Bergsteiger. In den Alpen waren sie mit Erfrierungen sicher bereits konfrontiert gewesen. Sie wussten, dass dies ein Zeichen war, dass ihre Körper begannen zu sterben. Da Wielands beide Hände betroffen waren, zeigte dies, dass er schwächer war als Merkl.

Die Träger und Bergsteiger machten sich bereit, das Biwak zu verlassen. Dakshi, Gaylay und Ang Tsering sagten, sie seien zu krank um weiterzugehen. Sie wollten noch einen Tag und eine Nacht im Biwak bleiben und dann, wenn es ging, nachkommen. Die anderen ließen die drei Kranken im Biwak liegen und stiegen ab. Sie mussten damit gerechnet haben, dass die drei Männer sterben würden. Niemand, der noch richtig im Kopf war, würde auf dieser Höhe und bei diesem Wetter verweilen, es sei denn, er konnte keinen Schritt mehr weitergehen. Wenn er sich aber nicht mehr bewegen konnte, war es unwahrscheinlich, dass er sich nach einem weiteren Tag im Schnee, ohne Nahrung und Wasser, erholen würde.

Acht Männer zogen weiter. Was blieb ihnen anderes übrig?

Fast genau zur gleichen Zeit riefen im Lager IV Bechtold und die unten gebliebenen Sahibs den Sardar Lewa zu sich ins Zelt. Als er hereinkam, jagte der Sturm den Schnee durch den Zelteingang. Die Sahibs baten Lewa, Träger für eine Rettungsmannschaft auszusuchen. Lewa sagte ihnen ganz ruhig, was sie längst wussten: Sämtliche Träger waren zu krank, um nach oben zu gehen.

Schließlich bekamen sie doch einen kleinen Trupp zusammen. Es ist nicht sicher, ob sich diese Gruppe ausschließlich aus Sahibs zusammensetzte, oder ob Lewa und noch ein oder zwei Träger dabei waren. Im »uferlosen Pulverschnee«[5], nach sieben Tagen ununterbrochenen Schneefalls bei Lager IV, kämpften sie sich hoch in Richtung Lager V. Und es schneite immer weiter. Die geleistete Spurarbeit wurde durch den fallenden Neuschnee zerstört.

Gegen elf Uhr vormittags rissen ein paar Minuten lang die Wolken auf. Auf dem Grat hoch über ihnen sahen sie eine größere Partie vom Silbersattel absteigen. Völlig konsterniert sagten sie sich, Merkl müsste doch schon viel weiter sein.

Hinter der Gruppe sahen sie einen einzelnen »wandernden Punkt«. Nun setzte er sich in den Schnee. Warum geht er denn nicht weiter?, fragte Bechtold sich. Und schon jagte der Sturm neue Schneewolken über den Grat. Bald konnten sie nichts mehr sehen.

Es schneite weiter, irgendwann gab der Rettungstrupp auf und kehrte ins Lager IV zurück. »Was bisher zwischen uns unausgesprochen war«, schrieb Bechtold, »ist nun furchtbare Klarheit geworden. Droben ringen unsere Kameraden und die Darjeeling-Träger um ihr Leben.«

Die Männer im Lager IV hatten Da Thundu, Pasang Kikuli, Nima Tashi, Kitar, Welzenbach, Wieland und Merkl vom Silbersattel absteigen sehen. Dies waren die sieben Männer, die Ang Tsering, Dakshi und Gaylay am Morgen im Hochbiwak zurückgelassen hatten.

Der Mann, den die Beobachter hinter der Gruppe herwanken gesehen hatten, war Wieland, der nun eindeutig große Schwächen zeigte. Welzenbach war noch immer der kräftigste Sahib, selbst nach jener Nacht ohne Schlafsack. Er schlug seinen Eispickel in den Schnee, band für den letzten steilen Abstieg zu Lager VII ein Seil daran fest, und wartete zusammen mit Merkl auf Wieland.

214

Kitar, Da Thundu, Nima Tashi und Pasang Kikuli gingen weiter Richtung Schaumrolle. Dort, unter Bergen von Schnee, fanden sie ein zugeschneites Zelt, das aber immer noch stand. Wie Geister sahen die Schneeverwehungen jetzt aus, die im Gestöber sich zu phantomhaften, gerillten und gerippten Schreckgespenstern mit seltsam scharfen Kanten an den Rändern herausgebildet hatten. Die vier Träger warteten über eine Stunde auf die Sahibs. Schließlich tauchten Welzenbach und Merkl auf, ohne Wieland. Kitar dachte, Wieland würde nachkommen. Keiner wusste es, doch Wieland stolperte verloren zwischen den eisigen Dämonen der Schaumrolle umher.

Sechs Mann waren nun im Lager VII angekommen. Es gab nur ein Zelt für zwei Personen, in das maximal drei passten. Merkl sagte den vier Trägern, dass die Sahibs das Zelt für sich benötigten. Die Träger sollten weiter Richtung Lager VI gehen. Also gingen sie.

Auf dem Weg den Grat hinunter brachen Kitar, Da Thundu, Nima Tashi und Pasang Kikuli immer wieder durch die dünne Kruste des Neuschnees und staken manchmal bis zum Hals in Wächten. Dann mussten die anderen stehen bleiben und ihnen helfen, sich aus dem Haufen zu befreien. Sie erreichten den tiefsten Punkt des Grats, die Scharte, und begannen mit dem Aufstieg zum Mohrenkopf und zum Rakhiot Peak. Bis zum Lager VI schafften sie es an diesem Tag nicht mehr. Sie schliefen im Schnee.[6] Dies war ihre achte Nacht über 7000 Meter Höhe, ihre vierte Nacht im Sturm. Drei Tage lang hatten sie nichts gegessen, seit zwei Tagen hatten sie kein Wasser mehr getrunken.

Am nächsten Morgen schneite es immer noch. Natürlich wissen wir nicht ganz genau, wie es um die Sherpas stand. Aber von dem, was schriftlich niedergelegt ist, können wir uns ein Bild machen, was Da Thundu an jenem Tag gemacht und gefühlt haben mag.

Jeder sagt, Da Thundu sei ein guter Mann gewesen. Wo immer sich Leute trafen, beim Feiern oder bei der Arbeit, war er ein

Außenseiter in der Gruppe, ruhig, stets nickend, einer der wenig sprach. Er war auch nicht besonders ehrgeizig, aber er war da, wenn man ihn brauchte. Und er kümmerte sich um seine Familie. Immer.

In der Seilschaft auf dem Nordgrat kletterten zwei Verwandte von ihm mit. Am Tag zuvor war sein jüngerer Bruder Pinzo Norbu in der ersten Seilschaft mit den Österreichern abgestiegen. Da Thundu war in der zweiten Seilschaft zusammen mit Kitar, dem Vater seiner Frau. Kitar war derjenige mit der größten Erfahrung – auf dem Everest war er in den Jahren 1921, 1922, 1924 und 1933 gewesen, auf dem Kangchenjunga 1929, 1930 und 1931. Doch an diesem Tag war Kitar, der Älteste von allen, auch der Schwächste.

Als der Morgen graute, sah sich Da Thundu als Erstes in der Schneemulde um, in der sie lagen. Pasang Kikuli, Nima Tashi und Kitar lebten noch. Als alle auf den Beinen waren, begannen sie mit dem Aufstieg zum Mohrenkopf, Da Thundu führte. Er wusste, dass er von allen bei weitem noch der Kräftigste war. In der Nacht hatte es einen halben Meter geschneit.

Sie erreichten den Mohrenkopf und kletterten die sachte Anhöhe hinauf, die zur Steilwand des Rakhiot Peak führte. Mit drei sehr kranken Männern am Seil, die ständig stolperten und stürzten, fürchtete sich Da Thundu vor der Querung. Sie sprachen nicht miteinander. Er dachte, dass sie vielleicht an diesem Tag hinunterkämen, aber er war nicht sicher, ob die anderen dies überleben würden.

Plötzlich sah er eine Spur vor sich im Schnee. Er dachte, nun müsse er nicht mehr spuren.

Erleichtert schritt er voran, aber er musste immer wieder warten, wenn sich das Seil hinter ihm spannte. Dann überlegte er – die Spur ist kaum mit Schnee gefüllt, jemand muss sie heute Morgen getreten haben. Wer? – und er betete darum, dass es nicht Pinzo Norbu war, er betete, dass sein Bruder den Abstieg bereits geschafft hatte.

216

Nicht weit vor sich sah er im Schneetreiben eine graue Figur. Dem Anzug nach ein Sherpa. Da Thundu war sich sicher, dass dies sein Bruder war, dann aber sagte er sich wieder, dass er es nicht war, und doch er hörte nicht auf, nach ihm zu rufen: »Pinzo!«

Der Mann hielt an. Da Thundu ging so schnell er konnte, er riss am Seil und zog die Männer hinter sich her, nicht richtig schnell, aber doch schneller, als er zwei Tage lang gegangen war. Es war Pinzo. Die Brüder umarmten sich. Pinzo bebte in seinen Armen. Plötzlich wurde Da Thundo wütend. Wie kam es, dass sein Bruder hier war? Ärger kochte in ihm hoch. Er sagte nichts. Es war klar, dass Pinzo sich freute, ihn zu sehen.

Nun waren auch die anderen aufgerückt. An Pinzos Seil waren noch zwei weitere Männer festgemacht, Pasang Picture und Nima Dorje. »Wo sind eure Sahibs?«, fragte Da Thundu.

Pinzo gab keine Antwort.

»Sie sind auf Skiern den Berg hinuntergefahren. Sie haben sich losgebunden und uns vor zwei Tagen verlassen«, sagte Pasang Picture. Er sprach abgehackt, um Atem zu sparen. »Am Abend, nachdem sie abgefahren sind, haben wir uns verlaufen und dann im Schnee geschlafen. Sonst wären wir womöglich abgestürzt. Gestern war die Sicht wieder besser. Aber wir gingen sehr langsam. Und gestern Nacht haben wir wieder im Schnee geschlafen.«

In diesem Augenblick hasste Da Thundu die beiden Sahibs, die seinen Bruder allein gelassen hatten. Er würde sie bis zum Ende seines Lebens hassen. Dennoch zwang er sich zu sagen: »Es ist gut. Noch sind wir alle am Leben.«

»Und da oben?«, fragte Pasang Picture.

»Ich weiß es nicht«, antwortete Da Thundu, obwohl er in Gedanken Nima Norbus Leiche sah, wie sie am Tag zuvor im Schnee gelegen war. Er hatte auch kaum Zweifel, dass Dakshi, Ang Tsering und Gaylay tot waren. Aber weshalb sollte er es ihnen sagen?

Plötzlich merkte Da Thundu, dass nur Pasang Picture sprach, die beiden anderen am Seil waren zu müde zum Reden. Pasang hätte es alleine hinuntergeschafft, aber er war bei den beiden anderen Männern am Seil geblieben. Er hat meinen Bruder nicht allein gelassen, dachte Da Thundu.

Der Wind verblies das Schneegestöber, und Da Thundu sah, dass sie genau am Anfang der steilen Traverse standen. Sie hatten den Weg gefunden. Nun mussten sie sich hinüberwagen. Schon beim Aufstieg war der Quergang der reine Schrecken gewesen, wie würde es erst beim Abstieg werden, in ihrem Zustand? Darunter lag dann im steilsten Stück das Seilgeländer; drei Seile, 180 Meter lang, und darunter das Lager V. Essen, Trinken, vielleicht auch Decken. Sie konnten es schaffen. Sie alle. *Bitte, Gott.*

Er sah die sechs Männer um sich herum der Reihe nach an. Die drei Männer an seinem Seil konnten kaum mehr gehen. Er wollte seinem Bruder hinunterhelfen, aber er dachte: Wenn wir zusammen abstürzen, hat Mutter keine Söhne mehr.

Er sah den alten Kitar, seinen Schwiegervater, an, und fragte: »Wie werden wir vorgehen?«

Kitar verstand das Problem. »Ich werde mich losbinden und am anderen Seil festmachen«, sagte Kitar. »Nima Dorje geht mit euch.« Kitar begann, sich loszubinden. Da Thundu wusste, dass er nun zwar mit den beiden schwächsten Männern ging, Nima Tashi und Nima Dorje, aber eben nicht mit dreien. Er dachte: Ich bin der Kräftigste von allen. Ich muss es tun.

Es schien, als könnte Kitar seine Hände nicht bewegen. Die Knoten blieben geschlossen. Da Thundu stapfte die wenigen Meter durch den tiefen Schnee und löste das Seil. Kitar mühte sich zum anderen Seil, er stolperte und fiel auf die Knie. Da Thundu dachte: Auch seine Füße sind erfroren.

Da Thundu wusste es nicht, aber sie alle hatten Erfrierungen an Händen und Füßen, alle außer ihm. Er half Kitar auf und machte ihn am anderen Seil fest. Niemand sagte etwas. Die erste Seilschaft, Pasang Picture, Kitar, Pinzo Norbu und Pasang Kikuli stiegen in den steilen Abhang ein. Dann folgte die zweite Seilschaft mit Da Thundu, Nima Tashi und Nima Dorje. Da Thundu führte das Seil an. Den ganzen Weg über hatte er große Angst. Nur ein Fehltritt hinter ihm – er würde die Kraft nicht haben, sie zu halten.

Sie schafften die Überquerung.

Nun kamen sie zum Seilgeländer. Pasang Picture und die drei anderen Männer an seinem Seil begannen abzusteigen. Da Thundu wartete, bis sie etwa 15 Meter entfernt waren. Dann sagte er zu den beiden Männern an seinem Seil: »Ihr geht zuerst. Ich komme als Letzter und halte euch, wenn ihr abstürzt.«

Sie gingen schrecklich langsam. Das Seilgeländer ging fast senkrecht in die Tiefe. Sie hatten keine Karabinerhaken, um sich am Seilgeländer einzuhängen, und keine Steigeisen, um Halt auf dem Eis zu finden. Sie mussten sich mit aller Kraft selbst festhalten, das Seil mit ihren abgestorbenen Händen umklammern und mit ihren tauben Füßen Tritte in den harten Schnee stoßen. Sie mussten sich mit beiden Händen am Seil festhalten und immer eine Hand lösen, wenn sie sich abwärts bewegten. Wenn sie den Halt verlören, ging es 150 Meter senkrecht in die Tiefe. All dies kostete sie mehr Kraft als alles, was sie bisher getan hatten; der Kränkste von ihnen hatte keine Kraft mehr.

Vor Da Thundu klemmte sich Nima Dorje mit seiner Armbeuge am Seilgeländer fest. Ständig blieb er schwer atmend stehen, um auszuruhen. Da Thundu war unmittelbar hinter ihm und sagte, wohin er seine Füße setzen sollte, er sagte ihm, dass sie es schaffen würden, das Zelt sei doch so nahe. Nahrung. Du schaffst es.

Das erste Seilgeländer hatten sie überwunden, nun waren sie am zweiten. Es hatte eine halbe Stunde gedauert. Die Sicht verbesserte sich etwas, nun konnte Da Thundu die vier Männer der ersten Seilschaft am unteren Ende des Geländers sehen, wie sie auf das Zelt zutaumelten. Er konnte die Stangen des Zeltes sehen, wie sie aus dem Schnee ragten. Pinzo war unten, Kitar war unten. Sie alle würden leben.

Nima Dorje war wieder stehen geblieben, festgeklemmt mit seinem Arm, um auszuruhen. »Komm schon«, sagte Da Thundu. »Komm schon, wir sind in Sicherheit.«

Nima Dorje sagte nichts. Da Thundu berührte ihn vorsichtig, um ihn nicht hinunterzustoßen. Keine Antwort. Da Thundu sah in Nima Dorjes Gesicht. Er zog sich den Handschuh aus und legte die Hand über Nima Dorjes Mund, aber er fühlte nichts. Er steckte ihm die Finger in den Mund. Nima Dorjes Kiefer waren fest verschlossen. Er atmete nicht. Da Thundu griff in seine Jacke, fühlte nach seiner Halsschlagader. Nima Dorje, der im Jahr zuvor auf dem Everest höher hinaufgestiegen war als der Gipfel des Nanga Parbat, war tot. Nima Dorje, der stets gelacht hatte.

Da Thundu zog sich den Handschuh nicht wieder an, denn nun musste er sich von dem Toten am Seil lösen. Seine Finger fummelten am Knoten um seinen Bauch. Sie wollten ihm nicht mehr gehorchen. Da Thundu gab es auf. Er fühlte sich vor den Kopf gestoßen, er weinte und konnte dem Toten nicht ins Angesicht schauen. Mit seiner Schulter lehnte er sich gegen den Körper, atmete schwer, ruhte aus und versuchte, sich zu beruhigen. Dann löste er den Knoten.

Beinahe waghalsig kletterte er über Nima Dorje, er wollte nur noch hinunter. Vor ihm war Nima Tashi, und Da Thunda wusste bereits, bevor er zu ihm kam, dass auch dieser Mann gestorben war. »Nima«, schrie er, »Nima.« Keine Antwort. Er befühlte das kalte Gesicht des Mannes. Dann erinnerte er sich Gott sei Dank daran, seinen Handschuh wieder anzuziehen.

Als er an Nima Tashi vorbei war, dachte er, ich habe sie beinahe heruntergebracht. So nahe. Beide. Fast waren wir da.

Und dann sah er wieder zum Zelt hinunter, dort lag ein Mann im Schnee, drei standen um ihn herum. Da Thundu redete sich ein, nicht zu wissen, wer der Mann im Schnee war. Beinahe hek-

220

tisch kletterte er am Seilgeländer runter, die Lungen pfiffen. Endlich hatte er es geschafft, stolperte durch die Spuren der anderen zum Zelt.

Der Mann im Schnee war sein Bruder. Da Thundu ließ sich neben ihm nieder und berührte sein Gesicht.

»Er ist tot«, sagte Kitar über ihm.

Da Thundu legte den Arm um seinen Bruder. Kitar legte ihm die Hand auf die Schulter und schüttelte ihn. »Er ist tot«, sagte Kitar. »Wir müssen weiter.«

Da Thundu sah hoch zu dem alten Mann. Er sah merkwürdig aus, mit der Kapuze um den Kopf und der Schneebrille über den Augen. Da Thundu wollte ihn fragen, ob er ihm irgendwie helfen könne.

»Du lebst noch«, sagte Kitar. »Du hast eine Frau und Kinder.« Kitar nannte die Namen. »Du musst leben.«

Da Thundu schüttelte den Kopf. »Wir brauchen dich, Sohn«, sagte Kitar. »Wir schaffen es nicht alleine. Ich bin alt.«

Schließlich stand Da Thundu auf. Er sah sich um. Pinzo Norbu war zwei Meter vor dem Zelt gestorben. Die anderen beiden hatten sich losgebunden. Da Thundu führte sie hinunter zu Lager IV, in Sicherheit.

Im Lager IV hatten sie die Träger am Seilgeländer absteigen sehen. Ein Rettungstrupp ging ihnen entgegen.

Die vier Überlebenden torkelten unangeseilt den Berg hinunter. Pasang Kikuli stürzte von einem Serak und verletzte sich schwer am Rücken. Doch er rappelte sich wieder hoch und ging weiter.

Irgendwo oberhalb von Lager IV traf der Rettungstrupp auf die vier absteigenden Männer. Die Spur, die sie im tiefen Neuschnee hinterließen, war beinahe mannstief. Der Anführer räumte den Schnee beiseite, die anderen wateten hinter ihm her. Bechtold schrieb:

Die Armen sind restlos erschöpft, einfach am Ende. Bei allen vieren sind mehr oder minder schwer die Hände erfroren, Pasang hatte die Schneebrille verloren und ist schneeblind. Vorsichtig flößt Bernard ihnen etwas Suppe ein, dann nimmt jeder von uns einen Träger in den Arm und leitet ihn behutsam hinab zum Lager. Im großen Kulizelt treten alle Sahibs und Träger zum Massieren der Erfrorenen an. Bernard erteilt seine Anordnungen. An jeder Hand und an jedem Fuß sitzt einer und reibt ununterbrochen mit Schnee. Wenn die eigenen Hände klamm werden, springt sofort Ablösung ein. Um jede einzelne Zehe, um jeden Finger wird gekämpft. Ein Mann schaufelt ununterbrochen Schnee ins Zelt.[7]

Von Mittag an bearbeiteten sie die Kranken, die ganze Nacht hindurch, bis zum Morgengrauen. Auch Aschenbrenner und Schneider waren dabei und halfen mit. Pasang Picture war also der einzige Überlebende der drei Männer am Seil, die Aschenbrenner und Schneider zurückgelassen hatten. Aber es war auch noch Da Thundu da, der voller Zorn wegen seines Bruders war.

In jenem Zelt des Lagers IV gab es Schmerz, Trauer, Wut und Schuld, aber es herrschte auch eine Art von Erleichterung darüber, dass Menschen sich schließlich gegenseitig halfen, wie es sich gehörte. Die Sahibs und die Träger arbeiteten zusammen, ohne Unterschied von Rasse oder Geld, einfach nur von Mensch zu Mensch, Männer, die versuchten, freundlich miteinander umzugehen und taten, was sie konnten. Auch die Träger hatten in Begriffen von Freundschaft gedacht, am Berg sogar in Begriffen von Familie. Viele Stunden lang waren die vier Männer zu weit entrückt, um sprechen zu können. Um Mitternacht, beinahe zwölf Stunden, nachdem sie geborgen worden waren, war Kitar in der Lage zu sprechen. Sein Englisch war am besten, aber er konnte kaum sprechen, es kostete ihn unendliche Mühe. »Jedes Wort haben wir ihm herauspressen müssen«[8], schrieb Bechtold. Von dem, was Kitar ihnen gesagt hatte, dachten die Sahibs, sei es

»mehr als unwahrscheinlich, dass droben überhaupt noch jemand lebt«.[9]

Darin irrten sie. Fünf Männer lebten noch, zwei in Lager VII und drei, die über Lager VII im Schnee biwakierten.

7

Gaylay

Zwei Tage zuvor hatte die Hauptgruppe Ang Tsering, Dakshi und Gaylay krank im Hochbiwak unterhalb des Silbersattels zurückgelassen.

Ang Tsering war am Tag zuvor durch die Reflexion der Sonne auf dem Schnee schneeblind geworden – er hatte seine Schutzbrille verloren. Er wusste, wie gefährlich das war. Aber so etwas passierte eben, Bergsteigern ebenso wie Sherpas; er selbst hatte bereits Erfahrung damit gemacht, als er mit Yaks über einen der Pässe gegangen war. Bei der Expedition von 1934 waren viele Balti-Talträger auf dem Weg über die Pässe zum Basislager schneeblind geworden. Die Schmerzen, die man dann bekommt, sind schrecklich, aber sie vergehen auch wieder. An jenem Tag konnte er nichts sehen, es war ihm klar, er würde es nicht hinunterschaffen. Aber wenn er wartete, vielleicht einen Tag, vielleicht zwei oder drei, würde es wieder besser werden.

Dakshi aus Thame, dem Dorf, aus dem auch Ang Tsering kam, war zu erschöpft um abzusteigen. Der dritte Mann war Gaylay; er kam aus einem Dorf in der Nähe von Paphlu in Solu. Die Sherpa-Gesellschaft gliedert sich in Clans. Wie viele Leute aus der Gegend von Paphlu, gehörte Gaylay zum hoch angesehenen Clan der Lamas. Dennoch war er nur ein Sherpa, ein Arbeiter, der fünfundvierzig Jahre alt war. Er war eng befreundet mit Lewa, durch den er vermutlich diese Arbeit bekommen hatte. Sie lebten zusammen außerhalb von Darjeeling, in der Nähe der Kasernen, und wie Lewa arbeitete auch Gaylay beim Militär als

Putzmann und als Kellner. Dies war seine erste Himalaya-Expedition.

Ich fragte Ang Tsering, ob Gaylay gut aussehend war oder nicht. Weder noch, meinte Ang Tsering, er sei ein ganz normaler Mann gewesen, auch charakterlich. Er war schlank und zäh. Sein Gesicht sah immer abgemagert aus, sodass man dachte, er sei schwach.

An jenem Tag unter dem Silbersattel war Gaylay in der Tat geschwächt, aber nicht schwer krank. Er blieb bei Ang Tsering und Dakshi, weil diese beiden Männer Schwierigkeiten hatten und seine Hilfe brauchten.

Den ganzen Tag lagen die drei Männer im Schnee und schliefen in den Abend und in die Nacht hinein. Am nächsten Morgen war Ang Tsering noch immer blind und Dakshi kränker als zuvor. Sie blieben einen weiteren Tag, den zweiten. Ang Tsering dachte, wenn seine Sehfähigkeit zurückkehrte, würde er kräftig genug sein, abzusteigen. Dakshi hingegen ahnte, dass er sterben würde. Gaylay blieb bei ihnen. Nun verbrachten sie ihre dritte Nacht auf offenem Schnee.

Als er am dritten Morgen aufwachte, konnte Ang Tsering wieder sehen. Die Welt sah zwar verschwommen aus, aber er war überzeugt, er würde den Weg hinunterfinden. Dakshi konnte nicht mehr laufen. Er lag im Sterben. Wenn Gaylay und Ang Tsering noch länger warteten, würden auch sie sterben. Also ließen sie ihn liegen.[1] Ang Tsering gestand es sich nicht ein, was er tat. Noch Tage danach wollte er Hilfe holen und redete sich ein, Dakshi würde da oben immer noch leben.

Bevor sie losgingen, wandte sich Ang Tsering zum Gipfel um und trotzte Diamir, dem Gott des Nanga Parbat: »Du glaubst, du kannst mich töten?«, rief er ihm zu. »Aber da irrst du dich. Mein Gott ist stärker als du, er wird mein Leben retten.«

Ang Tserings Gott war Khumbi La, der Gott des heiligsten Berges in Khumbu.

In Khumbu gibt es vier Götter: Chomolungma (Everest), Cho Oyu, Khumbi La und Tseringma vom Gaurishankar in der Nähe von Thame.

Die Sherpas verehren Buddha als ihren höchsten Gott. Darunter rangieren andere, etwa alte Buddahlehrer, alte sanskritische Götter und tibetische aus ihrer alten Heimat. Einige sind männlich, andere sind weiblich, aber es gibt kein Wort für Göttin. Geschlecht ist nicht das Wichtigste bei einem Gott. Einige dieser Götter leben im Himmel, andere überall, und wieder andere, wie etwa die Berggötter, auf einem ganz bestimmten Gipfel.

Kailas, weit im Westen gelegen, ist der heiligste Berg in Tibet. Sein hoher Gipfel erhebt sich in Form einer weißen Eispyramide auf schwarzem Fels über einem großen blauen See. Häufig gehen Pilger auf die dreitägige Wallfahrt rund um den Kailas. Diejenigen, mit denen ich sprach, sagen, dass Heiligkeit überall dort gegenwärtig sei.

Khumbi La, der Berggott, auf den sich Ang Tsering im Kampf gegen Diamir, den Gott des Nanga Parbat berief, ist anders als Kailas. Man muss einige Zeit in Khumbu leben, um zu verstehen, weshalb der Khumbi La die Wohnstätte eines Gottes ist. Als ich ihn zuerst sah, kam er meinen »ausländischen Augen« wie ein ganz normaler Berg vor. Voller Ehrfurcht betrachtete ich den Tamserku, dessen orgelpfeifenähnliche Gletscher sich in die Höhe ziehen; den Kwangde mit seinem fünf Kilometer langen Grat aus schwarzem Fels und weißem Eis; und den Ama Dablam, »Mutters Halsband«, wie er wörtlich übersetzt heißt, der Lieblingsberg eines jeden Trekkers. Der Khumbi La hingegen hat keinen weißen Gipfel, gehört nicht zu den Riesen des Himalaya. Oben am Gipfel liegt nur wenig Schnee, im Winter sind höchstens die Flanken weiß, und er besitzt auch keine Gletscher. Der Fels ist braun oder dunkelrot, nicht ausgesprochen schön, und ich war nie an einem Ort, von dem aus man hätte den ganzen Berg sehen können.

Als jedoch die Monate vergingen, stellte ich fest, dass der Khumbi La zwar kein Berg ist, vor dem man sich in Ehrfurcht neigt, aber zu dem man sich doch seltsam hingezogen fühlt. Er erhebt sich zwischen den Schwesterdörfern Kunde und Khumjung, etwa eine Stunde Fußmarsch oberhalb von Namche. Anders als die anderen Berge erhebt er sich über den Köpfen der Menschen nicht ins Uferlose, sondern scheint eher über sie zu wachen. Und zudem liegt er im geographischen Zentrum Khumbus. Thame befindet sich im Westen, Phortse und Pangboche im Osten und Khumjung, Kunde und Namche im Süden. Sein Standort ist ideal für *den* Berg Khumbus.

Der Name Khumbi La heißt übersetzt »Gott von Khumbu«. Wenn Mönche zu einer Familie ins Haus kommen, um zu beten und aus den heiligen Büchern vorzulesen, haben sie ausschließlich tibetische Bücher bei sich; auch die meisten Gebete sind tibetisch. Die einzige Ausnahme macht das Gebet zu Khumbi La.

Auch die Sherpa-Lieder sind altes Kulturgut aus Tibet, mitgebracht von jenseits des Passes Nangpa La. Die einzige Ausnahme ist ein Lied auf Khumbi La. Die Sherpas singen gewöhnlich ihre Lieder, wenn sie feiern, wenn sie getrunken haben, wenn sie fröhlich sind. Dann stellen sich die Männer in einer Reihe auf, legen sich die Arme auf die Schultern und tanzen; und so machen es die Frauen in einer eigenen Reihe. Für das Lied zum Khumbi La stellen sich die Sänger jedoch zusammen auf, gemeinsam verehren sie ihren Gott und singen:

Khumbu ist
ein wunderbares Land,
umfangen wie von dem handgetriebenen goldenen Rand
einer großen Schüssel.

Unser Gott
lebt auf dem Khumbu.

Wir kommen zusammen
um unseren Gott zu sehen,
Bringen seidene Tücher
um unseren Gott zu ehren.
Gott sieht uns kommen
und ist zufrieden.

Wir versammeln uns,
und legen ihm unser Leben zu Füßen,
Alle Leben, die wir bereits lebten,
bis zu diesem Augenblick.
Wenn wir zusammenkommen
für einen Augenblick des Glücks
zwischen den Kümmernissen des Lebens.

Bitte
tue nichts,
um diesen Augenblick zu stören.[2]

Die Sahibs sahen die Berge anders als die Träger. Sie näherten sich ihnen im Kampf und suchten den Triumph, die Sherpas begegneten ihnen mit Liebe. Einiges vom Geist der Sahibs lag aber auch in Ang Tserings Worten, die er dem Diamir des Nanga Parbat entgegenschleuderte. Er hatte sich entschieden, es auf einen Zweikampf zwischen zwei Bergen ankommen zu lassen.

Sämtliche Tibeter und Sherpas, mit denen ich sprach, beteten inbrünstig in den Bergen. Aber sie beteten still, schnell, und geradewegs zu Buddha, nicht zum Berg oder einem anderen Gott: »Buddha rette mich. Buddha hilf mir.«

In Darjeeling sprach ich mit Gonden, einem tibetischen Träger aus den Fünfziger- und Sechzigerjahren, und mit Dawa Thempa, Ang Tserings Sohn. Beide sagten mir, dass hoch am Berg die Lippen so kalt und steif seien, dass es nicht möglich wäre, laut zu beten. Gondon sagte mir auch, dass man gewöhnlich nicht – wie sonst üblich – die Gebete an Perlen abzählte, wie bei einem Rosenkranz, denn in der Höhe zog man sich die Fäustlinge nicht aus. Dawa Thempa, der fast dreißig Jahre in der Armee gedient hatte, sagte, dass es fast wie im Krieg gewesen war. Auf dem Berg begannen alle, wenn plötzliche Gefahr drohte, wie verrückt zu beten. Sie flehten, sie versprachen Gott dieses und jenes, wenn sie nur lebend davonkämen. Genauso sei es auch in der Schlacht gewesen. Wenn das Feuern begann, duckten sich die Soldaten hinter ihren Gewehren. Und wenn sie selbst schossen, Dawa Thempa streckte die Arme aus und zuckte mit seinem Körper wie an einem Maschinengewehr, flehten sie ebenfalls zu Gott und machten Gelöbnisse, versprachen alles.

Im Gegensatz dazu hatte Ang Tsering nicht Buddha angefleht. Er trotzte dem Nanga Parbat.[3]

Gaylay und Ang Tsering ließen Dakshi zum Sterben im Hochbiwak zurück und begannen abzusteigen. Sie gingen ohne Seil, jeder für sich. Ang Tsering war der Stärkere. Er ging voraus, und bald lag Gaylay außer Sichtweite hinter ihm zurück.

Ang Tsering hat mir nie gesagt, weshalb er alleine ging. Meine Vermutung ist, dass er dachte, Gaylay würde es nicht schaffen, deshalb versuchte er, sich selbst zu retten. Aber vielleicht erlaubte es sich Ang Tsering ganz einfach nicht, wie schon bei Dakshi, zu genau über sein Handeln nachzudenken.

Unmittelbar vor Lager VII, in den Wächten der Schaumrolle, stieß Ang Tsering auf die Leiche Wielands. Zwei Tage zuvor war Wieland hinter Merkl und Welzenbach zum Lager VII gegangen, hatte aber nicht aufschließen können. Nur dreißig Meter vor dem Zelt, in welchem seine Kameraden lagen, war er gestorben; jenseits einer Schneewächte. Vielleicht hatte er gedacht, er hätte sich verlaufen, oder vielleicht war er einfach nur zusammengebrochen.

Minuten später fand Ang Tsering Merkl und Welzenbach in ihrem Zelt. Beide waren am Leben. Mittlerweile hatten sie dort zwei Nächte verbracht. Dies war ihr dritter Tag. Als Kitar und die anderen drei Träger sie vor zwei Tagen verlassen hatten, war das Zelt voller Schnee gewesen. Weder Welzenbach noch Schneider hatten die Kraft gehabt, es auszuschaufeln.

Am Tag zuvor hatte Willo Welzenbach in der Hoffnung, ein Träger würde des Weges kommen, eine Nachricht für seine Kameraden im Tal geschrieben:

Lager VII, 10. Juli

An die Sahibs zwischen Lager VI und VII, insbesondere den Arzt Sahib.

Wir liegen hier seit gestern. Uli [Wieland] ist auf dem Weg verloren gegangen. Wir sind beide krank. Ein Weitergehen zu Lager VI ist uns nicht möglich. Wir sind erschöpft. Ich, Willo, habe wahrscheinlich Bronchitis, dazu Angina und Grippe. Der Bara Sahib leidet unter allgemeiner Erschöpfung und hat Erfrierungen an Füßen und Händen. Keiner von uns hat sechs Tage lang etwas Warmes mehr gegessen, wir haben fast nichts getrunken. Bitte helft uns schnell hier im Lager VII.

Willo und Willy

Natürlich gab es keine Sahibs mehr zwischen Lager VI und VII. Wahrscheinlich haben sie auch nicht gewusst, dass Wieland dreißig Meter von ihnen entfernt tot im Schnee lag.

Ang Tsering sah, wie Welzenbachs Beine unkontrolliert hin und her schlackerten und wusste, dass der Mann bald sterben würde.

Ang Tsering sagte zu Merkl: »Wir gehen jetzt runter. Sie werden Lager IV schließen. Dann haben wir nichts zu essen.«

Weder Merkl noch Ang Tsering sprachen gut Englisch. Ang Tsering schlug vor, Welzenbach und Gaylay zurückzulassen und alleine hinunterzugehen.

Merkl sagte: »Nein.«

Ang Tsering blickte den Berg hoch und sah weit entfernt Gaylay, immer noch lebendig, den Grat herunterkommen.

Wenn Ang Tsering das heutzutage erklärt, sagt er nichts darüber, weshalb er vor Gaylay zur Schaumrolle gelaufen war. Aber er sagt, dass, nachdem er ihn gesehen hatte, er sich verpflichtet gefühlt habe, im Lager VII auf ihn zu warten.

Ich glaube, dass er bis zu diesem Augenblick einfach nur wild entschlossen gewesen war zu überleben; und gleichzeitig dachte, die einzige Möglichkeit dazu wäre, alleine hinunterzugehen, und zwar sofort, mit oder ohne Merkl. Nun, da er Gaylay gesehen hatte, der sich immer noch vorwärts bewegte, kehrte seine Menschlichkeit zurück. Er konnte Gaylay, der vorher auch bei ihm geblieben war, nicht im Stich lassen.

Die Deutschen und die Träger hatten immer Schwierigkeiten gehabt, miteinander zu kommunizieren. Die meisten Träger sprachen nur wenig englisch. Mit ein Grund für die Notwendigkeit des Sardars war es, dass er mit den Sahibs und den Trägern sprechen konnte. Die deutschen Bergsteiger, sagte Ang Tsering, sprachen so gut wie kein Wort Hindi oder Nepali. Auch ihr Englisch deckte nur die Grundbedürfnisse ab. Merkl sprach vermutlich sehr schlecht – zwei Jahre zuvor war er der einzige Deutsche gewesen, der überhaupt kein Englisch verstand.

Ang Tsering sagte, dies habe komplexe Aufträge schwer umsetzbar gemacht. Das eine oder andere konnte man einfach sagen. Wenn er zum Beispiel Hunger hatte, machte er den Mund so weit auf wie möglich, legte den Kopf zurück und deutete wiederholt mit seinem Finger in den Schlund. Dann rief er auf Englisch: »Food, Food.« Das haben sie schnell begriffen.

Bei der Schaumrolle sprachen Ang Tsering und Merkl auf die einfache Weise, aber jeder verstand, was der andere sagte. Ang Tsering meinte, dass sie sofort aufbrechen und Welzenbach zum Sterben liegen lassen sollten. Ang Tsering hatte Angst, dass die Sahibs unten sie alle bald aufgeben und für tot erklären würden. Dann würden sie Lager IV schließen und alles abbauen. Selbst wenn sie dann noch Lager vier erreichten, gäbe es dort nichts mehr zu essen und niemanden, der ihnen helfen könnte. Überdies war es immer noch Morgen. Wenn sie jetzt gleich losgingen, könnten sie das Lager noch erreichen.

Ang Tsering verstand aber auch, dass Merkl sagte, jemand müsse bei Welzenbach bleiben, bis er gestorben war.

Ang Tserings Angst, dass sie Lager IV bald schließen würden, war nicht unbegründet. In anderen vergleichbaren Tragödien warteten die Menschen im Lager darunter einen Tag, höchstens zwei oder drei, bis sie die Hoffnung auf Überlebende aufgaben. Und wenn dies so war, bauten sie die Lager ab. Das war auch verständlich. Ein voll ausgerüstetes Lager aufrechtzuerhalten, hieße sich selbst gegenüber zuzugeben, dass oben noch jemand lebte. In einem solchen Falle wäre es schwierig gewesen zu rechtfertigen, dass man ins Tal hinunterging, aber es war schließlich auch so, dass nach jeder Tragödie die Unterhalter eines Versorgungslagers wussten, dass auch sie in Gefahr waren. Wenn sie länger blieben, könnte das, was über ihnen geschehen war, auch sie selbst treffen.

Merkl weigerte sich zu glauben, dass sie Lager IV schließen würden. Selbst jetzt hoffte er noch, dass die Kameraden von unten kämen, um sie zu retten. Er war geschwächt und konnte vermutlich nicht selbst absteigen. Und abgesehen davon war er der Chef. Es war seine Entscheidung gewesen, gemeinsam in nur einer Gruppe nach oben zu stoßen. Vermutlich konnte er es sich nicht eingestehen, wie diese Entscheidung sie nun alle von der Rettung abgeschnitten hatte. Merkl musste gewusst haben, dass Welzenbach starb, doch als Expeditionsleiter konnte er seinen Kameraden nicht im Stich lassen.

Merkl dachte wie der Führer der Bergsteiger, nicht wie der der Träger. Am ersten Tag des Rückzugs, als die Sahibs zu krank zum Weitergehen gewesen waren, hatte Merkl darauf bestanden, stehen zu bleiben und im Freien zu biwakieren. Wenn er an die Träger gedacht hätte, hätte er die meisten oder alle weitergeschickt. Und jetzt hätte er mit Ang Tsering gehen und Welzenbach zurücklassen können. Oder er hätte Ang Tsering alleine losschicken können, um zumindest das Leben eines Trägers zu retten.

Er tat es nicht, vermutlich deshalb, weil er Ang Tsering bräuchte, wenn Welzenbach gestorben war. Merkl versuchte jedoch immer noch, Anstand zu wahren und sich um jemand anderen zu kümmern, nicht um sich selbst.

Als Merkl »Nein« sagte, sah Ang Tsering den Berg hinauf und sah hoch oben Gaylay, der selbstständig herunterkam. Ang Tsering wartete.

Gaylay erreichte Lager VII. Sein Englisch war besser als das der anderen Sherpas, er hatte es bei der Arbeit in der britischen Kaserne gelernt. Merkl sagte zu beiden Sherpas: »Wir gehen jetzt nicht. Wir bleiben. Erst wenn Sahib Welzenbach gestorben ist, werden wir gehen.«

Als Nächstes befahl Merkl Ang Tsering, den tiefen Schnee aus dem Zelt zu entfernen. Einer war eben immer noch der Herr, der andere der Kuli. Ang Tsering war aber auch der Kräftigste im Lager VII. Er tat, was man ihm sagte.

Den ganzen Tag und die Nacht blieben sie in Lager VII. Merkl und Welzenbach lagen im Zelt, Ang Tsering und Gaylay schliefen draußen, ohne Schlafsack, ohne Unterlage.[5]

Am nächsten Tag drängte Ang Tsering erneut, hinunterzugehen. Das Wetter hatte sich gebessert, der Wind hatte etwas nachgelassen. Da die Sicht klarer war, konnten die drei Männer auf der Schaumrolle weit hinunter zu Lager IV sehen. Auf einmal bemerkten sie, wie Männer von Lager IV aus aufstiegen.

Lobsang, Ang Tenjing, Norbu, Müllritter, Schneider und Aschenbrenner versuchten, das Lager V zu erreichen. Nach sechs Stunden härtester Arbeit, ohne Lasten, beim Spuren sich stets abwechselnd, erreichten sie Lager V. Müllritter sagte, sie hätten dort Pinzo Norbus Leiche entdeckt. »Wir fanden den armen Pinzo Norbu im Schnee mit dem Kopf nach unten liegen, noch angeseilt, ganz so, wie er hingefallen ist in seiner Erschöpfung.

Zwei bis drei Meter vor dem Zelt mit Schlafsack und Proviant.« Er versuchte, Pinzo Norbu ein Grab zu schaufeln. Lobsang, Ang Tenjing und Norbu standen da und sahen zu. Sie sahen den Grund dafür nicht ein.

Die Leichen von Nima Dorje und Nima Tashi hingen noch immer im Seilgeländer, oberhalb von Lager V. Schneider und Aschenbrenner versuchten hinaufzusteigen und die Leichen zu bergen. Der Wind und der Schnee waren jedoch zu heftig. Alle sechs Männer brachen ihr Vorhaben ab und gingen hinunter zu Lager IV, das sie spät abends erreichten.

Oben auf der Schaumrolle hoffte Merkl, dass Hilfe unterwegs war und sagte zu Ang Tsering, dass sie noch einen Tag warten würden.

Am folgenden Morgen führten Müllritter und mehrere Träger die vier Sherpas, die mit ihren Erfrierungen das Seilgeländer überlebt hatten, Da Thundu, Pasang Picture, Pasang Kikuli und Kitar, behutsam zum Basislager hinab. Dr. Bernard entschied sich dazu, nicht mit ihnen zu gehen. Er wollte für den Fall, dass jemand lebend vom Grat herunterkam, im Lager IV bleiben. Im Basislager sagte Müllritter zu Bechtold: »Niemand glaubt, dass droben noch jemand lebt, es ist ja ganz unmöglich! Morgen oder in den nächsten Tagen wird auch das Lager IV geräumt werden.«[6]

Ang Tserings Ängste hatten sich bestätigt. Die Leute unten sprachen darüber, Lager IV zu räumen. Merkl jedoch hoffte verständlicherweise immer noch.

Um etwa fünf Uhr nachmittags kam Merkl aus dem Zelt und sagte: »Tut mir Leid, Ang Tsering, der Sahib ist tot.«

Jenes »tut mir Leid« kann vieles bedeutet haben. Entweder: Ich bedaure, dir sagen zu müssen, oder: Ich bin sehr traurig, oder: Ich entschuldige mich dafür, dass wir nicht eher aufgebrochen sind. Merkl fühlte wahrscheinlich von allem etwas.

An diesem Tag war es zu spät, noch hinunterzusteigen: In jener Nacht schlief Merkl mit der Leiche Welzenbachs im Zelt. Ang Tsering und Gaylay legten sich in ihren Kleidern in den Schnee. Sie hatten weder eine Decke noch eine Unterlage.

Merkl bat die beiden Sherpas nicht ins Zelt. Sahibs und Träger schliefen einfach nicht zusammen. Selbst in dieser außergewöhnlichen Situation herrschten nach wie vor die Regeln der Kaste und der Klasse und wurden von beiden Seiten akzeptiert. Außerdem hätten sie Welzenbachs Leiche aus dem Zelt herausziehen und in den Schnee legen müssen. Vielleicht brachte Merkl es nicht fertig, dies zu tun.

Am nächsten Morgen zogen Ang Tsering, Gaylay und Merkl weiter. Dies war ihr sechster Tag ohne Wasser, der achte Tag ohne Nahrung und der dreizehnte Tag in Höhen über 7000 Meter. Ang Tsering ließ Eis im Mund zergehen. Er und Gaylay hatten nun die fünfte Nacht im Freien verbracht.

Merkl bewegte sich sehr langsam, er benötigte die Hilfe der beiden anderen. Seine Hände und Füße waren erfroren. Gehen war nur mit Hilfe zweier Eispickel, auf die er sich stützte, möglich.

Nun hoben sich die Wolken. Die Männer tief unten im Lager IV konnten weite Strecken des Grats zwischen dem Silbersattel und der Scharte vor der Gegensteigung zum Mohrenkopf überblicken. Sie sahen drei Gestalten, die sich langsam vom Lager VII hinunterbewegten. Sie wussten nicht, wer die Männer waren, aber sie wussten, dass Merkl und Welzenbach die letzten Personen gewesen waren, die man dort lebend gesehen hatte. Als die drei Gestalten die Scharte erreicht hatten, trat laut Bechtold »ein Mann vor und winkt. Ab und zu trägt der Sturm einen fernen Hilferuf herunter.« Jener Mann war Ang Tsering. Die Männer im Lager IV waren verblüfft. Sie waren sich ziemlich sicher gewesen, dass jeder oben gestorben war.

Ang Tsering wusste nicht, ob er gesehen und gehört worden war. Er ging weiter.

Schneider und Aschenbrenner waren die einzigen noch verbliebenen Bergsteiger in Lager IV. Sie waren erschöpft – hatten sie doch den Abstieg überlebt und waren erst am Tag zuvor wieder bis Lager V vorgestoßen. Sie versuchten es nicht, die drei Gestalten, die sie gesehen hatten, zu retten, oder auch nur bis Lager V zu gelangen, selbst Bernard und die Träger nicht, und auch am nächsten Tag versuchte niemand, hinaufzukommen.

Von der Scharte aus kletterten Ang Tsering und seine beiden Begleiter die Gegensteigung zum Mohrenkopf und Rakhiot hinauf. Die beiden Sherpas bewegten sich sehr langsam und passten ihre Geschwindigkeit der Merkls an. Der Weiterweg wurde nun sehr schwierig. Sie mussten wieder bergauf, nach so langer Zeit in großer Höhe, in ständiger Kälte, ohne Lebensmittel und Wasser. Merkl hatte schwere Erfrierungen an Händen und Füßen. Auch Ang Tsering litt unter seinen Erfrierungen. Er würde vermutlich seine Zehen verlieren. Und Gaylay wahrscheinlich auch.

Mit Erfrierungen kann man nur sehr schwer gehen. Mit tauben Gliedern kommt ein Bergsteiger ins Straucheln und Wanken. Ang Tsering erzählte mir, dass sie es fast bis Lager VI geschafft hätten, bevor es dunkel wurde. Aber eben nur fast. In dieser Nacht schliefen sie alle drei im Schnee.[7]

Es war die sechste Nacht ihres Rückzugs, Gaylays und Ang Tserings sechste Nacht im Freien. Auch Merkl hatte sechs Tage kein Wasser mehr getrunken und sieben Tage nichts mehr gegessen. Ang Tsering sagte, dass sie seit Tagen nur noch Eis gelutscht hätten. Die meisten Bergsteiger fürchten, dass sie von Eis und Schnee krank werden, und allemal verbraucht der Körper zu viele Kalorien, um es zu schmelzen; aber es hielt sie am Leben. Alle drei Männer hatten bis zu diesem Punkt Heldenmut bewiesen. Noch nie war es jemand gelungen, unter solchen Umständen so lange im Himalaya zu überleben. Bis heute nicht.

Ang Tsering lag in jener Nacht schlaflos im Schnee und dachte: Wenn wir morgen versuchen, zu dritt abzusteigen, mit dem

Bara Sahib in seinem Zustand, werden wir Lager IV nie erreichen. Wenn wir morgen nicht dort ankommen, werden sie das Lager vermutlich räumen. Dann werden wir alle drei sterben. Das Einzige, was uns bleibt ist, Gaylay vorauszuschicken, damit er Hilfe holt. Und ich folge langsam mit dem Sahib.

Ich fragte Ang Tsering, ob er in jener Nacht Angst gehabt habe. Er sagte nein. Drei Tage zuvor hatte er den Gott angeschrien. Danach wusste er, dass der Gott des Nanga Parbat und des Khumbi La hoch über ihm um sein Leben miteinander rangen. Ob er lebte oder starb hing davon ab, welcher der Götter sich als der Stärkere erwies. Daran konnte er nichts ändern, und daher hätte es keinen Sinn gemacht, Angst zu haben.

Sein Sohn Dawa Thempa zeigte mir eines seiner Gemälde, das des Gottes Khumbi La. Das Bild stammte von Kappa aus Khumjung, einem bekannten Sherpa-Künstler, der es Anfang 1950 gemalt hatte. Es zeigte Khumbi La als reichen Mann in einer feinen chinesischen Robe auf einem Pferd. Sein Gesicht war länglich und wunderschön, sein Lächeln überaus sanft. Er hielt einen Stab in die Höhe, so wie ein Krieger seinen Speer hält, aber anstelle einer Speerspitze sah man Gebetswimpel flattern. Vor ihm standen die Tiere, die dem Gott zugehörig sind: ein Yak, eine wilde Bergziege und ein Kantschil, ein Zwergbock.

Dies sind die Tiere, die man heute im Gebiet des Khumbi La antreffen kann. Yaks gibt es überall. Sie sind groß und können gefährlich werden. Es geschieht immer wieder, dass jemand in Khumbu auf die Hörner genommen wird. Aber in ihren breiten Gesichtern und den großen Kuhaugen liegt auch etwas Ruhiges und Freundliches. Das Yak auf diesem Bild sah genauso aus, nur war es kleiner als der Gott und das Pferd.

Die wilden Bergziegen, Tahr genannt, haben große spitz aufragende Hörner, und ihr langer, dicker Wollpelz, der bei bestimmtem Licht blau schillert, ansonsten schwarz ist, schleift über den Boden. An Berghängen sieht man sie grasen, manchmal gegen den Himmel auf einem Felsen stehen und hinunteräugen.

Wenn man am frühen Morgen nahe dem Berg Khumbi La den Weg nach Tengboche hinaufgeht und man sich ruhig verhält, sieht man dort das kleine Kantschil. Es ist etwa so groß wie ein Labrador-Hund und meist alleine. Wenn es einen bemerkt, hält das Böckchen mit den zwei spitz aufragenden Hörnern inne, steht mit erhobenem Kopf still da, scheint leicht zu zittern, ohne jedoch große Angst zu zeigen. Das Kantschil auf dem Bild hielt den Kopf in genau jener Weise.

Hinter dem Gott stand auf der einen Seite ein Yeti, »der abscheuliche Schneemensch« des westlichen Mythos. Jener sah ein bisschen aus wie ein Mensch, ein bisschen wie ein Affe. Auch sie können gefährlich werden, aber Kappas Yeti sah naseweis und fröhlich aus und neigte sich dem Gott zu.

Am Morgen waren Merkl, Gaylay und Ang Tsering alle noch am Leben. Ang Tsering sagte zu Gaylay, er solle hinuntergehen und Hilfe holen.

Gaylay sagte nein. Er würde bei Merkl bleiben.

Gaylay und Merkl sprachen Englisch miteinander.

Dann sagte Merkl zu Ang Tsering: »Gaylay bleibt. Schaffst du es hinunter, Ang Tsering?«

Ang Tsering sagte: »Ja.«

Er ging alleine los.

Ang Tsering sagte, dass Gaylay mit ihm gehen und Merkl hätte zurücklassen können. Das hatte er auch Da Thundu und Tenzing Norgay 1934 erzählt.[8] Zweimal fragte ich Ang Tsering, weshalb Gaylay bei Merkl blieb. Beide Male antwortete er, dass er Gaylay zugeredet habe, hinunterzugehen, doch Gaylay hatte sich dagegen entschieden. Er hatte mit Merkl gesprochen, und der hätte Ang Tsering befohlen, abzusteigen. Das Wichtigste für Ang Tsering war, dass es Gaylays eigene Entscheidung gewesen war, nicht seine.

Ich habe viele ältere Sherpas gefragt, weshalb sie glaubten, dass Gaylay oben blieb. Zusammenfassend und unter Berücksichtigung aller Umstände kann ich nur sagen:

Ang Tsering war eindeutig stärker als Gaylay. Wenn schon ein Mann hinunterging, dann konnte dies nur Ang Tsering sein. Wenn er es schaffen würde, bestünde die Möglichkeit, dass die Leute von Lager IV heraufkämen und Gaylay und Merkl retteten. Wenn dies geschähe und sie alle überlebten, hätte Gaylay einen beträchtlichen Lohn dafür erwarten können, mehr als seine reguläre Bezahlung und den Gegenwert der Ausrüstung zusammengenommen. Damit hätte er einen Gönner und vermutlich auch ein Auskommen für den Rest seines Lebens gehabt.

Hinterher sagten die Deutschen, dass Gaylay tat, was er tat, weil er treu und ergeben war. Diese Erklärung passt in die paternalistische Sichtweise der Europäer: Die Sherpas waren den guten Vätern auch gute Söhne. Der Makel besteht jedoch darin, dass ich einen Sherpa niemals von Loyalität habe sprechen hören. Sie sprechen von Ehrlichkeit, der Tugend zwischen Gleichgestellten. Loyalität und Ergebenheit gibt es nur in ungleichen Verhältnissen. Vielleicht aber ist Loyalität auch nur die Akzeptanz von Ungleichheit. Gaylay hatte als Diener in der Armee gearbeitet. Die letzten Tage war er stehen geblieben, wenn die Sahibs es befohlen hatten, hatte im Schnee geschlafen, während sie im Zelt waren. Viele Jahre lang hatte er Befehle ausgeführt, nun aber war er mit dem Bara Sahib zusammen, dem großen Herrn und Meister.

Vielleicht aber war er einfach nur anständig. Der Buddhismus, an den die Sherpas glauben, gebietet Liebe für alles Lebende. Gewöhnlich übersetzt man das als »Mitgefühl für alles Lebende«. Aber das Wort, das die Sherpas benutzen, heißt *Nyingie*. Es bedeutet Herzenswärme und gilt sowohl für die Liebe einer Mutter zu ihrem Kind als auch die Liebe eines Mannes zu seiner Frau. Ihr

Buddhismus sagt ihnen, dass so, wie sie für diese Menschen fühlen, sie auch für jedes Yak und jeden Hund fühlen sollen. In ihrem Wort für Liebe ist möglicherweise mehr Mitgefühl und weniger Besitzdenken enthalten als in unserem Wort *Liebe*. Aber im Großen und Ganzen sprechen wir von derselben Sache.

Selbstverständlich handeln nicht alle Sherpas ständig aus Liebe. Sie können hinterlistig sein, feindselig, verärgert, eifersüchtig und grausam, wie jeder andere auch. Aber die Liebe ist als Wert vorhanden. Eine Richtschnur, wie man sich verhalten sollte.

Es gibt einen entscheidenden Hinweis darauf, dass Gaylay aus Liebe handelte. Fünf Tage bevor er sich entschied, bei Merkl zu bleiben, hatte er bereits die gleiche Entscheidung im Hochbiwak getroffen. Ang Tsering und Dakshi waren zu krank gewesen, um weiterzugehen. Gaylay war bei ihnen geblieben. Es ist möglich, dass er es tat, weil auch er krank war, aber das ist unwahrscheinlich. Ich weiß von keiner Krankheit außer Schneeblindheit, von der Menschen durch eine Ruhepause in dieser Höhe genesen können. Sicher ist, dass er fünf, wenn nicht sechs Tage nachher noch lebte, und hatte doch stets im Schnee geschlafen. Und im Übrigen hatte er genug Kraft gehabt, weiterzumarschieren.

Ich glaube, Gaylay blieb aus Anständigkeit bei Dakshi und Ang Tsering im Hochbiwak. Von ihnen hatte er kein Trinkgeld zu erwarten, und er schuldete ihnen auch keine Treue wie seinem Bara Sahib.

Gaylay war nicht der einzige Buddhist oder anständige Mensch bei dieser Expedition. Aber er war der Einzige, der zweimal stehen blieb, um den Kranken und Sterbenden zu helfen. Er war fünfundvierzig Jahre alt, ein gewöhnlich aussehender Mann auf seiner ersten Expedition. Gaylay tat, was er tat, nicht, weil er ein Sherpa war, sondern auf Grund seines Charakters. Er war ein guter Mensch.

Nachdem er Gaylay und Merkl verlassen hatte, ging Ang Tsering den Grat entlang, über den Mohrenkopf und die vereiste Traverse unter dem Rakhiot Peak. Er folgte Fußspuren, die er im Schnee gefunden hatte. Meist waren sie schon wieder zugeweht und als getretene Spur nicht zu gebrauchen; aber sie wiesen ihm den Weg. Er ging sehr langsam und rief häufig um Hilfe. Niemand hörte ihn.

Seine beiden Füße waren erfroren, fast ein Jahr lang war er anschließend unter fürchterlichen Schmerzen im Krankenhaus gewesen. Er sagte es nicht, aber ich denke, er hatte dennoch unwahrscheinliches Glück, auf der eisigen Traverse nicht abzurutschen.

Ang Tsering erreichte den Anfang vom Seilgeländer. Plötzlich dachte er, er hätte jemand gehört, der ihm auf sein ständiges Rufen antwortete. Er hatte sich getäuscht.

Er ging die 180 Meter am Seilgeländer hinunter. Er hatte zwar Schwierigkeiten mit den Füßen, aber seine Hände waren so weit in Ordnung. Dennoch war es schwierig. Er sah einen Toten, festgeklemmt im Seil. Ein anderer war abgestürzt und lag direkt unter ihm. Er erreichte die erste Leiche und konnte nicht vorbei. Der Mann war steif gefroren und im Seil verwickelt. Sein Kopf war in einem unnatürlichen Winkel nach hinten gebogen und sein rechtes Bein nach vorne gestreckt, sodass Ang Tsering nicht vorbeikonnte.

Er sah dem Toten ins Gesicht und wusste nicht genau, wen er vor sich hatte. Sicher einen Sherpa, aber die Schneebrille verbarg seine Augen. Auf seinem Gesicht lag eine grünliche Schicht Eis. Die Flüssigkeit unter der Haut war gefroren und hatte das Gesicht verzerrt. Erst später war Ang Tsering in der Lage gewesen zu rekonstruieren, dass es sich um Nima Dorje gehandelt hatte, derselbe Nima Dorje, der auf dem Everest höher gestiegen war als der Gipfel des Nanga Parbat liegt.

Ang Tsering brauchte lange, um sich für einen Weg hinunter zu entscheiden. Sollte er um Nima Dorje herumsteigen oder über ihn hinweg. Ich glaube, er wollte unter keinen Umständen die Leiche umarmen. Er war erschöpft, hatte Erfrierungen, konnte nicht mehr klar denken, selbst einfache Manöver erwiesen sich als schwierig. Da hing er nun, ohne ein eigenes Seil oder irgendetwas, mit dem er sich hätte festbinden können, unter ihm ging es steil nach unten. Wenn er ausglitt, wäre es um ihn geschehen gewesen.

Endlich fand Ang Tsering die Lösung. Er sah, dass da zwei Seile parallel nach unten fixiert waren. Er beugte sich zu jenem hinunter, das nicht mit der Leiche verbunden war, und stieg um den Körper herum. Vielleicht war diese Lösung von Anfang an erkennbar gewesen, nur hatte er das Seil aus Furcht und weil er nur ganz langsam denken konnte, nicht gesehen.

Nun war er in Lager V. Pinzo Norbus Leiche lag noch immer neben dem Zelt – Müllritter hatte es offenbar doch nicht geschafft, den Toten zu begraben. Ang Tsering sah in das Zelt hinein, fand aber nichts zu essen. Vielleicht hatten die anderen die Nahrung mitgenommen, vielleicht war er aber auch nur völlig konfus. Aber er fand einen Fotoapparat und sagte zu sich: Ich sollte ihn mitnehmen. Es könnten Bilder auf dem Film sein, die die Sahibs benötigen.

Ang Tsering begann mit dem Abstieg über 500 Höhenmeter zum Lager IV. Seit dem frühen Morgen war er am Absteigen, nun war es dunkel, und er verlor die Spur. Mit der großen Kamera in der Hand war es schwer, das Gleichgewicht zu halten. Plötzlich fiel er hin und schlitterte hilflos den Schnee hinunter. Am Rande einer Gletscherspalte kam er zum Stehen. Als Ang Tsering im Schnee lag, dachte er: Was mache ich bloß? Riskiere mein Leben für eine Kamera? Er warf sie weg.

Beim Gehen rief er ab und zu. Die Männer im Lager IV hörten ihn und kamen ihm zu Hilfe. Nun war er gerettet, sie waren da, der Arzt und einige Träger. Sie hatten Tee dabei.

Seine lebendigste Erinnerung an diesen Tag war, dass er den ganzen Tee trinken wollte, sofort, aber der Arzt erlaubte ihm nur einen Löffel voll.

Dr. Bernard ließ ihn etwas warten, vielleicht eine Minute,

dann gab er ihm zwei Löffel und ließ ihn wieder warten. Dann drei Löffel. Sie alle standen um ihn, dann bekam er vier Löffel und musste wieder warten. Dann fünf, dann sechs, sieben, acht, neun, zehn. Und dann brachten sie ihn hinunter zu den Zelten.

Bernard hatte befürchtet, dass sich Ang Tsering übergeben müsste, wenn er schneller trank.

Im Lager ging es Ang Tsering gut genug, um einen zusammenhängenden Bericht über das, was auf dem Berg geschehen war, abzugeben. Er war müde, er sprach nicht sehr gut englisch, aber das, was er sagte, war sinnvoll. Ang Tsering erzählte ihnen, dass Merkl und Gaylay oben auf dem langen Grat noch am Leben seien, und dass sie gerettet werden müssten. Er sagte ihnen auch, dass selbst Dakshi eventuell noch leben könnte. Das war jedoch nicht möglich. Ich vermute, dass Ang Tsering sich schuldig fühlte, Dakshi verlassen zu haben und sich seinen Tod nicht eingestehen wollte.

Hinter Ang Tsering waren Merkl und Gaylay von ihrem Schneebiwak aus ein Stück zum Mohrenkopf hinaufgegangen. Dort übernachteten sie wiederum im Schnee.

Am Morgen hörten die Männer im Lager IV menschliche Schreie, die über den Grat hinunterwehten. Sie sahen hinauf, doch sie konnten niemanden sehen. Dennoch wussten sie, dass mindestens noch ein Mensch lebte. Bechtold schrieb: »Gegen Sinn und Vernunft rennen Schneider und Aschenbrenner am 15. [jener Tag] und 16. Juli noch einmal das Lager V an, mit den letzten Kräften und ohne Aussicht auf Erfolg. Umsonst! In den uferlosen Neuschneemengen werden sie immer wieder zurückgeworfen.«[9]

Ang Tsering erzählte mir, dass ein Sahib und zwei Träger das Lager verlassen hätten, um Merkl und Gaylay zu retten. Zwei Stunden später seien sie zurückgekehrt. Er dachte, sie hätten es nicht ernsthaft genug versucht. Er wisse es nicht genau, sagte er, da er krank und im Zelt gelegen habe und nicht sehen konnte, was vor sich ging. Aber sie hätten es noch nicht mal bis Lager V geschafft. Dies sage für ihn alles.

Lassen Sie uns ein Bild von den zwei Männern machen, die hoch oben am Grat nach unten zu den Zelten schrien.

Vermutlich war Merkl der Rufer. Er stand da, stützte sich auf einen Eispickel und brüllte sich die Seele aus dem Leib. Merkl dachte, Ang Tsering würde, wenn er es bis unten schaffte, den Sahibs erklären, dass der Bara Sahib und Gaylay noch gelebt hätten, als er sie verließ. Wenn dem so wäre, musste er jetzt schreien, damit seine Kameraden wussten, dass er immer noch am Leben war. Dann würden sie zu ihm und Gaylay hinaufsteigen.

Gaylay setzte sich neben Merkl in den Schnee, an derselben Stelle, wo sie eng umschlungen die Nacht verbracht hatten. Es war ein klarer Tag, der Himmel war blau, das Licht tanzte auf dem Eis.

»Jetzt wissen sie, dass wir leben«, erklärte Merkl Gaylay.

Sie warteten auf Antwortrufe.

Nichts kam.

Merkl schrie wieder.

Wären sie Vögel gewesen, wären sie der Hilfe jetzt so nahe. In einem steilen Bogen ging es über Eis und Schnee hinab zu Lager IV. Durch die unter ihnen wandernden Wolken konnten sie die Zelte beinahe sehen. Merkl und Gaylay waren sich sicher, dass ihr Hilferuf hinabgedrungen war. Aber sie selbst konnten den direkten Weg nicht gehen. Sie mussten noch zum Mohrenkopf hinauf, über die Traverse, das Seilgeländer hinab ...

»Sie werden kommen«, sagte Merkl.

Gaylay vermutete, dass Merkl selbst nicht glaubte, was er sagte. Wenn Hilfe kommen würde, wäre sie schon da. Gaylay stand auf und gab Merkl einen zweiten Eispickel. Merkl brauchte zum Laufen beide.

Merkl sah ihn an, unsicher, schwach. »Wir warten«, sagte er.

»Wir gehen, Bara Sahib«, sagte Gaylay. »Sie kommen rauf, wir gehen runter, wir treffen uns in der Mitte.«

Gaylay beobachtete Merkls Gesicht, wie er überlegte. Wenn

sie weitergingen und er starb, wäre Gaylay näher bei der Hilfe und könnte es schaffen. Merkl nickte. Vielleicht verstand er das. Vielleicht dachte er, dass auch er gerettet werden könnte.

Die beiden Männer begannen die Gegensteigung hinaufzukriechen. Der Mohrenkopf war zum Greifen nah, die dünnen Eisflächen auf dem schwarzen Stein glitzerten in der Sonne. Gaylay wusste, wie leicht man sich im Gebirge mit Entfernungen täuschen konnte. Doch der kleine schwarze Fels war tatsächlich nicht weit weg, nur leider waren sie so schrecklich langsam.

Merkl stolperte, gebeugt über die Eispickel, weiter. Gaylay ging als Erster, er spurte die Route, dann hielt er an, ging zwei Schritte zurück, reichte Merkl seinen Arm, half ihm beim Aufrichten. Merkl zog sich hoch, grimmig, schwer atmend, ohne zu sprechen.

So ging es Stunde um Stunde, unerträglich langsam. Kurz vor dem Mohrenkopf hielten sie an, setzten sich, nebeneinander, die Sonne im Gesicht. Eine Zeit lang atmeten sie schwer.

Gaylay schloss seine Augen und dachte an das Lachen eines Mädchens in Chauri Kharka, zwanzig Jahre her. Dann dachte er: Wenn ich hier sterbe, werde ich kein Begräbnis bekommen, niemand, der mich durch die Dunkelheit in ein neues Leben führt. Ich hätte ein besserer Mensch sein müssen.

Er erinnerte sich an den Tempel auf dem Darjeeling-Grat, wo sich ein buddhistischer Mönch und ein hinduistischer Pandit gegenübersaßen; beide lasen sie aus ihren heiligen Büchern, und ihre Stimmen überschnitten sich. Neben jedem der beiden stand eine Schale mit Münzen. Gaylay gab immer beiden etwas, um auf der sicheren Seite zu sein. Er erinnerte sich an die lange Reihe der Bettler, die die steile Treppe zum Tempel hinauf standen. Auf jeder Stufe einer: alt, abgemagert, milchige Augen, verzerrte Gesichter, verkrüppelte Körper, fehlende Gliedmaßen, Stümpfe. Jedes Mal, wenn er an ihnen vorüberging, musste er daran denken, dass auch er eines Tages in dieser Reihe stehen könnte. Aber ihnen gab er nie etwas, immer nur den Mönchen.

Nun dachte er: Vielleicht war das ein Fehler. Vielleicht werde ich dafür bezahlen, wenn ich tot bin. Aber ich hatte doch immer nur so wenig Geld.

Wenige Minuten später verstarb Merkl; im Sitzen. Gaylay hörte die Geräusche und verstand sie. Nun kann ich gehen, dachte er. Nun kann ich alleine sehen, dass ich hinunterkomme. Ich freue mich, dass er tot ist. Nein, das darf ich nicht sagen.

Ich lege mich noch ein bisschen hin, dann gehe ich.

Vier Jahre später, im Jahre 1938, kam Bechtold zum Nanga Parbat zurück und fand Merkl und Gaylay tiefgefroren im Schnee. Seite an Seite. Kurz unterhalb des Mohrenkopfs.

8

Darjeeling

Am nächsten Tag wollten Schneider und Aschenbrenner einen weiteren Rettungsversuch unternehmen, doch sämtliche Träger weigerten sich, mit ihnen zu gehen. Sie wollten nicht noch einmal an der Leiche Pinzo Norbus vorbei.

Lewa und die Träger brachten Ang Tsering hinunter ins Basislager. Lewa war zwar Gaylays Freund, aber jetzt war auch er überzeugt, dass jede Rettung unmöglich war. Lediglich Norbu Sonam und Ramona, der Koch, blieben bei Schneider, Aschenbrenner und Dr. Bernard im Lager IV. Die beiden Bergsteiger versuchten es noch einmal, Lager V zu erreichen, und scheiterten.

In Bechtolds Buch *Deutsche am Nanga Parbat* sieht man eine Fotografie von Ang Tsering, wie er im Basislager ankommt. Das Foto ist vermutlich gestellt, die Gefühle dahinter sind es jedoch nicht. Ang Tsering ist völlig erschöpft, kaum dass er sich noch auf den Beinen halten kann. Seine Gesichtszüge drücken unendliches Leid aus, er sieht aus wie gejagt. Der bärtige, viel größere Fritz Bechtold starrt ihn an, der Schrecken steht ihm im Gesicht, und dazu viele Fragen. Hinter den beiden steht Aiwaa aus Thame, der Ang Tsering voller Mitleid betrachtet.[1]

Lewa erzählte den Sahibs im Basislager, dass Merkl und Gaylay am Tag zuvor noch gelebt hatten. Sofort begannen sie, für eine Rettungsaktion zu packen und brachen am selben Abend noch mit »elf mehr oder minder kranken Trägern« auf. Lewa sagte ihnen, dass das sinnlos sei. Bechtold schrieb: »Aber nur jetzt nicht daran denken.«[2]

Zwei der drei Wissenschaftler, die an der Expedition teilgenommen hatten, waren bereits aufgestiegen. Walter Raechl war
Geograph und Dr. Peter Misch Geologe. Sie waren zwar keine
Bergsteiger, aber sie waren ausgeruht. Sie erreichten Lager IV am
Abend desselben Tages, als Ang Tsering und Lewa im Basislager
angekommen waren. Angesichts der Neuigkeiten beschlossen
die Wissenschaftler, am nächsten Tag zu versuchen, zu Lager V
vorzustoßen. Aschenbrenner und Schneider sagten ihnen, dass
es hoffnungslos sei. Die beiden Wissenschaftler versuchten es
dennoch, aber sie sanken mehr als einen Meter tief im Schnee
ein und mussten wieder umkehren.

Am nächsten Morgen bauten die beiden Bergsteiger, die zwei
Wissenschaftler, der Arzt, der Koch Ramona und Norbu Sonam,
der letzte der Träger, das Lager IV ab und gingen ins Basislager
hinunter. Aschenbrenner hatte aufgrund seiner Rettungsversu-
che erfrorene Füße und trug eigens dafür gemachte Filzschuhe.
Bernards Haar war weiß geworden. Genau über Lager II trafen
sie die Träger und Sahibs, die auf dem Weg nach oben waren. Die
Sahibs setzten sich auf ihre Rucksäcke, sprachen miteinander
und kamen überein, dass es zwecklos sei. Und so gingen sie alle
miteinander hinunter ins Basislager.

Die unteren Lager mussten geräumt werden, doch sämtliche
Träger aus Darjeeling weigerten sich, noch irgendwo auf diesen
Berg zu gehen. Die Sahibs konnten das verstehen und schickten
die Balti-Träger hinauf. Sie räumten die tieferen Lager. Bechtold
schrieb:

Vor unseren Zelten blühen die Blumen, man kann sie vom
Schlafsack mit den Händen greifen. In der hellen Morgen-
sonne zerrinnt für kurze Augenblicke die dunkle Erinnerung
an die Sturmtage am Berg. Abends am glosenden Lagerfeuer
sitzen wir um die glimmende Glut. Flackernd springt die Rede
in unseren gelichteten Kreis. Nun sind sie wieder unter uns:
der Willy, der Ulli, der Willo und der Alfred mit ihrer Güte und

ihrer Reinheit des Herzens, mit ihrem harten Wollen und mit ihrer kampffrohen Zielstrebigkeit… Mitten hinein in unsere Reden dringt immer wieder die schwer tappende Frage nach dem Warum.

Drüben am Lagerfeuer unserer Darjeeling-Träger können wir lernen. In ihrer ursprünglichen Asiatenseele wurzelt die Idee des Schicksalhaften, der Wunsch nach Licht und Vollendung. Ihr starker Glaube an das Unabänderliche des Kismet ist ohne die zerpflückenden Fragen nach der Kausalität allen Geschehens. Der Haltung ihrer Weltanschauung stehen wir europäischen Menschen der Städte mit unserem Tatsachensinn und unserer Fähigkeit zum mechanisierenden Denken fremd gegenüber.[3]

Kismet ist ein Gedankengebilde der arabischen Welt, was so viel bedeutet wie Schicksal, das, was geschrieben steht, verallgemeinert ausgedrückt, der Wille Gottes. Muslime und Christen bedienen sich gelegentlich dieses Gedankens, obwohl sie freilich auch natürliche Erklärungen für die meisten Ereignisse haben. Hindus und Buddhisten ist dieses Konzept fremd. Ang Tserings Verständnis von Kausalität ging dahin, dass all diese Leute starben, weil Merkl das System, Ausrüstung und Lebensmittel auf den Berg zu bringen, verworfen und stattdessen versucht hatte, den Gipfel im Sturm zu nehmen. Ang Tsering hatte überlebt, weil Khumbi La ihn gerettet hatte. Dies war jedoch nicht Schicksal; es geschah nur deshalb, weil Ang Tsering dem Gott des Nanga Parbat getrotzt und Khumbi La um Hilfe angerufen hatte.

In Bechtolds Buch gibt es ein Foto von Schneider, Aschenbrenner, Bechtold und Müllritter im Basislager, kurz nach der Tragödie. Sie sitzen auf dem Boden und haben sich die Arme um die Schultern gelegt. Aschenbrenner und Schneider, abgemagert und verbraucht, blicken direkt in die Kamera. Schneider sieht alt und traurig aus, Aschenbrenners Gesicht unter dem Tropenhelm wirkt verletzt. Bechtold sieht zu Boden, er scheint völlig ratlos. Nur Müllritter wirkt gelassen, sein voller, blonder Bart ist sorgfältig gestutzt.

Drei von diesen Männern kehren zum Nanga Parbat zurück, einer von ihnen, Peter Müllritter, lässt dort 1937 sein Leben.

Darunter sehen wir ein Foto jener Sherpas, die zusammen den Weg über das Seilgeländer gingen. In langer wollener Unterwäsche sitzen sie vor einem Zelt, ohne sich zu berühren, ohne sich anzusehen. Bei Da Thundu ist nur die rechte Hand bandagiert, Pasang Kikuli, Kitar und Pasang Picture tragen Bandagen an jeweils beiden Händen und Füßen. Keiner sieht in die Kamera. Vielleicht schämen sie sich ihrer Kleidung, oder ihres Leids. Vielleicht wollen sie nicht fotografiert werden. Alle vier haben offensichtlich große Schmerzen. Da Thundus Kopf ist gebeugt, seine Augen sind beinahe geschlossen. Pasang Kikuli blickt zur Seite. Er sieht verloren aus. Kitar krümmt sich vor Schmerzen. Er scheint überhaupt nichts zu sehen – vielleicht ist er noch schneeblind. Pasang Picture blickt in Leere.

Innerhalb von fünf Jahren werden drei dieser vier Männer im Gebirge sterben.

Als die Nachricht vom Nanga Parbat die Runde machte, war Tenzing Norgay in Darjeeling. Später schrieb er: »In vielen Häusern von Toong Soom Busti herrschte große Trauer, aber auch ein gewisser tiefer Stolz darauf, was unsere Männer gewagt und erreicht haben.«[4]

Daheim in Darjeeling warteten die Frauen. Im Jahr 2000 wollte ich in Darjeeling erfahren, was diese trauernden Frauen empfunden hatten. Zwar gab es aus dem Jahre 1934 keine Witwen mehr, doch zwei andere Frauen erzählten mir, was es bedeutet hatte, den Ehemann zu verlieren. Eine dieser Frauen war Lhakpa Diki, deren Mann Lobsang 1947 im Himalaya gestorben war. Sie war 1912 in Pare, auf der anderen Flussseite von Thame, zur Welt gekommen. Das Leben in Khumbu war damals hart.

Lhakpa Diki war vierundzwanzig Jahre alt, als sie, ohne es ihren Eltern zu sagen, zusammen mit drei Freunden nach Darjeeling ging. In Darjeeling konnte man besser leben. Niemand musste hungern. Sie verdingte sich als Trekk-Trägerin, arbeitete nur während der Saison und trug Lasten von siebenundzwanzig Kilogramm. In Khumbu hatte sie das ganze Jahr über arbeiten müssen.

Sie verliebte sich in Lobsang, der ebenfalls im Trekkinggeschäft arbeitete. (Es handelte sich bei ihm nicht um jenen Lobsang, der 1924 auf dem Everest und 1934 auf dem Nanga Parbat gewesen war, sondern laut Eintrag im Arbeitsbuch des Himalaya-Club um Lobsang II.) Wenn er keine Stelle als Träger hatte, arbeitete er als Rikschafahrer. Ich fragte Lhakpa Diki, ob sie sich gestritten hatten, wenn er Arbeit als Träger hatte. »Nein«, sagte sie, »in jenen Tagen ging es nur ums Geld.« Dann lachte sie, und ihr Sohn Ang Purba ebenfalls, der unser Gespräch dolmetschte.

Lobsang II hatte sich gut am Everest gehalten; 1940 verlieh man ihm die »Tiger Medaille«. In den zwei Jahren von 1945 bis 1947 war es ihnen sehr gut gegangen. Endlich hatten sie genug Geld gespart und kauften sich zwei Pferde. Lhakpa Diki und Lobsang arbeiteten zusammen, führten Sahibs auf Entdeckungstouren durch die Gegend von Darjeeling. Das war leichte Arbeit und förderte das Zusammensein.

1947 machte Lobsang eine Tour zum Green Lake auf der Nordseite des Kangchenjunga. Es handelte sich dabei sowohl um eine Vergnügungstour, als auch um die Vorerkundung zu einer Expedition auf den Berg. Die Gruppe bestand aus zwei Sahibs, Lobsang und noch einem anderen Träger. Dieser wurde krank, die anderen ließen ihn mit Lebensmitteln in einer Höhle liegen und gingen weiter. Der kranke Träger erholte sich und kehrte nach Hause zurück, Lobsang und die beiden Sahibs wurden nie wieder gesehen.

Lhakpa Diki wartete. Lange gab es keine entscheidende Nachricht. Dann teilte man ihr mit, man würde die Vermissten mit einem Flugzeug suchen; es wurde aber niemand gefunden. Sie musste es schließlich schlucken.

Sie hatte zwei kleine Kinder. Ang Purba war drei Jahre alt, sein Bruder etwa neun Monate. Nun war Lhakpa Diki gezwungen, sich wieder den Tragegurt umzulegen. Als sie mir dies erzählte, begann sie zu weinen. Ich hatte noch nie einen Sherpa-Mann oder eine Sherpa-Frau weinen sehen und schämte mich meiner Fragen.

Die Tränen liefen ihr über die Wangen, als sie mir erzählte, wie sie ihr Baby in einem Korb um die Ecke beim Pferdestall abgestellt und dem dreijährigen Ang Purba gesagt hatte, er solle spielen gehen, aber nicht zu weit vom Baby entfernt. Dann musste sie den ganzen Tag arbeiten und für die Pflanzer, die zum Einkaufen in die Stadt gekommen waren, Lasten tragen.

Der tibetische Agent, der die Expedition zum Green Lake organisiert hatte, suchte sie in ihrem Haus auf und ließ sie wissen, dass für ihren Mann keine Versicherung bestand, da die beiden Sahibs ebenfalls gestorben seien. Er gab ihr dreitausend Rupien in bar, ohne Quittung. Sie wusste nicht, ob dies eine Abfindung, Geld von einer Versicherung oder nur der Lohn war, den ihr Mann auf der Expedition verdient hatte. Dennoch nahm sie das Geld. Was hätte sie sonst tun sollen?

Als Lhakpa Diki mir von ihren glücklichen Erinnerungen und von Lobsangs Tod erzählte, weinte sie nicht. Sie weinte nur, wenn es um ihre Arbeit danach und um ihre Einsamkeit ging.

Elf weitere Jahre arbeitete sie am Tragriemen. Ang Purba war ihr dankbar, da sie es ihm ermöglicht hatte, die Schule zu besuchen. Nie hatte er als Kind arbeiten müssen, wie etwa sein Cousin, auch ein Junge, der seinen Vater verloren hatte und im Müll nach Dingen wühlte, die er wieder verkaufen konnte, auf den Straßen Lasten trug und Sachen machte, die oft nicht ganz legal waren. Lhakpa Diki stellte sicher, dass ihr Sohn nicht so leben musste. Mit vierzehn besuchte er einen Trainingslehrgang des

Himalaya Mountaineering Instituts in Darjeeling. Als er damit fertig war, sagte er seiner Mutter, sie könne mit dem Arbeiten aufhören. Nun sei er an der Reihe. Erst arbeitete er auf Expeditionen, dann wurde er Soldat. Bis zu seiner Pensionierung brachte es Ang Purba bis zum Major eines britischen Gurkha-Regiments.

Die andere Witwe, mit der ich sprach, war Lhamoo Iti. Sie hatte 1952 Da Thundu geheiratet, den Nanga-Parbat-Überlebenden. Lhamoo Iti war seine zweite Frau; Kitars Tochter war einige Jahre zuvor gestorben. Diese Heirat war von Lhamoo Itis Eltern arrangiert worden. Damals war dies ziemlich ungewöhnlich. Die meisten Frauen heirateten aus Liebe. Aber als Da Thundu 1952 als Träger der Schweizer Everest-Expedition nach Khumbu zurückgekehrt war, war er ein angesehener Mann. Die Brauteltern dachten wohl, er sei eine gute Partie. Lhamoo Iti hatte ihren Verlobten noch nie zuvor gesehen. Sie wohnte in Khumjung, dem Heimatdorf von Da Thundu und Pinzo Norbu, die jedoch bereits vor ihrer Geburt nach Darjeeling gegangen waren.

Gleich nachdem die Schweizer Expedition zu Ende gewesen war, hatte Da Thundu sie nach Darjeeling gebracht. Zuerst quälte sie das Heimweh, und sie träumte jede Nacht von ihren Eltern. Nun lebte sie bereits seit achtundvierzig Jahren in Darjeeling und sprach hauptsächlich Nepali, aber sie träumte immer noch auf Sherpa. Immer öfter besuchten sie in ihren Träumen die Freunde ihrer Kindheit.

In Darjeeling gab es Elektrizität, der Reis war billig und das Leben einfach. Ihr Leben in Khumjung hatte nur aus Arbeit bestanden. Arbeit und immer wieder Arbeit: Holz sammeln, Gras mähen für die Tiere, Kartoffeln ernten, die Schafherde der Familie auf die Weide führen. Und alles, sagte sie, was wir zum Essen hatten, waren Kartoffeln. Punkt.

Mit der Zeit begann sie, Da Thundu zu lieben und zu respektieren. Er hatte einen guten Kopf, er kümmerte sich um seine

Familie. Wann immer es möglich war, nahm er Arbeit bei Expeditionen an. Dazwischen arbeitete er auf Baustellen in Darjeeling. Er war ein ruhiger Mann, nicht hektisch. Auch deshalb war er ein guter Mann.

Sie zeigte mir seine Tiger-Medaille und sein in dickes Leder gebundenes Himalaya-Club-Buch, das jeder Träger seit 1938 vom Club erhielt. Nach jeder Expedition schrieb der Expeditionsleiter ein Zeugnis hinein. Da Thundu war 1933 auf dem Everest gewesen. Als er 1934 auf den Nanga Parbat ging, war er achtundzwanzig Jahre alt. Danach, 1935, ging er auf den K36, auf den Everest erneut im Jahr 1936, auf den Kangchenjunga, zusammen mit Paul Bauer 1937, 1950 mit Herzog auf die Annapurna. Anlässlich der Schweizer Expedition auf den Everest 1952 schrieb ihm Dumont ins Buch: »Keine Herausforderung war ihm zu groß, insbesondere beim Angriff auf Lager VI (7880 Meter) ging er bis an die Grenzen menschlicher Leistungsfähigkeit.«

1953 ging Da Thundu mit Tenzing und Hillary auf den Everest und noch einmal 1955 mit der internationalen Everest- und Lhotse-Expedition. Nach dieser Expedition schrieb Norman Dyhrenfurth in sein Buch: »Sein Alter scheint keine Rolle zu spielen, da er mit den schnellsten und stärksten der jüngeren Sherpas jederzeit Schritt hält.« Seine letzte Expedition fand 1966 statt. Den Namen des Gipfels konnte ich leider nicht entziffern, aber er war 6300 Meter hoch. Da Thundu stand auf dem Gipfel. Damals war er sechzig Jahre alt.

Danach wurde er krank und stieg auf keinen Berg mehr. Mit sechsundsechzig Jahren starb er nach achtzehnmonatiger schwerer Krankheit an einem Magengeschwür, hervorgerufen durch übermäßigen Alkoholgenuss, dem sich so viele Träger seiner Generation hingegeben hatten. Er hinterließ Lhamoo Iti und drei Töchter. Die letzten achtundzwanzig Jahre waren für seine Witwe schwierig und einsam gewesen.

Ich fragte sie, ob sie Angst gehabt habe, wenn er auf Expedition ging. »Selbstverständlich«, sagte sie. »Aber wäre er nicht gegangen, hätten wir kein Geld gehabt.« Beide akzeptierten sie das notwendige Risiko. Wenn er fort war, betete sie täglich zweimal: »Bitte, Gott, lass meinen Mann lebend nach Hause kommen.« Sie wusste, dass auch er auf dem Berg betete.

Sie sagte, die größte Angst, die die Männer in den Bergen hatten, war die um ihre Familien. Was würde mit ihnen geschehen, wenn sie stürben.

Expeditionen in Indien und Nepal sind heute verpflichtet, Versicherungen für ihre Hochträger abzuschließen. Wenn ein Mann stirbt, sind die Zahlungen großzügig bemessen. Doch bis 1960 waren die Vergütungen gering. Vor 1939 gab es überhaupt keine Versicherungen. Für einen verheirateten Mann war der Sahib angehalten, zweitausend Rupien zu bezahlen, für einen Junggesellen tausend. Doch eine Verpflichtung dazu bestand nicht.

Die Träger am Nanga Parbat mussten nicht nur um ihr Leben fürchten, sondern sich auch um das Wohlergehen ihrer Familien sorgen.

Ang Tsering musste vom Basislager des Nanga Parbat zum Krankenhaus in Srinagar getragen werden, wo sie ihm alle Zehen amputierten. Mehrere Wochen später gab ihm der ortsansässige Sekretär des Himalaya-Clubs das Geld für eine Zugfahrkarte nach Darjeeling. Dort ging er direkt in das Victoria Hospital, wo die Ärzte in den Löchern, die von den Amputationen herrührten, vierundzwanzig fette weiße Maden fanden. Er sagte, die Fliegen in Kashmir müssen andere gewesen sein als die in Darjeeling. Die Maden taten zwar nicht weh, aber sie hätten ihn zermürbt.

Sechs Monate verbrachte er im Krankenhaus in Darjeeling. Ununterbrochen hatte er starke Schmerzen. Die Behandlung kostete ihn nichts, und die Deutschen zahlten ihm eine Pension von sechzehn Rupien monatlich, etwa so viel, wie er als Rikschafahrer verdient hätte. Häufig bekam Ang Tsering Besuch von Mrs. Henderson, einer Teepflanzerin, die gleichzeitig Sekretärin des

Himalaya-Clubs war. Sie erklärte ihm, dass die Deutschen seine Pension aussetzen würden, wenn er wieder arbeitete.

Für diejenigen, die am Nanga Parbat gestorben waren, zahlten die Deutschen eine Wiedergutmachung. 1934 war die Abfindung in etwa so hoch wie oben erwähnt. Für Verletzungen gab es keine Abfindung. Viele Expeditionen zahlten Abfindungen lediglich im Todesfall.

Geld für Erfrierungen zu erhalten war stets problematisch. Pasang Phutar etwa zog sich bei der britischen Expedition 1938 auf den Masherbrum im Karakorum Erfrierungen zu. Auch er kam ins Krankenhaus in Srinagar, wo sie ihm die fünf Finger der linken Hand und Teile von zwei Fingern der rechten amputierten. Wie gewöhnlich amputierten sie Glied um Glied und versuchten so viel von jedem Finger zu retten wie nur möglich. Im Krankenhaus herrschte eine Moskitoplage, über die sich Pasang Phutar offiziell beschwerte. Dafür amputierte ihm der Arzt ein weiteres Glied seines Fingers. Pasang Phutar war sich nicht bewusst, dass dies zur Strafe geschah. Erst, als jener Arzt ausgetauscht wurde, erfuhr er die Wahrheit von dem neuen Arzt.

Nach einigen Wochen bekam Pasang Phutar Heimweh nach Darjeeling. Er besuchte das Sekretariat des Himalaya-Clubs in Srinagar und bat um das Geld für eine Zugfahrkarte nach Hause. Der Sekretär sagte Pasang Phutar, dass er erst eine Bestätigung des Krankenhauses bringen müsste, die besagte, dass er krank war. Der Sekretär wusste, wer er war und auch, dass er soeben sieben Finger verloren hatte. Pasang Phutar ärgerte sich schrecklich darüber, aber er tat, was man ihm aufgetragen hatte.

Auf der Zugfahrt nach Hause musste er mehrmals umsteigen. Die Reise dauerte acht Tage. Als er ins Victoria Hospital kam, hatte auch Pasang Phutar Maden. Er sagte, dies wäre daher gekommen, da es im Zug nicht möglich gewesen war, die Verbände zu wechseln. Viele Monate lag er im Krankenhaus, zusammengenommen fast ein Jahr in Srinagar und Darjeeling.

»Hat es wehgetan?«, fragte ich Pasang Phutar.

»Eiiiiihhh!«, antwortete er, hob die Hand in die Höhe und lächelte breit. »Es tat die ganze Zeit weh.« Die britische Expedition war nicht willens, ihm einen Schadenersatz zu bezahlen. Er war damals unverheiratet, und seine Verwandten in Darjeeling rieten ihm, nach Khumbu zurückzukehren. Ohne Finger würde er in Darjeeling keine Arbeit finden. Aber er wollte lieber bleiben. Schließlich fand die Familie einen Rechtsanwalt, der die britischen Bergsteiger verklagte. Am Ende verkündete der Richter, dass Pasang Phutar siebzig Rupien Schadenersatz bekommen sollte. »Zehn für jeden Finger«, rief Pasang Phutar und wedelte mit seinem Stumpf vor meinem Gesicht. Er lachte, wie er es oft tat, wenn er von Ungerechtigkeiten sprach.

Schließlich gelang es Pasang Phutar, sich von dem Geld ein billiges Pferd zu kaufen, mit dem er auf den Chowrashtra-Platz ging und Touristen kurze Rundritte anbot. Jede Nacht schlief er im Stall, um absolut sicherzustellen, dass ihm niemand sein Pferd stahl.

Als Ang Tsering im Frühjahr 1935 aus dem Krankenhaus kam, hatte er keine Aussichten auf eine offizielle Wiedergutmachung. Bald danach ging er mit einer Trekkinggruppe nach Nord-Sikkim. Laut der Bewertung, die er bekam, hatte er sich große Mühe gegeben, aber seine Verletzungen waren noch nicht ausgeheilt, und er musste bald wieder nach Hause zurück.

Nun trat Jill Henderson auf den Plan. Sie hatte bereits vielen Sherpas geholfen. Ang Tserings Sohn Dawa Thempa erinnerte sich, wie sie jeden Sonntag nach Toong Soom Busti kam, Nachforschungen anstellte, wer krank war und denjenigen Arznei brachte. Wenn jemand kein Geld hatte, sorgte sie dafür, dass ihnen trotzdem geholfen wurde. Im September heuerten Jill Henderson und ihr Mann Ang Tsering als Träger einer Expedition nach Dzongri in Tibet an. Danach schrieb sie ihm einen Chit, in dem sie zum Ausdruck brachte, dass seine Füße geheilt seien, dass er gut marschiert sei und mit den anderen Schritt gehalten hätte. Er ging nicht über Schnee, da der Trekk nicht über ver-

257

schneites Gebiet führte, aber er arbeitete bei Temperaturen bis zu minus 30 Grad Celsius.[5] Ich denke, sie hatte ihn genommen, nur damit er diese Bewertung bekommen konnte.

Von ihrem eigenen Geld kaufte sie ihm auch ein Pferd. Die nächsten Jahre arbeitete er, genau wie Pasang Phutar, am Chowrashtra als Pferdeführer. Dies war traditionelle Arbeit für Tibeter in Darjeeling, man konnte also auch ohne Lasten zu tragen ein Auskommen haben. Über die Jahre gelang es Ang Tsering, ein Geschäft mit mehreren Pferden aufzubauen. Er vermietete sie für Rundritte ebenso wie an Trekkinggruppen. Während der Saison gab es auf dem Parcours unterhalb von Darjeeling Derbys, bei denen zwei seiner Pferde sehr erfolgreich waren.

Ang Tsering besitzt ein Foto von Jill Henderson, es befindet sich in seinem Buch vom Himalaya-Club. 1956 verließ sie Darjeeling und baute eine Teeplantage in Chile auf.

Kurz nachdem Ang Tsering aus dem Krankenhaus entlassen worden war, heiratete er Nima Dorjes Witwe, Pasang Diki. Eigentlich war sie Nonne in der Nähe des Tengboche-Klosters in Khumbu gewesen, aber nach Darjeeling geflohen, um Geld zu verdienen und zu sehen, wie es anderswo aussah. Mit Ang Tsering hatte sie acht Kinder, vier Jungen und vier Mädchen. Wie die meisten Sherpas damals heiratete sie aus Liebe. Heutzutage heiraten viele Sherpas aus Darjeeling Partner, die ihnen die Eltern ausgesucht haben. Ich fragte Ang Tsering, ob die damalige Regel besser gewesen sei.

»Ja«, sagte er. Wir saßen noch eine Weile zusammen und lächelten uns an. In seinem Lächeln lag so viel: Erinnerungen an jene Liebe, an geteilte Vergnügen und Leidenschaften. Siebenunddreißig Jahre waren sie verheiratet gewesen.

Teil III

Der Schatten des Nanga Parbat

9

Die deutsche Belagerung

Erwin Schneider kehrte vom Nanga Parbat zurück und beschloss, eine neue Expedition auf den Berg zu organisieren. Paul Bauer, der Notar aus München und Bara Sahib zweier vorhergehender Expeditionen zum Kangchenjunga, hatte jedoch andere Pläne. Bauer machte sich Sorgen über die Auswirkungen der Nanga Parbat-Tragödie auf das deutsche Bergsteigerwesen.

> Angesichts der schweren Opfer bei diesem kühnen Unternehmen waren viele Leute der Ansicht, dass die Risiken mit den Ergebnissen nicht aufwiegbar seien und der Angriff auf die höchsten Gipfel der Erde keine brauchbaren Resultate versprach. Die Nanga Parbat-Tragödie drohte also, das Totengeläut deutscher Himalaya-Expeditionen zu werden; wenn schon nicht für immer, dann doch für eine sehr lange Zeit, vergleichbar der, als der Tod von Mallory und Irvine britische Angriffe auf den Mount Everest neun Jahre lang unterbrach.[1]

Bauer machte sich aber auch Sorgen, dass Erwin Schneider der neue Führer des deutschen Bergsteigerwesens werden könnte. Im Dezember 1934 schrieb er an Reichssportführer von Tschammer und Osten:

> Es ist heute schon für Bergsteiger, die die Kameradschaft hochhalten, nicht verständlich, wie Schneider und Aschenbrenner ihre Träger im Schneesturm zurücklassen und sie dem

sicheren Tode ausliefern konnten. Was ich an Erklärungen dafür gehört habe, das sind nur Ausflüchte... Es ist eine feste Regel, dass in unübersichtlichem Wetter die Mannschaft zusammenbleiben muss, und dass die Vorausgehenden auf die Nachkommenden zu warten haben. Wer wie Schneider und Aschenbrenner ohne Rücksicht auf die Nachkommenden voraus- und davonläuft, der wird nicht als guter Bergkamerad angesehen werden können. Es ist sehr gefährlich, wenn Leute von so zweifelhafter Haltung jetzt als Helden auftreten, das schlechte Beispiel, das sie am Nanga Parbat gegeben haben, könnte die junge Bergsteigergeneration verderben.[2]

Bauer verunglimpfte vor von Tschammer aber auch die Toten:

Welzenbach war der Mann, der Rekorde anstrebte, der sich als Bergsteigerkanone fühlte und diese Position systematisch angestrebt und ausgebaut hat. Demgegenüber vertrat ich eine ganz andere Anschauung, und diese Anschauung ist im AAVM (Akademischer Alpenverein München), dem wir beide angehörten, der Welzenbach'schen Art des Bergsteigens gegenüber siegreich geblieben. Dazu kommt noch, dass ich von jeher als alter Soldat mich fühlte, im AAVM konsequent einen nationalen und nationalsozialistischen Kurs zu verfolgen. Für uns war Adolf Hitler bereits 1923 der Mann, den wir nicht antasten ließen. Welzenbach hingegen gehörte der Bayer. Volkspartei an und stand mit einigen wenigen seiner Art in einer Opposition dagegen, die zwar mit ihren eigentlichen Gründen nie herausrückte, da sie im AAVM keinen Boden gefunden hätte, die aber auch zielsicher und verbissen war wie unsere Einstellung.

Bauer denunzierte sogar Merkl:

Welzenbach und Merkl haben Kanonen von Leuten mit Geld um sich gesammelt. Ich habe eine fest geschlossene Mannschaft aufgestellt, von der ich jeden Einzelnen seit Jahren kannte. Welzenbach und Merkl und… der ihnen nahe stehende Schneider, hatten auch dafür, dass es sich um eine nationale Angelegenheit handele, kein Verständnis, sie bauten ihren Plan 1930, 31 und 32 auf die Teilnahme begüterter ausländischer Bergsteiger auf – Schneider und… gingen 1930 mit dem Judenstämmling Dyhrenfurth in den Himalaya, sie hatten dabei noch nicht einmal den Mut, die deutsche Fahne zu hissen, sondern hissten die schwäbische und tyroler Flagge!![3]

Diese Argumente waren stichhaltig. Der Reichssportführer setzte Bauer als den Verantwortlichen der Nationalen Himalaya-Stiftung ein, was es Schneider unmöglich machte, die Unterstützung der Regierung für eine neuerliche Nanga-Parbat-Expedition unter seiner Leitung zu erhalten. 1936 führte Bauer eine Expedition auf den Kangchenjunga und schickte 1937 Karl Wien auf den Nanga Parbat. Bauer gelang es auch, die Tragödie von 1934 in einen Kreuzzug zu verwandeln. Er argumentierte: »Das Ziel eines neuen, großen Einsatzes der deutschen Bergsteiger im Himalaya musste wiederum der Nanga Parbat sein… sollte der Kampf und letzte Einsatz so vieler Kameraden nicht umsonst gewesen sein.«[4] Später sagte er, dass es für Wien »unerträglich gewesen wäre, einen anderen Berg im Himalaya anzugreifen, so lange der Nanga Parbat seine Kameraden noch ungesühnt festhielt«.[5]

Opfer, Angriff, Sühne – dies ist die Sprache des Kriegs, ja sogar einer persönlichen, mörderischen Fehde. Hier haben wir es mit deutlichen Echos der deutschen Niederlage im Ersten Weltkrieg und dem damit verbundenen Schrei nach Genugtuung zu tun.

Während Bauer das Geld aufbrachte, versuchte Pasang Picture 1936, eine Anstellung bei der britischen Everest-Expedition zu bekommen. Zusammen mit seinem jüngeren Bruder Mingma sucht Pasang Picture John Morris, einen der britischen Versorgungsoffiziere auf, dem aufgetragen worden war, Träger anzuheuern. Morris fühlte sich hin und her gerissen:

Anfangs herrschten erhebliche Zweifel; ob Pasang ausgesucht werden würde… 1934 hatte er sich am Nanga Parbat ganz erheblich die Hände erfroren, und es war nur zu offensichtlich, dass es ungerecht wäre, ihn wieder in die Höhe zu schicken. Selbst wenn er realisierte, dass erneute Erfrierungen wahrscheinlich das Ende des Gebrauchs seiner Hände insgesamt bedeuteten, zeigte er es nicht im Geringsten. Beinahe täglich kam er zu mir und flehte mich an, ihn in die Mannschaft aufzunehmen. Irgendwann überließ ich die Entscheidung Humphreys und Warren. Sie waren mit mir der Meinung, dass aus medizinischer Sicht seine Aufnahme nicht zu vertreten sei. Doch wer konnte sich schon Pasangs erstaunlicher Beharrlichkeit und seinem stets lächelnden Gesicht entziehen? Wir mussten ihn ganz einfach nehmen, und ein befriedigender Kompromiss wurde dadurch erzielt, ihn zum persönlichen Diener von Smijth-Windham zu ernennen. Mit dieser speziellen Aufgabe bestand keine Veranlassung, dass er über Lager I hinausging und daher auch keine Möglichkeit, dass er sich die Hände erneut erfror. Dennoch, trotz all unserer Vorsichtsmaßnahmen bezüglich seiner Sicherheit, floh Pasang eines Tages aus der Langweiligkeit der Basis. Er war immer ein Frontsoldat gewesen, und noch bevor irgendjemand von uns wusste, was los war, hatte er eine Last hinauf zum North Col getragen. Am nächsten Tag kam er wieder zurück mit seinem Herrn, lächelte und war wieder glücklich. Zu seiner eigenen Befriedigung hatte er bewiesen, dass er immer noch genauso gut arbeiten konnte wie jeder andere. Es gab einfach keine Möglichkeit, diesen Mann zu stoppen!

Pasangs jüngerer Bruder Mingma war insgesamt ein anderer Typ, ziemlich still und gutherzig. Er war, das muss man ihm lassen, eher stärker als Pasang, verfügte aber nicht über eine so großartige Willenskraft. Ich kann den Unterschied zwischen den beiden Brüdern besser so beschreiben: Wenn ich sage, dass ich in mir immer das Bild von Pasang tragen werde, wird nichts, so glaube ich, daran etwas ändern, wo hingegen das Bild Mingmas bereits verblasst; in einem Jahr werde ich vergessen haben, wie er aussah.[6]

Im darauf folgenden Jahr 1937 kehrte Pasang Picture in Begleitung seines Bruders mit der deutschen Expedition zum Nanga Parbat zurück. Ebenfalls Peter Müllritter, der Fotograf von 1934, und Da Thundu, dessen Bruder Pinzo drei Schritte vor dem Zelt im Lager V gestorben war. Da Thundu hatte den Deutschen nicht verziehen, aber wenn Arbeit zu vergeben war, griff er zu.

Auch der deutsche Bergsteiger Hans Hartmann nahm an der Expedition teil. Mit Paul Bauer zusammen war er 1931 auf dem Kangchenjunga gewesen. Da er aufgrund von Erfrierungen in den Alpen sämtliche Zehen und die vorderen Fußhälften eingebüßt hatte, waren Fragen aufgeworfen worden, ob er diesmal wirklich mitgehen sollte. Doch als sie auf dem Weg von Kaschmir zum Basislager waren, erinnerte sich Hartmann einer bewegenden Rede des Reichssportführers von Tschammer und Osten, die dieser anlässlich einer Trauerfeier für Merkl und seine Kameraden 1934 gehalten hatte. Von Tschammer hatte einige Zeilen des Dichters Walter Flex zitiert:

Was Frost und Leid –
Mir gilt ein Eid,
Der glüht wie Feuerbrände
Durch Schwert und Herz und Hände.
Es ende drum wie's ende –
Deutschland, ich bin bereit![7]

Jenes *Gedicht*, so vertraute Hartmann seinem Tagebuch an, ist dann in mir wach geblieben, es hat mich geradezu verfolgt. 1931 habe ich mich schon schwer zum Mitgehen an den Kantsch entschlossen, weil ich mir sagen musste, dass andere mit gesunden Füßen dort besser am Platz waren als ich. Aber die Begeisterung und der Wille haben damals gesiegt – und dankbar und demütig habe ich das große Erlebnis vom Kantsch in mich aufgenommen –, dann kam der Plan vom Nanga Parbat 1937... und nun bin ich wieder dabei! Es gibt nur wenige, die diesen Entschluss verstanden und gebilligt haben.

»Die Frau und die Kinder, der Verlust an wissenschaftlicher Arbeitszeit usw., warum muss der nochmals gehen, wo er das letzte Mal gerade noch durchgekommen ist.« So klang es von vielen Seiten. Doch in mir sah es anders aus! Was Frost und Leid! Ich las immer wieder in Scotts Tagebuch und in dem Bericht von Wegeners letzter Fahrt. Mich brennt ein Eid –. Ich sah vor mir die Kameraden vom Kantsch, den Pircher, wie er tief gebeugt und schwer atmend nach dem Sturz von Schaller über dem Pickel hing und auf das Wiederkommen der Kraft wartete; den Bauer, dessen stählerner Wille seine Augen noch leuchten machte, als das Herz oberhalb von Lager X fast versagte.[8]

Die Expedition von 1937 stellte erneut Träger aus Darjeeling und ortsansässige Balti-Träger ein. Sie folgten der Route von 1934, aufgrund heftiger Schneefälle jedoch langsamer. Am 14. Juni befanden sich zufällig die meisten Bergsteiger und Träger zusammen in Lager IV. Wien schickte eine Nachricht hinunter, dass sie versuchen wollten, Lager V aufzubauen und dann zum Gipfel vorzustoßen, so bald das Wetter sich bessern würde. Vier Tage lang hörte Uli Luft in Lager II nichts mehr. Am fünften Tag nahm er sich einige Sherpas und Balti-Träger, um zu sehen, was los war:

Ich eilte... allein über die flachen Hänge vom Lager III nach Lager IV hinauf. Unablässig streifte mein Blick zum Rakhiot Peak, um an seiner Flanke das Lager V oder darüber hinaus die Spuren der vorstoßenden Kameraden zu finden, aber vergeblich. Gegen Mittag gelangte ich zum ersten Lager IV, von dem ich wusste, dass es am 10. geräumt worden war... Schwer schnaufend spurte ich in die Höhe in der Erwartung, in einer Viertelstunde den Freunden die stets sehnsüchtig erwartete Post verteilen zu können. Jetzt stand ich in einer flachen Mulde, von der der Blick ungehindert vom Chongra Peak über den Grat zum Rakhiot Peak schweifen konnte. Bedrückende Stille herrschte ringsum. Eine verwehte Spur zog wie ins Endlose gegen den Grat im Osten. Mit unerbittlicher Wucht und Klarheit drängte sich mir die Wahrheit ins Bewusstsein: Unmittelbar vor mir hatte eine Lawine von gewaltigen Ausmaßen eine Fläche von etwa 400 Meter Länge und 150 Meter Breite mit gigantischen Eisblöcken überschüttet. Weit und breit keine Spur vom Lager. Tausende von Kubikmetern Eis waren darüber hinweggegangen.

Schon kamen meine Träger und bestätigten mir, dass hier das Lager stand, als sie am 14. abstiegen. Weit unten entdeckten wir einige Büchsen sowie drei leere Rucksäcke, die auf der Oberfläche mitgeschwemmt worden waren. Nach drei Stunden des Suchens war mir klar, dass wir mit unseren leichten Bergpickeln nie hoffen konnten, das tief eingegrabene Lager freizulegen. Alles war zu einer starren Masse verschmolzen.[9]

Die Lawine hatte ein riesiges Feld verschüttet. Pasang Picture, sein Bruder Mingma Tsering und Peter Müllritter waren tot. So auch Jigmey Sherpa, Gyaljen Monjo, Chang Karma, Ang Tsering II, Nima Tsering, Kami Sherpa, Nim Tsering, Karl Wien, Hans Hartmann, Peter Fankhauser, Gunter Hepp, Adolf Gotner und Martin Pfeffer, alle erschlagen oder rasch erstickt unter dem Gewicht des Eises.

Müllritter und Jigmey Sherpa waren beide 1934 am Nanga Parbat gewesen, jedoch war keiner von beiden in den Sturm geraten. Jigmey hatte dreimal den Kangchenjunga bestiegen, auf dem Everest war er in den Jahren 1933, 1935, 1936 und 1937. Hugh Ruttledge hatte ihn »ewig willig und freundlich« genannt. Nima Tsering, hatte Wien gesagt, »war ein gestandener und überlegter Mann, der alles mit erstaunlicher Ruhe und Sicherheit anpackte.« Ang Tsering II, nicht identisch mit Ang Tsering, dem Helden des Nanga Parbat, kam aus Khumbu und war dreimal auf dem Everest gewesen.

Im Lager IV hatte niemand überlebt. Die einzigen Bergsteiger und Hochträger, die noch übrig blieben, waren die Männer, die in der Nacht, als die Lawine abging, in Lager II gewesen waren – neben Uli Luft der Sardar Nursang, noch ein anderer Mann aus Darjeeling und Da Thundu. Nun standen also diese vier Männer im Schnee, mit den Toten unter ihnen, und begriffen nach und nach, was geschehen war.[10]

Es ist schwer zu sagen, was in Da Thundu vorging. Er stand neben Luft und blickte in die stille Öde. Lager IV, genau hier, war seine Zuflucht gewesen, nachdem er das Seilgeländer heruntergekommen war. Hier hatten sie ihm im Trägerzelt die ganze Nacht seine erfrorenen Hände massiert. Ein paar Stunden weiter oben, im Lager V, war sein Bruder Pinzo gestorben.

Da Thundu war ein stiller Mann, immer gewesen. Es gibt keinen Hinweis darauf, dass er je geweint oder sich aufgeregt hätte, selbst an jenem Ort nicht. Er stand vermutlich unter Schock, aber er muss sich doch gefragt haben: Weshalb ich?

Ich fragte seine Witwe Lhamoo Iti, was sie für das Wichtigste für das Überleben eines Bergsteigers hielt: Kraft, Intelligenz oder Glück? Diese Frage habe ich vielen Bergsteigern gestellt. Die Starken tendierten zu Stärke. Die Intelligenten sagten alles drei. Da Thundus Witwe sagte, dass es das Glück sei, das einen Mann rettete.

Zwei Tage nachdem Luft und Da Thundu die Lawine entdeckt hatten, erhielt Paul Bauer die Nachricht in Deutschland. Sofort organisierte er eine Reise zum Nanga Parbat, nahm Fritz Bechtold mit und einen Bergsteiger namens Kraus. Sie flogen nach Indien, von wo aus sie ein Flugzeug der Royal Airforce nach Gilgit brachte. Zwanzig Tage nachdem sie die Nachricht erhalten hatten, kamen Bauer und Bechtold im Basislager an. Dort trafen sie unter anderem Nursang, den Sherpa Sardar, einen der glücklichen Überlebenden. Bauer und Nursang kannten sich gut. 1929 waren sie zusammen auf dem Kangchenjunga gewesen, wo sie festgestellt hatten, dass sie im Ersten Weltkrieg an der Ypernfront in Belgien an der gleichen Stelle, nur auf der jeweils anderen Seite, gekämpft hatten. Nursang war Gurkha-Sergeant gewesen, Bauer ein deutscher Offizier.

Unmittelbar nach seiner Ankunft begann Bauer mit dem Versuch, die toten Deutschen aus dem Lawinenfeld zu bergen. Da Thundu ging mit hinauf, um zu helfen[11]; auch Bechtold, dem die Sache so auf den Magen geschlagen war, dass er nichts mehr essen konnte. Jussup Khan, ein Balti-Träger, ging auch mit ihnen hinauf und sah in einer Vision, wie die Feen des Nanga Parbat die Bergsteiger und Träger getötet hatten: »Nach dem Unglück hatte er in dem Dorf Tato eine Abendvorstellung gegeben und hatte den Männern und Frauen dort vorgeführt, wie im Lager IV am Nanga Parbat Dutzende von nackten weißen Frauen gekommen seien, um vor den Sahibs zu tanzen, und sie dann das Lager als alle schliefen überfallen und vernichtet hätten.«[12] Später zeigte ein Engländer Bauer ein Foto, das er 1934 auf dem Rakhiot Gletscher aufgenommen hatte. Man sah darauf »die Silhouette eine dieser Feen an einem Eisabbruch«.[13]

An der Stelle, wo Lager IV gestanden war, gruben Bauer, Luft, Kraus, Shukar Ali und Satara drei Meter in die Tiefe und fanden nach und nach die Toten, die alle wie friedlich schlummernd in ihren Zelten lagen; ihre persönliche Ausrüstung war unversehrt. Wie es aussah, waren sie sehr plötzlich gestorben. Bauer und seinen Kameraden gelang es, fünf der sieben Deutschen auszugraben. Sie bestatteten sie in einem Gemeinschaftsgrab. Die Sherpas ließen sie, wo sie waren. Bauer schrieb, dies sei so geschehen, weil Nursang, der Sardar, ausdrücklich gewünscht hatte, dass man die toten Sherpas dort belässt. Möglich, dass Nursang dies so gesagt hatte, möglich auch, dass er nur Befehle befolgt hatte, vielleicht hielt er auch die ganze Bergung für Wahnsinn.

In der Tat war es ziemlich verrückt, auf knapp 7000 Meter Höhe aufzusteigen und weitere Leben zu riskieren, um fünf Leichen zu bestatten. Die Tagebücher für die Familien zu bergen war sicher sinnvoll. Bauer muss sich schuldig gefühlt haben, da er der Organisator der Expedition gewesen war. Er muss sich auch der Tatsache bewusst gewesen sein, dass dieser Unfall die deutschen Aktivitäten im Himalaya insgesamt in Frage stellte. Dieses Mal gab es keinen langen Rückzug, keine heldenhaften Biwaks. Sechzehn Männer waren wehrlos im Schlaf gestorben, wie die Fliegen. Ohne Vorwarnung waren Tonnen von Eis und Schnee über das Lager hinweggedonnert.

Bauer brachte es jedoch fertig, aus diesem hilflosen Unfall eine Kriegsschlacht zu machen. Es funktionierte. Die Deutsche Regierung stellte ihm erneut die Mittel zur Verfügung, um 1938 mit einer neuen Expedition zum Nanga Parbat zurückzukehren.

Jene Expedition wählte erneut Darjeeling-Träger aus, und Nursang war wieder der Sardar. H.W. Tilman, der britische Bergsteiger, den Pasang Phutar für Kitars Tod auf dem Nanda Devi verantwortlich gemacht hatte, hielt sich in Darjeeling auf, um Träger für die britische Everest-Expedition des Jahres 1938 anzuwerben.

Wir mussten nicht nur zwölf Träger für uns selbst, sondern auch noch zwanzig andere für drei weitere Expeditionen aussuchen, die später im Himalaya stattfinden sollten. Nachdem dies erledigt war, waren keine erfahrenen Männer mehr übrig.

Einer, Nursang … heuerte Träger für den Nanga Parbat an und hatte Schwierigkeiten, die Männer mit der Erinnerung an so viele tote Kameraden zu überzeugen, es erneut mit diesem Unglücksberg zu versuchen. Nursangs Kraftakt erinnerte mich an die Ermahnung Friedrichs des Großen an seine wankenden Truppen: »Macht schon zu, ihr unsägliches Lumpenpack, wollt ihr denn ewig leben?«[14]

Schließlich fand Nursang zehn Träger, »alles junge Männer ohne viel Erfahrung«[15] – Gyaljen, Nima Sherpa, Pasang, Pasang Chikadi, Pemba Bhutia, Pemba Sherpa, Pintso, Phuttar, Thuthin Bhutia und Sonam. Dies waren alles neue Männer, selbst wenn viele von ihnen denselben Namen haben wie die uns mittlerweile gut bekannten. Da Thundu sich weigerte teilzunehmen, Uli Luft hingegen, der alleinige deutsche Überlebende von 1937, war wieder dabei. Und so auch Fritz Bechtold, der gute Freund von Willy Merkl. Dies war in sechs Jahren seine vierte Expedition zum Nanga Parbat. Hier spielen Wahnsinn ebenso eine Rolle wie die Schuldgefühle eines Überlebenden, vielleicht aber auch Trauer und Heldenmut, wer weiß?

Heftige Schneefälle machten die Kletterarbeit mühsam. Zum vierten Mal hintereinander empfanden die deutschen Bergsteiger, dass das Wetter gegen sie stand. Vielleicht waren sie einfach nur schlecht ausgerüstet für das Wetter am Nanga Parbat. Um die geringe Anzahl der Träger auszugleichen, hatten sie sich eine JU 52 besorgt, die ihnen Ausrüstung und Verpflegung über dem Berg abwerfen sollte. Es funktionierte nicht, da entweder die Fallschirme nicht aufgingen, oder die Pakete den Berg hinunterrollten und in Gletscherspalten stürzten.

Am 19. Juli fand der deutsche Bergsteiger Ruths die Leiche eines Sherpas, die im Seilgeländer unter dem Rakhiot Peak festgefroren war. Der Sardar Nursang identifizierte den Körper als den Nima Dorjes, der auf den Everest gestiegen war, der höher ist als der Gipfel des Nanga Parbat, und der beim Abstieg kurz vor dem Lager V gestorben war. Nursang und die Deutschen schnitten den Leichnam los und bestatteten ihn rasch, bevor ihn einer der Sherpas zu sehen bekam. Sie fürchteten, der Anblick könnte den ohnehin durch den letztjährigen Unfall verunsicherten Trägern so große Angst einjagen, dass sie sich weigerten, weiterzuarbeiten.

Drei Tage später überwanden sie den Rakhiot Peak und gingen den Nordgrat entlang, bis unterhalb des Mohrenkopfes. Plötzlich sah Bauer etwas. Er blickte sich um, ob auch die beiden Sherpas hinter ihm dies gesehen hätten. Glücklicherweise stand Phuttar, der Bauer am nächsten war, fünfzehn Schritte entfernt. Bauer »rief Zuck zu, er solle die beiden Träger ein wenig zurückführen«. Dann bat er Bechtold, zu ihm zu kommen.

Bechtold bestätigte, dass der tiefgefrorene Mann auf dem Eis sein Jugendfreund Willy Merkl war. Der Mann, der neben ihm unter einer dünnen Eisschicht lag, war Gaylay.[16] Nun wusste Bechtold, dass die beiden Männer ihr letztes Biwak verlassen haben mussten und bis zu jener Stelle weitergegangen oder gekrochen waren. Später schrieb Bauer: »Angesichts der Toten senkten wir unsere Köpfe. Dann entfernten wir das Eis. Merkls Gesicht war völlig intakt, als ob es aus Wachs geformt sei. In seiner Tasche steckte ein Brief, Willo Welzenbachs letzter Schrei nach Hilfe… wir bestatteten [Merkl und Gaylay] an der Stelle, wo wir sie gefunden hatten.«[17]

Bevor sie die zwei Männer begruben, machten sie ein Foto von Gaylays mumifizierter Leiche, sein aufgedunsenes Gesicht, seine starren Augen (aus Respekt verzichteten sie, wie auch ich, auf eine Veröffentlichung jenes Fotos[18]). Anschließend führten Bechtold und Bauer die Träger zurück zu Lager V. Doch zumindest einer der Träger, Phuttar, hatte die Leichen gesehen.

Am nächsten Tag errichteten sie Lager VI, und wieder einen Tag später gelangten zwei deutsche Bergsteiger bis 150 Höhenmeter unter den Silbersattel. Fünf Tage nachdem sie Merkl und Gaylay gefunden hatten, gelangten vier deutsche Bergsteiger und ein Träger, Pintso, zu Lager VII auf dem Grat unterhalb des Silbersattels. Die anderen Träger sagten, sie seien zu krank, um über Lager V hinauszuklettern. Vielleicht entsprach dies der Wahrheit, vielleicht fürchteten sie sich vor dem, was Phuttar gesehen hatte.

Nun war der Zeitpunkt gekommen, dass Bauer im Lager V unterhalb des Rakhiot Peak einen roten Fallschirm im Schnee ausbreitete; es war das vereinbarte Zeichen für den allgemeinen Rückzug. »Natürlich war die vorauseilende Vorhut sehr unglücklich über diese Entscheidung«, schrieb Bauer.[19] Aber er hatte nur noch einen funktionierenden Träger. Obwohl er es nicht erwähnte, hatte Bauer in den vergangenen zwölf Monaten mit einer ganzen Reihe von Toten zu tun gehabt. Eiserner Wille gut und schön, aber ein erneutes Scheitern am Nanga Parbat war einer weiteren Tragödie vorzuziehen.

Bauer führte den kranken Träger Phuttar von Lager IV ins Basislager zurück. »Der Sherpa«, schrieb Bauer, »hatte immer noch denselben starren Blick den er hatte, seit wir die Toten unter dem Mohrenkopf fanden.«[20] Im Basislager ruhten sie sich aus und versuchten es noch einmal, doch sie kamen nicht weiter als bis zu Lager V.

Bauer gab nicht auf. Im nachfolgenden Jahr 1939 schickte er eine kleine deutsche Expedition bestehend aus vier Bergsteigern und drei Darjeeling-Trägern zum Nanga Parbat, um die Nordwestseite, die Diamir-Flanke, zu erkunden.[21] Bauer fürchtete auf der Route der früheren Expeditionen die ständigen Lawinen. Er wusste, dass die Nordwestflanke wesentlich steiler, beinahe senkrecht war. Außerdem würden die Bergsteiger auf der direkteren Nordwestwand den langen Nordgrat zum Silbersattel umgehen. Die Expedition von 1939 sollte lediglich Möglichkeiten zur Besteigung erkunden, eine weitere Expedition im Jahre 1940 sollte dann den Angriff wagen.

An der Expedition von 1939 nahm auch Heinrich Harrer teil, einer der vier Männer, die im Juli 1938 als Erste die Eiger-Nordwand in den Alpen bestiegen hatten. Während die Touristen vom schweizerischen Dorf Grindelwald aus durch Ferngläser zusahen, kletterten Harrer und die anderen Zentimeter um Zentimeter die Wand hinauf, in der so viele Bergsteiger vor ihnen ihr Leben gelassen hatten. In Berlin hatte Adolf Hitler die Live-Reportage des Klettergangs am Radio verfolgt. Nach ihrem Triumph empfing Hitler die vier Bergsteiger und ehrte sie als vorbildliche deutsche Helden. Der Bergführer Anderl Heckmair, einer der vier Männer am Eiger, sagte Jahre später, dass er nicht besonders beeindruckt gewesen sei: Wie ein »Tanzbär«[22] wäre er sich vorgekommen. Harrer war bereits Leutnant in der SS und sicherlich sehr beeindruckt.

Nun war Harrer also am Nanga Parbat. Die vier deutschen Bergsteiger empfanden die Nordwestflanke als insgesamt unbesteigbar. Im Juni gingen ständig Lawinen ab, im Juli herrschte Steinschlag. Die Kletterei war technisch gesehen und für die meisten Darjeeling-Träger eindeutig zu schwer. Es gelang den Deutschen jedoch, bis zu einem Punkt in etwa 7000 Meter Höhe zu gelangen. Von dort aus, dachten sie, einen einigermaßen sicheren Weg nach oben zu erkennen.

Als sie jedoch vom Berg herunter waren, stand der Krieg zwischen Deutschland und Großbritannien unmittelbar bevor. Die Deutschen brachen nach Karachi auf und wollten dort auf ihr Schiff, das sie nach Hause bringen sollte, nur kam es leider nie an. Harrer flüchtete schnell aus der Stadt, hielt sich in westlicher Richtung durch die Wüste von Baluchistan in Richtung Iran, wurde jedoch in Las Bela festgenommen. Alle vier deutschen Bergsteiger wurden als Feinde interniert.

Das Gefangenenlager befand sich in den Ausläufern des Himalaya. 1944 flohen Harrer und Aufschnaiter zusammen mit drei anderen deutschen Gefangenen. Über die Anhöhen gelangten sie ins Gebirge. Manchmal versteckten sie sich tagsüber, manchmal vertrauten sie auf die Dorfbewohner und bekamen von ihnen zu essen. Schließlich gelangten die beiden nach Tibet,

wo ihnen die kriegsneutrale Regierung des Dalai Lama Asyl ge-
währte. Der Krieg endete im Jahr danach, doch nun blieben
beide Männer in Tibet. Harrer wurde Kaufmann sowie Freund
und Berater des jungen Dalai Lama. Er blieb dort bis zur chinesischen Invasion und verließ schließlich Tibet nach sieben Jahren.[23]

Doch die deutsche Belagerung des Nanga Parbat war noch
nicht beendet.

10

Die überlebenden Sherpas

Im Frühjahr 1936 kam General Bruce nach Darjeeling und lud die fünf überlebenden Sherpas der Nanga Parbat-Gipfelgruppe – Ang Tsering, Kitar, Pasang Kikuli, Pasang Picture und Da Thundu zu einer Feier auf den Observatoriumshügel ein. Bruce überreichte jedem von ihnen eine Urkunde des Deutschen Roten Kreuzes und ehrte sie für ihren Mut.

Ang Tsering lebte zusammen mit Kitar, dessen neuer Frau und Kitars Sohn. Etwas später in diesem Frühjahr fanden Kitar und Pasang Kikuli Arbeit bei der britischen Expedition zum Nanda Devi im indischen Garwhal Himalaya.

Pasang Phutar, der an der Nanda Devi-Expedition ebenfalls teilgenommen hatte, sagte, die Annäherung an den Berg auf schmalen Pfaden und über hohe Schluchten sei das Schwierigste gewesen. Auch mit dem Essen hatte auf dem Hinweg etwas nicht gestimmt. Verschiedene Träger waren an der Ruhr erkrankt, Kitar sogar ziemlich schlimm. Die anderen Sherpas wollten Kitar tragen oder ihn zumindest zur Hauptstraße zurückbringen, doch Tilman, der Leiter der Expedition, gestattete dies nicht. Er sagte, dies würde sie nur unnötig aufhalten.

Pasang Phutar sagte, dass es schwierig gewesen sei, für Tilman zu arbeiten. Tilman wäre zum Beispiel problemlos durch einen schnell fließenden Gebirgsfluss gekommen, da er schwimmen konnte. Am anderen Ufer wäre er dann, ohne sich umzusehen, verschwunden. Die Träger, die nicht schwimmen konnten, hätten am Ufer gestanden und gehofft, dass Tilman zurückkommen und ihnen hinüberhelfen würde. Aber er kam nicht zurück, und so mussten sie es selbst versuchen, so gut es eben ging.

Am Berg sei Tilman genauso gewesen, sagte Pasang Phutar. Einmal habe er einen Mann gemimt, der wild einen Berg hinaufkletterte, stürmische Handbewegungen begleiteten seine Darbietung. Dann habe er in absichtlich gebrochenem Englisch gerufen: »Very danger man.« Pasang Phutar war der Meinung, Tilman liebte nicht nur die Gefahr, sondern er sei auch ein Mann gewesen, mit dem zusammenzuarbeiten gefährlich war.

Als sie das Nanda Devi-Basislager erreichten, war Kitar ziemlich krank, in seinem Stuhl befand sich Blut. Den Rest der Expedition lag er darnieder. Tilman, Shipton und Odell erreichten den Gipfel; 1936 war dies der höchste Berg, der je bestiegen worden war. Kitar starb im Basislager. Später schrieb Tilman, dass Kitar ihnen »als kein besonders liebenswürdiger Sherpa« vorgekommen sei.[1]

Pasang Phutar machte Tilman verantwortlich für Kitars Tod. Ang Tsering ging sogar noch weiter. Er sagte, Tilman sei ein Mörder. Er hat ihm nie vergeben.

Kitar hinterließ einen Sohn, einen behinderten Jungen mit krummem Rücken, er lebte in Ang Tserings Haus. Der Junge war intelligent, Ang Tsering behielt ihn bei sich und brachte ihn durch die Schule.

Pasang Kikuli hatte mehr Glück bei der Nanda-Devi-Expedition. Tilman schrieb, dass von den vier Sherpas Kikuli »der Einzige gewesen sei, der etwas zustande gebracht« habe.[2] Er arbeitete als Hochträger und schloss Freundschaft mit Charles Houston, dem einzigen Amerikaner der Expedition. 1938 war Houston Expeditionsleiter am K2. Er stellte Kikuli als seinen Sardar ein. Die kleine Expedition leistete zwar gute Arbeit, kam aber niemals auch nur in die Nähe des Gipfels. Pasang Kikuli war der einzige Sherpa, der mit den Amerikanern zu den höher gelegenen Lagern klettern durfte. Im Jahr danach ging eine zweite amerikanische Expedition auf den K2, und wieder war Kikuli der Sardar.

Die K2-Expedition von 1939 stellte zwei Wendepunkte in der Geschichte der Sherpa dar. Zum ersten Mal war auf einer der großen Himalaya-Expeditionen ein Sherpa Mitglied der Gipfelmannschaft. Pasang Kikuli, noch immer verfolgt von den Erinnerungen an den Nanga Parbat, drehte die allgemeine Vorstellung, was die eigentliche Aufgabe eines Sherpas sei, völlig um.

In einem Park in Srinagar wurde, kurz bevor die Expedition sich auf den Weg zum K2 machte, ein Foto aufgenommen[3]. Die neun Männer, die darauf zu sehen sind, tragen europäische Wolljacken, weiße Hemden, Pullover, obwohl drei von ihnen indische Pluderhosen anhaben. Ihr Haar ist kurz geschnitten und ordentlich gekämmt. Sie sind stolz. Seit sie mit ihren langen, hochgebundenen Haaren und ihrem Schmuck aus Halbedelsteinen den Weg von Khumbus Dörfern nach Darjeeling angetreten hatten, waren diese Männer einen weiten Weg gegangen.

Sieben der neun sehen mit ernstem Blick direkt in die Kamera, so wie Menschen eben damals schauten, wenn sie fotografiert wurden. Pasang Kikulis Bruder Sonam, am Ende der Reihe, ist der Einzige, der lächelt. Am anderen Ende steht Da Thundu, der sowohl 1934 als auch 1937 den Nanga Parbat überlebte.

Pasang Kikuli steht in der Mitte, er ist der am teuersten und am besten angezogene junge Mann – ein Jackett aus feinster Wolle mit passender knielanger Hose und einer Weste. Obwohl einer der kleinsten in der Reihe, hebt sich unter seiner gut geschnittenen Weste doch eine kräftige Brust ab. Er ist achtundzwanzig Jahre alt und seit zehn Jahren Berufsbergsteiger.

Neben ihm steht Pasang Dawa Lama. Er ist der Einzige, der einen Scheitel trägt. Mit seiner aufgeknöpften Jacke, um sein weißes Hemd zu zeigen, sieht er etwas verwegen und geckenhaft aus. Obwohl bereits achtundzwanzig Jahre alt, ist er einer der unerfahrensten Träger, aber bekannt für seine Kraft und daher auch stellvertretender Sardar. Fünf der anderen Träger – Kikuli, sein Bruder Sonam, Phinsoo, Pemba Kitar und Tsering Norbu – waren mit Houston und Petzoldt im Jahr zuvor auf dem K2 gewesen. Da Thundu hatte den Nanga Parbat hinter sich. Mit Pasang Kitar und Tse Tendrup waren es neun. Neun Mann waren zwar nicht genügend Hochträger für den K2, aber diese Mannschaft war stark und erfahren.

Die amerikanischen Bergsteiger waren allesamt schwach. Der einzige erfahrene Kletterer war der Expeditionsleiter Fritz Wiessner, der Teilnehmer der Nanga-Parbat-Expedition von 1932 gewesen war. Zu dieser Zeit hatte er noch die deutsche Staatsbürgerschaft gehabt, war aber 1933 in die USA ausgewandert und Amerikaner geworden. Einesteils verfolgte er damit Geschäftsinteressen, es ist aber auch gut möglich, dass er sich vom Nazi-Regime distanzieren wollte. Auf jeden Fall war er ein sozial eingestellter Konservativer. Andrew Kaufman und William Putnam waren amerikanische Bergsteiger, die ihn erst später besser kennen lernten. In ihrem hervorragenden Buch *K2: The 1939 Tragedy*, beschrieben sie Wiessner so:

Fritz war kein Humanist. Vielmehr predigte er darwinschen Naturalismus mit der Betonung, dass nur die Tüchtigsten überleben. Die Schwachen würden zugrunde gehen, damit die Starken lebten – das war seine Philosophie... Er konnte ein angenehmer Begleiter sein, besonders für solche Leute, die er mochte – was um das Jahr 1930 die Reichen und Einflussreichen waren –, »die guten Leute«, wie er sie nannte. Er konnte vor mitteleuropäischem Charme fast überlaufen und wusste genau, wie man mit Anmut und Anstand »das Richtige zum rechten Zeitpunkt« tat, aber er konnte brutal reserviert mit jenen sein, die er nicht mochte oder die ihm wenig bedeuteten.[4]

Er war ein Meter achtundsechzig groß, hatte eine Glatze, breite Schultern, war muskulös und kräftig; der K2 war sein Berg. Er stellte ein Team zusammen, zu dem sowohl erfahrene Bergsteiger als auch Reiche gehörten, die bereit waren, die Kosten der Expedition zu tragen. Doch noch bevor jene Gruppe von New

York aus aufbrach, hatten sich sämtliche erfahrenen Bergsteiger von der Expedition distanziert. Von den vier Bergkameraden, die Wiessner jetzt noch zur Verfügung standen, war keiner in der Lage, Kletterpartien anzuführen und Wege auf den K2 zu finden. Dies war entscheidend, denn der ganze Weg hinauf bestand aus Fels und Eis und war schwieriges Gelände. Der einfachste Weg nach oben zu den Hängen unter den Gipfel führte über den Abruzzigrat, aber auf dem Abruzzi ging es beidseitig kontinuierlich 2000 Meter steil in die Tiefe. Wenn nur einen Augenblick lang die Konzentration nachließ, würde ein Absturz fatale Folgen haben. Wiessner löste das Problem, indem er die ganze Zeit über selbst führte, vom Basislager bis fast zum Gipfel. Seit dieser Zeit begannen Kletterer, alleine die Gipfel zu stürmen, schnell, ohne Seile anzubringen und ohne auf andere Bergsteiger achten zu müssen. Niemand, weder vorher noch nachher, hat je so geführt wie Wiessner am K2.

Die Frage war: Wer konnte ihm folgen? Der technisch schwierigste Teil war der House Kamin, genau über Lager IV auf dem Abruzzi Grat. Der Kamin war zwar lediglich 25 Meter hoch, aber für die erstmalige Überwindung dieses Hindernisses hatte Bill House im Jahr zuvor vier Stunden gebraucht. Am 11. Juni war Pasang Kikulis Bruder Sonam an einem befestigten Seil halb durchgeklettert und dann ausgerutscht. Sonam fiel erst 12 Meter tief, rollte dann etwa 60 Meter den Schneehang hinunter und schlitterte auf einen Abgrund zu, der 1000 Meter in die Tiefe fiel. Im Lager IV sah Kikuli seinen Bruder stürzen, raste hin und packte ihn, als er vorbeirutschte. Sonam war über und über mit Schrammen bedeckt, aber er lebte und hatte sich auch nichts gebrochen. Den Rest der Expedition verbrachte er im Basislager, höchstwahrscheinlich wegen seiner Verletzungen. Es ist schwer, sich Pasang Kikulis Gedanken vorzustellen, als er seinem Bruder zu Hilfe eilte, der gerade dabei war, in den Tod zu stürzen. Auch wenn er in der Dringlichkeit des Moments alles andere verdrängt hat, muss ihn anschließend das nackte Grauen gepackt haben.

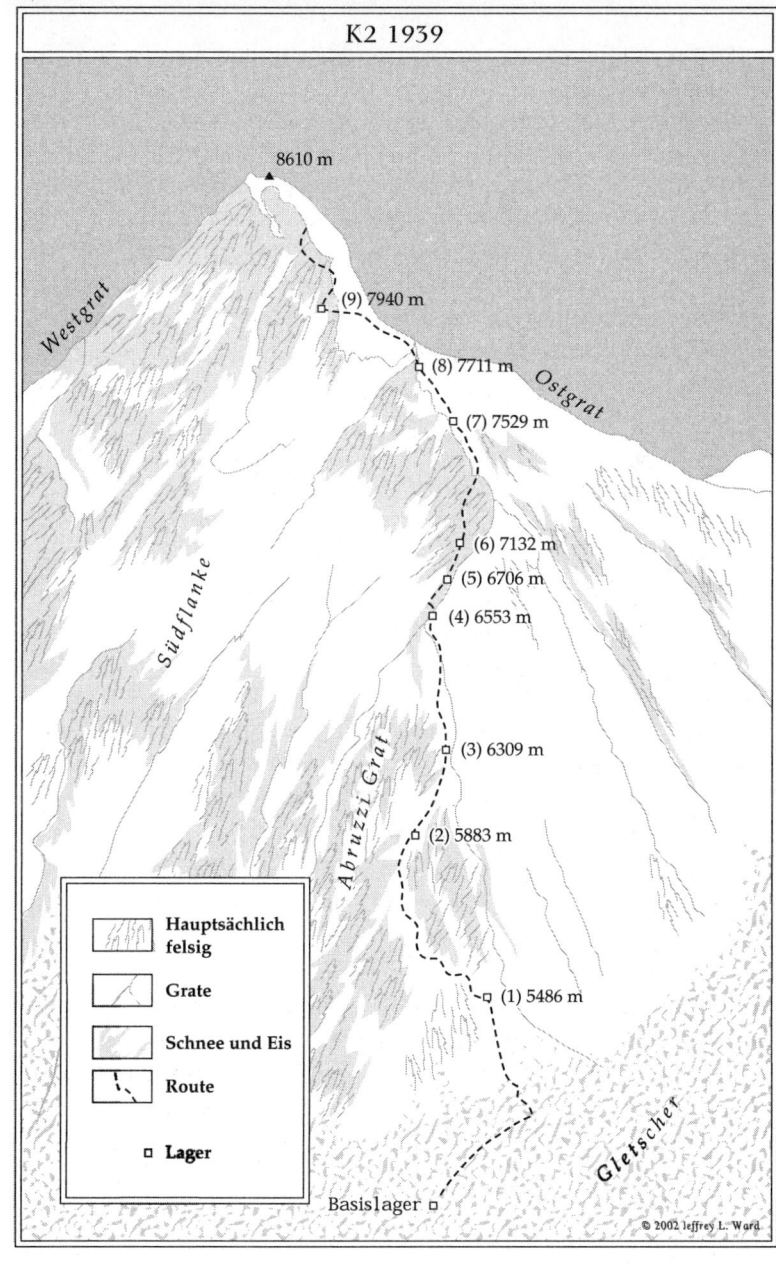

K2 1939

8610 m

Westgrat

(9) 7940 m

(8) 7711 m

Ostgrat

(7) 7529 m

Südflanke

(6) 7132 m

(5) 6706 m

(4) 6553 m

(3) 6309 m

Abruzzi Grat

(2) 5883 m

(1) 5486 m

	Hauptsächlich felsig
	Grate
	Schnee und Eis
	Route
□	**Lager**

Gletscher

Basislager □

© 2002 Jeffrey L. Ward

Bis zu jenem Zeitpunkt war Pasang Kikuli ein äußerst fähiger Kletterer gewesen, der die anderen Sherpas antrieb. Jack Durrance, einer von drei Dartmouth Studenten, notierte in sein Tagebuch, dass einmal, als Kikuli am Ende seines Seiles kletterte, er ständig Tse Tendrup mit dem Eispickel anstieß, um ihm Beine zu machen. Schließlich erreichte Pasang Kikuli Lager VI auf 7132 Meter. Seit seinen Erfrierungen am Nanga Parbat hatte er in der Höhe immer wiederkehrende Schwierigkeiten mit seinen Zehen – wahrscheinlich das Ergebnis der permanenten Schädigung seiner Gefäße in den Füßen. Im Lager kamen dann wieder Anzeichen von Erfrierungen hinzu. Um seine Füße nicht ganz zu verlieren, stieg er ins Basislager ab.

Wo sich der Abruzzi-Grat mit dem Gipfelgrat traf, bei Lager VIII, auf einer Höhe von 7711 Metern, waren nun nur noch zwei Amerikaner und ein Sherpa übrig. Wiessner und Pasang Dawa Lama hielten sich gut, doch Dudley Wolfe, der andere Amerikaner, musste aufgeben.

Wolfe hatte im Lager VIII nichts zu suchen. Er war dreiundvierzig Jahre alt, schwer übergewichtig, ein plumper ungeschickter Mann. All seine früheren Klettereien hatte er mit zwei Bergführern durchgeführt. In den Alpen und den Rocky Mountains bedurfte es oft zweier Bergführer, ihn über die schwierigen Stellen zu bringen. Einer schob von unten, der andere zog von oben. Nun befand er sich auf dem schwierigsten Berg der Erde, 900 Meter unter dem Gipfel. Was die Sache noch komplizierter machte, war, dass er ein luxuriöses Leben führte. In New York besaß er eine große Villa, sein ganzes Leben hatten Diener für sein Wohlergehen gesorgt. Daher war er nicht in der Lage, sich sein eigenes Essen warm zu machen – er wusste nicht, wie – er hatte sogar schon die größten Probleme, in der Höhe den Kocher anzuzünden, um sich Wasser zu erhitzen.

Mindestens zwei andere Bergsteiger glaubten, dass zum Dank für Wolfes Finanzierung der Expedition, Wiessner sich bereit erklärt hatte, ihn so hoch hinaufzubringen wie Wolfe wollte. Wiessner brauchte aber auch einen Kameraden für den Gipfel, und 1939 musste der Zweite selbstverständlich stets ein Weißer sein. Trotz seiner Körperfülle und seiner Unbeholfenheit war Wolfe jedoch stark, der einzige Amerikaner neben Wiessner, der Lager VIII erreicht hatte.

Wolfe, Wiessner und Pasang Dawa Lama machten sich auf den Weg zu Lager IX, dem letzten vor dem Gipfelsturm. Beinahe unmittelbar nach ihrem Aufbruch erkannte Wolfe, dass er nicht weiterkonnte. Wiessner bat daher Pasang Dawa Lama, ihn auf den Gipfel zu begleiten.

Dies war etwas völlig Neues. Nur wenige Männer, wie etwa Alexander Kellas und Charlie Bruce, waren, wenn sie ohne Begleitung von Sahibs kletterten, auf kleinere Gipfel mit Trägern gestiegen. Manchmal hatten zwei oder drei Sahibs einen Träger mit zum Gipfel genommen, der ihnen ihre Ausrüstung trug. Doch kein Sahib auf großer Expedition hatte je einen Träger gebeten, den Ruhm mit ihm zu teilen.

Einerseits hatte Wiessner keine andere Wahl. Pasang Dawa Lama war zur Stelle, er war stark und gesund, und er stellte Wiessners einzige Chance auf Erfolg dar. Andererseits aber war Wiessners Behandlung der Sherpas etwas Ungewöhnliches. Auf den tiefer gelegenen Hängen des K2 ließ er die Träger jeweils dreiundzwanzig Kilo tragen, die Sahibs, außer Wolfe, trugen fünfzehn. In den höheren Regionen trugen die Sahibs *und* die Träger jeweils achtzehn Kilo – selbst Wiessner machte keine Ausnahme, und zusätzlich hatte er noch die Last, zu führen. Diese Art von Gerechtigkeit und Gleichheit waren etwas Neues.

In einem der Lager waren nur zwei Zelte, eines für Durrance, Wolfe und Wiessner, ein anderes für die verschiedenen Sherpas. Mit Wolfes Körperumfang wurde es im Sahibzelt bald zu eng, also quartierte sich Wiessner in das Sherpa-Zelt ein. Dies mag zwar nur ein kleiner Schritt gewesen sein, aber selbst noch im Jahre 1955 ging der vornehme Schweizer Bergsteiger George Dyhrenfurth davon aus, dass Sherpas und Sahibs kein Zelt miteinander teilen sollten. Als er über die Expedition von 1932 auf den K2 schrieb, sagte er, dass zuerst nur vier Sahibs und drei Sherpas im Lager III waren – »nur so ging es, da ein weiterer Sahib und ein weiterer Träger zwei zusätzliche Zelte mit all der Ausrüstung bedeutet hätte«.[5]

Seit achtzehn Jahren waren Sherpas nunmehr Bergsteiger. Jahr um Jahr und Berg um Berg hatten sie die Ansichten der Sahibs über sie selbst und ihre Leistungsfähigkeit verändert. Pasang Dawa Lama war ein außergewöhnlich starker Kletterer. In jenem Augenblick, über dem Lager VIII, veränderten sich aufgrund der persönlichen Charaktere von Wiessner und Pasang Dawa Lama, und aufgrund dessen, was eine ganze Generation von Sherpas unter Beweis gestellt hatte, die Beziehungen zwischen Sahibs und Sherpas.

An jenem Abend schlugen Wiessner und Pasang Dawa Lama ihr Zelt im Lager IX auf; es befand sich nur 228 Meter über Lager VIII und 670 Meter unter dem Gipfel. Am nächsten Morgen brachen sie um neun Uhr auf. Ungewöhnlich, dass es so spät war. Heutzutage gehen Gipfelstürmer um drei Uhr oder vier Uhr morgens los, in jenen Tagen meist um sechs oder sieben. Die Zeiteinteilung mag ein Hinweis darauf gewesen sein, dass Wiessner und Pasang Dawa Lama bereits erschöpft waren, andererseits waren sie bei jener Expedition jeden Tag erst spät aufgebrochen.

Wiessner kam zu einer Stelle, wo er sich zwischen zwei Routen entscheiden musste. Eine folgte dem steilen zackigen Grat, die andere führte seitwärts über die Schneehänge der Flanke. Die Letztere sah einfacher und weniger steil aus, schien aber auch langsamer zu sein. Wiessner nahm den Felsgrat. Dies war eine verständliche Entscheidung, aber auch ein Fehler. Jeder erfolgreiche Versuch seither führte stets über den Schneehang.

Neun Stunden nachdem sie losgegangen waren, um sechs Uhr abends, hatte Wiessner sämtliche schwierigen Stellen überwunden, bis auf eine. Lediglich ein knapp acht Meter breiter Quergang zur Seite stand noch an, kein ausgeschlossenes Unterfangen; und dann war es nur noch ein Spaziergang über den Schnee. Er schätzte, sie könnten es in drei bis vier Stunden schaffen, in der Dunkelheit gehen und beim Licht des nächsten Morgens absteigen.

Pasang Dawa Lama sagte nein. Es besteht kaum Zweifel, dass sie den Gipfel erreicht hätten, aber Pasang Dawa Lama dachte, dass sie die Nacht nicht überleben würden. Vermutlich hatte er Recht.

Sie standen beieinander und stritten. Wiessner hielt an seiner Meinung fest und wandte sich der Traverse zu. Pasang Dawa Lama, der ihn sicherte, weigerte sich, ihm Seil zu geben. Damit hatte Wiessner keine Alternative. Sie stiegen ab zu Lager IX. Pasang Dawa Lamas gutes Gespür und seine Hartnäckigkeit hatten ihnen das Leben gerettet.

Es lohnt sich, an dieser Stelle kurz innezuhalten, um zu unterstreichen, was sie erreicht hatten. Sie kletterten ohne Sauerstoff. Sechsunddreißig Tage lang hatte sich Wiessner über dem Basislager befunden, sechs Tage lang über Lager VI. Bis auf wenige hundert Meter hatte er den ganzen Weg auf den Berg geführt. Eine so lange Zeit in dieser Höhe zerstört den Körper. Heute bleibt kein Mensch mehr so lange auf solcher Höhe. Der K2 ist der am schwierigsten zu besteigende Berg der Welt, viel schwerer als der Everest. Es dauerte bis 1978, also beinahe vierzig Jahre, dass zwei Menschen zum ersten Mal den Everest ohne Sauerstoff bestiegen, und bis 1980, dass jemand den K2 ohne Sauerstoff anging. Jene Bergsteiger am Everest und dem K2 genossen die Vorteile einer viel besseren Ausrüstung und waren zusätzlich auch noch besser ausgeruht. Niemals wieder hat jemand die Route gewählt, die Wiessner und Pasang Dawa Lama an jenem Gipfeltag versuchten. Dennoch gelangten sie bis zu 250 Meter unter den Gipfel. Dies war bis 1978 mit Sicherheit der eindrucksvollste Alleingang, der je durchgeführt worden war. Da sie jedoch den Gipfel nicht erreichten, war er bald vergessen.

Gegen sechs Uhr abends kehrten sie um. Beim Abseilen in der Dunkelheit verhedderte sich Pasang Dawa Lama im Seil und verlor dabei die Steigeisen. Um halb drei Uhr morgens erreichten sie ihr Zelt im Lager IX. Am nächsten Tag schien die Sonne, und es war warm und windstill. Wiessner lag nackt auf seinem Schlafsack, die Flügel des Zeltes weit geöffnet, und erholte sich von den Strapazen. Pasang Dawa Lama lag neben ihm. An diesem Nachmittag sagte Pasang zu Wiessner, dass er bereit sei, einen neuen Versuch zu wagen. Es waren zwei ziemlich zähe Burschen.

Ohne ihre Steigeisen jedoch mussten sie Stufen ins Eis hacken, und das war aussichtslos. Diese Nacht blieben sie noch in Lager IX – die Bergsteiger hatten noch immer keine Ahnung von Höhe. Am nächsten Morgen packten sie ihre Sachen, um hinunterzugehen. Das Zelt und Wiessners Schlafsack ließen sie zurück, Pasang Dawa Lama packte seinen Schlafsack und seine Unterlage sorgfältig ein. Diese Teile stellten immer noch einen erheblichen Teil der Bezahlung dar. Sein Schlafsack war kleiner als der der Sahibs, teilweise deshalb, weil die Sahibs meinten, die Sherpas seien die kleineren Leute, wahrscheinlich aber wollten die Expeditionen auch Geld sparen.

Auf dem Weg hinunter zu Lager VIII stürzte Pasang Dawa Lama erneut, doch Wiessner konnte ihn an seinem Pickel belegen und halten. Im Lager VIII erwartete Wiessner, Vorräte und auch Träger vorzufinden. Doch es war niemand da. Nur ein Zelt stand noch. Einen Augenblick lang dachten sie, dass dort drinnen ein Toter lag, doch dann kroch Dudley Wolfe auf Händen und Knien heraus. Da Wolfe ein so ungeschickter Bergsteiger war, hatte er für jede Station Hilfe gebraucht; dreiundvierzig Tage befand er sich bereits über dem Basislager. Eigentlich konnte er sich am Berg nicht bewegen; wenn er ein Lager hochgestiegen war, hatte er sich eine Woche lang ausgeruht und war dann zum nächsten weitergegangen. In Lager VIII hielt er sich nun seit sieben Tagen auf. Nachdem Wiessner und Pasang Dawa Lama ihn vier Tage zuvor dort zurückgelassen hatten, hatte er in Windeseile sämtliche seine Streichhölzer verbraucht. Ohne Diener, erschöpft und angeschlagen, muss er beim Versuch, den Kocher in Gang zu setzen, ein Streichholz nach dem anderen verbraucht haben. Und ohne Streichhölzer gab es keine Möglichkeit, Essen warm zu machen. Noch wichtiger war es, Schnee zu schmelzen und Wasser zu gewinnen. Glücklicherweise schien die Sonne. Wolfe hatte Schnee auf eine Plane geschaufelt und ihn vor dem Zelt in der Sonne schmelzen lassen. Auf diese Weise hatte er überlebt.

Nun stiegen die drei Männer sofort zu Lager VII ab. Wolfe stürzte und zog Pasang Dawa Lama hinter sich her. Im letzten Augenblick gelang es Wiessner, sie zu belegen. Pasang Dawa Lamas Brust war arg verschrammt; und es kam noch hinzu, dass ihn am Abend starke Nierenschmerzen befielen. Beim Sturz hatte Wolfe seinen Schlafsack verloren.

Diese Nacht verbrachten sie im Lager VII. In unregelmäßigen Abständen teilten sie sich Pasang Dawa Lamas viel zu kleinen Schlafsack. Als sie alle aufstanden, mussten Wiessner und Pasang Dawa Lama eine Entscheidung treffen. Unterhalb von Lager VII befand sich der schwierigste Eisbruch des gesamten Berges. Der Sturz vom vorhergehenden Tag auf verhältnismäßig leichter Strecke war Hinweis genug, dass Wolfe sie alle in den Eisbruch und den Tod ziehen würde.

Wiessner dachte, dass er im darunter liegenden Lager, Lager VI, genügend Helfer zur Rettung Wolfes vorfinden würde. Er wusste nicht, dass die Sherpas und Amerikaner weiter unten eine ganze Woche auf die Gipfelstürmer gewartet hatten, bis sie glaubten, dass sie tot seien. Tony Cromwell, der stellvertretende Expeditionsleiter, hatte Befehl gegeben, den Berg zu räumen, zwar die Zelte stehen zu lassen, aber die Schlafsäcke und die Nahrungsmittel mitzunehmen. Unterhalb von Wiessner, Wolfe und Pasang Dawa Lama gab es zwar Unterschlupf, jedoch keine Hilfe.

Wiesner und Pasang beschlossen, Wolfe im Lager VII zu lassen. Wiessner gestand sich nicht ein, was er damit tat. Dudley Wolfe sah es, wie Pasang Dawa Lama auch, wahrscheinlich ein, dass er ungewollt die anderen Männer töten könnte. Er war immer ein zuvorkommender Mann gewesen, der sich nie beklagt hatte. Er beklagte sich auch jetzt nicht.

In zwei Tagen erreichten Wiessner und Pasang das Basislager. Tony Cromwell und die anderen kamen ihnen entgegen. Wiessner war kaum in der Lage zu sprechen. Mit leiser rauer Stimme nannte er Cromwell einen Mörder. Wiessner muss es tief in seinem Inneren gefühlt haben, sprach es jedoch niemals öffentlich aus und gestand es vielleicht nicht mal sich selbst gegenüber ein, dass er Wolfe auf dem Gewissen hatte.

Am nächsten Morgen stiegen Jack Durrance, Pasang Kitar und Phinsoo auf, um Wolfe zu retten. Pasang Kukuli, der Sardar, ging nicht mit. Die Erfrierungen beeinträchtigten noch immer seine Zehen.

Die drei Retter schafften es in einem Tag bis Lager II, das 900 Meter höher gelegen war, und am nächsten Tag weitere 670 Höhenmeter bis zu Lager IV. Dort stellte Durrance fest, dass er nicht weiterkonnte. Am nächsten Tag stieg er ab. Zu ihrer immerwährenden Ehre gingen Pasang Kitar und Phinsoo alleine weiter zu Lager VI. Knapp 400 Meter unterhalb von Wolfe und Lager VII blieben sie stehen. Vielleicht zögerten sie, in den steilen Eisbruch zwischen Lager VI und VII einzusteigen, vielleicht dachten sie, Wolfe sei ohnehin jenseits jeglicher Hilfestellung. Aber sie stiegen nicht ab. Inzwischen kam Durrance im Basislager an. Jetzt sagte schließlich Pasang Kikuli, der Sardar, dass nun er hinaufgehen würde, um Wolfe zu retten. Er musste gewusst haben, dass selbst wenn er überlebte, er seine Zehen verlieren würde, vielleicht sogar die ganzen Füße. Später beschuldigten Wiessners Feinde, zu denen die meisten Amerikaner der Expedition zählten, ihren Landsmann, Pasang Kikuli in den Tod befohlen zu haben. Tatsächlich aber ließ Kikulis Tat wenig Zweifel, dass er freiwillig gegangen war.

Wir wissen nicht, weshalb er das tat, aber wir können vernünftige Vermutungen anstellen. Von seinem Standpunkt aus war nicht nur ein Mann in Gefahr, sondern drei – Wolfe, Pasang Kitar und Phinsoo. Kikuli war auf dem Nanga Parbat gewesen. Es fiel ihm nur allzu leicht, sich vorzustellen, was in den drei Männern oben vorging. Was er auf dem Nanga Parbat gelernt hatte, war, dass in Extremsituationen nur von den Sherpas erwartet werden konnte, sich anständig zu benehmen und aufeinander und auf die anderen Bergsteiger Rücksicht zu nehmen. Und vermutlich wird er sich gedacht haben, wenn er der Einzige war, der eine Rettungsaktion führen konnte, es auch seine Pflicht war, dies zu tun. Wir können wie gesagt nur vermuten, aber ich glaube nicht, dass er seine Entscheidung aus Loyalität gegenüber den Sahibs getroffen hatte. Dies war eine Angelegenheit von *Nyingie* – Liebe.

Aus welchen Gründen auch immer, Pasang Kikuli ging hinauf. In jenem Augenblick setzte er neue Maßstäbe für einen Sherpa Sardar. Im Jahr 2000, als ich Anu Sherpa aus Namche die Geschichte vom Nanga Parbat erzählte, fragte mich der erfahrene Bergsteiger, wo bei der ganzen Tragödie der Sardar gewesen sei. Er ging davon aus, dass es des Sardars Pflicht sei, in solch einer Notsituation zur Stelle zu sein. Ich sagte ihm, dass der Sardar Lewa in Lager IV gewesen war, da man ihm vor Jahren sämtliche Zehen amputiert hatte. Dennoch habe er versucht, so weit wie möglich nach oben zu steigen. Doch 1934 sprach niemand über die Rolle des Sardars, weil niemand davon ausgegangen war, dass er die Verantwortung trug: Rettungen oder Abstiege wurden bisher stets von Sahibs angeführt. Was Pasang Kikuli in den nächsten vier Tagen tat, änderte diese Regel, und zwar für alle Sherpas.

Pasang Kikuli nahm Tsering mit sich. Vom Basislager stiegen sie an nur einem Tag bis Lager VI und überwanden dabei 2134 Höhenmeter. Das war Bergsteigen der besonderen Art. Dort fanden sie Pasang Kitar und Phinsoo unversehrt und in Sicherheit. Am nächsten Morgen führte Kikuli Pasang Kitar und Phinsoo über den Eisbruch nach Lager VII. Tsering, der vermutlich aus Erschöpfung nicht in der Lage war, sich in den Bruch zu wagen, blieb zurück.

Pasang Kikuli und die anderen fanden Wolfe, der zwar noch lebte, aber in einem verheerenden Zustand war. Achtunddreißig Tage hatte er sich nun in Höhen um 7000 Meter befunden und seit sechzehn Tagen auf einer Durchschnittshöhe von 7600 Metern. Wieder hatte er keine Streichhölzer mehr, hatte kein warmes Essen zu sich genommen und war auch nicht in der Lage gewesen, Schnee zu schmelzen. Die letzten fünf Tage hatte er nichts getrunken. Es war ein Wunder und ein Zeichen seiner Zähigkeit, dass er noch lebte. Er lag auf seinem Schlafsack, war zu deprimiert, um seine Post oder die Nachricht von Wiessner zu lesen, die ihm die Sherpas mitgebracht hatten. Seit Tagen hatte er nicht mehr das Zelt verlassen. Was Pasang Kikuli und die anderen am meisten störte, war, dass er seinen ganzen Schlafsack, aber auch das Essen um ihn herum verunreinigt hatte. Sie machten ihm Tee und sagten ihm, dass sie ihn nun hinunterbringen würden. Wolfe sagte den Sherpas, sie sollten ihn am nächsten Tag holen, wenn er in einem besseren Zustand sei.

Wahrscheinlich wusste Wolfe, dass er den Eisbruch nicht schaffen würde, ohne zu stürzen; er hatte nicht die Absicht, drei Sherpas mit in den Tod zu reißen. Pasang Kikuli, Pasang Kitar und Phinsoo waren dennoch entschlossen. Sie zogen Wolfe aus dem Zelt, stellten ihn auf seine Füße. Er stolperte umher, sodass die Sherpas bald sahen, was er ihnen hatte sagen wollen. Sie ließen ihn also dort und sagten ihm, dass sie am nächsten Tag wiederkämen. Das hatten sie auch vor.

Sie stiegen hinunter ins Lager VI zu Tsering. In jener Nacht schneite es und den ganzen nächsten Tag hielt ein Sturm die Sherpas in ihrem Zelt gefangen. Sie sprachen darüber, wie sie es anstellen sollten. Schließlich beschlossen sie, es noch einmal zu versuchen. Sie würden versuchen, Wolfe auf seine Beine zu stellen, und ihn dann an Seilen hinunterzulassen. Wenn sie ihn nicht dazu bewegen könnten und er sich erneut weigerte, würden sie ihn bitten, ihnen ein Chit zu schreiben des Inhalts, dass sie es versucht hätten und es seine Entscheidung war zu bleiben.

Sie brauchten dieses Zeugnis, da ihre zukünftige Arbeit, insbesondere die von Kikuli, davon möglicherweise abhängig war. Seit 1937 gab es bei den Chits, die die Träger von den Bergsteigern erhielten, eine wesentliche Änderung. In jenem Jahr stellte der von den Briten geführte Indische Himalaya-Club ein Register aller Hochträger zusammen und händigte jedem Mann ein offizielles Buch aus. Es war in dickes wasserdichtes braunes Leder gebunden, dazu gab es eine Tasche aus schwarzem Leder, in der es aufbewahrt wurde. Dermaßen verpackt würde das Buch die Expeditionsstrapazen jahrelang unbeschadet überstehen. In jedes Buch hatte der Sekretär einen kurzen Bericht über die Tätigkeiten jedes Einzelnen vor 1937 geschrieben, nun konnte der Leiter einer jeden Expedition seine Bewertung des Mannes in das Buch eintragen. Sinn und Zweck war es, dass ein Sherpa-Träger eine schlechte Bewertung nicht mehr einfach verlieren konnte. Sämtliche Referenzen waren nun in einem Buch gesammelt; ein unzufriedener oder nachtragender Arbeitgeber konnte auf diese Weise den Broterwerb des Mannes ganz empfindlich stören.[6]

Pasang Kikuli hatte sicher gewusst, dass, selbst ohne einen schlechten Eintrag in sein Buch, die Geschehnisse auf dem K2 so große Beachtung in der Kletterwelt fänden, dass sowohl gute als auch schlechte Gerüchte über ihn die Runde machen würden. Natürlich befürchtete er auch, dass viele Sahibs seinen bloßen Worten allein keinen Glauben schenken würden.

Am nächsten Tag hatte sich das Wetter gebessert. Tsering, der immer noch Angst vor dem Eisbruch hatte, blieb in Lager VI. Die anderen drei Männer gingen hinauf, um Wolfe beim Abstieg zu helfen oder aber das Chit zu bekommen. Achtundvierzig Stunden wartete Tsering auf ihre Rückkehr, dann begab er sich auf den Weg ins Basislager. Pasang Kikuli, Pasang Kitar, Phinsoo und Wolfe wurden nie wieder gesehen.

Wolfe und Phinsoo hatten keine Kinder. Pasang Kitar hinterließ eine Witwe und zwei Kinder. Auch die Behauptung, er sei nur deshalb gestorben, weil er ein Arbeiter war mit Frau und Kindern und gute Referenzen brauchte, tut Kikulis Großherzigkeit und Heldenmut keinen Abbruch.[7]

Während des Zweiten Weltkriegs fanden keine Expeditionen statt; Darjeeling-Träger fanden andere Arbeit. Ang Tsering bekam eine Anstellung bei einem britischen Offizier, der ihn in das Gebiet der Nagas von Assam an der Grenze zu Burma in Ostindien mitnahm. Die Aufgabe von Ang Tserings Offizier war es, die Nagas zu überreden, nicht mit der anrückenden japanischen Armee zu paktieren. Er versprach ihnen mehr kostenlose Schulen und mehr Dienstleistungen. Eines Tages, als er in einem britischen Armeelager war, hörte Ang Tsering Gewehrfeuer. Als alle Soldaten in die Schützengräben flohen, lief auch Ang Tsering mit. Da brausten auch schon japanische Flugzeuge im Tiefflug heran und feuerten. Das Merkwürdige an diesen Flugzeugen war, dass sie keinen Lärm machten, die britischen hingegen waren laut. Die Soldaten erwiderten das Feuer.

Danach schrieb sich Ang Tsering selbst einen Brief auf Nepalesisch. Darin stand, dass sein Vater erkrankt sei und im Sterben lag. Ang Tsering solle nach Hause kommen. Er zeigte den Brief dem britischen Offizier.

Der Brite sagte: »Unmöglich. Aber ich werde den Behörden in Darjeeling schreiben, damit ein wirklich guter Arzt deinen Vater besucht.«

»Das geht nicht«, antwortete Ang Tsering. »Mein Vater ist nicht in Darjeeling. Er lebt in Solu, in Khumbu, Nepal, viele Tagesmärsche von der Straße entfernt.«

Daraufhin meinte der britische Offizier: »Du lügst.« (Als er mir dies erzählte, zog Ang Tsering sich den Finger über den Hals, was bedeutete: Ich wusste, dass ich erledigt war.)

»Also gut«, sagte der britische Offizier, »ich gebe dir fünfzehn Tage Urlaub. Allerdings kein Geld, nichts von deinem Sold. Du musst also zurückkommen.« (Als er mir das sagte, fuhr sich Ang Tsering wieder mit dem Finger über den Hals.)

Er nahm sich die fünfzehn Tage Urlaub. Als er in Darjeeling ankam, war er so glücklich, wieder bei seinen Kindern zu sein – er lachte beim Reden, und mit fünfundneunzig Jahren hopste sein ganzer Körper im Polstersessel auf und ab, seine breiten Schultern reckten sich, er explodierte fast vor Ausgelassenheit, die Augen funkelten schalkhaft und luden mich ein, diese Posse mit zu genießen – »noch nie war ich so glücklich, wieder zu Hause zu sein. Vergiss das Geld.«

Nach dem Krieg gab es wieder Arbeit in den Bergen. 1947 auf dem Kedarnath, trieb die Erinnerung an den Nanga Parbat Wangdi Norbu zu einer Verzweiflungstat.

Wangdi Norbu war Tibeter. 1932 wäre er im Everest-Basislager beinahe an der Höhenkrankheit gestorben. Er war dabei, als Alfred Drexel 1934 im Lager II starb. Danach stieg Wangdi Norbu nicht mehr über Lager IV hinaus. Wie man sich erinnert, hatte Merkl für den letzten Anstieg ausschließlich Sherpas ausgewählt. Wangdi Norbu hatte jedoch mit den Überlebenden gesprochen, und was er damals hörte und sah, schreckte ihn für den Rest seines Lebens.

Er war von Natur aus ein zuversichtlicher, stolzer Mann. Frank Smythe hatte Wangdi Norbu anlässlich der Expedition 1932 zum Kamet beschrieben. Beim Anmarsch hatten sich verschiedene Darjeeling-Träger Ortsansässige genommen, die ihnen ihre Last trugen.

Da sie wie Sahibs umherstolzierten und in der Lage waren, Träger zu bezahlen, die ihnen die Lasten trugen, nahm ihr

Prestige im ganzen Tal ungemein zu; nicht nur, dass ihnen die Dorfbewohner Erfrischungsgetränke anboten, sie fanden auch Gefallen in den Augen der Dorfschönheiten. Unter den Darjeeling-Leuten bemerkte ich, dass Ongdu [Wangdi Norbu], der als Erster einen Träger gefunden hatte, auf beständige Sympathie beim weiblichen Geschlecht des Dorfes stieß, durch das wir zogen. Wenn wir ihn aber betrachteten, fragten wir uns unablässig, weshalb das so sei, da er keinesfalls ein besonders einnehmendes Äußeres hatte.[8]

Aber er besaß Charme und Stil. Smythe schrieb fünf Jahre später:

Er ist ein kleiner Bursche, fest und drahtig, der kein Gramm überschüssiges Fett an sich trägt. Er hat eines der härtesten Gesichter, die ich kenne; er sieht ehern aus, ist aber auch besonnen und gesetzestreu. Er hat weniger hohe Backenknochen als die meisten Tibeter, sein Lippen sind dünner und fester. Seine Augen sind in der Regel etwas blutunterlaufen, was sie grimmig, beinahe grausam aussehen macht, aber Wangdi ist nicht grausam; er ist einfach nur hart, einer der härtesten Männer, die ich kenne ... Wangdi ist Analphabet, aber zusätzlich zu seiner Muttersprache spricht er fließend Urdu und Nepali. Er ist schnell und bewegt sich ruckartig, und so klingt auch seine Sprache; es ist, als ob in ihm ein Feuer brennen würde, das nie ein angemessenes Ventil findet. Wie viele seiner Rasse ist er ein ausgezeichneter Improvisator, doch was er nicht mit seinem Kukri (gebogenes Gurkha-Messer) hinkriegt, pflegt er mit den Zähnen zu bearbeiten. Ich habe mit eigenen Augen gesehen, wie er eine festgefressene Flügelmutter eines Kamerastativs mit den Zähnen packte, und die Flügel als Hebel nutzend so lange drehte, bis die Mutter lose war; dann spuckte er die Splitter seiner Zähne, die bei diesem Vorgang abgebrochen waren, in aller Ruhe auf den Boden. Nicht zuletzt ist er ein exzellenter Bergsteiger, dem es die größte Freude macht, wenn er in der Lage ist, seine unglaubliche Kraft und seine zweifellos vorhandene Geschicklichkeit zu demonstrieren.[9]

Auf dem Everest wurde er 1936 zum zweiten Mal höhenkrank, erholte sich jedoch nach dem Abstieg völlig. 1937 befand sich Wangdi Norbu auf einer kleinen Expedition mit Frank Smythe, als die Nachricht kam, dass eine Lawine am Nanga Parbat sechzehn Menschen getötet habe. Wangdi Norbu war zutiefst betroffen – viele der Sherpas waren seine Freunde gewesen. An diesem Abend erzählte er Smythe vom Nanga Parbat. Smythe schrieb:

Es gibt nichts, was geistige Nähe so fördert wie ein Lagerfeuer. Was muss das für ein stumpfsinniger und phantasieloser Mensch sein, der nicht den Geist der Kameradschaft spürt, wenn er im warmen Feuerkreis der tanzenden Flammen ... Ich sehe ihn noch heute, wie er mit seinen überkreuzten Beinen auf dem Boden saß, den roten Feuerschein im Gesicht, zwischen den Lippen die unvermeidliche Zigarettenspitze ... [und sagte] »Ich habe immer gewusst, dass der Nanga Parbat anders ist als andere Berge. Er tötet dich, wenn er kann. Er ist ein verfluchter Berg. Ich hatte das Angebot in diesem Jahr, aber ich sagte nein. Lieber bin ich mit Ihnen gegangen, denn ich war mir ziemlich sicher, dass dort ein neuer Unfall passieren würde, und ich ahnte, dass viele dort ihr Leben lassen würden.«[10]

1938 wählte der Himalaya-Club zehn ganz besonders erprobte Darjeeling-Träger aus, fünf Tibeter und fünf Sherpas, um sie mit der »Tiger-Medaille« zu ehren. Wangdi Norbu war einer von ihnen.

Neun Jahre später, 1947, war er der Sardar einer kleinen Schweizer Expedition in den Garwhal Himalaya. Der erste Gipfel, den sie angingen, war der Kedarnath mit 6940 Metern.[11]

Fünf Männer bildeten die Gipfelmannschaft. André Roch und

Rene Dittert, zwei erfahrene Bergsteiger, gingen an einem Seil zusammen mit dem Bergführer aus den Alpen, Alex Graven. Am anderen Seil gingen Wangdi Norbu und Albert Sutter. Sutter hatte weniger Erfahrung als die anderen, war aber, wie so oft in solchen Situationen, der wohlhabendste Teilnehmer von allen. Für ihn war Wangdi Norbu mit seiner geradezu immensen Erfahrung der ideale Partner.

Am letzten Grat, der zum Gipfel führte, müssen sich entweder Sutter oder Wangdi einen Fehltritt geleistet haben. Wahrscheinlich war es Sutter, der Wangdi vom Grat riss. Aneinander gebunden rutschten sie 300 Meter in die Tiefe. Als sie schließlich zu einem Halt kamen, konnten die anderen Bergsteiger nicht erkennen, ob sie noch lebten oder tot waren. Sie konnten auch nicht auf dem direkten Weg zu ihnen hinunterklettern, sie mussten den Grat zurückgehen und unten über die Flanke traversieren. Dies dauerte einige Zeit. Endlich kamen sie zu der Stelle, wo die beiden lagen. Sutter zitterte am ganzen Körper, war aber nicht schwer verletzt. Wangdi konnte weder stehen noch gehen. Er hatte sich ein Bein gebrochen, das andere war durch die Steigeisen Sutters während des gemeinsamen Falls böse aufgeschlitzt worden.

Die einzige Möglichkeit für Wangdi, ins Tal zu kommen, war, dass die Schweizer ihn trugen. Aber wie es aussah, fühlten sie sich zu erschöpft. Um ihn vor dem Wind zu schützen, legten sie ihn auf einen Sims in einer Gletscherspalte und sagten, sie kämen morgen wieder zurück. Zweifellos wäre bei einem verletzten Schweizer Wangdi Norbu oder einer der anderen Bergsteiger dageblieben.

Am nächsten Tag schickte Roch eine Gruppe von Sherpas den Berg hinauf, um Wangdi Norbu zu retten. Schweizer gingen keine mit hinauf – sie schliefen den ganzen Morgen. Die Sherpas fanden das in etwa angegebene Gebiet, waren aber nicht in der Lage, die Spalte zu lokalisieren. Wangdi Norbu konnte hören, wie sie nach ihm riefen. In seinem geschwächten Zustand schrie er so laut wie möglich. Oft aber verschlucken die Wände von Gletscherspalten jedes Geräusch, so auch in diesem Fall. Die Sherpas gingen wieder hinunter und meldeten etwa um dreizehn Uhr den Sahibs, dass sie Wangdi Norbu nicht hatten finden können. Aber von den Schweizern ging keiner hinauf.

Wangdi Norbu war hart im Nehmen. Vor siebzehn Jahren war er alleine am Kangchenjunga geklettert und in eine Gletscherspalte gefallen. Drei Stunden lag er eingezwängt in jener Spalte und wusste nicht, ob er je gefunden würde. Auch am Everest war er bereits zweimal in Lebensgefahr gewesen. Nun hatte er ein gebrochenes Bein, das andere war aufgeschlitzt und blutete. Er muss geschwächt und unterkühlt gewesen sein und vermutlich große Schmerzen gehabt haben. Als die Dunkelheit kam, ließ er alle Hoffnung fahren. Da die Sherpas ihn nicht gefunden hatten und die Sahibs nicht wiedergekommen waren, dachte er, sie hätten ihn zum Sterben liegenlassen. Der Grund für diese Schlussfolgerung lag nach meiner Meinung in der Erinnerung daran, wie sich die Sahibs 1934 am Nanga Parbat verhalten hatten.

Wangdi Norbu packte sein Messer aus – anscheinend hatten die Sherpas den Brauch, sich nach Messern zu durchsuchen, nach dem Kriege wieder aufgegeben. In der Spalte begann er sich die Kehle durchzuschneiden. In seinem geschwächten Zustand war dies nicht einfach. Mit halb durchtrennter Kehle erinnerte sich Wangdi Norbu plötzlich seiner Frau und Kinder. Ihnen zuliebe entschloss er sich, noch eine Nacht am Leben zu bleiben und rammte sein Messer in die Eiswand.

Es wurde eine lange Nacht. Die offene Wunde am Hals blutete, er lag absolut still. Wenn er sich nicht bewegte, so hoffte er, würde das Blut gerinnen. Seine Schmerzen müssen grauenhaft gewesen sein.

Bei dieser Expedition war Tenzing Norgay einer der Träger. Mit einem der Bergsteiger war er im Basislager gewesen, doch als er von dem Unglück erfuhr, ging er nach oben und erreichte um sieben Uhr abends das Hochlager. Er war mit Wangdi Norbu befreundet. In seiner Autobiographie schrieb er es nicht direkt, aber wenn man zwischen den Zeilen liest, erkennt man, wie wütend er gewesen war. Er brachte die Sherpas dazu, im Morgengrauen mit ihm aufzusteigen, und diesmal ging auch André Roch mit; sie fanden Wangdi Norbu in der Spalte.

Die Wände waren blutverschmiert, Wangdi Norbu lag da, mit offenem Hals, aber er lebte. Nachdem sie ihn vorsichtig aus der Spalte gehoben hatten, trugen ihn Tenzing und die anderen Träger den Berg hinunter, meist auf einer Trage, wenn es sein musste, auf ihrem Rücken. Anfangs bewegten sie sich langsam und sehr vorsichtig, doch beim Absteigen stellten sie fest, dass sich die Wunde am Hals nicht wieder öffnete.

Sie brachten ihn ins Krankenhaus in Mussoorie. Später schrieb Tenzing:

»Nach einiger Zeit dort im Krankenhaus waren seine Verletzungen ausgeheilt, und er konnte wieder nach Hause gehen. Doch niemals wurde er wieder der Alte. Als ich ihn später in Darjeeling traf, war es offensichtlich, dass das, was er durchgemacht hatte, einen bleibenden Effekt hinterlassen hatte; nicht nur körperlich, vor allem seelisch. Der alte Tiger Wangdi kletterte nie wieder und starb zu Hause einige Jahre später.«[12]

Dorjee Lhatoo ging zusammen mit Wangdi Norbus Sohn in Darjeeling zur Schule. Dorjee sagte, als Wangdi Norbu vom Kedernath zurückgekehrt war, hätte er geschworen, niemals wieder zu klettern, selbst wenn er nur Wasser und Brot essen und auf der Straße betteln müsste. Und auch keines seiner Kinder, sagte Dorjee Lhatoo, habe jemals im Gebirge gearbeitet.

Da Wangdi Norbu ausgefallen war, mussten die Schweizer einen neuen Sardar finden. Sie boten Tenzing die Stelle an. Und damit hatte eine neue Ära des Bergsteigens begonnen.

11

Tenzing trifft die Bergführer

Tenzing Norgay war anders als die anderen Sherpa-Bergsteiger. Er selbst sagte, der Unterschied war der, dass es schien, als ob er drei Lungenflügel hätte, wo andere nur zwei hatten. Je größer die Höhe, desto stärker wurde er. Leute, die ihn kannten, unterstrichen noch zwei andere Eigenschaften – Willenskraft und Intelligenz.

Wenn Da Thundu ein ruhiger Mann war, der sich niemals in den Vordergrund schob, war Tenzing das genaue Gegenteil. Schon als Junge hatte er immer von Größe geträumt. 1933 stellte er sich mit den Männern, die Arbeit bei der britischen Expedition auf den Everest suchten, in die Reihe und war am Boden zerstört, als sie ihn ablehnten. Die anderen Sherpas sagten ihm, er solle sich gedulden, er sei schließlich erst achtzehn und zu jung für die Berge. Aber er lechzte danach, Erfahrung zu sammeln. Zwei Jahre später versuchte er, an der nächsten Everest-Expedition teilzunehmen. Doch er verfügte noch immer über keinerlei Erfahrung, hatte auch keine Zeugnisse; er wurde wieder nicht genommen. Diesmal jedoch benötigte Eric Shipton in letzter Minute zwei Ersatzleute. Alle, die sich Hoffnungen machten, stellten sich an. Ohne mit ihnen zu sprechen, nur vom Augenschein her, wählte Shipton zwei Männer aus. Einer davon war Tenzing. Bei jener Expedition, und jeder folgenden, ging Tenzing genauso hoch hinauf wie alle anderen Träger.

Aber was bedeuteten schon Willenskraft und Stärke ohne Intelligenz? Es war nicht nur so, dass in Tenzing ein Feuer brannte.

Er wusste auch, wie er sich seine Träume verwirklichen konnte. Jeder Sahib, der mit Tenzing arbeitete, erwähnte seinen sprühenden Geist. Die Sherpas, die ihn am besten kannten, sagten, er sei der schlaueste Mann gewesen, dem sie je begegnet waren.

Nawang Gombu war siebzehn Jahre alt, als er 1953 zum ersten Mal mit seinem Onkel Tenzing auf den Everest ging. Später wurde er der erste Mensch, der den Everest zweimal bestiegen hatte. Zwanzig Jahre lang arbeitete er unter Tenzing am Himalayan Mountaineering Institute in Darjeeling. Gombu erzählte, während er mit Tenzing zusammengearbeitet habe, sei etwas Unerwartetes geschehen. Tenzing habe darauf reagiert, was sich wenig später als genau das Richtige herausgestellt habe. Und dann erkannte Gombu, dass Tenzing bereits Monate zuvor überlegt hatte, was geschehen könnte, dass er einen Plan erarbeitet und gewusst habe, dass er funktionieren würde. »Genau so«, sagte Gombu, streckte seine Hand so weit aus wie möglich, hob einen Finger und fixierte die Kuppe, als ob er Maß nehmen würde. »Tenzing dachte stets voraus.«

Zu der Zeit, als die Bergführer aus den Alpen in den Himalaya kamen, wurde Tenzing zum ersten Mal Sardar. Diese Bergführer veränderten das Bergsteigen, die Sherpas – und Tenzing.

Als im neunzehnten Jahrhundert britische Bergsteiger in die Alpen gingen, heuerten sie ortsansässige Bauern an, die sie die Berge hinaufführen sollten.[1] Doch genauso wie die Sherpas hatten die Dorfbewohner vor den Bergen Angst; nie waren sie selbst hinaufgestiegen. Aber wie auch bei den Sherpas gab es einige, die erkannten, dass sich davon gut leben ließ, und sie brachten sich, ihren Söhnen und Enkeln das notwendige Handwerkszeug bei. Bergführer zu sein wurde zum Beruf, der sich gewöhnlich auf die Ortsansässigen beschränkte. Ab 1950 kamen die besten alpinen Bergführer in den Himalaya. Solche Menschen hatten die Sherpas noch nie gesehen. Erst durch sie erfuhr Tenzing etwas von seiner eigenen Größe.

Aus zwei Gründen war der Einfluss der Bergführer auf die Sherpas groß. Erstens waren die Bergführer selbst Arbeiter und behandelten die Sherpas wie ihresgleichen. Zweitens war bis dahin das Klettern im Himalaya den feineren Herrschaften vorbehalten gewesen. Zwei Beispiele, ein britisches und ein amerikanisches, sollen verdeutlichen, was das bedeutete.

1921 war vermutlich George Finch der beste Alpinist Englands und als solcher die erste Wahl für die britische Everest-Expedition jenes Jahres. Im Alpine Club machte sich jedoch Unruhe breit, weil er kein echter Gentleman war: Als gebürtiger Australier hatte er weder eine britische Eliteschule noch die Universität von Oxford oder Cambridge besucht. Zum anderen war er in der Obhut seiner zwar wohlhabenden, aber doch sehr freigeistigen Mutter auf dem europäischen Festland aufgewachsen. Finch besaß den Doktortitel einer Schweizer Universität und war Dozent am Imperial College in London, aber dies genügte nicht. Bei einer medizinischen Tauglichkeitsprüfung fiel er durch, sodass er aus dem Expeditionsteam flog. Dass dies ein abgekartetes Spiel gewesen war, dachten damals viele.

Der anschließende Skandal erzeugte zunächst einmal genug Druck, Finch für die 1922er-Expedition zuzulassen. Einer der Leute, die für das Team verantwortlich waren, wandte sich privat an Mallory. Er fragte ihn, was er wohl sagen würde, wenn er ein Zelt mit einem Mann wie Finch teilen müsste. Mallory antwortete, dass er mit jedem schliefe, wenn dies die Chancen, den Everest zu besteigen, vergrößern würde. Damit war Finchs Teilnahme gesichert.

Da Finch berufstätig war, kam er zum Treffen der Expeditionsteilnehmer in Tibet etwas zu spät. Bevor er ankam, hatte der stellvertretende Expeditionsleiter, Lieutenant Colonel E.L. Strutt ein Foto von ihm in einer Illustrierten gesehen. Das Foto zeigte Finch, wie er gerade einen seiner Bergstiefel reparierte – das war *Handarbeit in aller Öffentlichkeit*. »Ich wusste schon immer«, sagte Strutt, »dass der Mann ein Scheißkerl war.«[2]

Ähnliche, nur etwas moderatere Klassenunterschiede existierten auch in amerikanischen Bergsteigerkreisen. Lassen Sie uns das Beispiel Paul Petzoldts von 1938 auf dem K2 betrachten.[3]

Petzoldt war neun Jahre alt, als er aus eigenen Stücken mit dem Bergsteigen begann. Ihm hatten es die Wände des Snake River Canyons nahe der Familienranch in Idaho angetan. Als er vierzehn war und sein Vater starb, musste seine Mutter die Ranch verkaufen; Petzoldt gab die Schule auf und bummelte sieben Jahre durch Amerika. Er sprang auf Güterzüge – ohne zu zahlen. Seine überaus stolze Frau Patricia brüstete sich später, dass er »*einmal sogar mit dem* berühmten amerikanischen Stromlinienzug Twentieth Century Limited aus Chicago herausgefahren sei. Unter ›Bummlern‹ war dies die absolute Krönung.«[4]

Als Petzoldt zweiundzwanzig war, bekam er in den Rocky Mountains von Wyoming, außerhalb von Jackson Hole, einen Job als Bergführer. Mit diesem Geld, und mit Tellerwaschen, Poker Spielen und Zocken beim Golf finanzierte er sich zwei weitere Jahre auf der Schule.

Einmal besuchte der Verwaltungschef von Windsor Castle die Rocky Mountains zum Klettern und lud ihn nach England ein.

Petzoldt sparte für die Reise, dann machte er sich auf den Weg, fuhr auf Güterzügen nach New York und trampte auf einem Passagierdampfer nach Europa. Windsor Castle genoss er sehr, er spielte Golf und las viel. Petzoldt liebte Bücher. Früher war er, wenn er unterwegs gefroren hatte, in Bibliotheken gegangen und hatte festgestellt, dass er nicht hinausgeworfen wurde, solange er vorgab zu lesen. Bald fing er Feuer.

Von Windsor Castle aus fuhr er mit dem Fahrrad in die Alpen. Petzoldt konnte sich die Gasthöfe in den Bergen nicht leisten, also schlief er im Zelt. Die Schweizer Bergsteiger, die in der Hütte, neben der er sein Zelt aufgeschlagen hatte, saßen, schickten zwei Leute vorbei, um zu sehen, was mit dem Kerl los war. Patricia schrieb: »Als die zwei herausbekamen, dass sie mit einem Amerikaner sprachen, waren sie plötzlich Feuer und Flamme.

Denn die meisten reichen Amerikaner – sie waren ja schließlich alle reich – hatten Bergführer, einen über sich, der zog, einen, der von unten schob, und einen, der das Essen brachte. Sie versicherten Paul, dass das Klettern im Gebirge sehr gefährlich war. Ohne Bergführer bräuchte er gar nicht erst loszugehen.«[5]

In jener Woche bestieg Petzoldt das Matterhorn zweimal an einem Tag, vorne hinauf und wieder hinunter, und dann das Gleiche von der anderen Seite.

Er schrieb an Patricia, einer Studentin, die er in Wyoming kennen gelernt hatte und bat sie, ihn zu heiraten. Ein paar Sekunden lang dachte sie darüber nach, dann schrieb sie ihm zurück und sagte Ja. Er antwortete ihr: »Liebling, du könntest eine schwere Zeit mit mir durchmachen. Ich habe dir, was materielle Sachen angeht, nicht viel zu bieten. Ich bin noch nicht mal sicher, dass du auch immer genug zu Essen bekommst. Aber ich weiß, dass wir ein wunderbares Leben miteinander haben werden. Es gibt so viele schöne Dinge, die wir zusammen machen können.«[6]

Sie fuhren Ski, arbeiteten auf Vergnügungsranches, kletterten und führten Kletterkurse in den Grand Tetons in Wyoming durch. An einem grauen Wintertag in Jackson Hole bekam sie einmal den Hüttenkoller und fuhr nach Hause. Patricias Mutter sah ihre Tochter den Weg heraufkommen und war sehr besorgt. Patricia versicherte ihr jedoch, dass »sie sich selbst als verheiratete Frau als den großen Renner betrachtete«.[7]

1938 war das Paar gerade in Mexiko, als Paul ein Telegramm erhielt, in dem ihm angeboten wurde, an der amerikanischen Expedition auf den K2 teilzunehmen. William Loomis hatte die Expedition abgesagt und Petzoldt als seinen Stellvertreter empfohlen. Loomis war bereit, Petzoldts Anteil der Kosten zu übernehmen. Sonst hätte er sich das nie leisten können. Die anderen vier Bergsteiger waren alles reiche Leute mit Hochschulabschluss.

Der Himalaya – Pauls Traum. Patricia bekam Angst; wie jede Frau, die weiß, was Klettern bedeutet.

Von dem Geld kaufte Paul Filmmaterial für seine Filmkamera, den Rest ließ er Patricia. In New York stellte er fest, dass Loomis Geld in die Expeditionskasse gewandert war, die für Pauls Reise und Verpflegung aufkam, für nichts sonst. Während der Überfahrt und der ganzen Zeit in Indien ging Petzoldt Einladungen zum Bridge und sonstigen Gelegenheiten aus dem Weg, da er nicht in der Lage war, seine Drinks selbst zu bezahlen. Zwar fürchtete er, dass er als geizig und unsozial eingeschätzt werden könnte, aber er brachte es nicht fertig, diesen reichen Leuten seine Situation zu erklären. Die Kluft zwischen Petzoldt und den vier anderen Bergsteigern war gewaltig. Patricia schrieb:

Das alles geschah im Jahre 1938, und Bergsteigen war noch nicht allzu bekannt in den Vereinigten Staaten. Der amerikanische Alpine Club, der sich aus einer relativ kleinen Gruppe von Leuten zusammensetzte, wovon die meisten im Osten der Vereinigten Staaten lebten, beherrschte die Kletterszene. Es war ein ziemlich exklusiver Club ... Die überwältigende Mehrheit erklärte sich mit der britischen Tradition einverstanden ... Die klassische Literatur über britischen Alpinismus ging davon aus, dass nur Abkömmlinge einer ganz bestimmten Klasse in der Lage waren, sich einen Ruf als Bergsteiger zu schaffen. Die klassische Literatur vermied es immer, die Fähigkeit eines Gentleman mit der eines Bergführers zu vergleichen. Ungeachtet dessen, um wie viel besser der Bergführer war, selbst wenn der Gentleman den ganzen Weg hinauf gezogen oder geschoben werden musste, war es immer der Gentleman, der den Berg bezwang. Wenn er einen berühmten oder besonders tüchtigen Bergführer hatte, wurde es als sein Verdienst betrachtet, ihn ausgesucht zu haben; genauso wie man des Gentleman-Bergsteigers Urteilskraft pries, wenn er sich für ein starkes Seil oder das richtige Paar Schuhe entschieden hatte.
Eine ganze Menge Amerikaner, die diesen lächerlichen Ideen nachhingen, wären im höchsten Maße verärgert gewesen, wenn

man sie daran erinnert hätte, dass nach britischen Maßstäben nicht mal sie selbst als Gentlemen gegolten hätten.

Später fand Paul heraus, dass im Club Zweifel gehegt worden waren, ob er in der Lage sein würde, sich dem Rest der Gruppe sozial anzupassen. Die Tatsache, dass er ein Profi war, ein Bergführer, wurde genauso in die Waagschale geworfen wie die Tatsache, dass er aus dem Westen stammte, und obwohl er als einigermaßen gebildet galt, er doch keinem hochrangigen College angehört hatte. Aber schließlich obsiegten praktische Überlegungen. Die Gruppe nahm sehr wohl die Vorteile zur Kenntnis, die sie mit einem Kletterer haben würde, dessen großes Können und außergewöhnliche Ausdauer ihm bei der Elite der Bergsteiger großes Ansehen verschafft hatte. Ganz zu schweigen von der Tatsache, dass seine jahrelange Erfahrung als Bergführer ganz bestimmt nicht schaden würde.[8]

Als sie im Anmarsch auf den K2 waren, tat Petzoldt etwas, das noch kein anderer Bergsteiger je getan hatte. Zur Expedition gehörten fünf Sherpa-Träger aus Darjeeling, unter anderem auch Pasang Kikuli. Da Paul ein Bergführer war, der sein Handwerk beherrschte, sah er sofort, was ihnen abging und gründete eine »Kletterschule für die Sherpa-Träger. Obgleich sie alle über Bergerfahrung verfügten, hatten sie doch nicht die notwendigen Kenntnisse in Bezug auf akrobatisches Klettern. Paul zeigte ihnen, wie man Kletterhaken setzte, Karabiner gebrauchte, wie man sich richtig abseilte. Er brachte es ihnen spielerisch bei und benutzte die steilen Wände im Tal als Übungsplattform. Die Sherpas nahmen es begeistert auf.«[9]

Als sie dann endlich am Berg waren, kletterte Petzoldt natürlich höher als jeder andere.

Der britische Bergsteiger Tom Langstaff und der italienische Herzog von Abruzzi hatten bereits vor dem Ersten Weltkrieg Bergführer aus den Alpen als Hilfskräfte zum Himalaya mitge-

nommen. Zwischen den Kriegen waren Bergführer wie Paul Petzoldt am K2 und Peter Aschenbrenner am Nanga Parbat die
absolute Ausnahme. Doch 1950 kamen die Franzosen zum Annapurna. Der Expeditionsleiter Maurice Herzog war aus Chamonix, am Fuß des Mont Blanc. Drei der Bergsteiger – Louis
Lachenal, Gaston Rebuffat und Lionel Terray – waren professio-
nelle Bergführer aus Chamonix. Sie setzten die Maßstäbe für die
ganze Expedition und zeigten den Sherpas, wie man auf Eis und
Fels kletterte.

Auf dem Marsch zum Basislager des Annapurna mussten sie
über den Mristi Khola Fluss. Bei einem Sturz war es möglich,
dass ein Mann flussabwärts in den Tod gerissen wurde. Herzog
»deutete auf einige Baumstrünke, die die anderen am Tag zuvor
dort platziert hatten, doch unsere Kulis weigerten sich, mit ihren
Lasten darüberzugehen. Rebuffat und ich zögerten nicht und
übernahmen von den Trägern die Lasten. Nun hatte sich Rebuffat also in einen Träger verwandelt; er legte sich den Trageriemen um die Stirn, und sein Kopf, sein Hals, sein ganzer Körper
schwankten unter der Last bedenklich.«[10]

Aber er schaffte es hinüber.

Ich fragte Khansa aus Namche, wer der beste Ausländer war,
mit dem er geklettert war. »Lionel Terray«, antwortete er. 1956
arbeiteten sie am Makalu zusammen, und was Khansa an Terray
so mochte, war, dass er den Sherpas den ganzen Berg hinauf
Unterricht erteilte. Ich sagte Tenzing, dass Terray ein berufsmä-
ßiger Bergführer gewesen war, der wie die Sherpas von seiner
Arbeit lebte, und sein Großvater, genauso wie bei den Sherpas,
Bauer gewesen war, bis die ersten Alpinisten kamen. Khansa antwortete, dass alle Sherpas dies gewusst hätten. Ganz besonders
hatte ihnen gefallen, dass Terrays Vorfahren ihm gezeigt hätten,
wie man Lasten mit dem Kopfriemen trägt.

Höher oben auf dem Annapurna trugen die Sahibs Lasten von
je zwanzig Kilo. Später schrieb Herzog:

Als wir uns der Höhe von 6500 Metern näherten, ging unser Atem kurz und unregelmäßig.

»Wir sind keine Sherpas«, sagte Lachenal bitter.

»Wir sind nicht in den Himalaya gekommen, um Lasttiere zu spielen«, knurrte Rebuffat.

Terray entgegnete daraufhin spitz:

»Ein Bergsteiger sollte wohl in der Lage sein, seine Ausrüstung selbst zu tragen. Wir sind genauso gut wie die Sherpas, nicht wahr?«

Lachenal hatte sich über seinen Eispickel gebeugt, Rebuffat sich auf seinen Rucksack fallen lassen. Ihre Gesichter waren rot angelaufen, der Schweiß rann ihnen in Strömen übers Gesicht; normalerweise zeigten sie ihre Gefühle nicht, aber jetzt sahen sie wirklich böse aus.

»Wenn wir uns jetzt mit dieser lächerlichen Schlepperei fertig machen, wie um alles in der Welt geht es uns dann erst morgen? Es sind doch nicht die Sherpas, die uns einen Weg durch die Seracs suchen.«

Jetzt sah Terray rot:

»Und ihr nennt euch Bergführer aus Chamonix. Lausige Amateure seid ihr, nichts weiter.«[11]

Ang Tharkay war der Sardar auf dem Annapurna. Ajiba, Ang Tserings jüngerer Bruder, war einer der Träger. Und natürlich auch Da Thundu, der mittlerweile dreiundvierzig Jahre alt war. Er schaffte eine Höhe von 7162 Metern.

Als die Steigungen auf dem Annapurna steiler wurden, drängten Herzog und Terray die Sherpas in die Führungsposition. Da Thundu und die anderen, am Rande ihrer Möglichkeiten angelangt, versuchten immer wieder, die Führung abzugeben. Dies war auf beiden Seiten das genaue Gegenteil von dem, was normalerweise passierte. An einer besonders steilen Stelle führte Herzog Da Thundu und Angdawa, da er wusste, wenn einer von ihnen stürzte, wären sie alle weg vom Fenster. Ein britischer, ein deutscher oder ein amerikanischer Bergsteiger hätte in dieser Situation Seile angebracht, Herzog hingegen behandelte die Sherpas als die Bergführer, die sie waren; er ehrte sie, versetzte sie aber auch in Angst und Schrecken.

Ang Tharkay und Sarki waren die beiden stärksten Sherpas. Auf dem Weg zu Lager V hatte Herzog eine kurze Unterredung mit Ang Tharkay.

»Morgen früh werden Lachenal Sahib und der Bara Sahib auf den Gipfel des Annapurna gehen.«

»Ja, Sir.«

»Du bist der Sardar und erfahrenste aller Sherpas. Ich würde mich sehr freuen, wenn du mit uns kommen würdest.«

»Vielen Dank, Sir.«

»Wir müssen uns den Ruhm teilen! Wirst du mitkommen?«

In jenem Augenblick fühlte ich, dass es meine Pflicht sei, die sehr verständlichen Gefühle der Sherpas in Betracht zu ziehen. Nach einer Pause antwortete Ang Tharkay. Er war sehr dankbar für meinen Vorschlag, aber er entgegnete:

»Vielen Dank, Bara Sahib, aber meine Füße beginnen zu erfrieren…«

»Ich verstehe.«

»Ich würde lieber ins Lager IV absteigen.«

»Natürlich, Ang Tharkay, wie du willst. In diesem Fall gehe jetzt gleich hinunter, sonst ist es zu spät.«

»Vielen Dank, Sir.«

Es dauerte nur Sekunden, bis sie ihre Sachen gepackt hatten, und als sie gingen, drehten sie sich nochmal um, und ich konnte ihre Besorgnis erraten, uns alleine zu lassen.

»Salaam, Sir. Viel Glück!«

»Salaam – und seid vorsichtig.«

Wenige Minuten später waren sie auf dem Weg hinunter, den wir gerade erst heraufgekommen waren, nur noch zwei schwarze Punkte. Wie seltsam ihr Gehirn doch arbeitete. Da gingen diese zwei Männer, deren Glaubwürdigkeit und Ergebenheit beinahe sprichwörtlich war, die es mit Sicherheit genossen, hoch hinauf auf die Berge zu steigen; und doch, wenn es daran ging, die Früchte ihrer Arbeit zu ernten, hielten sie sich weise zurück. Aber ich bezweifle nicht, dass unsere Mentalität ihnen sogar noch seltsamer vorkam.«[12]

Ang Tharkay war der Meinung gewesen, dass Herzog und Lachenal wahrscheinlich sterben würden und wollte nicht mit ihnen umkommen. In der Tat begannen seine Füße zu erfrieren. Letztendlich schafften die beiden Sahibs den Gipfel, doch auf dem Weg hinunter zogen sie sich schwere Erfrierungen zu und sprangen dem Tod gerade noch einmal von der Schippe. Nun fühlte sich Ang Tharkay schuldig und wünschte, er wäre mit ihnen hinaufgegangen. Aber sein Urteil hatte sich dennoch bestätigt.

Tenzing Norgay hingegen wäre auf jeden Fall mitgegangen.

Zwei Jahre später erhielt Tenzing Norgay seine Chance auf dem Everest.

1950 hatte die chinesische Armee Tibet überfallen. Danach war es nur noch russischen und chinesischen Expeditionen möglich, über die alte Route auf den Everest zu steigen. 1950 warf aber auch eine Revolution in Nepal die Ranas, die alten Feudalherren und Alliierten der Briten, hinaus. Nun herrschte dort ein König, gestützt auf eine wackelige Demokratie. Hatte die alte Regierung Nepal noch vom Rest der Welt isoliert, um demokratische Ideen fern zu halten, öffnete die neue Regierung nun die Grenzen. Endlich konnte der Everest von Süden angegangen werden.

Die Briten waren immer noch der Meinung, dass der Berg ihnen gehörte. Aus Luftaufnahmen schlossen sie, dass eine Besteigung möglich war. Auf den Fotos sah man einen sieben Kilometer langen, relativ flachen Gletscher, den sie *Western Cwm* nannten (Cwm, das wie Kuum ausgesprochen wird, ist das walisische Wort für Tal). Jenseits des Cwms erhob sich der Everest, diesseits verlief ein langer Grat, der die Gipfel des Lhotse und des Nuptse miteinander verband. Ganz oben im Cwm ragte eine steile Wand aus Eis und Schnee, aber es schien möglich, sie zu durchklettern. Den Abschluss der Wand nach oben bildete ein Plateau, das sie *South Col*, Südsattel, nannten. Der Col stellte den tiefsten Punkt des Grats dar, der vom Gipfel des Everest herabfiel und sich zum Gipfel des Lhotse hinaufzog. Auch dieser Grat schien gehbar.

Die Schwierigkeit war, in das Cwm zu gelangen. Am unteren Ende blockierte ein wirrer Eisbruch den Eingang. Das sah in der Tat gefährlich aus. 1951 schickte das Himalayan Committee in London, die Nachfolgeorganisation des alten Mount Everest Committee, eine Expedition unter der Leitung von Eric Shipton zum Berg, um zu sehen, ob der Eisbruch gangbar war.

Sie schafften es nicht, durch den Eisbruch zu klettern, und Ang Tharkay, der damalige Sardar, war der Meinung, dass dies wohl niemandem gelingen würde. Shipton berichtete nach London, dass die Stelle wahrscheinlich überwunden werden könnte, die Schwierigkeit jedoch darin läge, ein großes Expeditionsteam von Sherpa Trägern mit der notwendigen Ausrüstung hinüberzubringen. Dies bedeutete ein ständiges Überqueren des Bruchs mit Lasten. Da sich der Eisbruch jedoch bewegte, würde dies früher oder später zu Toten führen. Shipton bezweifelte, dass irgendein Berg Menschenleben wert sei.

Das Himalayan Committee in Londen wollte jedoch den Everest und entschloss sich zu einem Großangriff im kommenden Jahr. Dann aber musste das Komitee zu seinem Entsetzen feststellen, dass die Regierung von Nepal die Genehmigungen für Everest-Expeditionen auf eine Nation pro Jahr beschränkt hatte. Die Genehmigung für 1952 war bereits an die Schweiz gegangen.

Die Briten beschlossen, Shipton 1952 auf den Cho Oyu, den neunthöchsten Berg der Welt und Nachbarberg des Everest in Khumbu zu schicken, um zu üben. In der Zwischenzeit hoff-

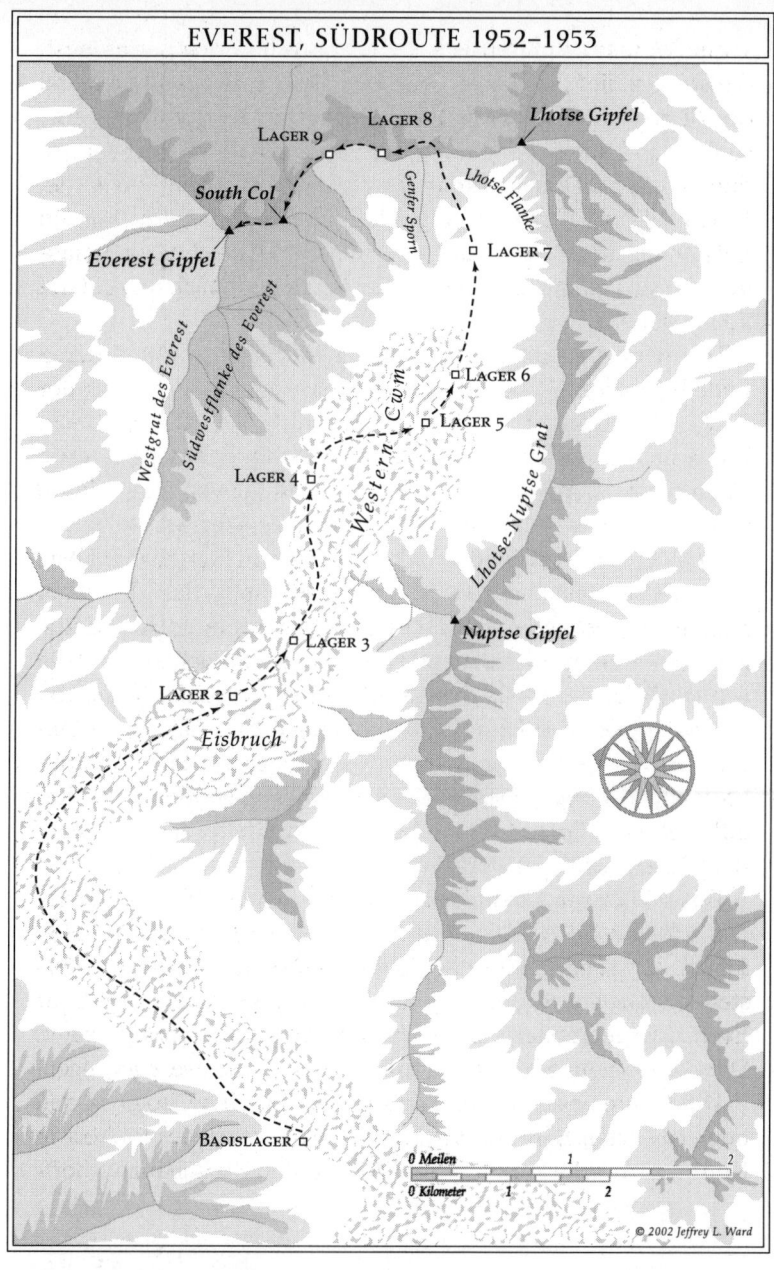

EVEREST, SÜDROUTE 1952–1953

Lhotse Gipfel

Lager 9 Lager 8

South Col

Everest Gipfel

Westgrat des Everest

Südwestflanke des Everest

Genfer Sporn

Lhotse Flanke

Lager 7

Lager 6

Lager 5

Lager 4

Western Cwm

Lhotse-Nuptse Grat

Nuptse Gipfel

Lager 3

Lager 2

Eisbruch

Basislager

0 Meilen   1   2

0 Kilometer   1   2

© 2002 Jeffrey L. Ward

ten sie in aller Freundschaftlichkeit, dass die Schweizer scheitern würden.

Für Tenzing war es ein unglaublicher Glücksfall, dass die Schweizer die Erlaubnis hatten. Zwei der Bergsteiger, die für den Everest ausgewählt worden waren, Roch und Dittert, waren zusammen mit ihm im Garwhal Himalaya gewesen, damals, als Tenzing nach Wangdi Norbus Unfall Sardar geworden war. Nun wollten sie ihn als Sardar am Everest. Diese Möglichkeit nahm er begeistert wahr.[13]

Ang Tharkay weigerte sich mitzugehen und wettete mit Tenzing zwanzig Rupien, dass sie noch nicht mal durch den Eisbruch kommen würden.

Tenzig hatte Schwierigkeiten, all die Träger zu bekommen, die er wollte, denn im Jahr zuvor hatten die Männer auf Shiptons Expedition schlimme Sachen erlebt. Viele der nepalesischen Talträger hatten ihren Lohn nicht voll ausgezahlt bekommen. Es hatte Streit gegeben wegen einer angeblich gestohlenen Kamera der Sahibs. Und die Hochträger hatten noch nicht mal ein Trinkgeld nach der Expedition erhalten. Trinkgelder waren üblich, selbst auf Trekks; ein erfahrener Bergsteiger wie Shipton wusste das.

Schließlich fand Tenzing »dreizehn gute Männer«.[14] Einer von ihnen war sein alter Freund Da Thundu, der nun sechsundvierzig Jahre zählte und bereits auf dem Nanga Parbat, dem K2 und dem Annapurna gewesen war. Auch Ajiba, Ang Tserings jüngerer Bruder, war dabei, vielleicht nicht der brillanteste in der Familie, aber ein großer Mann und zäh.

Sechzehn Tage brauchte die Expedition von Katmandu nach Namche. Erst gingen sie durch die Niederungen, dann die ersten Berge hinauf, dann wieder hinunter in die Täler, alles zu Fuß – 1952 gab es dort keine Straßen. Für die Darjeeling-Träger waren die Schweizer eine wundervolle Überraschung. Vier Jahre später erklärte Tenzing, weshalb er sie den Briten vorzog. Nicht, dass er die Briten nicht mochte. Er schrieb:

Ich bin mehr mit Briten in die Berge gegangen als mit anderen Menschen, ich war mit ihnen glücklich und einige … zählte ich zu meinen engen und guten Freunden. Aber … die Briten sind im Allgemeinen reservierter und förmlicher als die Männer der meisten anderen Länder, die ich kennen lernte; dies ist besonders deshalb so, weil sie so lange im Osten regiert haben, vielleicht gehört es aber auch nur zu ihrer Natur. Wir Sherpas hatten viel Gelegenheit dies zu beobachten, da wir in den letzten Jahren mit Männern so vieler Nationen geklettert waren. Bei den Schweizern und den Franzosen wurde ich als Kamerad behandelt, eine Gleichsetzung, die den Briten einfach nicht möglich war. Sie sind freundlich, sie sind tapfer, sie sind fair und gerecht, immer. Aber es besteht auch immer zwischen ihnen und den Außenstehenden eine Trennungslinie, zwischen Sahib und Arbeitnehmer; und für uns Sherpas, für Menschen des Ostens, die [mit den Schweizern] die Welt ohne Trennungslinie erlebt haben, kann dies eine Schwierigkeit und ein Problem sein.[15]

Es sollte nicht vergessen werden, dass die Förmlichkeit und Reserviertheit, von der Tenzing sprach, nur für eine Minderheit, die Oberschicht des britischen Volkes, zutrifft. Der Rest des britischen Volkes hat immer eher Leuten wie Ringo Starr und John Lennon als Bertie Wooster und Hugh Grant geglichen. 1951 suchte sich eine neue Generation von Mitgliedern der Arbeiterklasse und der Mittelschicht ihre Wege durch die Felsen von Wales und Schottland. Es dauerte allerdings noch ein paar Jahre, bevor die Ersten von ihnen zum Himalaya kamen. Aber selbst damals schon gab es Ausnahmen von der stereotypen Hochnäsigkeit – Ang Tsering sagte, was er an George Mallory so mochte, war seine Freundlichkeit.

Wie auch immer, der Unterschied für die Sherpas war gewaltig. Der Schweizer Bergsteiger, den Tenzing am meisten mochte, war Raymond Lambert. Lambert war, wie die französischen Bergsteiger am Annapurna, ein alpiner Bergführer. Als die Schweizer das Kloster Tengboche in Khumbu erreicht hatten, bereiteten ihnen der Abt und die Mönche einen zeremoniellen Empfang und reichten ihnen tibetischen Tee mit geschmolzener Butter.

Buttertee ist im Sherpa-Land mehr als nur eine Delikatesse. Es ist *das* traditionelle Getränk der Gastfreundschaft. Wenn Gäste kommen, sagt man in einer speziellen formalen Sprache erst »sitz, sitz«, und dann »Buttertee?«. Normalerweise trinken die meisten Sherpas Tee mit Salz, ohne Milch oder Butter. Für arme Menschen überall auf der Welt ist Fett ein Luxusgut, besonders wo es sehr kalt ist. Tee mit Salz und Butter war immer eine Delikatesse.

Kein Reiseführerbuch über Tibet oder Nepal wäre vollständig ohne die traditionelle Verspottung dessen, was man gemeinhin als Tee mit ranziger Yakbutter bezeichnet. Tatsächlich aber wird Butter in Tibet nicht ranzig, weil das Land ein natürlicher Kühlschrank ist. Ich habe viele Touristen in Khumbu sagen hören, sie hätten Tee mit ranziger Butter getrunken, obwohl ich weiß, dass die Butter nicht verdorben war.

Sherpa-Gastgeber haben mir stets Buttertee angeboten. In der formellen, höflichen Sherpa-Sprache gibt es kein anderes Wort für Tee, auch wenn man nur indischen Tee mit Milch trinkt. Meine Gastgeber versuchten immer, vorsichtig herauszubekommen, ob ich wirklich tibetischen Buttertee gemeint hatte. Ich bejahte, trank ihn, sie freuten sich und sagten mir, dass sie erstaunt seien.

Um darauf zurückzukommen: Alle Schweizer bis auf einen weigerten sich, den Tee, den ihnen die Mönche eingossen, zu trinken. Alle bis auf Raymond Lambert. Er trank seinen, lächelte freundlich, und dann trank er die Tassen, die für seine Kameraden eingegossen worden waren, ebenfalls aus. Dadurch gewann er Tenzings Herz.

Dies bedeutete nicht unbedingt, dass Lambert Buttertee besonders mochte. Es bedeutete jedoch, dass er dachte, die Sherpa-Gastgeber sollten mit der gleichen Freundlichkeit behandelt werden, die er Menschen in seinem eigenen Land erweisen würde.

Lambert sprach weder Hindi noch Nepali, auch kaum ein Wort Englisch. Tenzing sagte, dass aus diesem Grund »unsere Konversation meist aus Handbewegungen bestand; aber nach einer Weile begannen wir uns sehr gut zu verstehen«.[16]

Es gab noch einen anderen Grund, weshalb die Darjeeling-Leute die Schweizer mochten. 1952 war Tenzings Neffe Nawang Gombu sechzehn Jahre alt und lebte noch in seinem Heimatdorf Thame. Einmal besuchte er seinen Onkel im Everest-Basislager. Gombu sagte, was die Sherpa-Träger in jenem Jahr wirklich beeindruckte, war die Qualität der Kleidung und der Ausrüstung, die die Schweizer mitgebracht hatten – viel besser als die der Briten. Hinzu kam, dass die Schweizer, anders als bei früheren Expeditionen, den Hochträgern exakt die gleiche Ausrüstung zur Verfügung stellten, die sie selbst benutzten.

Für die Dorfbewohner in Khumbu bedeutete die Schweizer Expedition so viel wie Jahrmarkt. Als die Bergsteiger in Namche eingetroffen waren, kamen die Leute von überall her, die meisten hatten noch nie Weiße gesehen. Mingma Chering war damals noch ein Junge in Khumjung. Er erinnerte sich, wie er in einer Menge dastand und still die Sahibs beobachtete, wie sie ihr Lager errichteten. Es war faszinierend, sagte er. Niemand in der Menge bewegte sich oder sprach auch nur ein Wort. Stundenlang blieb er dort und starrte, bis er einen Krampf im Nacken hatte.

Für Tenzing war es ein sehr emotionaler Augenblick. Sein Vater war gestorben, seine Mutter hatte er, seit er von zu Hause weggegangen war, nicht mehr gesehen. Nun war sie da, sie stand vor ihm und hatte eines ihrer Enkelkinder auf dem Arm. »Nach achtzehn Jahren haben wir uns wieder in die Arme geschlossen.«[17]

Für alle Darjeeling-Sherpas war dies die beste Möglichkeit, wieder nach Hause zu kommen. Die meisten von ihnen waren arm gewesen, als sie fortzogen, Habenichtse. Nun hatten sie Geld, Arbeit und Ruhm. Ältere Leute in Khumbu erinnern sich noch genau, wie extravagant die Darjeeling-Männer aussahen, wie gepflegt ihre Kleidung war, und wie sie durch das Dorf schlenderten. Das selbst gebraute *Chang*-Bier floss in Strömen, sie trafen sich mit Freunden und Verwandten, sie waren der Traum einer jeden jungen Frau – und sie wussten damit umzugehen.

Die Expedition schlug das Basislager auf und ging in den Eisbruch. »Es war, als ob man sich einen Weg durch einen weißen Dschungel suchen musste«, sagte Tenzing, aber sie schafften es. »So, Ang Tharkay«, dachte er, »jetzt schuldest du mir zwanzig Rupien.«

Am oberen Ende des Eisbruchs schlugen sie Lager III auf. Tenzing überwachte den Transport der Lasten durch den Bruch, Sarki, Ajiba und Da Thundu halfen ihm dabei. Dann arbeiteten sie sich drei Wochen lang durch das Western Cwm, das die Schweizer *Tal des Schweigens* nannten. Tenzings Verhältnis zu Lambert wurde immer enger. Oft teilten sie das Zelt miteinander. Das hatte noch kein Sahib vor ihm getan. Was auch immer geschah, Gutes wie Schlechtes – Lambert sagte: »Ça va bien«, französisch für »Das geht gut«. Tenzing begann, das zu wiederholen.

Auf dem Plateau über dem Western Cwm war Lager V. Der kürzeste Weg zum South Col führte steil nach oben, eine 600 Meter lange Felsrippe, auf der oben der *Genfer Sporn* saß. Zuversichtliche Alpinisten die sie waren, stiegen die Schweizer hoch. Den ganzen Weg über hatten sie die Besten der Sherpas abwechselnd führen, die Route finden und vorbereiten lassen. »Ich arbeitete hauptsächlich mit Lambert«, sagte Tenzing. »Niemand hatte dies angeordnet, es geschah einfach so. Und ich war glücklich darüber, da wir gut miteinander auskamen und ein starkes Team bildeten.«[18]

Aber es geschah eben doch nicht einfach nur so. Tenzing hatte wieder vorausgedacht und sich zum Kletterpartner des Mannes gemacht, der höchstwahrscheinlich zum Gipfelsturm ausgesucht werden würde. Dieses Mal, endlich, wusste er, dass er eine Chance auf den Gipfel hatte. Die Schweizer hatten ihn zum kletternden Mitglied der Expedition gemacht. Er war gleichberechtigt mit den Sahibs, aber er war auch Sardar. Dies war die größte Ehre, die ihm je zuteil geworden war, »und in meinem Herzen schwor ich mir, dass ich mich würdig erweisen würde«.

Bis Ende Mai hatten sie die Route bis fast zum Genfer Sporn und zum South Col vorbereitet. Die Gipfelmannschaft war ausgewählt: Aubert, Flory, Lambert und Tenzing.

Mit sechs Trägern brachen jene vier Männer vom Western Cwm auf, um über den Genfer Sporn zum South Col zu gelangen. Nach einer Stunde sagte Ang Tserings Bruder Ajiba, dass er Fieber habe und hinunter müsse. Die anderen verteilten seine Last auf ihre Schultern.

Nach acht Stunden warfen Ang Norbu und Mingma Dorje ihre Lasten in den Schnee und sagten, sie seien fertig und hätten Angst vor Erfrierungen. Tenzing versuchte mit ihnen zu reden, doch die Sahibs meinten, die Träger hätten so viel getan, wie ihnen möglich war. Tenzing wusste, dass sie Recht hatten. In solcher Höhe und Situation musste man die Leute selbst entscheiden lassen. Wenn nicht, könnten sie möglicherweise sterben.

Ang Norbu und Mingma Dorje stiegen ab. Die verbliebenen sieben Männer teilten so viel Last wie möglich untereinander auf, aber vieles mussten sie im Schnee liegen lassen. Insgesamt zehn Stunden kletterten sie, bis es begann, dunkel zu werden. Um sieben Uhr abends erkannten sie, dass sie den South Col an diesem Abend nicht mehr erreichen würden und schufen sich eine Plattform, groß genug für ein Notbiwak für zwei Zelte.

Die Zelte waren für zwei Personen gedacht. Nun waren in dem einen drei Sahibs und in dem anderen vier Sherpas. Sie hatten nicht genug Platz für Schlafsäcke. Der Wind drohte sie alle davonzublasen. Lambert schlug seinen Eispickel in den Schnee und band sich daran fest, nur für den Fall. In jedem Zelt schmiegten sie sich aneinander und übereinander, der Wärme wegen, und dennoch war es in der Nacht zu kalt, um zu schlafen.

Im ersten Tageslicht stellten sie fest, dass das Wetter gut war und der Sattel in greifbarer Nähe lag. Die drei Sahibs und Tenzing gingen los. Phu Tharkay und Da Namgyal gingen hinunter um die Lasten zu holen, die Ang Norbu und Mingma Dorje am Nachmittag zuvor liegen gelassen hatten. Pasang Phutar Jockey sagte, er würde auf sie warten. (Dies war nicht Pasang Phutar, der wegen Erfrierungen sieben Finger verloren hatte, sondern ein kleiner Mann, der mit Pferderennen in Darjeeling sein Geld verdiente.)

Um zehn Uhr morgens erreichten die drei Schweizer und Tenzing den South Col und standen auf einer Höhe von 7925 Metern. Tenzing war ekstatisch. Sie waren ganz nahe. Er gab seinen Rucksack den Schweizer Bergsteigern und stieg wieder hinunter, um nach den drei anderen Sherpas zu sehen.

Alle drei waren sie im provisorischen Biwak. Phu Tharkay und Da Namgyal hatten die Lasten zwar geholt, dann aber waren sie stehen geblieben. Pasang Phutar Jockey lag in seinem Zelt und stöhnte. Er sagte Tenzing:

»Ich bin krank und werde sterben.«

»Nein, das wirst du nicht«, sagte ich. »Du wirst wieder gesund werden. Du stehst jetzt auf und trägst deine Last auf den South Col.«

Er sagte, dass er dazu nicht in der Lage sei. Ich sagte, er sei dazu verpflichtet. Wir stritten, und ich fluchte auf ihn, und dann begann ich, ihn zu schlagen und zu treten, um ihm zu beweisen, dass er nicht tot war. Denn jetzt war es etwas anderes als vorher, als die anderen umgedreht waren. Wenn diese Lasten nicht zum South Col kamen, würden die drei Sahibs mit Sicherheit sterben. Und wenn ich Pasang liegen gelassen hätte, wo er war, würde auch er gewiss sterben – dieses Mal nicht nur in seiner Einbildung. Er war krank, ja… aber er konnte sich noch bewegen; er musste sich bewegen.

Tenzing brachte es schließlich fertig, Pasang Phutar Jockey auf die Beine zu stellen, dann führte er die drei Sherpas hinauf zum Sattel. Als sie oben ankamen, waren alle drei wie erschlagen. Sie bauten ein Zelt auf und krochen hinein. Tenzing stieg wieder ab zum Biwak und trug eine weitere Last an Nahrungsmitteln und Ausrüstung zum Col hinauf. Als er dies geschafft hatte, fühlte er sich noch immer gut; er ging noch mal hinunter und holte eine weitere Ladung.

Tenzing arbeitete nun als Kletterer, als Sardar und als Träger, der für vier schaffte. Zum Teil war sein Handeln selbstlos – Tenzing wollte um alles in der Welt, dass die Expedition ein Erfolg wurde. Aber er wollte auch beweisen, dass er der Stärkste auf dem Sattel war.

In dieser Nacht teilte er sich ein Zelt mit Lambert. Am Morgen war ihnen klar, dass sie noch ein weiteres Lager am Gipfelgrat, unterhalb des Gipfels, errichten mussten. Doch nun konnte Tenzing sehen, dass Pasang Phutar Jockey ernstlich krank war, und Phu Tharkay und Da Namgyal ging es nicht viel besser. Die Schweizer boten Phu Tharkay und Da Namgyal einen Geldbonus an, wenn sie noch ein Lager höher tragen würden. Beide sagten, dass sie dazu nicht in der Lage waren und flehten Tenzing an, er möge ihnen hinunterhelfen. Doch er sagte nein, er war entschlossen. Also brachten sie Jockey wieder auf seine Beine, banden ihn zwischen Phu Tharkay und Da Namgyal an ein Seil, und dieses Trio stieg nun ab. Ohne ihre Ladungen würde es allerdings schwierig wenn nicht gar unmöglich sein, ein Höhenlager über dem South Col ausreichend zu bestücken, um von dort aus einen Gipfelgang zu wagen. Tenzing war nicht besonders zuversichtlich.

Der Gipfel lag etwas mehr als 900 Meter über dem Col. Flory, Aubert, Lambert und Tenzing gingen mit leichtem Gepäck den Gipfelgrat hinauf. Sie hatten zwar ein Zweimannzelt, aber keine Schlafsäcke, und Nahrung für nur einen Tag. Tenzing dachte, dass die Sahibs planten, einen Blick auf die Route zu werfen, das Zelt und einige Lebensmittel oben im neuen Lager zu lassen und dann wieder zurückzukommen. Wenn sie dann wieder mehr Träger hätten, würden sie die beiden Lager vernünftig ausrüsten. Tenzing hatte den Genfer Sporn mit den sechs stärksten Trägern bestiegen, die er hatte. Nun wusste er nicht, wen er sonst noch nach oben bringen konnte, aber er hielt seinen Mund.

Die vier Männer, die nach oben gingen, waren diejenigen, die für den Gipfelgang ausgesucht worden waren. Zum ersten Mal benützten sie Sauerstoff aus Zylinderflaschen. Systembedingt konnten sie damit nur atmen, wenn sie stillstanden oder saßen. Das war nahezu nutzlos. Sie stiegen weiter, Stunde um Stunde.

600 Meter über dem Col, nur etwa 300 Meter unter dem Gipfel spürten sie, dass sie an diesem Tag nicht weitergehen konnten. Doch Tenzing sah, dass das Wetter für einen Gipfelsturm ideal war, er und Lambert waren beide gut unterwegs. Er entdeckte einen möglichen Lagerplatz, deutete mit dem Finger darauf und sagte zu Lambert: »Sahib, hier müssen wir heute Nacht bleiben.« Lambert lächelte ihn an, und beide wussten sie, was der andere dachte. Die drei Sahibs sprachen miteinander. Schließlich kamen sie überein, dass Flory und Aubert hinuntergingen und Tenzing und Lambert im Zelt blieben und am nächsten Morgen versuchen sollten, den Gipfel zu erreichen.

Willenskraft, Stärke, Intelligenz und das Wissen, wann man den Mund halten soll, hatten Tenzing zu diesem Ort geführt, zu seiner Chance. Aber dies hätte er niemals geschafft, wenn ihn die Schweizer nicht als Gleichberechtigten behandelt hätten und Lambert nicht sein Freund gewesen wäre. Die zwei Männer bauten das Zelt auf. Das Wetter war herrlich, zusammen saßen sie draußen und genossen die Aussicht. Wegen ihrer Sprachprobleme konnten sie nicht viel reden, aber Tenzing machte das nicht viel aus. »Einmal deutete ich hinauf und sagte auf Englisch: ›Morgen – du und ich.‹ Und Lambert grinste und sagte: ›Ça va bien!‹«

In jener Nacht hatten sie keine Schlafsäcke – weil sie nur leichtes Gepäck mitgenommen hatten. Sie waren der Meinung, dass sie sterben würden, wenn sie einschliefen. Also blieben sie wach, »lagen nah beieinander, schlugen und rieben sich gegenseitig, um den Blutkreislauf aufrechtzuerhalten«. Tenzing blieb auf diese Weise warm, aber er machte sich Sorgen um Lambert, »er war so groß und stämmig, dass ich immer nur einen kleinen Teil von ihm wärmen konnte«. Lambert machte sich Sorgen um Tenzing. Dem Schweizer hatte man nach Erfrierungen in den Alpen sämtliche Zehen amputiert, nun sagte er zu Tenzing: »Ich bin in Ordnung. Ich habe keine Zehen mehr. Aber du hängst doch sicher an deinen.« Tenzing war gerührt.

Am Morgen war es wolkig, der Wind nahm zu. Sie zögerten, sahen sich an, ohne zu sprechen. »Mit einem Zwinkern deutete Lambert mit dem Daumen den Grat hinauf, und ich nickte und lächelte.« Sehr langsam machten sie sich an den Aufstieg.

Lambert und Tenzing hatten von drei Nächten nur eine geschlafen. Ihre Sauerstoffapparate funktionierten nur, wenn sie rasteten. Sie rasteten oft. Es war ziemlich steil, an manchen Stellen krochen beide auf Händen und Knien. Beim Führen wechselten sie sich ab, damit der andere sich erholen konnte. Lambert sagte etwas, Tenzing konnte es nicht hören. Lambert wiederholte es, und Tenzing sah ihn lächeln.

»Ça va bien«, sagte Lambert.

»Ça va bien«, antwortete Tenzing.

Tenzing dachte an zu Hause, an seine Frau, an seine Kinder. Er dachte, allein würden sie es nicht schaffen, aber ein zweites Team von Schweizern schon. Nein, dachte er, sie mussten bis nach oben. Er hörte auf zu denken und kletterte wie eine Maschine. Genau vor ihm blieb Lambert stehen. Tenzing sah, dass er überlegte, ob er noch weitergehen sollte. Tenzing war zu müde, um zu denken. Er überließ es Lambert. In fünf Stunden hatten sie 200 Meter geschafft. Sie waren immer noch 213 Meter unter dem Gipfel. Wenn sie weitergingen, könnten sie es schaffen. Aber sie würden nicht lebend zurückkehren.

Sie drehten um.

In jenem Frühling schafften es die Schweizer nicht, den Everest zu bezwingen. Sie beschlossen, im Herbst eine neue Expedition zu starten.

Die Engländer hatten die Genehmigung für 1953, und die Schweizer rechneten damit, dass sie es wahrscheinlich schaffen würden. In aller Freundschaftlichkeit wollten die Schweizer dies verhindern. Noch nie hatte jemand versucht, den Everest im Herbst zu besteigen. Heute geschieht dies häufig, aber damals dachte man, dass der Winter zu schnell einbrechen könnte. Die Schweizer hatten keine Alternative. Sie schickten vier neue Bergsteiger, mit dabei aber waren wieder Lambert und Tenzing.

Erneut überwanden sie den Eisbruch, doch das Western Cwm, das die Schweizer Tal des Schweigens genannt hatten, war nun ständig angefüllt mit Sturmgebraus. Sie stiegen auf den Genfer Sporn. Am 31. Oktober kletterten zwölf Mann zusammen, als eine kleine Eislawine auf sie fiel. Elf Mann drückten sich in die Wand hinein. Mingma Dorje sah vermutlich hinauf. Ein Eiszapfen schlitzte ihm das Gesicht auf. Bewusstlos brach er zusammen.

Mehrere Männer ließen ihn vorsichtig am Seil die steile Wand hinunter. Aila, Norbu und Mingma Hrita stiegen am anderen Seil nach unten. Vielleicht, dass sie durch den Unfall verwirrt waren, auf jeden Fall rutschte einer von ihnen ab, sodass alle drei sechzig Meter in die Tiefe stürzten.

Schließlich wurden vier Verletzte ins Lager V am Fuß des Genfer Sporns getragen und auf Luftmatratzen gelegt. Mingma Hrita hatte ein gebrochenes Schlüsselbein, Aila und Norbu waren lediglich verschrammt, doch Mingma Dorje war zusätzlich zu seiner Wunde im Gesicht von einem weiteren Eiszapfen durchbohrt worden. Wenige Stunden später war er tot.

Die Sherpas, sagte Tenzing, »waren völlig durcheinander«, aber auch die Sahibs. Also taten sie etwas, das im Himalaya noch nie geschehen war. Sie baten Tenzing, die Sherpas zu fragen, ob sie die Expedition fortsetzen wollten. Wenn eine Mehrheit sich dafür entschied, würden auch die Schweizer weitermachen, wäre die Mehrheit dagegen, würden sich die Schweizer beugen.

Die Sherpas trafen sich mit Tenzing und redeten »bis in die späte Nacht hinein«. Tenzing schrieb: »Niemand … war besonders glücklich. Einige waren sehr pessimistisch … doch schließlich waren sie sich alle einig, dass sie ihre Sahibs so nicht gehen lassen konnten.«[19]

Die Schweizer waren intelligente Arbeitgeber gewesen. Hätten sie den Trägern befohlen weiterzumachen, hätte wahrscheinlich niemand gehorcht. Die Taktik ging deshalb auf, weil sie nicht nur von Berechnung, sondern auch von Anstand geprägt war.

Mingma Dorje war der erste Tote auf dem Everest seit achtzehn Jahren. Er wurde im Tal des Schweigens beigesetzt. Sowohl die Schweizer als auch die Sherpas ließen vom Genfer Sporn ab, weil er zu gefährlich war. Sie versuchten eine andere Route, die weniger steil war, die Hänge zur Lhotse-Wand hinauf und dann unter der Steilwand hinüber zum South Col. Doch nun wurde das Wetter schlechter. Sie mussten umdrehen und das Feld den Briten überlassen.

Ich fragte Nawang Gombu, weshalb sein Onkel Tenzing der erste Sherpa war, der den Gipfel eines der großen Himalaya-Berge bezwungen hatte. Weshalb hatte er den Drang gehabt, den kein anderer Sherpa seiner Generation vor ihm hatte? Ich erzählte ihm, einige Leute hätten mir gesagt, es sei deshalb gewesen, weil er arm aufgewachsen und es ihm ziemlich gleichgültig war, ob er nun lebte oder starb. Andere meinten aus Ehrgeiz.

»Nein«, antwortete Nawang Gombu, »das war Raymond Lambert. Wenn du mit Leuten einer ganz neuen Art zusammenarbeitest und sogar ihre Freundschaft gewinnst, beginnst du auch anders über dich zu denken. Du sagst dir, ich kann genauso werden wie der. Das ist es, was mit Tenzing geschah. Raymond Lambert behandelte ihn wie einen Freund und einen Gleichgestellten, und Tenzing sagte sich, ich bin wie Raymond Lambert.«

Nicht, dass Tenzing dies Gombu unmittelbar gesagt hätte. Doch 1953, als sie gemeinsam auf den Everest stiegen, war Gombu Tenzings Vertrauter. Vielleicht, weil er zur Sippe gehörte, vielleicht, weil er noch ein Knabe war, auf jeden Fall kannte er ihn besser als jeder andere.

Ich denke, er hat Recht. Es gibt keinen Zweifel, dass Tenzing Norgay Raymond Lambert liebte.

12

Die Leiden eines Sardars

Im Dezember marschierten die Schweizer mit ihren Trägern zurück nach Katmandu. Galtzen aus Namche machte sich Sorgen. In seinem späteren Leben wurde er ein erfolgreicher Kaufmann zwischen Nepal und Tibet, doch 1952 hatte er noch nie mehr als eine Rupie am Tag verdient. Nun hatte ihm Tenzing die Stelle des Sardars für die Talträger angeboten.

Das war *die* große Gelegenheit, aber sie bereitete ihm auch Kopfschmerzen. Bevor sie nach Katmandu aufbrachen, hatte Tenzing einen Sherpa namens Pemba vom Basislager ins Tal geschickt, um zusätzliche Träger anzuwerben. Pemba hatte auf seinem Weg hinunter einiges gebechert und wusste nicht mehr so richtig, was er tat. Jedem, den er traf, sagte er, er solle hinauf ins Basislager gehen, dort gäbe es Arbeit. Und dann waren auf einmal mehr Träger im Basislager, als die Schweizer versprochen hatten zu bezahlen. Galtzen und Tenzing jedoch vertraten die Meinung, sie könnten nicht einfach Leute wegschicken, die von so weit hergekommen waren. Sie wandten sich an die Schweizer, und sprachen darüber.

So weit, so gut. Sobald sie losmarschierten, stellte Galtzen fest, dass nun fünf junge Sherpa-Frauen mehr zu Lasten seines Geldsäckels gingen. Sie waren die neuen Freundinnen von fünf der Darjeeling-Träger (nicht Tenzing). Sie trugen ihre Last, wie es sich gehörte, und sie brauchten ja auch das Geld, aber Galtzen wusste nicht, wie er sie ausbezahlen sollte. Und er wusste auch nicht, was er den Schweizern sagen sollte. Am liebsten hätte er die Frauen weggeschickt, aber ihre Freunde waren alles starke Männer. Sie schüchterten ihn ziemlich ein, und vor einem hatte er besonders Angst.

Galtzen machte sich also große Sorgen. Vielleicht müsste er sie von seinem eigenen Geld bezahlen. Und ganz offensichtlich wusste auch Tenzing nicht weiter.

Zu jener Zeit tranken die meisten Sardars. Nach einem Leben mit *Chang*-Bier konnten sie sich auf einmal *Rakshi*-Schnaps leisten. Die Arbeit war ja auch nervenaufreibend genug. Aber Tenzing war wirklich ein starker Trinker. Er hatte eine Flasche Rakshi dabei und blieb oft stehen und nahm einen Schluck. Galtzen sagte: »So wie amerikanische Trekker heutzutage an ihren Wasserflaschen nuckeln, wenn es heiß ist. Genauso trank Tenzing seinen Schnaps.«

Tenzings Selbsteinschätzung, was er in der Lage war zu leisten, hatte sich sprunghaft gesteigert. Und dann hatte er es nicht geschafft. Er war dem Gipfel so nahe gewesen, und doch so weit entfernt. In nur einem Jahr war er bei zwei großen Expeditionen Sardar und Bergsteiger zugleich gewesen. Diese beiden Aufgaben standen sich gegenseitig im Weg. Der Sardar musste sich im Hintergrund halten, musste organisieren und hart arbeiten. In der Struktur einer Expedition war er die Stelle, wo alle Schwachpunkte zusammenliefen. Die Aufgabe des Bergsteigers war es zu führen, den Weg zu ebnen, aber auch sich auszuruhen und seine Kräfte für den Gipfelsturm zu sparen. Tenzing war erschöpft.

Beim Rückmarsch jenes gescheiterten zweiten Schweizer Gipfelsturms nach Katmandu war neben Galtzen und Tenzing auch Ang Tsering dabei. In den letzten Jahren hatte sich Ang Tsering bei Expeditionen und Trekks einen Namen als Koch gemacht. Nicht nur, dass ihm die Arbeit gestattete zu reisen und er sein gewohntes Leben führen konnte, er wurde auch gut bezahlt. Bei dieser Herbst-Expedition war er Chefkoch gewesen.

Auf dem halben Weg nach Katmandu machten sie eines Abends

Halt in einem Dorf, wo eine Tante von Ang Tsering wohnt. Sie stellte *Chang* auf den Tisch, und es wurde ein Fest gefeiert, bei dem jeder sich betrank. Wie häufig bei Sherpa-Feiern explodierten die Gemüter. Ang Tserings Bruder Ajiba griff Tenzing mit einem Eispickel an.

Wie konnte dies geschehen? Zwischen Tenzing und Ajiba gab es gewiss beträchtliche Spannungen. Dorjee Lhatoo erinnerte sich an einen aufregenden Kampf der beiden in Darjeeling, der ebenfalls zu jener Zeit stattgefunden hatte. Dorjee war damals ein kleiner Junge gewesen. Die Sherpa-Gemeinde in Darjeeling hatte zum Neujahrspicknick eingeladen. Dieses fand auf dem Darjeeling-Grat in der Nähe des Observatoriums statt, wo die Briten einen Park mit einer Feuerstelle zum Grillen gebaut hatten. Mit ihren Steinschleudern ärgerten Dorjee und die anderen Jungen die Affen, die hier wild lebten. Das machte Spaß und war aufregend. Plötzlich hörten sie einen Schrei. Dorjee Lhatoo drehte sich um, und da stand Ajiba, ein großer Mann, mit den Armen über seinem Kopf wie ein Gewichtheber, nur dass das Gewicht Tenzing war. Alles war wie erstarrt, und Ajiba warf Tenzing den steilen Abhang hinunter. Tenzing krachte durch Bäume und Gebüsch. Einen Augenblick lang hörte man keinen Ton. Niemand wusste, ob Tenzing noch lebte. Die Leute stürzten sich hinunter, um nachzusehen. Sie brachten Tenzing wieder mit. Er war zerschrammt, aber doch sehr lebendig.

Aus der Sicht eines Jungen kam es nun noch besser. Die Erwachsenen waren, wie gewöhnlich an Neujahr, alle betrunken. Die Männer begannen sofort damit, sich auf Tenzings oder Ajibas Seite zu stellen und prügelten aufeinander ein. Aber nun wurde es erst richtig lustig, denn wenn ein Mann einen anderen schlug, gingen auch deren Frauen aufeinander los. Aber die verteilten nicht nur Hiebe, sie beleidigten sich auch gegenseitig. Eine entblößte ihre Brüste und ihren Hintern vor den anderen und schrie Obszönitäten. »Es war herrlich«, erinnerte sich Dorjee Lhatoo, der inzwischen in seinen besten Jahren war, »denn die Frauen trugen damals keine Unterwäsche.«

Nun begann Kampf Nummer vier. Jedes Mal, wenn eine Frau sich entblößte, verlachten die anderen Jungen deren Söhne und machten beleidigende Bemerkungen über das, was sie sahen. Die Betroffenen schämten sich und prügelten nun ihrerseits auf ihre Widersacher ein. Daraufhin mussten natürlich alle anderen ebenfalls Partei ergreifen, und so gab es zum Schluss ein Knäuel von prügelnden Kindern, eines von um sich schlagenden Männern und eines von kreischenden Frauen.

Was für ein Fest!

Auf Neujahrsfesten in Namche streiten sich Betrunkene heute noch über Land, Schulden, Geschäfte und Eifersüchte. Manchmal geht es um eine bestehende Affäre, öfter jedoch um alte Geschichten, wenn etwa die Frau vor zwanzig Jahren ein Verhältnis hatte, während der Mann fort war. Wenn er sich also betrank, fing er an, seinen alten Rivalen zu triezen.

Galtzen war der Meinung, beim Streit zwischen Ajiba und Tenzing 1952 sei es um eine Frau gegangen. Gut möglich. Heute sind die sexuellen Regeln unter Sherpas fast genauso wie unter Europäern und Amerikanern. Man muss treu sein, aber manchmal betrügt man sich eben. Falls und wenn so etwas herauskommt, ist jeder verletzt. Wenn heute ein Mann von der Trekkingarbeit oder einer Expedition zurückkommt und ein gut informierter Nachbar ihm erzählt, seine Frau wäre fremdgegangen, während er unterwegs war, ist der Teufel los. Andererseits aber untersuchte auch die Ehefrau sehr genau den Schlafsack ihres Mannes, wenn er nach Hause kam, und wehe, sie fand ein falsches Haar darin. Diese Ähnlichkeit zwischen Sherpas und Bewohnern des Abendlandes war auch einer der Gründe, weshalb so viele Sherpas, sowohl Männer als auch Frauen, Ausländer, die auf Besuch waren, geheiratet haben.

Aber Dorjee Lhatoo betonte, dass vor fünfzig Jahren die Europäer zurückhaltender als heute gewesen seien, und die Sherpas gelassener. Er bringt dies in Verbindung mit der Gleichberechtigung, die zwischen Sherpa-Frauen und -Männern stets geherrscht hatte.

Es wäre falsch zu behaupten, Sherpa-Frauen würden nicht unterdrückt. Aber ganz offensichtlich ist es so, dass in Sherpa-Beziehungen bei weitem mehr Gleichberechtigung herrscht als etwa in nepalesischen oder indischen aus den Ebenen. Die Gleichberechtigung ist sogar stärker ausgeprägt als jene zwischen Männern und Frauen der höheren Berufsstände in den Vereinigten Staaten oder Europa. Sherpa-Frauen und -Männer sind Partner. 1995 wohnte ich während des Sommermonsuns in einer kleinen von Sherpas betriebenen Touristenlodge in Nepal. Der Ehemann war von einer Trekkingtour zurückgekehrt, ich war der einzige Gast. Der Mann spielte mit den Kindern, wechselte ihnen die Windeln, herzte sie und passte auf. Die Frau war die Chefin der Lodge. Sie war es ja schließlich das ganze Jahr über, wenn er auf Tour war – es war ihr Geschäft. Wenn sie Wasser zum Kochen brauchte, sagte sie zu ihrem Mann: »Hol mir Wasser«, und er holte es, ohne zu murren. Sherpa-Männer können selbstverständlich kochen und tun es auch, während Frauen genauso als Trägerinnen arbeiten.

Nur auf einem Gebiet, nämlich dem der höheren Religionsweihen, sind Sherpa-Männer und -Frauen nicht gleichberechtigt. Es sind die Mönche, nicht die Nonnen, die in die Häuser der Gläubigen gehen, um aus den heiligen Büchern zu lesen. Gebildete und respektierte Mönche können einen wesentlich höheren Status erreichen als Nonnen. Und dennoch herrscht zwischen den jüngeren Mönchen und Nonnen eine wohlwollende Gleichberechtigung. In gemischten Gruppen sieht man sie auf den Wegen nach Katmandu pilgern, sie lachen miteinander und necken sich gegenseitig.

Ungleichheit herrscht auch in den arrangierten Heiraten, die bei den besser verdienenden Familien populär geworden sind. Der Junge hat die Wahl, das Mädchen normalerweise nicht. Aber sie kann immer noch aus der Ehe ausbrechen und wieder nach Hause gehen. Wenn ihr Vater sich dann betrinkt, er an ihr herumnörgelt und sagt. »Er war der richtige Mann, du hast einen groben Fehler gemacht«, dann sagt die Tochter: »Nein, das war er nicht. Es ist deine Schuld. Du warst es, der den Fehler gemacht hat.«

Sherpa-Männer haben durchaus eigene Vorstellungen von Männlichkeit, aber Grobheiten Frauen gegenüber gehören nicht dazu. Einmal habe ich zwei Tage lang vergeblich versucht, das Sherpa-Wort für »Macho« herauszufinden. Sie haben ein Wort für Menschen, die umtriebig, streitbar und kampfbetont sind (*angchermo*), aber es wird sowohl für Männer als auch für Frauen benutzt. Auf Nepali gibt es ein Wort, *bahadur,* was so viel wie tapfer, stark, männlich und zäh bedeutet. Auf Sherpa gibt es das nicht. Sherpa-Männer und -Frauen legen großen Wert auf Tapferkeit, wobei man jedoch wissen muss, dass das Wort für Angst und Gefahr identisch ist. Auf Nepali kann man fragen: »Hattest du Angst auf dem Everest?« Auf Sherpa muss man sagen: »Herrschte dort *Iiwaa?*« Es bedeutet: »War es dort gefährlich?« und »Hattest du dort Angst?« Denn so viel ist klar: Wenn es gefährlich ist, hat jeder normale Mensch Angst und schämt sich derer auch nicht. Tapferes Verhalten hat jedoch nach Ansicht der Sherpa mit Angst nichts zu tun.

Ein Aspekt der Gleichheit zwischen den Geschlechtern ist es, dass es keine sexuelle Doppelmoral gibt. Was für Männer gilt, gilt auch für Frauen. Fast alle in der Sherpa-Gesellschaft haben bis zur Heirat sexuelle Erfahrungen gemacht. Dorjee Lhatoo erzählte, dass die Mädchen und Jungen ständig miteinander hinausgegangen sind, um Holz zu sammeln. Und dennoch waren Ehemänner und Ehefrauen aufeinander böse, wenn sie erkannten, dass der andere ihnen untreu gewesen war. Aber normalerweise vergaben sie einander wieder. Dorjee Lhatoo versuchte, mir das zu erklären. Ich sagte ihm, dass ich in den Sechzigerjahren in Amerika aufgewachsen sei. Ich erinnere mich noch genau, wie es war, an sexuelle Gleichberechtigung zu glauben, eine offene Partnerschaft zu führen, und dennoch den anderen umbringen zu wollen. »Ja«, sagte Dorjee, »genauso war es.«

Vielleicht war es das, was zwischen Ajiba und Tenzing vorgefallen war. Falls dies zutraf, hatte natürlich jeder von ihnen geglaubt, im Recht zu sein. Aber es gibt noch eine andere Erklärung.

Wie wir schon gehört haben, ging es bei vielen Streitereien zu Neujahr irgendwie ums Geld. Die Spannung zwischen Tenzing und Ang Tsering gehörte wohl zu einem größeren Kompetenzstreit zwischen Sardars. Immerhin ging es dabei ja um eine Menge Geld.

1952 gab es nur wenig Männer, von denen man sich vorstellen konnte, bergsteigende Sardars zu sein. Höchstens von Tenzing, Da Namgyal, Ang Tharkay und Pasang Dawa Lama.[1] Auch Ang Tsering gehörte beinahe dazu. Ohne seine verletzten Füße wäre dies sicher auch der Fall gewesen. Da Thundu war ein Bergsteiger auf dem gleichen Niveau, aber er war nicht ehrgeizig und spielte daher als Sardar keine große Rolle.

Ein Expeditionssardar verdiente gewöhnlich sehr viel Geld. Einige kassierten zusätzlich auch noch Prozente von den Trägern. Auch heute geschieht dies noch manchmal. Bei einer der großen Everest- oder Nanga Parbat-Expeditionen konnte sich ein Prozentanteil an den Löhnen von 600 Talträgern und dreißig Hochträgern zu einem ansehnlichen Batzen Geld summieren. Tenzing betonte in seiner Autobiographie, dass er so etwas nicht getan habe und daher wenig Probleme mit den Trägern hatte. Er schrieb aber auch, dass andere dies sehr wohl praktizierten, selbst wenn die Träger das wussten und sich dagegen verwahrten.

Aber auch ohne Korruption ging es einem Sardar gut. 1952, sagte Lhatoo, hingen junge Sherpa-Männer ständig bei den Häusern der wichtigen Sardars herum und baten darum, für sie Holz sammeln zu dürfen oder Einkäufe zu erledigen und Botengänge zu machen. Diese jungen Männer brauchten Arbeit, und die Sardars hatten sie zu vergeben. Wenn eine Expedition kam, gab es natürlich immer Sahibs, die, weil sie etwa die Träger bereits kannten, zumindest einen Teil der Männer selbst aussuchten, doch der Sardar hatte immer die Möglichkeit, Familienmitglieder, persönliche Schützlinge und alte Freunde miteinzubinden. Seine Empfehlungen hatten bei den Bergsteigern Gewicht. Und abgesehen davon: Ein kletternder Sardar hatte auch jede Menge Angebote von Trekkinggruppen, bei denen es leichter war, die eigenen Leute anzustellen.

Ich fragte Lhakpa Diki, ob es üblich war, in den Dreißigeroder Fünfzigerjahren Bestechungsgelder an einen Sardar zu bezahlen. Sie sagte, solange sie oder ihr Mann als Träger gearbeitet hätten, wäre dies nie passiert. Ang Tsering meint, so etwas sei damals überhaupt nie vorgekommen, nur heute passierte es ab und zu.

Auf jeden Fall eröffneten sich den Sardars Möglichkeiten, beim Organisieren von Trekks sehr gute Geschäfte zu machen. Karma Paul war ein Waisenkind aus Tibet, das von evangelisch christlichen Missionaren aufgezogen und in englischer Sprache unterrichtet worden war. 1920 besaß er zwei Taxis in Darjeeling, dazu war er ein vorzüglicher Automechaniker. Er arbeitete aber auch als Dolmetscher, und manchmal eben als Sardar; dies zumindest bei jeder britischen Everest-Expedition zwischen 1921 und 1938. Gleichzeitig baute er damals eine Trekking-Agentur auf und beschäftigte Leute wie Tenzing und Ang Tharkay. Seine Tochter, Colonel Paul, sagte, Karma Paul sei ein Felsen der Integrität gewesen. Für einen Mann, sagte sie, sei das eine wunderbare Sache, und sie habe stets versucht, genauso zu handeln wie er, aber für einen Vater war es nicht ideal. Hätte er Bestechungsgelder angenommen, wäre es der Familie später wesentlich besser gegangen. Seine Gradlinigkeit war aber auch beispielhaft für Ang Tharkay, Tenzing und andere, die, nachdem sie für ihn gearbeitet hatten, später ihre eigenen Trekking-Agenturen aufmachten und gute Profite erzielten, ohne korrupt zu sein.

Möglicherweise wurzelte die Feindschaft zwischen Tenzing und Ajiba in einem Wettstreit. Alle jene Männer – Tenzing, Da Thundu, Da Namgyal, Ang Tharkay und Ang Tsering – waren einst miteinander befreundet gewesen, in ihrer Jugend sogar sehr eng. Bei vielen Expeditionen kletterten sie zusammen, vertrauten sich täglich ihr Leben am Seil an, verschafften sich gegenseitig Arbeit. Ab 1952 unterlagen diese Beziehungen einer gewissen Belastung. Es gab nur begrenzte Expeditionen und nur einen Everest. Auf den Bergen waren sie Kameraden, aber auf dem freien Markt Konkurrenten. Ang Tharkay zum Beispiel war es unmöglich, für Tenzing, der ihm einst *Chang* als rituelles Geschenk gebracht und ihn um Beschäftigung gebeten hatte, zu arbeiten. Auch Ang Tsering und Tenzing hatten sich seit einiger Zeit auseinander gelebt.

Oberflächlich betrachtet wurden die Differenzen zwischen ihnen einem Streit über ein Pferd zugeschrieben. Tenzing hatte sich eines von Ang Tserings Pferden zum Tragen von Lasten auf einem Trekk ausgeliehen. Das Pferd starb und Ang Tsering wollte Schadenersatz dafür haben. Tenzing weigerte sich, da einer von Ang Tserings nahen Verwandten mitgegangen war, dessen Aufgabe darin bestanden hatte, auf das Pferd aufzupassen.

Diejenigen, die beide Männer kannten, sind der Meinung, das Pferd sei nur die Gelegenheit zur Verhärtung einer sich seit langem aufbauenden Rivalität gewesen; einer Rivalität zwischen zwei Männern, von denen der eine zu den besten Bergsteigern der Welt gehörte, und der andere gerade dabei war, der größte von allen zu werden.

Aus welchen Gründen auch immer, Tenzing und Ajiba hatten mehr als nur einen Streit. Kehren wir zum Marsch vom Everest nach Katmandu zurück. Galtzen sagte, dass zwei Männer, ein Onkel und ein Neffe Ajibas, Tenzing mit ihren Eispickeln angegriffen hätten. Tenzing wehrte sich, er war schon immer ein starker Mann gewesen, und die anderen hätten die beiden Angreifer festgehalten. Tenzing blieb an diesem Abend unverletzt.

Ang Tsering war ebenfalls dabei. Es sagte, sein Bruder Ajiba habe mit Tenzing gekämpft, ein Eispickel sei nicht mit im Spiel gewesen und auch kein zweiter Mann als Angreifer. Auch Galtzen war sich ziemlich sicher, dass nur zwei Männer gekämpft hatten. »Wie hätte Tenzing gegen zwei Männer mit Eispickeln unverletzt bleiben können?« Es ist natürlich auch möglich, dass es Ang Tsering selbst war, der seinem Bruder Ajiba zu Hilfe geeilt war. Auf jeden Fall passiert so etwas, wenn man betrunken ist. Gott sei Dank ist nichts Schlimmes passiert.

Am nächsten Morgen jedoch war Tenzing zu krank, um weiterzugehen. Tagelang mussten sie ihn tragen, bis nach Katmandu. Er fiel ins Delirium, der schweizer Arzt befürchtete, er könnte sterben.

Tenzing schrieb in seiner Autobiograpie nichts über diesen Streit. Er schrieb, seine Krankheit wäre wohl ein Malariaschub gewesen, in Wirklichkeit aber war es die Überanstrengung nach zwei schwierigen Expeditionen, bei denen er sowohl Sardar als auch Gipfelgänger gewesen war. Und der Streit hatte ihn sicherlich auch nicht unverletzt gelassen. Vielleicht klammerte er sich emotional einfach nur an einen Strohhalm. Mit Ajiba war er auf dem Genfer Sporn gewesen, Ang Tsering war sein alter Freund. Tenzing empfand seinen Job als Sardar sicherlich als einsam. Möglich, dass es nicht sein Körper war, der bei dem Streit verletzt worden war…

Die schweizer Bergsteiger ließen Tenzing mit dem Flugzeug ins Krankenhaus nach Patna in Indien bringen, wo er sich wieder erholte. Bereits vorher war er gebeten worden, bei der britischen Expedition zum Everest im nächsten Jahr die Aufgabe des Sardars zu übernehmen. Dies war nur logisch – er leistete gute Arbeit und war mittlerweile höher geklettert als jeder andere Sherpa oder britische Bergsteiger.

Tenzing war hin und her gerissen. Mrs. Henderson drängte ihn sehr, das Angebot wahrzunehmen. Ihr Wort hatte Gewicht. Sie hatte Einfluss auf die Arbeitsvergabe, sie hatte sich den Sherpas gegenüber viele Jahre hindurch äußerst korrekt und freundschaftlich verhalten, und sie war integer. Aber der Stress hatte ihn so krank gemacht, dass er fast gestorben wäre. Seine Frau Ang Lahmu sagte zu ihm:

»Du wirst wieder krank werden, oder du fällst auf dem Eis, und stürzt in den Tod.«

»Nein, ich werde auf mich aufpassen«, antwortete ich. »So wie immer bisher.«

»Du nimmst ein zu großes Risiko auf dich.«

»Ich werde fürs Bergsteigen bezahlt. Sie bezahlen mich nicht zum Spaß. Ich muss tun, wofür ich bezahlt werde.«

»Du kümmerst dich nicht um mich und die Kinder, oder darum, was mit uns geschieht, wenn du tot bist.«

»Natürlich kümmere ich mich, Frau. Aber das ist meine Arbeit – mein Leben. Verstehst du das nicht?«

»Du wirst sterben.«

»In Ordnung. Ich werde sterben.« Nun wurde ich langsam böse. »Wenn es schon sein muss, dann lieber auf dem Everest als in deiner Hütte!«

Wir wurden wütend, beruhigten uns, wurden wieder wütend, aber schließlich sah Ang Lahmu ein, dass ich fest entschlossen war und sagte: »In Ordnung. Du gewinnst.«[2]

Also zog er los. Er nahm den jungen Khansa aus Namche mit, er war damals achtzehn, seinen Neffen Topkay, ebenfalls achtzehn, und seinen siebzehnjährigen Neffen Nawang Gombu, den Sohn seiner Schwester aus Khumjung. Galtzen Sherpa aus Namche war vom Talträger Sardar zum Sardar der Hochträger avanciert. Und Da Thundu, der mittlerweile siebenundvierzig Jahre alt war, kam auch mit.

Dies war Tenzings siebte Expedition zum Everest. Er war neununddreißig Jahre alt und dies war vermutlich seine letzte große Chance.

Auch die Briten waren entschlossen. Wenn sie nun nicht siegten, würden die Schweizer im nächsten Jahr wiederkommen. Als Expeditionsleiter beauftragte das Himalayan Committee in London den Alpinisten John Hunt. Das Komitee fürchtete, der letzte Expeditionsleiter, Eric Shipton, könnte diesen Versuch nicht hart genug vorantreiben. Es war bekannt, dass er im Eisbruch nur ungern Menschenleben riskiert hatte. Noch mehr aber war ins Gewicht gefallen, dass bei der Expedition am Cho Oyu 1952, als die Schweizer am Everest waren, nur wenig Kletterarbeit geleistet worden war.

Hunt, zweiundvierzigjährig, hatte in den Alpen und im Himalaya beträchtliche Erfahrungen gesammelt. Er war ein guter Bergsteiger, aber keiner der ganz Großen. Er war Oberst in der British Army, der Stabsoffizier eines Stabsoffiziers. Hunt führte diese Expedition so, wie ein Offizier einen Feldzug führt. Er war freundlich, schrie nie jemanden an und hielt keine Reden über Tapferkeit. Stattdessen konzentrierte er sich darauf, dass zum richtigen Zeitpunkt genügend Vorräte und Ausrüstung am richtigen Ort waren, damit es seine Truppen warm hatten, dass es genügend zu essen gab, damit sie wohlversorgt und gesund waren. Unter Hunt gab es kein wildes Anrennen des Gipfels. Auf dieser Everest-Expedition hatte nur ein einziger Träger sich einen Finger erfroren. Zum Teil lag das daran, dass Hunt Glück mit dem Wetter hatte, doch hauptsächlich, weil er dafür gesorgt hatte, dass für Leute mit Problemen, die abstiegen, im darunter liegenden Lager stets ausreichend gesorgt werden konnte.

Dazu kam, dass Hunt in Indien geboren worden war, in Simla, mit Aussicht auf den Himalaya. Er sprach perfekt Hindi. Die Expedition verfügte über die besten Bergsteiger aus den Reihen der britischen Gentlemen, selbst die Präsidenten der Akademischen Bergsteiger-Clubs von Oxford und Cambridge waren anwesend.

Doch zusätzlich sorgte Hunt dafür, dass er noch drei Asse im Ärmel hatte.

Eines der Asse war George Lowe, ein Volksschullehrer aus Neuseeland und ein sehr starker Bergsteiger. Der zweite war Edmund Hillary, ebenfalls aus Neuseeland, der bereits an der Expedition von 1951 auf den Everest und den Cho Oyu 1952 teilgenommen hatte. An einer Vorkriegsexpedition hätte ein Mann von der Abstammung Hillarys niemals eine Chance gehabt. Sein Vater war Sergeant im Ersten Weltkrieg gewesen, er selbst ebenfalls nur Sergeant im Zweiten. Nach einem Jahr Universität war er ausgestiegen – nicht sein Ding. Hillary arbeitete im väterlichen Betrieb in der Bienenzucht und verdiente sich sein Geld mit körperlicher Arbeit. Er war groß, kräftig, ein hervorragender Kletterer, ein Verfechter der Gleichberechtigung und ein zutiefst anständiger Mensch.

Hunts drittes Ass war Tenzing. Als sie sich trafen, sagte Hunt zu Tenzing, er wäre sowohl Sardar als auch Expeditionsmitglied, genauso wie bei den Schweizern. Öffentlich behauptete Hunt, er hätte dies nur deshalb getan, weil sie ohne Tenzing dreizehn Mitglieder gewesen wären, eine Unglückszahl. Privat versprach er Tenzing eine Chance zum Gipfel, wenngleich auch nicht als erster Aspirant. Hunt dachte voraus.

Auch Tenzing hatte voraus gedacht. Nawang Gombu sagte, der eindeutige Beweis dafür war, dass Tenzing Darjeeling mit einer indischen Flagge im Gepäck verließ. Tenzing dachte für den Fall, dass er den Gipfel erreichte, bereits an seine Staatstreue und an seine zukünftige Karriere.

Irgendwann während der Expedition fragte Tenzing Hunt, ob er, wenn er die Chance auf den Gipfel hätte, die indische Flagge mitnehmen dürfe. Hunt, der selbst in Indien geboren war, sagte ja.

Tenzing nahm auch den roten Schal mit, den ihm Raymond Lambert beim Abschied geschenkt hatte. Er wäre natürlich viel lieber mit den Schweizern gegangen, aber wenn er schon nicht mit Lambert zusammen zum Gipfel konnte, würde er ganz oben den Schal seines Freundes tragen.

Von dem Augenblick an, da die Expedition begann, schwankte Tenzing stets zwischen seiner Gier nach dem Gipfel und der Loyalität zu seinen Sherpa-Kameraden. Als sich die Expeditionsteilnehmer in Katmandu trafen, wurden die Bergsteiger in die Britische Botschaft eingeladen, die Sherpas kamen in der Garage unter, wo früher die Ställe gewesen waren. Dort gab es keine Toiletten, und die Sherpas beschwerten sich darüber. Was sie besonders ärgerte war, dass der Botschafter genauso wie Hunt davon ausgegangen war, sie seien Menschen, die keine Toilette brauchten.

Auf beiden Seiten hatten Symbolik und Erinnerung an das Empire noch großes Gewicht. Britannien war als eine der Großmächte in den Zweiten Weltkrieg eingetreten und verfügte über ein größeres Imperium als jedes andere Land. Das »Juwel in der Krone«, um mit Winston Churchill zu sprechen, war Indien. Doch 1946 erwiesen sich die Vereinigten Staaten und die Sowjetunion als die Supermächte, Britannien war nur noch Alliierter der Amerikaner. Die Wahlschlappe, die Churchills konservative Partei gegen die Arbeiterpartei einstecken musste, verschlimmerte die Angelegenheit, bis schließlich auch noch die Kongresspartei und das indische Volk 1947 die Unabhängigkeit erlangte.

Für die etablierte britische Gesellschaft sollte der Everest die symbolische Umkehrung von all dem sein. Der Everest war immer ein britischer Berg gewesen, Teil des Empires. Genauso wie einige wenige britische Gentlemen entschlossen und ohne zu jammern die Welt erobert hatten, genauso waren sie zum Everest gekommen und hofften nun, dass jener Sieg mit der Krönung der jungen Königin Elizabeth zusammenfiele und ein neues Elizabethanisches Zeitalter einläutete.

Doch wenn der Everest schon missbraucht wurde, eine symbolische Umkehrung für all das zu sein, was die britische Oberschicht gedemütigt hatte, profitierte John Hunts Expedition doch auch in gewisser Weise davon. Nach 1945 genossen Arbeiter in ganz Westeuropa bei weitem mehr Respekt als noch vor dem Krieg. Ohne diese Veränderung wäre Hunt nicht in der Lage gewesen, Hillary mitzunehmen. Ohne die indische Unabhängigkeit und ohne die Schweizer hätte er nicht einmal daran denken können, Tenzing zu einem Mitglied der Expedition zu machen.

Kehren wir zu den Toiletten zurück. Für die Sherpas waren diese Toiletten ein Symbol für jene Zeiten, als sie auf einer Bank im Chowrashtra Park gesessen hatten und vorbeikommende britische Gentlemen sie genötigt hatten, aufzustehen und sich auf den Boden zu hocken. Nun mussten sie sich mit so etwas nicht mehr herumschlagen. Und außerdem hatten ihnen die Franzosen und die Schweizer gezeigt, wie Weiße sich auch betragen konnten.

Tenzing saß zwischen den Stühlen. Einerseits hatte er mit den Sahibs auszukommen, sonst würden sie ihn nicht auf den Gipfel lassen, andererseits musste er die Sherpas bei Laune halten, sonst würden sie die Lasten nicht auf den South Col tragen. Den Abend verbrachte er in der Garage und versuchte, die Sherpas zu beruhigen. Am nächsten Morgen pinkelten sie aus Protest und gegen seinen Rat in aller Öffentlichkeit auf die Auffahrt. Für Tenzing würde es wohl eine lange, äußerst schwierige Expedition werden. Die Sherpas erwarteten von ihm, dass er sie führte und meinten damit, dass er ihr Sprachrohr sei. Hunt erwartete von ihm, dass er die Sherpas führte und meinte damit, dass er deren Vorgesetzter war.

Endlich begann der lange Marsch von Katmandu zum Basislager. Khansa Sherpa, der erst achtzehn war, hatte nichts gegen die Briten. Er war nur begeistert, dass er Arbeit hatte. Sämtliches Geld für Nahrungsmittel und Löhne wurde in indischen Rupien mitgenommen. Die Münzen füllten zwölf stabile hölzerne Kisten, die von zwölf Talträgern transportiert wurden. Um sicherzugehen, dass nichts gestohlen wurde, bewachten fünf Gurkha-

Soldaten den Transport rund um die Uhr. Nachts, sagte Khansa, wechselten sich die Sherpas ab und saßen im Zelt mit den Gurkhas und dem Geld und bewachten die Gurkhas. Denn es war ja auch ihr Geld.

Den ganzen Weg zum Basislager gab es Beschwerden über Vorräte und Ausrüstung. Nawang Gombu, der ebenfalls dabei war, sagte, selbst bei dem Unmut in der Botschaft wäre es nicht wirklich um Toiletten gegangen. »Es ist wahr«, sagte er, »dass die Expedition nach militärischen Regeln durchgeführt wurde. Das Militär ist in allen Ländern gleich. Weißt du, was ich meine?« Ich nickte. »Doch was die Sherpas wirklich störte«, sagte Gombu, »war die Ausrüstung. Die Schweizer waren, was die Qualität anging, bestens ausgerüstet, nach allen Regeln der Kunst, und ließen uns daran teilhaben. Mit den Briten kehrten wir wieder zurück zum Notwendigsten.«

Es gab viele kleine Beschwerden, doch das dicke Ende kam im Basislager. Die Briten sagten den Sherpa-Trägern, dass es für jeden, der den South Col erreichte, dreihundert Rupien Extraprämie gäbe, doch darüber hinaus kein weiteres Bakshish. Und schlimmer noch: Ein Recht zum Mitnachhausenehmen der Hochträgerausrüstung wie Stiefel, Anorak und Schlafsack gab es diesmal nicht. Man sagte ihnen ausdrücklich, dass es hierfür keine Zusage gäbe. Wenn ein Mann allerdings gut arbeitete und die Sahibs mit ihm zufrieden waren, durfte er die Ausrüstung behalten, falls nicht, würden die Briten sie am Ende der Expedition wieder einfordern.

Dies war ein Angriff nicht nur auf die Gefühle und die etablierten Rechte, sondern auch auf die Finanzen. Khansas Vater etwa hatte als Hochträger bei den Everest-Expeditionen in den Dreißigerjahren gearbeitet. Als er nach Hause kam, verkaufte er seine Stiefel, seinen Schlafsack und seinen Anorak an einen der fünf Reichen in Namche. Mit diesem Geld kaufte er das Haus, in dem Khansa geboren worden war.

Die Sherpas legten der Ausrüstung wegen Protest ein, stritten untereinander und drohten mit Streik und selbst damit, dass sie nach Hause gingen. Später schrieb Tenzing: »Das war die schlimmste Zeit der ganzen Expedition. Zusammen mit Major Wylie, der ebenfalls versuchte, Frieden zu stiften, fühlte ich mich wie die Wurst, die zwischen zwei Scheiben Brot geklemmt ist. Beide Seiten dachten, ich arbeitete für die Interessen der anderen Seite, und insbesondere die Sherpas glaubten, dass ich von den Briten das große Geld bekäme, um gegen die Sherpas zu sprechen. Die Hälfte der Zeit wünschte ich, nur ein ganz normaler Träger zu sein.«[3]

Der Führer des Widerstands war Pasang Phutar Jockey. Vermutlich war es kein Zufall, dass dies derselbe Mann war, den Tenzing geschlagen und getreten hatte, um seine Last zum South Col zu tragen. Tenzing schrieb, dass sie einen Kompromiss ausgearbeitet hätten. Entweder hatten sich Pasang Phutar Jockey und Ang Dawa nicht daran gehalten oder diesen nicht akzeptiert, auf jeden Fall wurden sie hinausgeworfen. Sie verließen die Expedition – wonach sich die Dinge wieder beruhigten. Und dann ging es in den Eisbruch.

Die einzige Person, der Tenzing trauen konnte, war Nawang Gombu. Ich denke, er hatte sich ihm anvertraut, weil er zu seiner Sippe gehörte und eben noch ein Junge war, kein Konkurrent. Aber heute ist Gombu ein weiser und anständiger Mann, und vermutlich war er das damals schon.

Tenzing hatte zu Gombu gesagt, dass er dieses Mal entweder zum Gipfel ginge, oder beim Versuch, ihn zu erreichen, sterben würde.

13

1953

Während dieses Frühlings, da Tenzing als Sardar der britischen Expedition zum Everest zurückgekehrt war, versuchte auch eine deutsche Nanga-Parbat-Expedition ihren alten Berg zu erklimmen. Der Leiter war dieses Mal Karl Maria Herrligkoffer, der siebzehn Jahre alt gewesen war, als sein Halbbruder Willy Merkl 1934 am Nanga Parbat starb.

> Natürlich war ich traurig, da ich meinen großen Bruder verloren hatte, meinen Helden; doch erst 1937, als mit einem Schlag sieben weitere meiner Landsleute, alles wohl bekannte Bergsteiger, zusammen mit ihren getreuen Sherpas ihr Leben am Nanga Parbat ließen, begriff ich die ganze Tragweite der Tragödie, die mit dem Berg verbunden war. Daher beschloss ich, komme was da wolle, selbst eine deutsche Himalaya-Expedition durchzuführen, deren Aufgabe es war, ein Siegel des Sieges auf die heldenhaften Anstrengungen unserer toten Kameraden zu drücken, um in der Tat ein heiliges Vermächtnis zu erfüllen.[1]

Zwanzig Jahre brauchte Herrligkoffer. Er erlebte den Krieg, wurde Arzt, schrieb eine Biographie seines Bruders und machte Bergtouren. 1951, als Deutschland schließlich dabei war, sich vom Krieg zu erholen, hielt er die Zeit, eine Expedition durchzuführen, für gekommen. Er hatte jedoch praktisch keine Klettererfahrung und war noch nie im Himalaya gewesen. Da niemand in der Welt des Alpinismus je von Herrligkoffer gehört hatte, waren nur wenige Bergsteiger bereit, mit ihm mitzugehen, speziell zum Nanga Parbat. Der Österreichische Alpenverein war bereit, ihn zu unterstützen, der viel größere Deutsche Alpenverein jedoch versagte sich. Herrligkoffer war ein entschlossener Mann – »Ich musste beginnen, für meine Ziele zu kämpfen… ich war nicht bereit, mich unterkriegen zu lassen.« Er sammelte Spenden und brachte das Geld auf, aber es war klar, dass er nicht in der Lage war, die Expedition zu führen. Dafür wandte er sich an Peter Aschenbrenner.

Aschenbrenner war 1932 auf dem Nanga Parbat gewesen; 1934 kehrte er dorthin zurück und war, nachdem er die Träger direkt unter dem Silbersattel zurückgelassen hatte und auf und davon gegangen war. Er war nun bereits einundfünfzig Jahre alt, lebte in Kufstein und arbeitete als Bergführer am Wilden Kaiser. Aschenbrenner sagte zu Herrligkoffer, er hätte seiner Arbeit wegen keine Zeit. Das klang nicht sehr überzeugend, aber ich kann mir viele Gründe vorstellen, weshalb Aschenbrenner diesen Berg eventuell nicht mehr sehen wollte. Herrligkoffer beharrte jedoch auf seinem Wunsch, und schließlich stimmte Aschenbrenner zu. Allerdings bekam Aschenbrenner damals Ärger mit seiner Frau; es soll der einzige ernsthafte Krach in ihrer zwanzigjährigen Ehe gewesen sein.

Nach diesem Husarenstück Herrligkoffers verfügte die Expedition nunmehr nicht nur über einen Führer, der der Bruder Willy Merkls war, sondern auch noch über einen Technischen Leiter, der 1934 mit von der Partie gewesen war. Herrligkoffer sandte eine Nachricht an Ang Tsering in Darjeeling und bat ihn ebenfalls zu kommen, doch Ang Tsering sagte nein. »Ihr habt niemals etwas für mich getan, weshalb sollte ich etwas für euch tun?«

Aschenbrenner, der bereits über fünfzig war, sagte von Anfang an, dass er selbst nur wenig klettern würde. Bei jener Expedition nahmen lediglich vier Bergsteiger teil, die unter vierzig Jahre alt waren. Hermann Buhl, ein Österreicher aus Innsbruck, war der beste der *Jungen Wilden*, wie sie genannt wurden. Er gehörte zu einer neuen Generation von Bergsteigern aus der Arbeiterklasse. Buhl sagte: »Wir lebten unter bescheidenen Umständen. Mein Vater war ein kleiner Handwerker im Staatsdienst, dessen knapper Lohn gerade ausreichte, um das Notwendigste zum Leben zu haben. Zum Frühstück aßen wir gewöhnlich trocken Brot, das Mittagessen musste ich mir von meinem Taschengeld kaufen, das ich als Lehrling in einer Spedition verdiente.«[2]

Buhl war neunundzwanzig Jahre alt und arbeitete in einem Münchener Sportgeschäft. Er war verheiratet und hatte ein kleines Kind. Seine Kletterpartner waren der achtunddreißigjährige Kuno Rainer, der von Beruf Maurerpolier und Bergführer war, und der siebenundzwanzigjährige Mechaniker Hermann Kollensperger. Der einzige der *Jungen Wilden*, der einen etwas gehobeneren Beruf hatte, war der siebenundzwanzigjährige Geschäftsmann Otto Kempter.

Die Expedition stellte fünf Sherpa-Träger ein, die von Pasang Dawa Lama geführt wurden, demselben Pasang, der 1939 mit Wiessner beinahe den K2 bezwungen hatte. Indien und Pakistan waren nunmehr separate Länder. Der Nanga Parbat lag im pakistanischen Teil Kaschmirs, um das Indien und Pakistan bereits sechs Jahre zuvor miteinander im Krieg gelegen hatten. Aus pakistanischer Sicht waren die Darjeeling-Sherpas Inder. Sie durften zwar nach Pakistan einreisen, doch eine Genehmigung, den Nanga Parbat zu besteigen, erhielten sie nicht.

Daher mussten Herrligkoffer und seine Mitstreiter wie schon bei Merkls erster Expedition 1932 auf Balti- und Hunza-Träger zurückgreifen. Ihre Beziehung zu den Trägern entsprach dem gleichen alten Spiel. Die Balti-Talträger waren keine Freiwilligen. Erneut bestanden sie auf besserer Bezahlung, doch in Wirklichkeit wollten sie nur wieder nach Hause in ihre Dörfer. 1932 war der Versorgungsoffizier Lieutenant Frier von den Gilgit Scouts gewesen, 1953 bekleidete dieses Amt Rhabar Hassan, ein Polizeioffizier aus Gilgit. Die Hochträger waren Hunzas. Bei der Annäherung an den Berg sagte Herrligkoffer den Hunzas, sie müssten täglich zwei Lasten zum Basislager tragen. Er schrieb: »Ostentativ zogen sie ihre Pullover, Anoraks, Stiefel und sonstigen Kleidungsstücke aus und streikten. Hassan wusste, dass sie nur blufften, denn es war ziemlich eindeutig, dass die Hunzas nicht einfach alles hinlegen und gehen konnten… Wenn einer von ihnen ohne triftigen Grund und ohne meine Erlaubnis nach Hause gekommen wäre, hätten sie ihn sofort eingesperrt und zur Zwangsarbeit verurteilt.«[3]

Nach zehn Tagen endlich war es so weit, dass die Expedition Lasten zum Lager I im Eisbruch tragen konnte. Hier nun begann die wirkliche Arbeit, die reale Gefahr.

Noch einmal Herrligkoffer:

Die Träger waren angewiesen, um neun Uhr morgens mit ihren Lasten loszugehen, doch nun begaben sie sich zum zweiten Mal in Streik. Sie verlangten mehr Kleidung, noch mehr zu essen, bessere Bezahlung, die Ausgabe von zusätzlicher Bekleidung, wie etwa Hemden, Socken und Unterwäsche sowie die Reduzierung ihrer Last von achtundzwanzig auf achtzehn Kilo. Sofort befahl ich ihnen, ihre Expeditionskleidung und andere Ausrüstungsgegenstände abzulegen und auf einen Haufen zu packen. Dann entließ ich sie. Fünf von ihnen nahmen ihre Beine unter die Arme und flitzten barfuß über den Schnee nach Tato; sie warteten noch nicht mal auf ihre ihnen zustehende Bezahlung. Selbst wenn sie jetzt in ihren Heimatdörfern als Deserteure galten, hatten sie offenbar doch zu viel Angst vor dem Berg gehabt. Mehr als nur einmal hatten die anderen nachgefragt, ob ihre Familie die Kleidung bekäme, wenn sie starben. Hassan riet mir, ihnen mehr Essen zu geben – sie konnten Unmengen verdrücken –, dann wäre alles in Ordnung. Sie waren wirklich wie die Kinder. Bevor ich sie wieder in ihren Stand als Hochträger zurückversetzte, verlangte ich von ihnen, dass sie sich bei mir persönlich entschuldigten. Beim Versuch, sein Schamgefühl zu überwinden, brach einer von ihnen in Tränen aus.[4]

Oder es war das Gefühl der Demütigung.

Herrligkoffer war zwar in der Lage gewesen zu verhindern, dass die Träger flohen, aber er konnte sie nicht dazu bringen, hoch auf den Berg zu steigen. Immer wieder in den höheren Lagern meldeten sich die Träger krank, doch die deutschen Bergsteiger glaubten ihnen nicht. Letztlich weigerten sich die Hunzas einfach nur, ihr Leben zu riskieren.[5]

Man darf auch nicht außer Acht lassen, dass sie achtundzwanzig Kilo auf den Berg tragen mussten. Das größte Gewicht, das ich in der Lage war, in anderen Expeditionsberichten zu finden, waren dreiundzwanzig Kilo gewesen, meistens waren es vierzehn oder achtzehn Kilo. Vermutlich hatte Herrligkoffer aus Personalmangel solch schwere Lasten angeordnet. Die Sherpas waren nicht gekommen, ansonsten hatte er nur vier starke deutsche Kletterer.

Die Deutschen und die Hunzas versuchten, sehr langsam eine Reihe gut ausgerüsteter Lager aufzubauen. Aus Personalmangel mussten sie das Lager III vorhergehender Expeditionen überspringen. Ihr neues Lager III bauten sie an der Stelle, wo das alte Lager IV gestanden war, dort, wo 1937 sechzehn Männer gestorben waren. Am 30. Juni, fünf Wochen nachdem sie aufgebrochen waren, hatten sie noch immer keine Lager jenseits des Mohrenkopfs errichtet. Die jüngeren Deutschen, besonders Hermann Buhl, hatten viel Trägerarbeit geleistet. Nun waren nur noch drei Träger bereit oder fähig, über den Mohrenkopf hinauszugehen. Nur Buhl schien in der Lage zu sein, ganz hinaufzusteigen; bald würde der Monsun kommen. Sie hatten keine Zeit mehr, die notwendigen Lager am Rakhiot Peak und am Silbersattel zu errichten.

Peter Aschenbrenner, der sein Leben lang Bergführer gewesen

war und der als Einziger Kenntnis vom Nanga Parbat hatte, blies die Expedition ab. Vom Basislager aus schickten er und Herrligkoffer Funksprüche den vier verbliebenen Bergsteigern Frauenberger, Ertl, Kempter und Buhl ins Lager III hinauf.

Angeführt von Buhl weigerten sich die vier, abzusteigen. Am nächsten Tag stiegen sie hinauf zum Lager IV kurz vor dem Rakhiot, und während sie kletterten, rief sie das Basislager dreimal über Funk. Aschenbrenner brüllte sie an, schrie Obszönitäten durch den Äther, und sie schimpften auf gut Bayerisch zurück.

Am nächsten Morgen gab es erneut Kämpfe über Funk. Später schrieb Buhl, dass Frauenberger »eine halbe Stunde lang hin und her stritt, bis er ihnen da unten im Basislager schließlich die Erlaubnis abgerungen hatte. Als wir es hörten: ›Dann geht in Gottes Namen, unseren Segen habt ihr‹, konnten wir wieder atmen.«[6] Die vier Kletterer gingen mit drei Trägern über den Mohrenkopf, dann den langen Grat entlang hinunter bis zur Scharte. Dort schlugen sie ein Zelt auf. Danach gingen die Träger und zwei der Bergsteiger zurück ins Lager III und ließen Buhl und Otto Kempter zurück, damit sie am nächsten Tag den Vorstoß zum Gipfel unternehmen konnten.

Das war gewagt. Der Gipfel war vermutlich mehr als einen Tag entfernt. Selbst die vermessenen Expeditionsteilnehmer von 1934 hatten ein letztes Lager auf dem Silbersattel errichtet. Buhl und Kempter planten, die 600 Höhenmeter zum Silbersattel hinaufzuklettern, sich dann nach links zu wenden und dem Gipfelgrat noch einmal 600 Höhenmeter zu folgen. Buhl, der zumindest halbwegs wusste, wie schwer das würde, war um zwei Uhr dreißig morgens auf den Beinen und wollte losgehen. Kempter wollte noch etwas schlafen, also zog Buhl alleine los. Kempter folgte ihm. Erst war er eine halbe Stunde, dann eine Stunde hinter ihm. Buhl, stur wie er war, blieb nicht stehen, um auf ihn zu warten.

Buhl erreichte den Silbersattel. Vor ihm erstreckte sich das lange, beinahe flache weiße Gipfelplateau. Die Sonne reflektierte in Millionen Schneekristallen, brachte ihn ins Schwitzen und dörrte ihm die ohnehin schon wunde Kehle aus. Es ging kein Wind.

Buhl ging durch den windlosen Morgen am Silbersattel. Er ging über das Gipfelplateau und brauchte fünf Atemzüge für jeden Schritt.

Kempter schaffte es bis zum Silbersattel. Bereits völlig erschöpft setzte er sich in den Schnee, um auszuruhen und entschloss sich, hier auf Buhls Rückkehr zu warten. Er wartete, fast den ganzen Tag. Dann, am späten Nachmittag ging er alleine zurück zum Zelt, wo die anderen auf ihn warteten, um ihm zu helfen.

Irgendwann am Nachmittag hatte Buhl das Gipfelplateau überquert – er achtete nicht mehr auf die Zeit. Er hielt an, schnallte seinen kleinen Rucksack ab und ließ ihn liegen. Selbst diese wenigen Pfunde waren ihm zu schwer zu tragen. Seinen dicken Wollpullover ließ er im Rucksack, er nahm nur einen dünnen Pullover und den Anorak mit. Es war immer noch warm. Nur was in seine Taschen passte nahm er mit: etwas Cocatee, ein erfrischendes Getränk aus Bolivien, ein paar Energietabletten und eine Kamera. Da er allein war, wusste er, dass er einige Fotos vom Gipfel schießen musste, sonst würde ihm keiner glauben, dass er dort gewesen war. Außerdem eine pakistanische Flagge, denn die Expedition hatte versprochen, diese am Gipfel zu hissen. Und den Wimpel seines Bergsteigervereins in Tirol. Als Österreicher hatte Buhl weder die Flagge seines eigenen Landes noch eine deutsche Flagge dabei.

Nun hatte er den Fuß des Westgipfels erreicht. Er war zu hoch und zu felsig, um ihn zu überklettern und dann wieder abzusteigen in die Sohle zwischen dem Westgipfel und dem höheren Hauptgipfel. Er musste sich um den Westgipfel herumarbeiten, entweder links oder rechts. Er wählte den Weg nach links; der sah kürzer aus. Er ging den Grat weiter, unter seinen Füßen war eine große Schneewächte. Er hoffte, der Schnee läge auf einer festen Unterlage; denn wenn er brach, würde es dem Südpfeiler entlang nach unten gehen, der größten Steilwand der Welt, ein Fall von über 3000 Metern Tiefe.

Er kam zu einem Felsen, der sich sechzig Meter über den Grat erhob. Ihn ohne Seil alleine zu übersteigen, würde den Tod bedeuten. Auch um diesen Felsen arbeitete er sich herum, bis sich ein neuer Felsen vor ihm erhob.

Knapp fünf Meter unter mir war eine Rinne, die teilweise mit Schnee gefüllt war und genau zum Scheitel des Grats führte. Doch wie sollte ich in diese Rinne kommen? Oben und unten war sie durch überhängende spitze Felsbrocken geschützt. Aber ich war bereit, alles zu riskieren. Mit den Steigeisen noch an den Stiefeln [weil sie auf Fels rutschten] kletterte ich durch eine Spalte, die meine einzige Hoffnung war, über die hohe, rasch steiler werdende Wand aus brüchigem rostbraunem Gneis.

Wieder einmal zog ich mir die Handschuhe aus, stopfte sie in die Tasche und klemmte mich unten in die Spalte, wie ich es in meinen heimatlichen Bergen oft getan hatte; nun aber war Geschwindigkeit geboten [denn es brach bald die Nacht herein und seine Kraft war am schwinden]. Es waren nur etwa zehn Meter, meine Steigeisen verhakten sich in der engen Spalte und meine Finger drohten aufzugeben. Das war Klettern im höchsten Schwierigkeitsgrad, vergleichbar der Ostwand des Watzmann. Wieder hatte ich dieses schreckliche Gefühl in den Fingern [dass sie aufhören würden, ihm zu gehorchen]; jedoch nur wenige Meter über mir lag ein klarer Weg zu der Rinne. Nur noch dies musste ich schaffen, dann hätte ich sicher die Rinne erreicht. Dies waren schreckliche Minuten.[7]

Schließlich hatte er den Westgipfel überwunden. Er wusste es, aber es schien ihn nicht zu stören, dass er auf dem Rückweg diesen Weg nicht mehr wählen konnte. Er trank die letzten

Schlucke Cocatee. Es war noch warm, den Anorak hatte er sich um den Bauch gebunden.

Plötzlich stellte er fest, dass es sechs Uhr abends war. Das bedeutete, dass er die Nacht im Freien verbringen musste. Er hatte quälenden Durst. Er kroch nun auf Knien und Händen, er war allein.

Dies hätte er nie öffentlich gesagt, aber nach so etwas hatte er sich immer gesehnt, allein zu sein und auf Anordnungen zu pfeifen. 1943, als er achtzehn war, hatte er Glück gehabt und war, als er in eine Bergrettungseinheit eingezogen worden war, dem Krieg entronnen. An einem Wochenende ging er zum Klettern und kam zu spät in die Kaserne zurück. Zur Strafe war er an die Ostfront versetzt worden und hatte danach zwei Jahre in einem Kriegsgefangenenlager verbracht. Er hatte es immer geliebt, alleine zu klettern und war berühmt für seine Solo-Aufstiege. Kein Wunder, dass er nicht auf Otto Kempter gewartet hatte. Er glaubte, dass jeder Mann das Recht hatte, sein Leben selbst zu gestalten. Er kroch weiter auf Händen und Knien.

Plötzlich hörte er die Stimme eines Freundes, sie trieb ihn an und sagte ihm, dass alles gut werden würde. Er sah sich um und konnte keinen sehen. Er sah nach vorne, auf den Schnee vor seinen Händen, und wieder sprach der Freund. Er erkannte diese Stimme, konnte sich aber nicht an den Namen der Person erinnern.

Stunden später, so dachte er, und der Freund trieb ihn immer noch an, war Hermann Buhl am Gipfel des Nanga Parbat. Siebzehn Stunden war er geklettert. Buhl nahm den Wimpel seines Bergvereins, band ihn an seinen Eispickel und steckte ihn in den Schnee. Dann setzte er sich, nahm die Kamera heraus und fotografierte den Pickel, im Hintergrund war der Silbersattel und der Nordgrat. Dort saß er vielleicht eine halbe Stunde und staunte.

Dann begann er mit dem Abstieg. Beim Gehen fühlte er sich plötzlich stärker, und er hatte Angst. Er hatte seinen Eispickel auf dem Gipfel gelassen. War er ihm zu schwer geworden, oder hatte er einfach nur nicht nachgedacht? Er musste die einbrechende Nacht überstehen. Die Route, die er hinauf gewählt hatte, war zu gefährlich. Er musste einen neuen Weg finden, um die andere Seite des Westgipfels zu erreichen. Nun konnte er nicht mehr klar denken. Sein Freund sprach immer noch zu ihm und tröstete ihn in seiner Angst. Gerade stieg er über eine Felsplatte ab, die eine Neigung von fünfundfünfzig Grad hatte, als er plötzlich feststellte, dass es völlig dunkel war.

Er musste stehen bleiben und auf den Morgen warten. Er stand auf einem schmalen Felssims, zu schmal, um darauf zu sitzen. Mit einer Hand hielt er sich am Felsen hinter sich fest, in der anderen Hand hatte er zwei Skistöcke. Beim Hochsteigen hatte er sie wenig benutzt. Doch ohne Pickel brauchte er sie nun dringend, um beim Hinuntergehen das Gleichgewicht halten zu können. Verlöre er sie, würde er früher oder später stürzen, und dann wäre es um ihn geschehen. Oder vielleicht würde er sich beim Fallen auch nur den Knöchel verstauchen. Das würde genügen, hier in dieser Höhe. Er war erschöpft. Wenn er nur einen Augenblick lang einschlief, würde er die Skistöcke fallenlassen. Er vergaß, daran zu denken, sich die Schlaufen um die Handgelenke zu legen. Immer wieder schloss er die Augen, nickte weg, riss entsetzt die Augen wieder auf, seine Skistöcke im eisernen Griff. Er hatte nur den dünnen Pullover, und seine Füße fühlten sich merkwürdig an. Er biwakierte im Stehen, nach achtzehn Stunden Klettern, in einer Höhe von 8000 Metern Höhe. Wer konnte so etwas schon überleben? Sein Freund sprach mit ihm. Das Wetter war immer noch freundlich, es ging kein Wind.

Als es am Morgen hell zu werden begann, lebte er immer noch. Sehr langsam machte er sich an den Abstieg. Einundvierzig Stunden nachdem er aufgebrochen war, kam er zum Lager V zurück.

Beim Mohrenkopf stellten seine Freunde gerade ein neues Kreuz über dem Grab von Gaylay und Merkl auf. Da sahen sie ihn, einen schwarzen Punkt auf dem Silbersattel. Als er beim

Zelt ankam, flößten sie ihm Tee ein, eine Tasse nach der anderen, und weinten vor Freude, dass sie ihn wiederhatten. Buhl konnte nicht sprechen; sie fragten ihn nicht, ob er den Gipfel erreicht hatte. Dies rührte ihn mehr als alles andere.

Es war erst das dritte Mal, dass irgendwer einen der vierzehn Achttausender bezwungen hatte. Es war der erste Solo-Aufstieg in der Geschichte und dazu der erste ohne Sauerstoff.

Buhl hatte Erfrierungen, und es war eindeutig, dass er Zehen verlieren würde. Am nächsten Tag kämpften sie sich hinunter. Als sie das Basislager erreichten, war Peter Aschenbrenner nicht mehr da. Gleich nachdem er die Nachricht über Buhls Gipfelgang erfahren hatte, war er abgereist.

Aschenbrenner hatte seine Rückreise gebucht, und er hatte einen Beruf, zu dem er zurückkehren musste. Dennoch war es merkwürdig. Vielleicht war er über Buhls Ungehorsam wütend, vielleicht wollte er den Mann nicht sehen, der erreicht hatte, was ihm vor neunzehn Jahren nur beinahe geglückt war. Möglich auch, dass der Nanga Parbat zu schmerzliche Erinnerungen in Aschenbrenner wachgerufen und Emotionen in ihm geweckt hatte, die er nicht verstehen oder ertragen konnte. Vielleicht wollte er nicht, dass irgendwer dort erfolgreich war.

Auch Herrligkoffer behandelte Buhl reserviert. Die Hunza-Träger trugen ihn schließlich mit aller Vorsicht vom Basislager zur nächsten Straßenanbindung und dann ins Krankenhaus. Er verlor nur zwei Zehen. Zurück in Deutschland verloren sich Herrligkoffer und Buhl in öffentlich ausgetragenen Streitereien, wobei Buhl das bessere Ende für sich zog, denn immerhin hatte er gesiegt und den Gipfel erklommen. Die meisten Menschen dachten, Herrligkoffer und Aschenbrenner wären einfach zu alt und würden im Morast der Vergangenheit feststecken. Die beiden alten Männer waren jedoch im Recht gewesen. Die Gipfelstürmer hatten am Berg nicht über mindestens zwei Männer verfügt, die in der Lage gewesen waren, zusammen sicher zum Gipfel zu gehen. Wenn das Wetter nicht so gnädig gewesen wäre, so ruhig und ohne Wind – eine Seltenheit für einen Achttausender, wäre Buhl gestorben. Wenn das menschliche Leben noch irgendetwas gilt, dann hatte Herrligkoffer Recht.

Für Buhls phantomhaften Freund am Gipfel gibt es zwei mögliche Erklärungen. Die eine ist, dass er wie so viele andere auf großer Höhe und ohne Sauerstoff unter Halluzinationen litt, die andere, die mit dem außergewöhnlichen Wetter einherging, dass sein Freund der Gott Diamir des Nanga Parbat war.

In der Zwischenzeit war die britische Expedition am Everest ohne Zwischenfall über den Eisbruch gelangt.[8] Der junge Khansa hatte schreckliche Angst gehabt, die ganze Zeit über, aber er war glücklich, dass er Arbeit hatte. Den älteren Trägern aus Darjeeling war er überaus dankbar, denn sie zeigten ihm, wie man belegt, wie man mit Steigeisen geht, ohne sich die Beine aufzuschlitzen. Ohne sie hätte er nicht überlebt.

Tenzing hatte als Sardar dieses Mal ein leichteres Leben. Dennoch gab es Streit. Die Briten sagten den Trägern, dass sie achtundzwanzig Kilo tragen müssten. Die Sherpas beschwerten sich, und es gelang Tenzing, die Last auf 23 Kilo zu reduzieren. Die meiste Zeit verbrachte er im Basislager oder knapp oberhalb des Eisbruchs im vorgeschobenen Hauptlager. Er verteilte die Lasten und sorgte dafür, dass der Nachschub rollte. Dass *er* diese Arbeit tat, war deshalb so wichtig, da er der Einzige war, der alle Männer und deren Namen kannte, außerdem war sein Englisch besser als das der anderen Sherpas. Khansa und die anderen seiner Seilschaft unterhielten sich per Handzeichen mit den Briten; da sie sich jedoch nicht auf ganz bestimmte Zeichen geeinigt hatten, war sich Khansa oft unsicher, was man ihm aufgetragen hatte zu tun.

Im Basislager war Tenzing ständig beeindruckt über die Effizienz der Operation. »Es wurde nach militärischen Gesichtspunkten vorgegangen«, schrieb er. »Zweifellos wäre unseren Männern etwas mehr Lässigkeit und Ungezwungenheit lieber gewesen.«[9] Aber es funktionierte.

Diesmal bestand die Schwierigkeit nicht darin, jemand zu finden, der die Expedition führte. Edmund Hillary war durch große Teile des Eisbruchs vorangegangen. Fünfundvierzig Jahre später, nachdem er viel über die Sherpas gelernt hatte, schrieb er:

> Mit der ersten großen Ladung kam auch ein großer Teil der Mannschaft durch den Eisbruch. Alles schien gut gegangen zu sein. Es war das erste Mal in diesem Jahr, dass Tenzing über das Basislager hinausstieg, ich glaube nicht, dass er sehr glücklich dabei war. Bei den Schweizern war er einer der führenden Kletterer gewesen, doch John Hunt war der Meinung, dass in diesem Stadium sein Einfluss und seine Erfahrung beim Organisieren der anderen Sherpas und des Lastenflusses über den Eisbruch wertvoller war. Ich hatte Hochachtung vor Tenzings Reputation, aber es kam mir nie in den Sinn, dass wir beim Lösen schwieriger Probleme auf dem Eis seiner Hilfe bedurften, da wir selbst sehr gut in der Lage waren, diese zu bewältigen. Kein Wunder, dass sich Tenzing mit den Schweizern viel wohler gefühlt hatte als jemals mit uns.[10]

Die Lasten wanderten über den Eisbruch und durch das Cwm hinauf, bis schließlich am Fuß der steilen Lhotsewand unterhalb des South Cols das Lager VI errichtet wurde.

Tenzing und Hillary stiegen zum ersten Mal zusammen an einem Seil ins Basislager ab. Sie stiegen gerade durch einen Teil des Eisbruchs, den sie Atombombe nannten, als Hillary zu einer Gletscherspalte kam. »Anstatt über die normale Brücke zu gehen, sprang ich und landete auf dem überhängenden unteren Rand. Der brach ab und fiel in die Spalte, und ich lag oben auf.«[11] Aus langer Erfahrung reagierte Tenzing blitzschnell, rammte seinen Pickel in den Schnee und hielt ihn, der doch viel größer und schwerer war als er. Als Hillary Stufen in das Eis schlug und aus der Spalte herausstieg, dachte er: »Ich war beeindruckt, wie geschickt Tenzing auf dem Eis war und mit dem Seil umging, und wie glücklich er darüber war, dass wir hart und schnell kletterten. Zum ersten Mal kam mir die Idee – es schien unwahrscheinlich, dass John Hunt George Lowe und mich zusammen klettern ließ, da er es nicht erlauben konnte, zwei Neuseeländer zum Gipfel zu lassen –, aber was war mit Tenzing und mir? Die Idee erschien mir ausgezeichnet, und ich entschloss mich, sie in den Raum zu stellen.«[12]

Bald danach fasste Tenzing denselben Entschluss. Beide Männer blieben im Basislager. Hunt war dafür, dass sie sich ausruhten, doch sie wollten zeigen, zu was sie fähig waren. Am 7. Mai gingen sie im Eiltempo vom Basislager zu Lager IV und wieder zurück, in nur einem Tag. John Hunt dachte, sie wollten das Sauerstoffsystem mit dem geschlossenen Kreislauf ausprobieren. Tatsächlich aber setzten sie nur ein Zeichen, um ihm zu zeigen wie leistungsfähig sie waren.

Fünf Tage später verkündete Hunt seine Gipfelpläne. George Lowe sollte die Seilschaft hinauf zur Lhotsewand und zum South Col führen. Dort würden dann zwei Gipfelteams gebildet. Als Erste würden Charles Evans und Tom Bourdillon vom South Col aus zum Gipfel vorstoßen und dabei geschlossene Sauerstoffsysteme benutzen. Ungeachtet dessen, ob sie Erfolg hatten oder nicht, würden es am nächsten Tag Hillary und Tenzing versuchen. Mit offenen Sauerstoffsystemen würden sie zur Hälfte den Gipfelgrat erklimmen und dort ein Zelt aufstellen. Früh am nächsten Morgen sollten sie dann zum Gipfel gehen.

(Mit dem geschlossenen Sauerstoffgerät, wie es viele benutzen, atmet man reinen Sauerstoff, mit dem offenen System, wie es Athleten anwenden, vermischt sich der Sauerstoff mit der Umluft.)

Hunt überließ nichts dem Zufall. Da dies eine britische Expedition war, wollte er zuallererst zwei Briten auf dem Gipfel sehen; wenn dies möglich war. Evans, Absolvent des Royal College of Surgeons, und Bourdillon (Oxford) waren stark, aber sie spielten nicht in derselben Liga wie Hillary und Tenzing. Wenn die Engländer versagten, musste Hunt seine zwei besten Kletterer in Reserve haben. Sie benutzten auch zwei verschiedene Sauerstoffsysteme. Das erste Paar würde den Aufstieg vom South Col in einem Tag versuchen, das andere Paar in zwei Tagen.

Tenzing war glücklich, aber viele der Sherpas waren es nicht. Sie sagten Tenzing, dass er verrückt sei, dass er sterben würde, und was sollten sie dann seiner Frau sagen? Wie konnten sie sich vor Ang Lhamu jemals wieder blicken lassen?

Tenzing sagte ihnen: »Hört auf euch zu ängstigen wie alte Weiber.«

Und dann erst rückten sie mit ihrer größeren Befürchtung heraus. Mit Tenzing am Seil würden es die Briten vermutlich schaffen. Und wenn dies geschah, sagten sie, »wirst du uns allen unseren Lebensunterhalt wegnehmen... Es wird keine Expeditionen mehr geben. Wir werden keine Arbeit mehr haben.«

»Ihr selbst seid verrückt«, antwortete ich. »Wenn der Everest bestiegen wird, ist der Himalaya weltweit in aller Munde. Dann wird es mehr Expeditionen und Arbeit für euch geben als je zuvor.«[13]

An der Lhotsewand ging es nur langsam vorwärts. George Lowe und Ang Nyima stiegen voran, tagelang. Am 15. Mai kehrte Ang Nyima in das darunter liegende Lager zurück. Wilfried Noyce stieg auf, um Lowe zu helfen. Dann stieg Noyce ab, und Mike Ward und Dawa Tenzing gingen hinauf. Lowe kämpfte immer noch. Auf 7600 Metern, auf halbem Weg zur Lhotsewand, errichteten sie Lager VII.

Hunt, Tenzing und Hillary waren alle in Lager IV, in der Mitte des Western Cwm. Hillary und Tenzing wollten so gerne aufsteigen und führen. Es ging alles viel zu langsam, bald würde der Monsun kommen. Hunt hielt sie zurück, er wollte sie ausgeruht für den Gipfel.

Später schrieb Hillary: »Die Zeit verging, der obere Teil des Anstiegs zum Lhotse machte uns schwer zu schaffen. Starke Winde und tiefe Temperaturen machten jeden Versuch, voranzukommen zu einer Herausforderung. John Hunt entschied, dass nun ein energischer und mutiger Schub vonnöten sei.«[14] Am 20. Mai schickte Hunt Noyce und neun Sherpas hinauf zum Lager VII. Sie hatten Anweisung, am nächsten Tag loszulegen, komme was da wolle, den ganzen Weg zur Wand hinauf und dann hinüber zum South Col.

Am Morgen des 21. Mai sahen Tenzing und Hillary vom Lager IV aus zu und warteten darauf, zehn Männer zu sehen, die Lasten vom Lager VII hinüber zum South Col trugen. Das Entscheidende an diesen Lasten war der Sauerstoff. Diese Flaschen wogen jede zehn Kilo.[15] Auf dem South Col brauchten sie den Sauerstoff für die Gipfelpaare und für die Männer, die sie dort oben unterstützten und ihnen wieder hinunterhalfen. Und sie brauchten Sauerstoff, um nachts zu atmen.

Tenzing und Hillary warteten also auf den alles entscheidenden Transport zum South Col. Anstelle von zehn Männern gingen zwei vom Lager VII los: Noyce und Anullu. Sie gingen hinüber zum South Col, legten ihre Ladung ab und gingen zurück zu Lager VII. Das war nicht genug.

An diesem selben Morgen trugen Charles Wylie und fünf weitere Sherpas Lasten zum Lager VII. Sie hatten den Befehl, am nächsten Tag zum South Col zu steigen. Doch da die anderen nicht gegangen waren, würden im Lager VII nun vierzehn Träger übernachten.

Wenn jedoch acht oder neun Träger an dem Tag nicht gegangen waren, dann war es unwahrscheinlich, dass die anderen es am nächsten Tag taten. Tenzing wurde nervös und hektisch. Hillary ging zu Hunt und bat ihn, ihn und Tenzing noch am selben Abend nach Lager VII gehen zu lassen. Hunt war damit einverstanden.

Sie sprinteten förmlich hinauf. Nun befanden sich drei Sahibs und Tenzing sowie vierzehn Träger in Lager VII. Tenzing redete auf die Träger ein, ging von Zelt zu Zelt, wies darauf hin, dass Anullu und Noyce es bis zum Südsattel geschafft hatten und heil zurückgekommen waren. Tenzing massierte den Trägern die müden Muskeln, machte für alle Tee und ermutigte sie. Nach einiger Zeit waren sie alle damit einverstanden, es am nächsten Morgen zu versuchen.

Auch Khansa war dabei. Jahre später sagte er: »Tenzing war unser Lehrer.« Dabei lächelte er und sagte dann: »Vielleicht war er sogar Hillarys Lehrer.«

Am nächsten Morgen führten Tenzing und Hillary zum South Col. Hinter ihnen gingen Charles Wylie und vierzehn Träger. Tenzing, Hillary und Wylie atmeten Sauerstoff, die Träger nicht. Dreizehn der vierzehn Träger, unter ihnen auch Khansa und Nawang Gombu, schafften es zum South Col. Dort legten sie ihre Lasten ab und stiegen rasch hinunter in das Western Cwm.

Am 25. Mai waren Evans und Bourdillon am South Col, zu ihrer Unterstützung waren auch Hunt und Da Namgyal gekommen. Ein Lager unter ihnen, bei der Lhotsewand, warteten Tenzing und Hillary. Evans und Bourdillon gingen los, Hunt und Da Namgyal trugen ihnen die Sauerstoffflaschen ein Stück weit den Gipfelgrat hinauf. Tenzing und Hillary kletterten zum South Col. »Wir sahen das Gipfelteam, wie es in hervorragender Geschwindigkeit den Gipfelgrat hoch stieg«, schrieb Hillary, »bis sie in der Wolke verschwanden, die den oberen Teil des Berges einhüllte. Ich bemerkte, wie Tenzing ihnen völlig überwältigt nachblickte.«[16]

Tenzing und Hillary warteten. Hunt und Da Namgyal kamen wieder herunter. Hunt war über seine Kräfte hinaus ohne Sauerstoff geklettert. Nun legten sie ihn hin, Tenzing machte Tee. Aus seinem Schlafsack meldete sich Hunt: »Tenzing, ich werde dir das nie vergessen.« Tenzing war tief gerührt. Als er ein wenig später wieder nach ihm sah, sagte Hunt, der Bara Sahib: »Es wäre schön, wenn sie es zur Krönung der Queen schaffen würden.«[17] Elizabeth II. sollte sieben Tage später gekrönt werden. James Morris, der Korrespondent der *Times*, hielt sich unten im Lager IV auf. Hunt hoffte, Evans und Bourdillon würden es rechtzeitig schaffen, damit Morris in der Lage war, die Nachricht rechtzeitig zur Krönung nach London zu übermitteln.

Als Tenzing dies hörte, war er enttäuscht. Aus diesem Grunde also sollten die zwei Engländer als Erste gehen, vor Hillary und ihm. Er verließ das Zelt und versuchte, den Gedanken loszuwerden. Es schien die Sache nicht wert zu sein.

Am späten Nachmittag kehrten Evans und Bourdillon zurück. Sie hatten den Südgipfel erreicht, doch dann mussten sie umkehren. Sie waren zu erschöpft gewesen, um bis ganz hinaufzugehen und sicher wieder heimzukehren. In jener Nacht schliefen Hillary, und Tenzing gemeinsam in einem Zelt. Plötzlich wusste Hillary,

> weshalb Tenzing so verdrießlich gewesen war – er dachte, Charles und Tom wären dabei, den Gipfel des Everest zu bezwingen. Verzweifelt hatte er sich gewünscht, ein Sherpa möge zum ersten Gipfelteam gehören; er hatte immer darauf vertraut, dass er der richtige Sherpa für diese Aufgabe sei. Auch ich fühlte mich ein wenig schuldig. Ich hatte großen Respekt vor der Leistung Charles' und Toms, aber ich spürte bedauerlicherweise auch ein Gefühl von Befriedigung. Sie hatten den Gipfel nicht erreicht – es gab also immer noch etwas zu tun für Tenzing und mich. Doch der Sturm wütete weiter und nahm sogar noch zu, es war also bereits klar, dass Tenzing und ich nur wenig Chancen hatten, am Morgen aufzusteigen.[18]

Hillary hatte Recht behalten. Das Wetter tags darauf fesselte sie an den South Col. Evans, Ang Temba und Bourdillon stiegen ab.

Am Tag danach war die Sicht besser. Drei Sherpas sollten Lasten für Tenzing und Hillary den halben Grat hinauftragen, damit Tenzing und Hillary das Lager bauen konnten. Nur einem von ihnen ging es für solch ein Vorhaben gut genug – Ang Nyima, der zusammen mit Lowe den Weg zur Lhotsewand gespurt hatte.

Nun mussten sie die Last der anderen Träger aufteilen. Lowe

führte den Grat hinauf und trug zwanzig Kilo. Ang Nyima und der britische Bergsteiger Alf Gregory trugen jeder achtzehn Kilo. Hinter ihnen gingen Tenzing und Hillary mit leichteren Lasten, sie mussten ihre Kräfte schonen.

Sie erreichten die Überreste des Zeltes, in dem Tenzing und Lambert im Jahr zuvor kampiert hatten. Vor zwei Tagen hatten Hunt und Da Namgyal dort eine Ladung mit Proviant zurückgelassen. Nun verteilten sie auch diese Last. Tenzing, Gregory und Lowe trugen nun jeder zweiundzwanzig Kilo, Hillary achtundzwanzig.

Mit dieser Last konnten sie in solcher Höhe nicht weit gehen. Tenzing sagte, dass er sich vom letzten Jahr her an einen möglichen Lagerplatz erinnerte. Er führte sie den Weg nach links hinunter. Da war aber kein Platz, der flach genug war für ein Zweimannzelt, doch dann sahen sie genau über sich eine Stelle, wo es vielleicht doch möglich war.

Die anderen legten ihre Ladung in den Schnee und stiegen ab. Tenzing und Hillary gruben sich einen Zeltplatz, doch da das Stück so steil war, mussten sie sich zwei Simse graben, einer über dem anderen, und das Zelt über diesen Stufen aufbauen. Hillary sollte oben schlafen, Tenzing unter ihm. Hillary war groß, seine Beine hingen hinunter zu Tenzing.

Tenzing machte das Essen. Zuerst gab es Nudelsuppe mit Huhn und schließlich Aprikosen aus der Dose.

Um vier Uhr morgens waren sie wach. Hillary hatte sich zum Schlafen die Stiefel ausgezogen, nun waren sie steif gefroren, sodass er sie nicht anziehen konnte. Eine Stunde brauchte er, um sie über dem Gaskocher zu erwärmen. Der Geruch von verbranntem Leder zog durch das Zelt. Hillary sagte Tenzing, dass er das tun müsse, denn er wollte nicht irgendwann mal dastehen ohne Zehen, wie Lambert.

Das hätte er nicht sagen sollen, nur hatte Hillary dies nicht gewusst. Tenzing vermisste Lambert schrecklich und wünschte, er wäre da für einen letzten Versuch. Tenzing sagte nichts weiter und band den roten Schal um, den ihm Lambert geschenkt hatte.

Jahre später wurden Hillary und Tenzing Freunde. Zu jenem Zeitpunkt aber waren es nur zwei Männer, die sich gegenseitig respektierten, zwei Männer, die nur durch ihren Ehrgeiz aneinander gebunden waren.

Beinahe sämtliche Himalaya-Riesen wurden zwischen 1950 und 1956 erstbestiegen. Dass dies genau in jenen Jahren geschah, war teilweise Glück. 1922 war bereits Norton dem Everest Gipfel nahe gewesen, so auch Mallory und Irvine 1924. Noch näher an den Gipfel des K2 waren 1939 Pasang Dawa Lama und Wiessner gekommen. Die Ausrüstung hatte sich verbessert, darüber hinaus gab es Sauerstoff. Den Hauptunterschied machte jedoch der Mensch.

Die Bergführer waren in den Himalaya gekommen. Männer wie Hermann Buhl und Edmund Hillary, Menschen, die in gewöhnlichen Berufen arbeiteten, um ihr Brot zu verdienen. Sie waren hungriger als jene *Gentlemen,* die vor ihnen da gewesen waren. Mallory, Irvine, Evans und Bourdillon gehörten zu den ausdauerndsten Sportlern, die je in Oxford oder Cambridge studiert hatten. Buhl, Hillary und Tenzing gehörten zu den Stärksten der Arbeiterklasse der Welt – und es gab viel mehr Arbeiter als Gentlemen.

Tenzing wäre nicht ohne Hillary auf den Gipfel gekommen, und Hillary nicht ohne Tenzing.

Tenzing war dort hingelangt, weil er stark war, unheimlich entschlossen, und weil er stets voraus dachte. Und Lamberts wegen. Und weil Indien unabhängig war. Und auch deshalb, weil so viele Sherpa und tibetische Träger vor ihm so Großartiges geleistet hatten. 1921 hatten sie auf dem Everest begonnen. Sie waren Kulis gewesen, die Lasten getragen und weiße Sahibs die steilen Straßen Darjeelings hinauf- und hinuntergezogen hatten, jahrein jahraus, Berg um Berg. Dann hatten sie begonnen, Extraladungen zu tragen, den Sahibs über schwierige Stellen zu helfen, sie hatten gelacht und Tee gekocht. Sie hatten ihr Leben riskiert, Finger verloren und Zehen, oft sogar ihr Leben. Während sie dies taten, hatte sich ihr Selbstverständnis, das, was sie darstellten und was sie in der Lage waren zu leisten, geändert. Und dann hatten sie auch noch das Verständnis der Sahibs verändert. Tenzing war hier aufgrund seiner individuellen Persönlichkeit. Aber auch, weil er ein Sherpa war.

Die Sherpas auf dem Nanga Parbat im Jahre 1934 – Nima Norbu, Dakshi, Nima Dorje, Nima Tashi, Pinzo, Da Thundu, Kitar, Pasang Kikuli, Pasang Picture, Ang Tsering und Gaylay – waren Teil der Geschichte, die Tenzing auf den Gipfel versetzt hatte.

An jenem Morgen des 29. Mai 1953 um sechs Uhr dreißig hatte Hillary seine Stiefel an, und sie gingen los. Sie stiegen über den Südgipfel und sahen vor sich den Grat, der erst hinunterführte und dann wieder hinauf zum wahren Gipfel. Der Weg sah gangbar aus. Vor ihnen ragte eine steile, felsige etwa zwölf Meter hohe Wand in die Höhe. An der mussten sie noch hochsteigen. Hillary kletterte voran. Tenzing war der Experte auf Eis, nicht jedoch auf Fels.

Und dann gingen sie auf den Gipfel zu, Schritt um Schritt, miteinander durch das Seil verbunden. Nun wurde es weniger steil. Sie überwanden eine Schneekuppe, dann noch eine, und schließlich noch eine, und jedes Mal hofften sie, es würde die letzte sein.

Tenzing und Hillary kamen zu einer Stelle, von wo aus sie nach Tibet hinuntersehen konnten. Dann stiegen sie über einen letzten kleinen Hügel – und waren angekommen.

Hillary, in seiner Seele immer noch Engländer, streckte ihm die Hand entgegen, um die seine zu schütteln. Tenzing warf seine Arme in die Luft und dann um Hillarys Schultern. Jetzt verstand Hillary, wie sehnsüchtig Tenzing sich diesen Augenblick herbeigesehnt hatte. Sie umarmten sich und schlugen sich auf den Rücken, bis sie atemlos waren.

Hillary machte ein Foto von Tenzing auf dem Gipfel, wie er seinen Eispickel mit den Fahnen von Großbritannien, Nepal, Indien und den Vereinten Nationen hochhielt.

Als sie hinunterkamen, fragten alle, wer von ihnen zuerst am Gipfel gewesen wäre. Tenzing und Hillary hatten vereinbart, diese Frage nicht zu beantworten. Es spiele keine Rolle, sagten sie, sie hätten es zusammen getan.

14

Wieder zu Hause

Tenzing und Hillary gingen hinunter und trafen am South Col auf George Lowe. Hillary sagte zu Lowe: »Nun haben wir den Bastard erledigt.«

»Möchtet ihr eine Tasse Tee?«, fragte Lowe.

Ihren Expeditionsleiter Hunt sahen sie erst im Western Cwm wieder. Hunt umarmte die Gipfelstürmer. In diesem Augenblick begriff Hillary, dass nur der Erfolg ihm etwas bedeutete. Vierzig Jahre später standen die beiden Männer erneut vor dem Berg, dieses Mal beim Kloster Tengboche, und sahen zum Everest und zum Lhotse hinauf. Hunt, der über achtzig Jahre alt war, entschuldigte sich bei Hillary für den damaligen Mangel an Sensibilität.[1]

Als Ang Tsering hörte, dass sowohl der Everest als auch der Nanga Parbat bezwungen seien, wollte er beide Nachrichten erst nicht glauben. Bald nach dem Sieg auf dem Everest starb der hochverehrte Abt des Klosters Rongbuk in Tibet. 1924 hatte er Ang Tsering und dessen Kameraden geraten, die Lasten im Hochlager abzulegen und schnell wieder abzusteigen. Ang Tsering fühlte, dass der Tod des Abts die Strafe dafür war, dass er es zugelassen hatte, den Everest durch seine Besteigung zu beleidigen.

Am Morgen des 2. Juni wurde den Menschen auf den Straßen Londons, die zur Krönung der Queen herbeigeströmt waren, der

Sieg über den Everest verkündet. Meine Mutter war zu der Zeit in London und erinnert sich noch heute daran, wie die Menge bei der Nachricht in begeisterten Jubel ausbrach.

Hillary wurde von der Queen zum Ritter geschlagen. Tenzing nicht. Die offizielle Erklärung lautete, dass Tenzing als Inder laut den Gesetzen seines Landes nicht berechtigt sei, einen englischen Adelstitel zu führen. Der Makel jener Erklärung liegt darin, dass sie Tenzing den Titel hätten anbieten und ihn ablehnen lassen können. Wahrscheinlich aber hätte er ihn angenommen, und höchstwahrscheinlich hätte ihn auch die indische Regierung nicht daran gehindert.

Zum Teil also geschah dies aus rassistischen Gründen, es gab aber auch einen politischen Zusammenhang. Ein Neuseeländer und ein braunhäutiger Mann aus Darjeeling hatten den Everest bezwungen. Die konservative Regierung Großbritanniens wollte dies jedoch als einen britischen Triumph präsentieren. Bei Hillary war es möglich, ihn sozusagen als Ehrenengländer auszugeben. Seine Großeltern waren aus England ausgewandert, und zu jener Zeit besaßen Neuseeländer neben ihrer eigenen ohnehin die britische Staatsangehörigkeit. Wenn also Hillary und Tenzing gleich behandelt worden wären, wäre sichtbar geworden, dass es eben kein alleiniger britischer Triumph war. Beide Männer zusammen konnten auf fünf verschiedene Nationalitäten verweisen: die tibetische, die nepalesische, die indische, die britische und die neuseeländische. Tatsächlich war dies kein Triumph einer bestimmten Nation sondern ein Triumph der Menschheit.

Es entwickelte sich eine Kontroverse, wer von beiden Männern am Seil den Gipfel als Erster betreten hatte. Die meisten Menschen über fünfundsechzig, mit denen ich sprach, haben darüber eine feste Meinung. Inder und Nepalesen glauben, dass es Tenzing war. Briten, die gegen den Kolonialismus sind, behaupten ebenfalls, dass es Tenzing war, während diejenigen, die sich noch wehmütig an die glorreiche Zeit erinnern, sicher sind, dass

Hillary der Erste war. Jüngere Sherpa Kletterer meinen, gestützt auf ihre Arbeitserfahrungen am Berg, es müsse Tenzing gewesen sein.

Tenzing war über diesen Streit entsetzt. Ihm war es, als ob das, was er und Hillary gemeinsam erreicht hatten, von allen Seiten aus politischen Gründen missbraucht wurde. Ich habe nicht die Absicht zu erklären, wer zuerst dort war, aber wer die Antwort unbedingt wissen will, soll Tenzings Autobiographie lesen.

In Würdigung aller Umstände erscheint Tenzings Leistung größer als die Hillarys. Tenzing war neununddreißig, Hillary dreiunddreißig. Tenzing war sowohl Sardar als auch Kletterer. Hillary war ein Meter neunzig groß und kräftig, Tenzing ein Meter zweiundsiebzig und schmal. Tenzing war als armer Junge aufgewachsen, einsam und schlecht ernährt. Die Barrieren von Rasse, Klasse und Ernährung, die er zu überwinden hatte, waren enorm gewesen.

Pasang Dawa Lama hatte 1939 den Gipfel des K2 beinahe erklommen. 1953 war er als Sardar für die Expedition auf den Nanga Parbat ausgesucht worden, doch die Regierung in Pakistan hatte ihn nicht nach Kaschmir einreisen lassen. Im Jahr darauf, 1954, wurde er als Sardar einer österreichischen kleinen Expedition auf den Cho Oyu in Khumbu ausgesucht.[2] Dies ist einer der vierzehn Gipfel über 8000 Meter, 1954 waren jedoch erst der Everest, der Nanga Parbat und der Annapurna bezwungen.

Pasang Dawa Lama wollte heiraten, eine junge Frau aus Chauri Kharka, einem Dorf in der Nähe des heutigen Flugplatzes von Lukla. Ihre Eltern verweigerten jedoch ihre Einwilligung, da Pasang Dawa Lama zwanzig Jahre älter und außerdem bereits verheiratet gewesen war. Pasang Dawa Lama schloss eine Wette mit ihnen ab. Wäre er der erste Mann auf dem Cho Oyu, dürfte er ihre Tochter heiraten. Falls nicht, würde er das Mädchen in Ruhe lassen und ihnen fünfhundert Rupien bezahlen. Die Eltern nahmen diese Wette an.

Durch starke Winde und schwerwiegende Erfrierungen ihres Leiters Herbert Tichy wurde die österreichische Expedition zurückgeworfen. Dann gingen ihnen die Lebensmittel aus; Pasang Dawa Lama ging also nach Namche hinunter, um Lebensmittel zu besorgen. In Namche stellte er fest, dass nunmehr auch eine Schweizer Expedition auf dem Weg zum Cho Oyu war. Er war dabei, die Frau, die er liebte, zu verlieren.

Dreieinhalb Tage dauerte der Marsch über den Nangpa La Pass zum Cho Oyu Basislager. Pasang Dawa Lama schaffte es in einem Tag und trug dabei die ganzen Lebensmittel für die Expedition. Am nächsten Tag trug er eine Ladung in das höchste Lager der Expedition, wo die Österreicher warteten. Am dritten Tag versammelte er die Bergsteiger um sich und führte sie zum Gipfel.

Anu Sherpa aus Namche war damals acht Jahre alt. Er erinnerte sich, wie Pasang Dawa Lama schwankend zurück ins Tal kam, schweren Tritts, dann grinste er und stapfte hinunter zum Haus seiner neuen Schwiegereltern. Anu erzählte, dass die Menschen die ganze Talstrecke entlang aus ihren Häusern gekommen waren und Pasang Dawa Lama anstarrten. Die Hochzeit hatte noch in derselben Woche in Chauri Kharka stattgefunden und die ganze Expedition, Sherpas und Österreicher, waren so betrunken wie noch nie.

Alle großen Athleten erreichen ihren Leistungsgipfel meist in jungen Jahren, dann stehen sie vor der Frage, was sie mit dem Rest ihres Lebens anfangen sollen. Oft fallen die Ergebnisse dürftig aus. Hillary verbrachte den Rest seines Lebens damit, ganz gewöhnlichen Sherpas zu helfen. Das war sehr anständig von ihm, kaum jemand hätte an so etwas auch nur gedacht. Viele Sherpas hatten Hillary geholfen, seinen Weg zu finden. Anfangs kletterte er noch. Auf dem Makalu erlitt er 1956, als er zwei Bergsteiger, die in einer Spalte gefangen waren, befreien wollte, einen Gehirnschlag. Danach schlug ihm sein Sardar, Mingma

Tsering aus Kunde vor, eine Schule zu gründen. »Meine Kinder haben Augen«, hatte er zu Hillary gesagt, »aber sie sind doch blind, weil sie nicht lesen können.«

Andere Leute hätten einfach nur Geld gesammelt, um ein Schulgebäude zu errichten. Hillary kam jedoch mit Werkzeug und Freunden nach Khumjung und erbaute die Schule mit eigenen Händen. Die Dankbarkeit der Sherpas brachte ihn dazu, in Kunde ein Krankenhaus zu bauen. Als ihm die Sherpas wiederum zeigten, wie dankbar sie für all das waren, gründete er eine Stiftung für Krankenhäuser in ganz Khumbu und Solu. Auf seinen Reisen nach Nepal und zurück begleitete ihn stets seine Familie; 1975 starben seine Frau und seine Tochter bei einem Flugzeugabsturz.

Einer der Söhne Mingma Tserings, Ang Rita Sherpa, ging in Khumjung zur Schule und besuchte dann dank eines Hillary-Stipendiums die Universität von Neuseeland. Die letzten zehn Jahre arbeitete er als Konservator im Makalu Barun National Park in Nepal. In einem anderen Beruf hätte Ang Rita viel mehr Geld verdienen können. Jedes Mal, wenn wir uns treffen, erzählt er mir ausführlich, wie sehr er sich einen Nationalpark wünscht, in dem es möglich ist, die Schönheit und die fragile Ökologie der Berge zu bewahren. Er wünscht sich aber auch, dass der Park den Menschen, die dort leben, nicht den Trekking Agenturen und den Sardars, sondern vor allem den ärmeren Leuten ein Auskommen garantiert. In Nepal gibt es nur eine einzige Träger-Gewerkschaft. Sie befindet sich in Makalu Barun. Ang Rita hatte sie organisiert. Die Chancen, dass sein Traum sich erfüllt, sind gering, aber er glaubt, dass er die Probleme überwinden kann.

Im April 2000 kam Hillary nach Khumjung, um beim vierzigsten Gründungstag der Schule zu sprechen. Er war achtzig Jahre alt. Seit vielen Jahren war sein Körper nicht mehr in der Lage, Höhe zu ertragen, selbst in Khumjung, knapp unter 4000 Metern Höhe, hatte er Probleme. Den meisten Menschen macht diese Höhe nichts aus, wohl aber Hillary. Er musste mit einem Hubschrauber anreisen und konnte weniger als eine Stunde bleiben. An jenem Aprilmorgen flog er herein und hatte etwa sechzig Meter bis zur Schule zu gehen. Es wurde ein langer Weg, denn nun kamen Schulkinder, Lehrer und Freunde, einer nach dem anderen, und legten ihm seidene Ehrentücher um den Hals.

Er hielt eine ausgezeichnete Rede, war stolz auf seine Schule und sagte den Schülern, dass auch sie stolz sein sollten, dann ging er zurück zum Hubschrauber. Nach wenigen Schritten bekam Hillary keine Luft mehr. Ruhig sagte er, dass er sich setzen müsse. Der Arzt des Krankenhauses, das er ebenfalls gegründet hatte, lief und holte den Sauerstoffbehälter. Sauerstoff aus der Flasche atmend, die zwei Sherpas für ihn trugen, ging er zum Hubschrauber zurück und flog davon. Auf dem Stuhl, auf dem er gesessen hatte, lag einer riesiger Haufen Seidentücher. Ich habe ein Foto davon gemacht.

Nie habe ich einen Sherpa in Khumbu irgendetwas schlechtes über Hillary sagen hören. Häufig erzählen sie sich Folgendes: »Vielleicht ist Hillary ein Gott, der aus fremden Gefilden kam, nur um dem Sherpa-Volk zu helfen.« Das ist natürlich ein Witz, aber keiner, über den man lachen sollte. Höchstens lächeln und denken: Das ist verrückt, vielleicht aber ist es wahr.

Khumbu Sherpas vergleichen manchmal Hillary mit Tenzing und lassen Letzteren dabei schlecht aussehen. »Der eine hat uns geholfen«, sagen sie, »der andere nicht.« Das ist jedoch unfair. Mit Hillary kann sich niemand vergleichen, weder ein Sherpa, noch sonst wer.

Tenzing hat anderes vollbracht.[3] Um mit dem Wichtigsten zu beginnen: Sein Gipfelgang von 1953 öffnete der folgenden Generation von Sherpa-Kletterern Tür und Tor. Dank Hillary gibt es dort heute Schulen, dank Tenzing wurde Khumbu das reichste Land von Nepal.

Zweitens: Als er vom Berg heruntergekommen war und nach Katmandu ging, fragten ihn die Behörden: »Wer bist du, wie ist dein Name?« Womit sie meinten: Welcher Kaste gehörst du an? Tenzing hätte sagen können: »Tenzing Bhotia, ich bin Tibeter.« Aber er sagte: »Tenzing Sherpa.«

Als er nach Hause nach Darjeeling kam, war eine seiner Schwestern böse auf ihn. »Wir sind Tibeter«, sagte sie. »Du hättest Tibeter sagen müssen.« Aber Tenzing wusste, wer ihn auf den Gipfel gebracht hatte.

»Vorher«, sagte Galtzen aus Namche, »waren wir Bhotias. Wenn man sein Land registrieren ließ, schrieb der Regierungsbeamte Galtzen Bhotia. Im Personalausweis stand ebenfalls Bhotia. Das hieß, dass man in ihren Augen der Abschaum der Menschheit war. Danach schrieben sie Galtzen Sherpa.«

1953 kam in Katmandu ein nepalesicher Schlager auf: »Unser Tenzing Sherpa.« Der Refrain lautet: »Wie hast du das geschafft, Tenzing Sherpa? Wie hast du es hinaufgeschafft, wie hast du es hinuntergeschafft, unser Tenzing Sherpa?« Erwähnt man dieses Lied einem Sherpa gegenüber, der über fünfzig ist, gehen seine Augen über. Wenn er ein guter Sänger ist, singt er sofort den Refrain, wenn nicht, dann summt er ihn leise vor sich hin. Mit diesem Lied manifestierten die Sherpas, dass sie akzeptiert waren.

Das Dritte, was Tenzing tat, war die Gründung des Himalayan Mountaineering Institute in Darjeeling. Jawaharlal Nehru, der indische Premierminister, sagte zu Tenzing: »Trainiere die Inder und gib mir Hunderte von Tenzings.« Das war genau das, was er tat. Aus dem Institut gingen Generationen von Bergsteigern hervor, zu denen auch viele junge Sherpas aus Khumbu gehörten. Sie waren es, die mir als Sechzehnjährigem beibrachten, die Berge zu lieben.

Als Tenzing 1986 in Darjeeling starb, waren insgesamt sechs Asiaten weltberühmt: Konfuzius, Dschingis Khan, Buddha, Mahatma Gandhi, Mao Zedong und Tenzing Sherpa. Nur einer von ihnen war ein Arbeiter gewesen, der eine Last auf seinem Rücken getragen hatte, bis er neununddreißig Jahre alt war.

Irgendwann mal in den Siebzigerjahren kam Paul Bauer zu einem Bergsteigertreffen in das Himalayan Mountaineering Institute. Eine der Personen die er treffen wollte, so sagte er, war Ang Tsering. Tenzing antwortete ihm, Ang Tsering sei tot (die beiden Männer hatten sich nie versöhnt). Mehrere Angestellte des Instituts waren darüber alles andere als glücklich, bis einer aus der Küche Bauer erzählte, dass dies nicht wahr sei, dass Ang Tsering in Darjeeling lebte.

In einem Buch, das 1955 herauskam, hatte Bauer Ang Tsering vorgeworfen, untreu gewesen zu sein, da er nicht wie Gaylay bei Willy Merkl geblieben sei.[4] Andererseits war Ang Tsering seit langem auf die Deutschen böse. Aus zwei Gründen: darüber, wie sie sich am Nanga Parbat benommen hatten und, dass sie ihm anschließend nie geholfen hatten. Aber nun waren sie alte Männer. Für beide war es das Wichtigste, dass sie 1929 und 1931 Bergkameraden auf dem Kangchenjunga gewesen waren. Ang Tsering erhielt eine Nachricht, Bauer am nächsten Morgen zu besuchen. Als er dort ankam, wo Bauer wohnte, stellte es sich heraus, dass die Nachricht unkorrekt gewesen war. Ang Tsering hätte ihn am Abend zuvor treffen sollen, nun war Bauer abgereist.

Als ich im Jahr 2000 in Namche die Sherpa-Sprache lernte, war mein Lehrer Anu gewesen, ein ehemaliger Bergsteiger, der immer noch als Trekking Sardar arbeitete. Als ich mit den Verben kämpfte, kam aus dem Nebenzimmer ein ständiges Geschrei. Das war Anus Vater Palden.

1953 war Palden vierzig. Er hatte als einer der Briefträger für die Everest-Expedition gearbeitet. Seine Aufgabe war es gewesen, körbeweise Briefe vom Basislager nach Katmandu und zurückzubringen. Er hatte den Rekord aufgestellt, in fünf Tagen nach Katmandu zu gehen. Heute braucht ein durchtrainierter Nepalese sieben Tage, um die Hälfte der Strecke zurückzulegen, und dann kommt noch eine zehnstündige Busreise für die andere Hälfte dazu.[5]

Als die Expedition beendet war, besaß Palden bereits ein Haus. Also kaufte er sich von seinem Lohn die einundzwanzigbändige Ausgabe der buddhistischen Schriften in Tibetisch. Diese Bücher bestehen aus handgedruckten Einzelblättern. Die Ausgabe, die Palden gekauft hatte, war ganz besonders wertvoll, weil sie zuvor einem reichen Kaufmann gehört hatte, der an der Handelsstraße von Khumbu nach Lhasa wohnte. Wann immer ein gelehrter Mönch durchgereist war, hatte er bei dem Kaufmann Station gemacht und die Bücher gesegnet. Eine der ersten Erinnerungen Anus ist die Ankunft der Bücher. Sie befinden sich noch immer im Familienbesitz. Anu musste bereits einmal den roten Stoffbezug der hölzernen Buchdeckel erneuern lassen. Die Seiten sind von helloranger Farbe, die Gebetstücher, mit denen die Buchdeckel eingebunden sind, hellgelb.

In meinen Ohren klangen Paldens ständige Rufe wie die eines Dementen, der immer wieder dieselben Worte ruft. Da ich bereits in Krankenhäusern für Alterskrankheiten gearbeitet hatte, wollte ich ihn lieber nicht sehen und stellte keine weiteren Fragen. Die Familie sagte mir, Palden sei blind und taub und dazu bettlägerig.

Einmal, als wir in der Küche saßen, kam eine junge Frau herein und brachte traditionelle Geschenke: gebackenes Süßbrot, Früchte, Biskuits und *Rakshi*. Der Schnaps war für Palden. Sie war, wie viele andere auch, gekommen, um ihn um seinen Segen für ein langes Leben zu bitten. Sein Segen war deshalb so begehrt, weil er der älteste Bewohner Namches war.

Anu behandelte sie sehr freundlich. Nachdem sie gegangen war, sagte er, er wünschte, die Leute würden das nicht tun, aber er könne sie nicht davon abhalten. Sein Vater liebte den Alkohol, seit jeher. Nun war er alt, und Anu und seine Frau Ang Lhamoo kümmerten sich um ihn. In Khumbu ist es die Pflicht der jüngsten Söhne, wie in diesem Fall Anu, sich um die betagten Eltern zu kümmern. Wie jedoch auch in anderen Teilen der Welt funktioniert dies oft nicht, wenn zum Beispiel der Jüngste anderswo Arbeit hat oder nicht so anständig ist, wie er sein sollte. Anu war es jedoch.

Er wusste, dass der Alkohol seinem Vater schadete. Anu konnte ihm das Trinken natürlich nicht verbieten. Daher gab er seinem Vater täglich zweimal reichlich Schnaps, morgens und abends. Anu wollte das zwar nicht, aber er war der Meinung, auch wenn sein Vater alt und hilflos war, hatte er immer noch Rechte, vor allem auf ein eigenbestimmtes Leben.

Anu sagte, das Problem sei, dass sein Vater so wenig aß. Die gute Sache daran war, dass er nur alle zwei oder drei Tage Stuhlgang hatte, klein, hart, und leicht sauber zu machen. Dafür hatte er umso mehr Urin durch den Schnaps; Anu empfand dies als permanente Belästigung.

Ich dachte an meinen Vater und sagte: »Du bist ein guter Sohn. Ich hoffe, dass ich genauso gut bin, wenn meine Zeit gekommen ist.«

Anu sagte, er mische jeden Morgen und Abend Honig in den Schnaps, um dem Alten wenigstens ein bisschen Nahrung einzuflößen. Anu ging zum Regal, nahm zwei Gefäße heraus und zeigte sie mir. Er kaufe den Honig in Katmandu, »allerbeste Qualität«, sagte er. »Sieh ihn dir an. Sieht er nicht gut aus? Mein Vater will leben. Er betet den ganzen Tag darum. Das ist das Schreien, das du hörst. Er ruft ›Lama, Lama‹ und ›Buddha, Buddha‹. Er ruft, weil er um ein langes Leben betet. Und immer wieder schreit er: ›Buddha, schenk meinem Sohn ein langes Leben.‹«

Ich hörte zu und konnte auf einmal seine Worte verstehen.

Palden starb im Herbst des Jahres 2000, als Anu gerade auf Trekkingarbeit war.

Nun ist Galtzen, der 1952 Talträger Sardar und 1953 Hochträger gewesen war, der älteste Bewohner Namches.

Khansa Sherpa trug 1953 zwei Ladungen auf den South Col, drei Sauerstoffzylinder, alles in allem siebenundzwanzig Kilo. Zum Ende der Expedition wurden sie alle in Tengboche entlohnt.

Khansa erhielt für des Erreichen des South Col den versprochenen Bonus von 300 Rupien. Als alles ausbezahlt war, waren die Holzkisten leer. Khansa fragte, ob er eine davon behalten dürfe. Sie schenkten ihm eine. Khansa bewahrt sie in seinem kleinen Gebetsraum in seiner Lodge auf und benutzt sie als Aufbewahrungsort für seine kleinen Butterlampen, die zu rituellen Anlässen angezündet werden.

Er erhielt auch seine Ausrüstung. Ich glaube, jeder durfte sie behalten. Wie bereits sein Vater verkaufte Khansa seine Stiefel, seine Jacke und den Schlafsack an einen reichen Mann für fünfzehnhundert Rupien und benutzte das Geld, sich ein Haus zu kaufen und zu heiraten.

In den Achtzigerjahren fand ein weiteres Treffen berühmter Bergsteiger im Mountaineering Institute in Darjeeling statt. Zu jenem Anlass war auch Ang Tsering erschienen und saß zusammen mit Da Namgyal im Publikum; jenem Da Namgyal, der beim ersten Gipfelsturm von 1953 über den South Col hinaus Lasten getragen hatte. Sie hörten berühmten Bergsteigern aus Indien und aller Welt zu, die auf dem Podium nur über sich selbst redeten und was sie alles erreicht hätten. Je länger Da Namgyal und Ang Tsering zuhörten, desto wütender wurden sie. Schließlich riefen sie den Leuten auf dem Podium zu: »Und was ist mit den Sherpas? Wir haben die Lasten getragen! Was ist mit uns? Weshalb sprecht ihr nur über euch?«

Zu seiner eigenen Überraschung rief Ang Tsering auf Nepali: »Ohne die Sherpas hättet ihr das nie erreicht.«

Als er mir das erzählte, lachte Ang Tsering.

Anmerkungen

Einführung

1 Seither habe ich immer wieder in Darjeeling nach ihm gesucht, doch niemand im Institut erinnert sich an einen Pemba aus jenen Tagen; möglicherweise irre ich mich im Namen.

2 Es gab die von James Ramsey Ullmann verfasste Autobiographie von Tenzing Norgay: *Man of the Everest* (London: Harrap, 1955), und nun auch das kürzlich erschienene Buch der Anthropologin Sherry Ortner: *Life and Death on Mt. Everest: Sherpas and Himalayan Mountaineering* (Princeton: Princeton University Press, 1999).

3 Norman Collie, *Climbing on the Himalaya and Other Mountain Ranges* (London: David Douglas, 1902), 35. Für die Expedition von 1895 siehe Collie, Seiten 1–124; Major Charles G. Bruce, *Twenty Years in the Himalayas* (London: Edwin Arnold, 1910), 212–40; Brigadier General Charles G. Bruce, *Himalayan Wanderer* (London: Maclehose, 1934), 128–36.

4 Noel Odell, »Reflections on Guideless Climbing«, *American Alpine Journal*, 1930, 123–24.

5 Bruce, *Twenty Years*, 216.

Teil I:
1. Die Sherpas

Vieles aus diesem Kapitel basiert auf meinen eigenen Recherchen in Khumbu in den Jahren 1995, 1998 und 2000. Für den Hintergrund jedoch stützte ich mich insbesondere auf Stanley Stevens, *Claiming the High Ground: Sherpas, Subsistence, and Environmental Change in the Highest Himalaya* (New Delhi: Motilal Barnarsidas, 1996), und Christoph von Fürer-Haimendorf, *The Sherpas of Nepal: Buddhist Highlanders* (London: John Murray, 1964). Sehr hilfreich sind auch Tenzing Norgay, *Autobiography;* Ortner, *Life and Death;* Sherry Ortner, *Sherpas Through Their Rituals* (Cambridge: Cambridge University Press, 1978); Sherry Ortner, *High Religion: A Cultural and Political History of Tibetan Buddhism* (New Delhi: Motilal Barnarsidas, 1989); Christoph von Fürer-Haimendorf, *Himalayan Traders: Life in Highland Nepal* (London: John Murray, 1975), Christoph von Fürer-Haimendorf, *The Sherpas Transformed: Social Change in a Buddhist Society of Nepal* (New Delhi: Motilal Barnarsidas, 1984); James Fisher, *Sherpas: Reflections on Change in Himalayan Nepal* (Berkeley: University of California Press, 1990) und Sherpa Thupten Lama, *The Sherpas and Sharkhumbu* (Kathmandu: Eco Himal, 1999).

1 Der Sherpa-Name des Dorfes Namche lautet eigentlich Nauje. Namche Basar ist der nepalesische und der englische Name. Sherpa Thupten Lama, Autor des Buches *The Sherpa*, setzt sich vehement für die Verwendung der Sherpa-Namen ein, und in der Regel habe ich mich, mit Ausnahme der Begriffe Namche, Solu und Everest, die die bekannten englischen Namen für Nauje, Shorung und Chomolungma sind, daran gehalten.

2 Joe Simpson, *Dark Shadows Falling* (London: Vintage, 1998, Erstausgabe 1997).

3 Seit ich dies schrieb, hat Appa den Everest elfmal bestiegen.

4 Fürer-Haimendorf, *Buddhist Highlanders*, 74. Andere Beurteilungen können bei Fisher, *Sherpas*, 189; und Vincanne Adams, *Tigers of the Snow (and OtherVirtual Sherpas): An Ethnography of Himalayan Encounters* (Princeton: Princeton University Press, 1966) 210 nachgelesen werden.

5 Diese Details aus Tenzings Kindheit basieren auf seiner Autobiographie und Erinnerungen von Leuten in Khumbu.

6 Für Darjeeling in dieser Periode siehe auch E.C. Dozey, *A Concise History of the Darjeeling District since 1835, with a Complete Itinerary of Tours in Sikkim and the District* (Calkutta: Mukherjee, 1989), erstmals veröffentlicht 1922; L.S.S. O'Malley, *Darjeeling District Gazetteer,* 1907 edition (Neuauflage undatiert); und Jahar Sen, *Darjeeling: A Favoured Retreat* (New Delhi: Indus, 1989). Tanka Bubba, *Dynamics of a Hill Society: The Nepalis in Darjeeling and Sikkim Himalayas* (Delhi: Mittal, 1989) sind Bücher über das moderne Darjeeling, aber nützlich für das Verständnis und den Stand der Sherpas in dem lokalen System der Kasten und Klassen.

7 Dozey, *History*, 24–25.

2. Die ersten Expeditionen

Für die britischen Expeditionen zum Everest 1921–24 habe ich mich auf die Interviews mit Ang Tsering im Jahre 2000 verlassen. Peter Hansens wunderbarer Artikel »*The Dancing Lamas of Everest: Cinema, Orientalism, and Anglo-Tibetan Relations in the 1920s*«, American Historical Review 101, Nr. 3 (1996): 712–47; und die geschriebenen Rechenschaftsberichte der Männer, die dabei waren in C.K Howard-Bury und andere, *Mount Everest, The Reconnaissance, 1921* (London: Edwin Arnold, 1922); A. W. MacDonald, »The Lama and the General«, *Kailash 1*, Nr. 3 (1973): 225–34; John Noel, *Through Tibet to Everest* (London: Edwin Arnold, 1927); Charles G. Bruce und andere, *The Assault on Mount Everest 1922* (New York: Longmans Green, 1923); T. Howard Somervell, *After Everest: The Experiences of a Mountaineer and Medical Missionary* (London: Hodder and Stoughton, 1936); Edward F. Norton, ed., *The Fight for Everest: 1924* (New York: Longmans Green, 1925); John Morris, *Hired to Kill* (London: Hart-Davis, 1960); und Tom Longstaff, *This My Voyage* (London: John Murray, 1950).

Für das Leben von George Mallory sind die besten Quellen Peter Gilman und Leni Gilman, *The Wildest Dream: Mallory, His Life and Conflicting Passions* (Seattle: Mountaineers, 2000); David Robertson, *George Mallory* (London: Faber, 1969) und Tom Holzel and Audrey Salkeld, *The Mistery of Mallory and Irvine* (London: Cape, 1986).

1 Gilman and Gilman, *Mallory*, 231.
2 Ibid., *Mallory*, 232.
3 Für die tibetische Politik und die britische Allianz siehe Hansen, »*Dancing Lamas*« und Melvin Goldstein, *A Modern History of Tibet, 1913–1951: The Demise of the Lamaist State* (Berkeley: University of California Press, 1989), 65–138.
4 Für plündernde britische Offiziere, Clare Harris, *In the Image of Tibet: Tibetan Painting after 1959* (London: Reaktion, 1999), 28–31. Für die Angst der Dorfbewohner im Jahre 1921, Howard-Bury, *Reconnaissance*, 89.
5 MacDonald, »*The Lama*«, 229.
6 Für Charlie Bruce siehe Tony Gould, *Imperial Warriors: Britain and the Gurkhas* (London: Granta, 1999), 143–53 und Morris, *Hired to Kill*, 147.
7 MacDonald, »*The Lama*«, 230.
8 Noel, *To Everest*, 105.
9 George Leigh-Mallory, »*Third Attempt*«, bei Bruce, *Assault*, 108.
10 Diese und die folgenden Berechnungen stammen von Noel, *To Everest*, 155–159.
11 Somervell, *After Everest*, 64.
12 Noel, *To Everest*, 158–59.

13 Robertson, *Mallory*, 199–200.

14 MacDonald, »*The Lama*, 231.

15 Ibid. 231–32.

16 C.G. Bruce, »The Narrative of the Expedition«, in Bruce, *Assault*, 75.

17 MacDonald, »*The Lama*«, 232.

18 Patrick French, *Younghusband: The Last Great Imperial Adventurer* (New York: HarperCollins, 1995) 336.

19 J.C. Bruce, »Local Personnel«, in Norton, *Fight*, 343.

20 Noel, *To Everest*, 174.

21 Frank Smythe, *Camp Six: An Account of the 1933 Mount Everest Expedition* (London: Hodder and Stoughton, 1937), 5.

22 Noel, *To Everest*, 180–81.

23 Ibid., 186.

24 Ibid., 108.

25 Somervell, *After Everest*, 119.

26 Ibid., 120.

27 Ibid., 104. Im offiziellen Bericht über die Expedition, herausgegeben von Norton, unter Co-Autorenschaft verschiedener Bergsteiger, wird Hazard kaum erwähnt. Dies liegt vermutlich daran, dass die anderen Bergsteiger ihm wegen der Zurücklassung der vier Träger auf dem Col böse waren.

28 Ibid., 120.

29 E.F. Norton, »The North Col« in Norton, *Fight*, 87–88.

30 Dies basiert darauf, was Somervell Noel lt. der überlebenden Träger erzählt hatte. Siehe Noel, *To Everest*, 202.

31 Somervell, *After Everest*, 121.

32 Ibid.

33 Noel, *To Everest*, 202.

34 Hansen, »Dancing Lamas«, 726–27. Diese Rechnung bezügl. des Films und deren Konsequenzen beruhen auf Hansen.

35 Ibid. 729.

36 Die Ausnahme zu diesem Konsens ist Ang Tsering, der sagt, dass europäische Bergsteiger über Lawinen besser Bescheid wussten als Sherpas.

37 H.P.S. Ahluwalia, *Faces of Everest* (New Delhi: Vikas, 1987), 92.

3. Die Deutschen

Die Hauptquelle für die Expedition 1932 zum Nanga Parbat ist Elizabeth Knowlton, *The Naked Mountain*, (New York: Putnam, 1933). Für Nationalismus an der Nordwest Grenzprovinz berufe ich mich auf Stephen Rittenberg, *Ethnicity, Nationalism and the Pakhtuns: The Independance Movement in India's North-West Frontier Province* (Durham, N.C.: Carolina Academic Press, 1988).

1 Peter Mierau, *Deutsche Himalaya Stiftung: Ihre Geschichte und ihre Expeditionen* (München: Bergverlag, 1999), 170.
2 *Pathan* ist das Hindi-Wort. In ihrer eigenen Sprache nennen sie sich Pashtunen oder Pakhtunen.
3 Sumit Sarkar, *Modern India, 1885–1947* (Basingstoke: Macmillan, 1989) 191.
4 Rittenberg, *Ethnicity*, 67.
5 Ibid., 68.
6 Genau genommen war der Stellvertretende Kommissar der leitende Beamte im Distrikt – einen Kommissar gab es nicht. Aber Peshawar war eine Provinzhauptstadt, und daher hatte Metcalfe einen Vorgesetzten in der Stadt.
7 Rittenberg, *Ethnicity*, 104.
8 Knowlton, *Mountain*, 78.
9 Ibid., 86.
10 Ibid., 92.
11 Ibid., 112.
12 Ibid., 114.
13 Ibid., 118–19.
14 Ich verfüge über keine Quellen, was es bedeutete, ein Zinsbauer im Jahr 1932 in Hunza gewesen zu sein. Von meinen eigenen Studien weiß ich jedoch, was es bedeutete, 1970 ein Zinsbauer in Ost-Afghanistan und Pakistans Nordwest-Grenzgebiet gewesen zu sein. Nichts, was ich je über Nordpakistan gelesen habe, lässt darauf schließen, dass es 1932 in Hunza anders gewesen sein soll.
15 Knowlton, *Mountain*, 120.
16 Ibid., 207.
17 Ibid., 210.
18 Ibid.
19 Ibid., 272.
20 Ibid., 280–81.
21 Ibid., 280. Siehe auch Fritz Bechtold, *Deutsche am Nanga Parbat.*

Teil II
4. Zeugnisse und Messer

Die Hauptquellen für die deutsche Expedition zum Nanga Parbat sind Fritz Bechtold, *Deutsche am Nanga Parbat;* Nebuka Makoto, *Sherpa: Tod und Ruhm im Himalaya* (japanisch) (Tokyo: Yama To Ke i Ko Kusha, 1966), 105–48 und meine Interviews mit Ang Tsering.

1 Der Beitrag über deutsche Politik stützt sich insbesondere auf Chris Harman, *The Lost Revolution: Germany 1918–1923* (London: Bookmarks, 1982); Donny Gluckstein, *The Nazis, Capitalism and the Working Class* (London: Bookmarks, 1989); W.S. Allen, *The Nazi Seizure of Power: The Experience of a Single German Town, 1930–1935* (Chicago: University of Chicago Press, 1965) und Ian Kershaw, *Hitler, 1888–1936: Hubris* (London: Allen Lane, 1999).

2 Aus Mierau: *Die Deutsche Himalajastiftung,* 18.

3 Über Bergsteigen und Männlichkeit siehe Sherry Ortner, *Life and Death on Mount Everest: Sherpas and Himalayan Mountaineering* (Princeton: Princeton University Press, 1999) 149–85.

4 Man könnte sagen, dass Merkl Knowlton nur deshalb mitgenommen hat, weil sie eine gute Spendensammlerin war und Zeitungsartikel und ein Buch schreiben und damit der Expedition helfen würde. Und rein technisch gesehen war sie ja nur die Journalistin; aber sie ist auch auf Fotos als Expeditionsmitglied abgebildet, und Merkl erlaubte ihr, bis Lager IV hochzusteigen.

5 Karl Herrligkoffer, *Willy Merkl: Ein Weg zum Nanga Parbat* (München: Rudolph Rother, 1937), 25.

6 Alle Sherpas kennen ihr Geburtsjahr auf dem tibetischen Kalender, da das persönliche astrologische Schicksal in späteren Jahren vom jährlichen Geburtszeichen abhängt. Ang Tsering sagte im Dezember 2000, dass er siebenundneunzig Jahre alt war. Er benutzte die tibetische Methode, die Jahre zu zählen: Ein Kind ist im Augenblick seiner Geburt ein Jahr alt. Am tibetischen Neujahrstag, etwa Ende Februar, werden alle einjährigen Kinder zwei Jahre alt und alle vierzigjährigen Menschen einundvierzig Jahre alt. Nach der europäischen Methode war Ang Tsering fünfundneunzig oder sechsundneunzig Jahre alt, als ich mit ihm im Mai sprach, und wahrscheinlich sechsundneunzig im Dezember.

7 Nebuka, *Sherpa,* Kapitel über Ang Tsering, 105–48.

8 Um zu sehen, wie unterschiedlich das ist, siehe auch das Beispiel in Dipesh Chakrabartys Buch, *Rethinking Working-Class History: Bengal, 1890–1940* (Delhi: Oxford University Press, 1996), erstmals verlegt 1989. Chakrabarty verallgemeinert die Gefühle der bengalischen Jutearbeiter, ihre Kultur und

ihr Verhalten Vorgesetzten gegenüber, indem er nur Dokumente benutzt, die die britischen Arbeitgeber zurückgelassen hatten. Diese Dokumente schildern die Jutearbeiter als hierarchisch, traditionell und unterwürfig, und so sieht sie auch Chakrabarty. Als er seine Untersuchung in den Jahren um 1980 anstellte, lebten noch mindestens einhunderttausend Personen, die in jenem Zeitabschnitt Jutearbeiter gewesen waren. Chakrabarty hat mit keinem von ihnen gesprochen. Im Gegensatz dazu siehe auch die niederschmetternde Untersuchung von Shahid Amin über den Chauri Chara Aufstand von 1922. Dieser Aufstand, der einen Wendepunkt in der indischen Geschichte markiert, war das Werk gewöhnlicher Menschen, die damals sowohl von Gandhi als auch den Briten verurteilt wurden, und deren Motive und Gefühle deshalb lange Zeit der Geschichtsschreibung verborgen blieben. So war die einzige Möglichkeit, den Sinn dessen, was die Aufständischen antrieb, herauszufinden, die Dokumente mit der mündlichen Überlieferung zu kombinieren; das hat Amin getan. Siehe Shahid Amin, »Gandhi as Mahatma: Gorakhpur District, Eastern UP, 1921–2«, *Subaltern Studies* (Delhi: Oxford University Press, 1984): 1–61; und Shahid Amin, *Event, Metaphor, Memory: Chauri Chara in 1922* (Delhi: Oxford University Press, 1994).

9 Frank S. Smythe, *The Kangchenjunga Adventure* (London: Gollancz, 1930), 92.

10 Ang Tsering Interviews.

11 Bechtold, *Deutsche*, 98–99.

12 F.S. Smythe, *Kamet Conquered* (London: Gollancz, 1932), 37, 52.

13 Ibid., 90.

14 Ibid., 96.

15 Ibid., 105–6.

16 Ibid., 91.

17 Ibid., 187.

18 Ibid., 208.

19 Ibid., 212.

20 Ibid., 213–14.

21 Ibid., 224, sagt, dass Lewa sich weigerte, ohne die Sahibs noch weiter hinunterzugehen und lässt seinen Stop im Lager II wie einen Akt der Loyalität aussehen. Aber dann sagt er sofort, dass Lewa von vier Männern vom Lager II hinuntergetragen werden musste. Daher scheint es wahrscheinlich, dass Lewa tatsächlich deshalb stoppte, weil er nicht mehr weiterkonnte und es sonst niemand gab, der ihn hätte tragen können.

22 Ibid., 225.

23 Ibid., 229.

24 Ibid., 235.

25 Maurice Herzog, *Annapurna Conquest of the First 8000 Meter Peak,*

übersetzt ins Engl. von Nea Morin und Janet Smith (London: Paladin, 1986, erstmals veröffentlicht 1952), 198.

26 Bechtold, *Deutsche am ...*, 7.

27 Ibid., 15.

28 Alfred Drexel, »Im Angesicht des Nanga Parbat«, Reichssportblatt, 1934. Die folgenden Einträge aus Drexels Tagebuch stammen von demselben Artikel.

29 Bechtold, *Deutsche*, 16–17.

30 Ibid., 18.

31 Herrman Buhl, *Nanga Parbat*.

32 Bechtold, *Deutsche,* 40.

33 Ich hätte erwartet, man würde den Namen Tsin Norbu aussprechen, doch Ang Tsering sagt Tin Norbu.

34 Als Beispiel siehe das fesselnde Buch von Joe Simpson, *Touching the Void* (London: Vintage, 1997, Erstauflage 1988).

35 Für Tsin Norbu, der das Seil durchschneidet, beziehe ich mich auf Ang Tsering und Pasang Phutar, die beide an der Kangchenjunga Expedition teilnahmen; für das gegenseitige Durchsuchen nach Messern auf Ang Tsering; für eine weitere Darstellung des Unfalls am Kangchenjunga siehe Paul Bauer, *Der deutsche Angriff auf den Kangchenjunga,* 139–47. In dieser Darstellung verheimlicht Bauer, dass das Seil durchgeschnitten wurde; er sagt, es sei von einem scharfkantigen Felsen durchsägt worden, um den herum es belegt worden war. Es ist möglich, dass Tsin Norbu Bauer angelogen hat und Bauer ihm geglaubt hat, und ihn die anderen Träger nicht aufgeklärt haben. Wahrscheinlicher ist jedoch, dass Bauer die Kontroverse, die unweigerlich der Veröffentlichung der Wahrheit gefolgt wäre, unangenehm war.

5. Eiserne Entschlossenheit

1 Bechtold, *Deutsche,* 45, zitiert Aschenbrenners Tagebuch.

2 Für Höhenkrankheit siehe Charles Houston, *Going Higher: Oxygen, Man and Mountain,* 4. Auflage, (Shrewsbury: Swan Hill Press, 1999); Michael Ward, James Milledge und John West, *High Altitude Medicine and Physiology*, 2. Auflage, (London: Chapman Hall, 1995); und John West, *High life: A History of High-Altitude Physiology and Medicine* (Oxford: Oxford University Press, 1988).

3 Bechtold, *Deutsche*, 45.

4 Ibid., 46.

5 Ibid., 49.

6 Ibid.

7 Ibid., 47.

8 Ibid., 49.

9 Ibid., 48.

10 Mierau, *Stiftung*, 47.

11 Bechtold, *Deutsche*, 51.

12 Mierau, *Stiftung*, 170.

13 Eric Roberts, *Welzenbach's Climbs: A Biographical Study and the Collected Writings of Willo Welzenbach* (Goring, UK: West Col, 1980), 247.

14 Bechtold, *Deutsche*, 55.

15 Roberts, *Welzenbach's Climbs*, 250.

16 Erwin Schneider, *Der letzte Angriff,* Reichssportblatt, 1934

17 Bechtold, *Deutsche*, 65.

18 Ibid., 64.

19 Ibid., 69.

20 Ibid., 70.

21 Ibid.

6. Der Sturm

1 Hintergründe zur Diskussion über Kasten und kriegerische Rassen beziehe ich teilweise aus dem Studium umfangreicher anthropologischer Literatur und aus Interviews mit Dorjee Lhatoo. Siehe auch Philip Mason, *A Matter of Honour: An Account of the Indian Army, Its Officers and Men* (London: Cape, 1974); David Omissi, *The Sepoy and the Raj: The Indian Army, 1860–1940* (Basingstoke: Macmillan, 1994) und Tony Gould, *Imperial Warriors: Britain and the Gurkhas* (London: Granta, 1999).

2 Dieses Zitat aus Aschenbrenners Tagebuch und die folgenden stammen aus Bechtolds *Deutsche am Nanga Parbat*, 73–76.

3 In seiner späteren Rede anlässlich eines Gedenkens der toten Deutschen erinnerte sich Schneider wehmütig, »*wie unsere Träger bei ihrem ersten Versuch sich mit diesen fremdartigen Holzbrettern an ihren Füßen zu bewegen*« [immer wieder hinfielen]. Schneider, *Der letzte Angriff*, Reichssportblatt, 1934.

4 Aschenbrenner erwähnt nicht, seinen Schlafsack bei den drei Sherpas gelassen zu haben, also hat er ihn vermutlich mitgenommen.

5 Bechtold, *Deutsche*, 77.

6 Bechtold schreibt, Kitar habe ihm später berichtet, sie hätten sich eine Höhle in den Schnee gegraben. Dies war ein alter Trick der Alpinisten, den die Träger sich zwei Jahre zuvor von den Deutschen am Nanga Parbat abgeschaut haben konnten. Das Prinzip war das Gleiche wie bei einem Iglu,

aber anstatt ein Haus aus Eis zu bauen, gruben sich die Alpinisten eins in den Schnee. Den Eingang machten sie nur so groß, dass ein Mann gerade durchschlüpfen konnte, im Inneren gruben sie eine Höhlung, die, wie in diesem Fall, gerade groß genug für vier Männer war, um darin zu schlafen.

Richtig gebaut, halten die dicken Wände aus Eis und Schnee Wind und Kälte ab. Die Decke sollte niedrig sein, der Eingang schmal, um Wärme zu erhalten. Die Körperwärme von vier Menschen erhöht die Temperatur in der Höhle. Es ist dann zwar immer noch unter Null, was gut ist, denn sonst würden Schnee und Eis schmelzen, aber es ist viel wärmer, als draußen zu schlafen, selbst wärmer als in einem Zelt.

Die Schwierigkeit ist nur, die Höhle zu graben. Sie muss entweder in Eis gehauen oder in festen Schnee gegraben werden, sonst bricht sie zusammen. Im Himalaya in großen Höhen ist dies immer schwierig und kostet mindestens ebenso viel Kraft wie angestrengtes Klettern. Bis die Höhle fertig ist, dauert es mindestens zwei Stunden. Für die vier Träger, erschöpft und ohne Nahrung und Wasser, muss dies doppelt schwierig gewesen sein. Später schrieb Bechtold, dass Ang Tsering, Gaylay und Merkl eine Nacht in einer Eishöhle verbracht hatten. Ang Tsering sagte, dass sie im Schnee schliefen. Vielleicht hat er es vergessen, wobei man so etwas eigentlich nicht vergisst. Und wenn sie schon Eishöhlen benutzten, würde man erwarten, dass sie sich bereits in der ersten Nacht im Hochbiwak eine gruben, als die Deutschen und die Sherpas noch zusammen waren. Das taten sie aber nicht. Ich vermute, Bechtold wollte es nicht so schlimm aussehen lassen.

7   Bechtold, *Deutsche*, 78–79.
8   Ibid., 80.
9   Ibid.

7. Gaylay

1   Bechtold, der sein Buch 1934 schrieb, sagte, Ang Tsering habe ihm erzählt, dass Dakshi in der dritten Nacht im Hochbiwak gestorben sei, erst dann, am Morgen danach, seien Gaylay und er abgestiegen. Mir hat Ang Tsering gesagt, er sei sich ziemlich sicher, dass Dakshi noch gelebt habe, als er ihn zurückließ. Als er schließlich in Sicherheit gewesen sei, habe er den Sahibs gesagt, dass Dakshi dort oben immer noch am Leben sein könnte. Aus zwei Gründen bin ich geneigt, ihm zu glauben. Erstens gibt er präzise an, wer wo und wann gestorben ist, und zweitens ist es unwahrscheinlich, dass er sagt, Dakshi sei noch am Leben gewesen, wenn es doch ein negatives Licht auf ihn wirft, einen Lebenden zurückgelassen zu haben.

Ein möglicher Grund für diese Widersprüche könnte sein, dass zu dem Zeitpunkt, da die Expedition vorüber war, Bechtold Ang Tsering bewunderte und achtete. Einer der Inhalte seines Buchs und bis zu einem gewissen Grad auch deren Aufarbeitung, war die weitverbreitete Meinung sowohl der Sherpas als auch der britischen Bergsteiger, dass Deutsche einige Sherpas zurückgelassen hätten, während andererseits die Sherpas bei den deutschen Bergsteigern geblieben seien. Möglich, dass Bechtold diesen Vorfall zu Ang Tserings Gunsten vertuschen wollte.

Es ist natürlich auch möglich, dass Ang Tsering, der zum Zeitpunkt meines Interviews ein sehr alter Mann war, sich nicht mehr richtig erinnerte. Dies halte ich aber wie gesagt für unwahrscheinlich.

2 Dies ist eine freie Übersetzung des Liedes »Goldfleckiges Khumbu« von Anu Sherpa aus Namche und mir. Das Lied befindet sich auf der Kasette *Music of the Sherpa People of Nepal; Shebru Dance-Songs of Namche (Khumbu)*, aufgenommen von Gert-Matthias Wegner (Katmandu: Eco Himal), 1999.

3 Für einen Mann wie Ang Tsering waren nicht alle Berge Götter. Auch hat er die Idee, dass der Nanga Parbat ein Gott sei, nicht aufgebracht. Die Ortsansässigen wussten, dass dort oben Dämonen wohnten, das haben sie auch den Sherpas gesagt, und dass der Berg der Wohnsitz von Geistern sei. Als Muslime dachten sie von diesem Geist nicht, dass er verehrt werden sollte wie ein Gott, sondern dass er gefürchtet werden sollte.

4 Paul Bauer, *Nanga Parbat, 1856 – 1953,* 162.

5 Bechtold sagt in seinem Buch, gestützt auf die Aussage Ang Tserings im Jahre 1934, dass die Sherpas einen Schlafsack hatten. Er sei so steifgefroren gewesen, dass sie nicht hineinkriechen konnten, doch dass ein Mann ihn als Unterlage benutzen konnte. Ang Tsering ließ Gaylay ihn benutzen. Ang Tsering sagte, dass sie sämtliche Schlafsäcke zurückgelassen hatten, als sie vom Lager VIII aufbrachen.

Zwei Erklärungen gibt es für diese Diskrepanz. Die eine, dass Ang Tsering sechsundneunzig war, als wir miteinander sprachen und er sich nicht mehr erinnerte. Das Einzige, was er noch wusste, war, dass er die Nacht ungeschützt im Freien verbracht hatte. Die andere Möglichkeit ist, dass Bechtold die Geschichte abschwächte, weil er sich schämte, dass die Sherpas gezwungen worden waren, die Nacht im Freien zu verbringen.

6 Müllritter, in Bechtolds Buch *Deutsche am...*, 81–82.

7 Bechtold schreibt, sie hätten sich zum Schutz eine Schneehöhle gebaut. Ang Tsering sagt, sie hätten im Freien geschlafen. Ein kräftiger, ausgeruhter Bergsteiger hätte mindestens zwei Stunden gebraucht, um eine Eishöhle zu graben. Erneut glaube ich, dass Bechtold die Dinge weniger schlimm aussehen lassen wollte, als sie waren.

8 Tenzing Norgay, *Autobiographie*, 50.

9 Bechtold, *Deutsche*, 83

8. Darjeeling

1 Ang Tsering identifizierte Aiwaa auf dem Foto, aber er ist nicht hundertprozentig sicher.

2 Bechtold, *Deutsche*, 85.

3 Ibid., 86–87.

4 Tenzing Norgay, *Autobiograpie*, 50.

5 Ang Tserings Himalaya-Club-Buch, in seinem Besitz.

Teil III
9. Die deutsche Belagerung

1 Bauer, *Nanga Parbat*, 103–4.

2 Paul Bauer zu von Tschammer und Osten, 4. Dezember 1934, in Mierau, *Stiftung*.

3 Paul Bauer zu von Tschammer und Osten, 10. Dezember 1934, in Mierau, *Stiftung*, 170.

4 Paul Bauer, *Auf Kundfahrt im Himalaya,* 98.

5 Paul Bauer, »*Nanga Parbat 1937*«, Himalaya Journal 10, (1938), 145.

6 Morris in Kenneth Mason, Memoriam: »*Die zwei Träger, die 1937 am Nanga Parbat starben*«, Himalaya Journal 10, (1938), 191–92.

7 Hartmanns Tagebuch in Bauers *Kundfahrt*, 115. Dieser Beitrag über die Nanga-Parbat-Expedition basiert auf Bauers *Kundfahrt* (ab Seite 113); Martin Pfeffer und andere, *Die Tragödie am Nanga Parabat, 1937,* Alpen Journal 255 (1937), 210–227; Bauer *Nanga Parbat 1937*, 145–58 und Mason, *Die Träger,* 189–92.

8 Hartmanns Tagebuch in Bauers *Kundfahrt*.

9 Bauer, *Kundfahrt*, 129.

10 Ich unterstelle, dass Da Thundu und die anderen mit Luft hinaufgingen. Dies wird zwar in den Quellen nicht erwähnt, aber bei sämtlichen anderen Gelegenheiten seines langen Kletterlebens war Da Thundu stets bereit und willig. Es ist schwer vorstellbar, dass er jetzt nicht wissen wollte, was geschehen war.

11 Diesmal sagt Bauer, dass Da Thundu hinaufging.

12 Bauer *Nanga Parbat*, 113.

13 Ibid., 114.

14 H.W. Tilman, *Mount Everest 1938* (Cambridge: Cambridge University Press, 1948), 27.

15 Bauer, *Nanga Parbat*, 149.

16 Ibid., 161–62 und Fritz Bechtold, Vorwort zur 2. Auflage *Deutsche am Nanga Parbat,* 1–7.

17 Bauer, *Nanga Parbat,* 160–61.

18 Das Foto ist in Mierau, *Stiftung,* 136, abgebildet.

19 Bauer, *Nanga Parbat,* 166.

20 Ibid.

21 Für die Nanga-Parbat-Expedition 1939 siehe Peter Aufschnaiter, *Die Diamir-Seite des Nanga Parbat, Kundfahrt, 1939,* Himalaya Journal 14, (1947), 111–15; Lutz Chicken, *Nanga Parbat, Kundfahrt, 1939,* Himalaya Journal 14, (1947), 53–58; und Bauer, *Nanga Parbat,* 175–80.

22 Anderl Heckmair, *Mein Leben als Bergsteiger,* 124.

23 Peter Aufschnaiter, *Flucht nach Lhasa, 1944–5,* Himalaya Journal 14, (1947), 116–20; Heinrich Harrer, *Sieben Jahre Tibet* und Hans Kopp, *Himalaya Express.*

10. Die überlebenden Sherpas

1 H.W. Tilman, *The Ascent of Nanda Devi* (Cambridge: Cambridge University Press, 1937), 63.

2 Ibid., 28.

3 Fotos: Andrew Kaufman und William Putnam, *K2: The 1939 Tragedy* (Seattle: Mountaineers, 1992), nach Seite 48.

4 Kaufman und Putnam, *K2,* 33–34. Mein Beitrag über die Expedition von 1939 beruht hauptsächlich auf Kaufman und Putnam, die Zugriff zu dem unveröffentlichten und bedeutenden Tagebuch des Bergsteigers Jack Durrance hatten. Ihr Buch ist klug, sympathisch und geht vorsichtig mit Beweisen um. Im Großen und Ganzen bin ich ihrem Urteil gefolgt. Siehe auch Chappel Cranmer und Fritz Wiessner, *The Second American Expedition to K2,* American Alpine Journal 4 (1940), 9–19; Eaton Cromwell, *Obituaries, Francis Dudley Wolfe,* American Alpine Journal 4 (1940), 121–23; George Sheldon, *Lost Behind the Ranges,* Saturday Evening Post, March 16 und 23, 1940; Fritz Wiessner, *The K2 Expedition of 1939,* Appalachia 31 (1956), 60–77.

5 G.O.Dyhrenfurth, *To the Third Pole: The History of the High Himalaya,* Übers. Hugh Merrick (London: Werner Laurie, 1955), 80.

6 Gonden und Dawa Thempa Interviews.

7 *In Memoriam: Pasang Kikuli, Phinsoo Sherpa and Pasang Kitar,* Himalaya Journal 12 (1940), 134–35.

8 Frank S. Smythe, *Kamet Conquered* (London: Gollancz, 1932), 96.

9 Frank S. Smythe, *The Valley of Flowers* (London: Hodder and Stoughton, 1938), 8–9.

10 Ibid., 113.
11 Der folgende Beitrag über das, was am Kedarnath geschah, basiert auf den ziemlich unterschiedlichen Ausführungen in Tenzing Norgays *Autobiographie*, 103–6; A. Lohner, André Roch, Alfred Sutter und Ernst Feuz, *The Swiss Garwhal Expedition of 1947*, Himalaya Journal 15, (1949), 26–28 und der Bewertung, die Dorjee Lhatoo viele Jahre später von André Roch aus der Schweiz erhielt und in seinen Interviews äußerte.
12 Tenzing Norgay, *Autobiography*, 105–6.

11. Tenzing trifft die Bergführer

1 Ein erfreulicher Bericht über die frühen Tage des Bergsteigens, siehe Peter Hansen, *Albert Smith, The Alpine Club, and the Invention of Mountaineering in Mid-Victorian Britain*, Journal of British Studies 34, (July 1955), 300–324.
2 John Morris, *Hired to Kill* (London: Hart-Davis, 1960), 145.
3 Dieser Beitrag über Paul Petzoldts Leben basiert auf dem Buch seiner Frau, Patricia Petzoldt, *On the Top of the World: My Adventures with My Mountain-Climbing Husband* (London: Collins, 1954). Dieses Buch ist seit langem vergriffen, aber es ist ein Spaß, es zu lesen, wenn man das Glück hat, ein Exemplar zu bekommen.
4 Ibid., 57.
5 Ibid., 79.
6 Ibid., 87.
7 Ibid., 105.
8 Ibid., 140–41.
9 Ibid., 146.
10 Maurice Herzog, *Annapurna: Conquest of the First 8000 Meter Peak*, Übers. Nea Morin und Janet Smith (London: Paladin, 1986, erstmals veröffentlicht 1952), 71.
11 Ibid., 96.
12 Ibid., 137–38.
13 Dieser Beitrag der Schweizer Expedition von 1952 basiert hauptsächlich auf Tenzings *Autobiographie*, 182–220; und ebenfalls auf Interviews mit Galtzen, Nawang Gombu, Mingma Chering, Ang Tsering; sowie auf Rene Dittert, Gabriel Chevalley und Raymond Lambert, *Forerunners to Everest: The Story of the Two Swiss Expeditions of 1952,* Übers. Malcolm Barnes (London: Allen and Unwin, 1954).
14 Tenzing, *Autobiography*, 182.
15 Ibid., 221.

16 Ibid., 184.
17 Ibid., 185.
18 folgende Zitate: Ibid., 193–201.
19 Ibid., 209–10.

12. Die Leiden eines Sardars

1 Ein nützlicher und detaillierter Beitrag, was Sherpas damals bedeuteten
   und für welche Expeditionen sie arbeiteten, ist in L. Krenek, *Roll of Dar-*
   jeeling Porters im Himalaya Journal 16, (1950–51), 121–33 nachzulesen.
2 Tenzing, *Autobiography*, 222–23.
3 Ibid., 231.

13. 1953

1 Karl Herrligkoffer *Nanga Parbat*. Dieser Beitrag über die Expedition von
   1953 auf den Nanga Parbat beruht auf den Seiten 97–283; und Hermann
   Buhl, *Nanga Parbat*, Seiten 338–420. Nützlich sind auch G.J. Sutton, *Re-*
   view of the Siege of Nanga Parbat, 1856–1953, von Paul Bauer, Himalaya
   Journal 20, (1957), 145–46; und G.O. Dyhrenfurth, *Zum dritten Pol: Die*
   Geschichte des hohen Himalaja, S. 181–83.
2 Buhl, *Nanga Parbat*, 44
3 Herrligkoffer, *Nanga Parbat*, 135.
4 Ibig., 148.
5 Für die Traditionen der Balti- und Hunza-Hochträger siehe Kenneth Mac-
   Donald und David Butz, *Investigating Portering Relatins as a Locus for*
   Transcultural Interaction in the Karakorum Region, Northern Pakistan,
   Mountain Research and Development 18, (1998), 333–43; and Kenneth
   MacDonald, *Push and Shove, Spatial history and the construction of a por-*
   tering economy in Northern Pakistan, Comparative Studies in Society and
   History 40, (1998), 287–313.
6 Buhl, *Nanga Parbat*, 380–81.
7 Ibid., 392–93.
8 Die Hauptquellen für die Besteigung von 1953 sind Tenzing Norgay, *Auto-*
   biography; Edmund Hillary, *View from the Summit* (New York: Doubleday,
   1999), 1–20, 104–17; John Hunt, *The Ascent of Everest* (London: Hodder
   and Stoughton, 1953), Interviews mit Khansa, Nawang Gombu; Walt Unsworth, *Everest*, 1. Ausgabe (London: Allen Lane, 1981), 314–42. Siehe

auch Edmund Hillary, *High Adventure* (London: Hodder and Stoughton, 1956), 129–283; Edmund Hillary, *Nothing Venture, Nothing Win* (London: Quality Book Club, 1976), 144–62; Wilfred Noyce, *South Col: One Man's Adventure on the Ascent of Everest, 1953* (London: Heinemann, 1954), George Lowe, *Because It Is There* (London: Cassell, 1959), 20–40; und James Morris, *Coronation Everest* (London: Faber, 1958).

9 Tenzing, *Autobiography*, 235.

10 Edmund Hillary, *View*, 112.

11 Ibid., 113.

12 Ibid., 113–14.

13 Tenzing, *Autobiography*, 239.

14 Hillary, *View*, 116.

15 Es gab auch kleinere Flaschen, die nur etwas über fünf Kilo wogen, aber soweit ich unterrichtet bin, brachten sie nur größere Flaschen zum South Col.

16 Hillary, *View*, 3.

17 Tenzing, *Autobiography*, 252.

18 Hillary, *View*, 4–5

14. Wieder zu Hause

1 Hillary, *View*, 20.

2 Für die Cho-Oyu-Expedition von 1954 siehe Herbert Tichy, *Cho Oyu: By Favour of the Gods*, Übers. Basil Creighton (London: Methuen, 1957).

3 Für Tenzings späteres Leben siehe den 2. Band der Autobiographie, *After Everest, An Autobiography* von Malcolm Barnes (New Delhi: Vikas, 1977).

4 Bauer, *Nanga Parbat*, 100.

5 Für Paldens Leben siehe Nebuka, *Sherpa*, 207–31.

Quellen und Bibliographie

Ich habe sämtliche veröffentlichte Quellen über Sherpas und Bergsteigen im Himalaya studiert. Die hier angeführte Bibliographie enthält jedoch nur die im Text angeführten Werke. Leider war es mir nicht möglich, die Berichte und Tagebücher der Bergsteiger der Nanga-Parbat-Expedition von 1934, die in der Bibliothek des Deutschen Alpenvereins in München liegen, einzusehen. Der Deutsche Alpenverein war bisher nicht in der Lage gewesen, das notwendige Geld aufzubringen, diese umfassenden Berichte zu sortieren und katalogisieren und sie öffentlich zugänglich zu machen. Peter Mierau, der bisher einzige Historiker, der diese Berichte einsehen konnte – er ist der Autor des ausgezeichneten im Jahr 1999 erschienenen Buchs: *Die Deutsche Himalaja-Stiftung: Ihre Geschichte und ihre Expeditionen* (Bergverlag Rother, 1999) – versicherte meinem Rechercheassistenten Ruard Absaroka, dass jene Quellen tatsächlich derzeit unbenutzbar sind. Hinzu kommt, dass sämtliche deutschen und österreichischen Teilnehmer jener Expedition inzwischen verstorben sind.

Dies ist bedauerlich, aber doch kein allzu schwerwiegendes Handicap, da es in diesem Buch hauptsächlich um Sherpas und nicht um europäische Bergsteiger geht. Meine Hauptquelle an unveröffentlichtem Material besteht aus Interviews mit Sherpa-Bergsteigern, ihren Frauen und Kindern.

1995 habe ich zwei Monate in Namche-Basar verbracht, 1997 einen Monat, und erneut vier Monate im Jahr 2000. Die Sherpa-Sprache studierte ich 1995 mit Nwang Doka, und 2000 vier Monate lang mit Anu. Meine Kenntnisse der Sherpa-Sprache reichten für eine normale Unterhaltung. Wenn ich Leute interviewte, nahm ich meinen Lehrer Anu als Dolmetscher mit, manchmal führte ich die Interviews auch alleine. Wenn die Interviewten einigermaßen Englisch sprachen, was viele taten, sprachen wir Englisch. Wenn sie Nepali sprachen, dolmetschte einer ihrer Verwandten oder Freunde.

Gewöhnlich wird bei der mündlichen Geschichtserfassung ein Tonbandmitschnitt gemacht und dann vom Band abgeschrieben. Wenn es auf Sherpa war, habe ich dies einige Male auch so gemacht. Aber bald habe ich mich auch informativeren Methoden zugewandt. Ich hatte zweierlei Interview-Erfahrung, auf die ich zurückgreifen konnte. Von 1971 bis 1973 machte ich eine anthropologische Feldstudie in Afghanistan, später arbeitete ich viele Jahre lang als Berater in britischen Heilanstalten. Zu beiderlei Gelegenheiten empfand ich es als hilfreich, den Leuten ins Gesicht zu sehen, ihnen aufmerksam zuzuhören und mich darin zu üben, Notizen über das Gesagte erst anschließend zu machen. Mit entsprechender Übung kann man sich enorm viel merken. Der große Vorteil dieser Methode ist, dass sie einen zu einem guten Zuhörer macht. Der Versuch, sich genau zu erinnern, macht einen zu einem aufmerksamen Zuhörer. Der Interviewte sieht es einem am Gesicht an, ob man ihm zuhört.

Von der Anthropologie und Beratungsgesprächen habe ich auch gelernt, dass es von Vorteil ist, Menschen häufiger aufzusuchen, weil sie dadurch die Gelegenheit haben, ihren Interviewer besser kennen zu lernen und beurteilen zu können, was sie ihm alles erzählen sollen, damit er sie besser versteht.

Auch bei dieser Arbeit war es nützlich, erstmal nur zuzuhören und sich dann zu erinnern. Wenn ich etwas vergaß, ging ich erneut hin und fragte nach. Während einiger Interviews machte ich Tonbandmitschnitte, jedoch nur, wenn Nepali und Sherpa gesprochen wurde. Manchmal machte ich mir während des Interviews Notizen, speziell in späteren Interviews mit Ang Tsering, nachdem er mich schon besser kennen gelernt hatte, meistens aber, wie schon gesagt, erst im Anschluss an das Gespräch. Jeder von ihnen wusste, dass ich Historiker war, der ein Buch schreiben wollte, dementsprechend fielen ihre Antworten aus. Sie wussten, dass das, was sie sagten, in die Geschichtsschreibung eingehen würde. Beinahe nichts, was die Leute mir mitteilten, habe ich außer Acht gelassen, nur in wenigen Fällen nenne ich meine Quelle nicht.

Nachdem die Recherche vorüber war, stellte ich fest, dass ich mit entsprechenden Dolmetschern ausschließlich in Englisch hätte arbeiten können. Aber ich bin sicher, dass ich in diesem Fall vieles von dem, was die Leute dachten und fühlten, nicht mitbekommen hätte. Meine Beherrschung der Sherpa-Sprache war im besten Fall rudimentär. Aber allein der Versuch, sie zu erlernen, eröffnete mir einige der Komplexitäten der Sherpa-Kultur.

Um es noch einmal zu sagen. Ich hätte einfach nur Interviews führen können. Jedoch insgesamt sieben Monate in Namche gelebt zu haben, machte in meinem Verständnis dessen, was tatsächlich in der Vergangenheit geschehen ist, einen großen Unterschied. Insbesondere wichtig war es, bei den Menschen in der Küche gesessen und gesehen zu haben, wer kam und ging, und mitzuerleben, wie Trekker und Bergsteiger sich heute den Sherpas gegenüber verhalten.

Liste der Interviews

Ang Lhamoo, Namche, oftmals auf Sherpa, Februar–April 2000.
Ang Purba, (Major), Darjeeling, mehrmals, Englisch, Mai und Dezember 2000.
Ang Rita Sherpa, Kunde, Darjeeling, mehrmals, Englisch, April 2000.
Ang Tashi, Khumjung, einmal, Englisch, 1997.
Ang Tsering, Darjeeling, mehrmals, Nepali, Mai und Dezember 2000.
Anu, Namche, mehrmals, Sherpa und Englisch, Februar–April 2000.
Chewang Nima, Thamo, einmal, Englisch, Februar 2000.
Dawa Thempa, Darjeeling, mehrmals, Englisch, Mai und Dezember 2000.
Dorjee Lhatoo, Darjeeling, mehrmals, Englisch, Mai und Dezember 2000.
Galtzen, Namche, zweimal, Sherpa, April 2000.
Gonden, Darjeeling, einmal, Nepali, Dezember 2000.
Jamie MacGuinnes, Namche, mehrmals, Englisch, März 2000.
Kami Rita, Thame, zweimal, Englisch, Februar 2000.
Khansa, Namche, mehrmals, Englisch, Januar–April 2000.
Lhakpa Diki, Darjeeling, einmal, Nepali, Dezember 2000.
Lhamoo Iti, Darjeeling, einmal, Nepali, Dezember 2000.
Mingma Chering, Thame, einmal, Englisch, Februar 2000.
Namdu, Namche, mehrmals, Sherpa, März und April 2000.
Nawang Gombu, Darjeeling, zweimal, Englisch, Mai und Dezember 2000.
Nwang Dhoka Sherpa, Namche, mehrmals, Englisch und Sherpa, 1995, 1997
    und 2000.
Pasang Digi, Thame, einmal, Sherpa, Februar 2000.
Pasang Kami, Namche, mehrmals, Englisch, März und April 2000.
Pasang Phutar, Darjeeling, zweimal, Sherpa und Nepali, Mai und Dezember 2000.
Pasang Phuti, Darjeeling, einmal, Nepali, Dezember 2000.
Paul Colonel (Ms.) Tshering Doma, Darjeeling, zweimal, Englisch, Dezember
    2000.
Pemba, Namche, mehrmals, Englisch und Sherpa, April 2000.
Phu Shitta, Kunde, einmal, Sherpa, April 2000.
Tawa, Kathmandu, Lukla und Namche, mehrmals, Englisch und
    Sherpa, Januar–April 2000.

Bibliographie

Adams, Vincanne. *Tigers of the Snow (and Other Virtual Sherpas): An Ethnography of Himalayan Encounters.* Princeton University Press, 1996.

Ahluwalia, H.P.S. *Faces of Everest.* New Delhi: Vicas, 1978.

Allen, W.S. *The Nazi Seizure of Power: The Experience of a Single German Town, 1930–1935.* Chicago: University of Chicago Press, 1965.

Amin, Sahid. »Ghandi as Mahatma: Gorakhpur District, Eastern UP, 1921–2.« *Subaltern Studies* (Delhi: Oxford University Press 3 (1984): 1–61.
– *Event, Metaphor, Memory: Chauri Chara in 1922.* Delhi: Oxford University Press.

Aufschnaiter, Peter. »Diamir Side of Nanga Parbat Reconnaissance 1939.« *Himalayan Journal 14* (1947): 111–15.
– »Escape to Lhasa, 1944–5.« *Himalayan Journal 14* (1947): 116–20.

Bauer, Paul. *Himalayan Campaign: The German Attack on Kangchenjunga, the Second Highest Mountain in the World.* Übers. Summer Austin. Oxford: Basil Blackwell, 1937.
– *Himalayan Quest: The German Expeditions to Siniolchum and Nanga Parbat.* Übers. E.G. Hall. London: Nicholson and Watson, 1938.
– »Nanga Parbat, 1937.« *Himalayan Journal 10* (1938): 145–58
– *The Siege of Nanga Parbat 1856–1953.* Übers. R.W. Rickmers. London: Hart-Davis, 1956.

Bechtold, Fritz. *Deutsche am Nanga Parbat.* 2. Ausg. München: F. Bruckmann, 1939.
– »The German Expedition to Nanga Parbat, 1934.« *Himalayan Journal 7* (1935): 27–37.
– *Nanga Parbat Adventure.* Übers. H.E.G. Tyndale. London: John Murray, 1934.

Bruce, Charles Granville. *Himalayan Wanderer.* London: MacLehose, 1934.
– *Twenty Years in the Himalayas.* London: Edwin Arnold, 1910.

Bruce, Charles Granville und andere. *The Assault on Mount Everest, 1922.* New York: Longmans Green, 1923.

Bubba, Tanka. *Dynamics of a Hill Society: The Nepalis in Darjeeling and Sikkim Himalayas*. Delhi: Mittal, 1989.

Buhl, Hermann. *Nanga Parbat Pilgrimage*. Übers. Hugh Merrick. London: Penguin, 1982, erste Ausgabe 1956.

Chakrabarty, Dipesh. *Rethinking Working-Class History: Bengal 1890–1940*. Delhi: Oxford University Press, 1989.

Chicken, Lutz. »Nanga Parbat Reconnaissance, 1939.« *Himalayan Journal 14* (1947): 53–58.

Collie, J. Norman. *Climbing on the Himalaya and Other Mountain Ranges*. London: David Douglas, 1902.

Cranmer, Chappell und Wiessner, Fritz. »The Second American Expedition to K2.« *American Alpine Journal* (1940): 9–19.

Crawford, C.G. »Everest 1933: Extracts from the Everest Diary of C.G. Crawford.« *Alpine Journal 46* (1934): 111–29.

Cromwell, Eaton. »Obituaries, Francis Dudley Wolfe.« *American Alpine Journal 4* (1940): 121–23.

Dash, A.J. *Darjeeling* Alipore, Bengal: Bengal District Gazetteers, 1947.

Dittert, Rene, Gabriel Chevalley, and Raymond Lambert, *Forerunners to Everest: The Story of the Two Swiss Expeditions of 1952*. Übers. Malcolm Barnes. London: Allen and Unwin, 1954.

Dozey, E.C. *A Concise History of Darjeeling District since 1835*. Calcutta: Mukherjee, 1922.

Drexel, Alfred. »Im Angesicht des Nanga Parbat.« Reichssportblatt, 1934.

Dyhrenfurth, G.O. *To the Third Pole: The History of High Himalaya*. Übers. Hugh Merrick. London: Werner Laurie, 1955.

Fisher, James. *Sherpas: Reflections on Change in Himalayan Nepal*. Berkeley: University of California Press, 1990.

French, Patrick. *Younghusband: The Last Great Imperial Adventurer*. New York: HarperCollins, 1995.

Fürer-Haimendorf, Christoph von. *Himalayan Traders: Life in Highland Nepal*. London: John Murray, 1975.
  – *The Sherpas of Nepal: Buddhist Highlanders*. London: John Murray, 1964.
  – *The Sherpas Transformed: Social Change in a Buddhist Society of Nepal*. New Delhi: Motilal Barnarsidas, 1984.

Gilman, Peter und Gilman, Leni. *The Wildest Dream: Mallory, His Life and Conflicting Passions*. Seattle: Mountaineers, 2000.

Gluckstein, Donny. *The Nazis, Capitalism and the Working Class*. London, Bookmarks, 1989. »Gold Patterned Khumbu«, On the cassette *Music of the Sherpa People of Nepal: Sherbru Dance-songs of Namche (Khumbu)*. Recorded by Gerd-Matthias Wegner. Kathmandu: Eco Himal, 1999.

Goldstein, Melvin. *A Modern History of Tibet, 1913–1951: The Demise of the Lamaist State*. Berkeley: University of California Press, 1989.

Gould, Tony. *Imperial Warriors: Britain and the Gurkhas*. London: Granta, 1999.

Hansen, Peter. »Albert Smith, the Alpine Club, and the Invention of Mountaineering in Mid-Victorian Britain.« *Journal of British Studies 34* (July 1995): 300–324.

– »The Dancing Lamas of Everest: Cinema, Orientalism, and the Anglo-Tibetan Relations in the 1920s.« *American Historical Review 101,* Nr. 3 (1996): 712–47.

Harman, Chris. *The Lost Revolution: Germany, 1918–1923*. London: Bookmarks, 1982.

Harrer, Heinrich. *Seven Years in Tibet*. Übers. Richard Graves. London: Flamingo, 1997, Erste Ausgabe 1955.

Harris, Clare. *In the Image of Tibet: Tibetan Painting after 1959*. London: Reaktion, 1999.

Heckmair, Anderl. *My Life as a Mountaineer,* Übers. Geoffrey Sutton, (London: Gollancz, 1975).

Herrligkoffer, Karl. *Nanga Parbat*. Übers. Eleanor Brockett and Anton Ehrenzweig. London: Elek, 1954.

– *Willy Merkl: Ein Weg zum Nanga Parbat*. München: Rudolf Rother, 1937.

Herzog, Maurice. *Annapurna: Conquest of the First 8000-Meter Peak*. Übersetzer Nea Morin and Janel Smith. London: Paladin, 1986, Erste Ausgabe 1952.

Hillary, Edmund. *High Adventure*. London: Hodder and Stoughton, 1955.

– *Nothing Venture, Nothing Win*. London: Quality Book Club, 1976.

– *View from the Summit*. New York: Doubleday, 1999.

Holzel, Tom und Salkeld, Audrey. *The Mistery of Mallory and Irvine*. London: Cape, 1986.

Houston, Charles. *Going Higher: Oxygen, Man and Mountains*. Vierte Ausgabe, Shrewsbury: Swan Hill Press, 1999.

Howard-Bury, K. Charles und andere. *Mount Everest: The Reconnaissance, 1921*. London: Edwin Arnold, 1922.

Hunt, John. *The Ascent of Everest*. London: Hodder and Stoughton, 1953. »In Memoriam: Pasang Kikuli, Phinsoo Sherpa and Pasang Kitar.« *Himalayan Journal 12* (1940): 134–35.

Kauffman, Andrew und William und Putnam. *K2: The 1939 Tragedy*. Seattle, Mountaineers, 1922.

Kershaw, Ian. *Hitler, 1889–1936: Hubris*. London: Allen Lane, 1999.

Knowlton, Elizabeth. *The Naked Mountain*. New York: Putnam, 1934.

Kopp, Hans. *Himalayan Shutlecock*. Übers. H.C. Stevens. London: Hutchinson, 1957.

Krenek, L. »Roll of Darjeeling Porters.« *Himalayan Journal 16* (1950–51): 121–33.

Lama, Sherpa Thupten. *The Sherpas and Sharkhumbu.* Kathmandu: Eco Himal, 1999.

Lohner, A., André Roch, Sutter, Alfred und Feuz, Ernst, »The Swiss Garwhal Expedition of 1947.« *Himalaya Journal 15* (1949): 18–45.

Longstaff, Tom. *This My Voyage.* London: John Murray, 1950.

Lowe, George: *Because It Is There.* London: Cassell, 1959.

MacDonald, A.W. »The Lama and the General.« *Kailash 1,* no. 3 (1973): 225–34.

MacDonald, Kenneth. »Push and Shove: Spatial History and the Construction of a Portering Economy in Northern Pakistan.« *Comparative Studies in Society and History 40* (1989): 287–317.

MacDonald, Kenneth, and David Butz. »Investigating Portering Relations as a Locus für Transcultural Interaction in the Karakorum Region, Northern Pakistan.« *Mountain Research and Development 18* (1998): 333–43.

Mason, Kenneth. »In Memoriam: The Porters Who Died on Nanga Parbat, 1937. *Himalaya Journal 10* (1938): 189–92.

Mason, Philip. *A Matter of Honour: An Account of the Indian Army, Its Officers and Men.* London: Cape, 1947.

Mierau, Peter. *Deutsche Himalaya Stiftung: Ihre Geschichte und Ihre Expeditionen.* München: Bergverlag, 1999.

Morris, James. *Coronation Everest.* London: Faber, 1958.

Morris, John. *Hired to Kill.* London: Hart-Davis, 1960.

Nebuka, Makoto. *Sherpa: Death and Glory in the Himalayas.* Auf Japanisch. Tokyo: Yama to Keikokusha, 1996.

Noel, John. *Through Tibet to Everest.* London: Edwin Arnold, 1927.
 – *Man of Everest: The Autobiography of Tenzing.* Told to James Ramsey Ullman. London: Harrap, 1955.

Norgay, Tenzing. *After Everest: An Autobiography.* With Malcolm Barnes. New Delhi: Vikas, 1977.

Norton, F.F. und andere. *The Fight for Everest: 1924.* New York: Longmans Green, 1925.

Noyce, Wilfred. *South Col: One Man's Adventure on the Ascent of Everest, 1953.* London: Heinemann, 1954.

Odell, Noel. »Reflections on Guideless Climbing.« *American Alpine Journal,* 1930, 123–24.

O'Malley, L.S.S. *Darjeeling District Gazetteer.* 1907 edition, wieder aufgelegt ohne Datum.

Omissi, David. *The sepoy and the Raj: The Indian Army, 1860–1940.* Basingstoke: MacMillan, 1994.

Ortner, Sherry. *High Religion: A Cultural and Political History of Tibetan Buddhism.* New Delhi: Motilal Barnarsidas, 1989.
 – *Life and Death on Mount Everest: Sherpas an Himalayan Mountaineering.* Princeton: Princeton University Press, 1999.

   – *Sherpas Through Their Rituals.* Cambridge: Cambridge University Press, 1978.

Petzoldt, Patricia. *On Top of the World: My Adventures with my Mountain-Climbing Husband.* London: Collins, 1954.

Pfeffer, Martin und andere. »The Disaster on Nanga Parbat, 1937.« *Alpine Journal 255* (1937): 210–27.

Rittenberg, Stephen. *Ethnicity, Nationalism and the Pakhtuns: The Independence Movement in India's North-West Frontier Province.* Durham, N.C.: Carolina Academic Press, 1988.

Roberts, Eric. *Welzenbach's Climbs: A Biographical Study and The Collected Writings of Willo Welzenbach.* Goring, UK: West Col, 1980.

Robertson, David. *George Mallory.* London: Faber, 1969.

Russell, Scott. »George Finch – the Mountaineer. A Memoire.« Aus George Ingle Finch, *The Making of a Mountaineer.* Zweite Auflage. Bristol: Arrowsmith, 1988.

Sarkar, Sumit. *Modern India, 1885–1947.* Zweite Auflage. Basingstoke: MacMillan, 1989.

Schneider, Erwin. »Der letzte Angriff.« *Reichssportblatt,* 1934.

Sen, Jahar. *Darjeeling: A Favoured Retreat.* New Delhi: Indus, 1989.

Sheldon, George. »Lost Behind the Ranges.« *Saturday Evening Post,* March 16 and 23, 1940.

Sherpa, Ang Pinjo. *Sherpa Nepali English: A Language Guide for Beginners.* Kathmandu: Eco Himal, 1999.

Simpson, Joe. *Dark Shadows Falling.* London: Vintage 1998. Erste Auflage 1997.
   – *Touching the Void.* London: Vintage, 1997, erste Auflage 1988.

Smythe, Frank S. *Camp Six: An Account of the 1933 Mount Everest Expedition.* London: Hodder and Stoughton, 1937.
   – *Kamet Conquered.* London: Gollancz, 1932.
   – *The Kangchenjunga Adventure.* London: Gollancz, 1930.
   – *The Valley of Flowers.* London: Hodder and Stoughton, 1938.

Somervell, T. Howard. *After Everest: The Experiences of a Mountaineer and Medical Missionary.* London: Hodder and Stoughton, 1936.

Stevens, Stanley. *Claiming the High Ground: Sherpas, Subsistence, and Environmental Change in the Highest Himalaya.* New Delhi: Motilal Barnarsidas, 1996.

Sutton, G. J. »Review of The Siege of Nanga Parbat, 1856–1953, by Paul Bauer.« *Himalaya Journal 20* (1957): 145–46.

Tichy, Herbert. *Cho Oyu: By Favour of the Gods.* Übers. Basil Creighton. London: Methuen, 1957.

Tilman, H.W. *The Ascent of Nanda Devi.* Cambridge: Cambridge University Press, 1937.
   – *Mount Everest, 1938.* Cambridge: Cambridge University Press, 1948.

Unsworth, Walt. *Everest: A Mountaineering History.* Erste Auflage. London: Allen Lane, 1981.

Ward, Michael, Milledge, James und West, John, *High Altitude Medicine and Physiology.* Zweite Auflage. London: Chapman Hall, 1955.

West, John. *High Life: A History of High Altitude Physiology and Medicine.* Oxford: Oxford University Press, 1988.

Wiessner, Fritz. »The K2 Expedition of 1939.« *Appalachia 31* (1956): 60–77.

Danksagung

Ich muss vielen Personen meinen Dank aussprechen. Zu allererst Ang Tsering Sherpa aus Darjeeling; er ist ein großartiger Mensch mit einem großen Herzen, ohne den dieses Buch so nicht hätte gelingen können.

Nwang Dhoka aus Namche war meine erste Sherpa-Lehrerin, eine Frau voller Humor, Intelligenz und Liebenswürdigkeit. Ich bin ihr und ihrer Familie dankbar, insbesondere ihrer Mutter Namdu, die, wann immer ich in Namche weilte, eine hervorragende Gastgeberin war.

Anu war mein Sherpa-Lehrer im Jahr 2000. Selbst ein erfahrener Bergsteiger, war er mir ein aufmerksamer Führer durch die Kultur der Sherpas, ihre Arbeit, ihre Neigungen, ihren Glauben und ihre Schwächen. Er zeichnete mir sowohl ein Bild seiner Gesellschaft als auch der Umstände, unter denen diese Gesellschaft lebt, und ständig war er darauf bedacht, dass meine Recherchen erfolgreich waren. Ich hatte großes Glück, ihn gefunden zu haben.

In Darjeeling waren mir Tenzing Lodoon und Lhamoo Iti aufmerksame Gastgeber. Tenzing Lodoon, Dawa Thempa und Major Ang Phurba Sherpa waren mir ausgezeichnete Dolmetscher. Dorjee Lhatoo ist seit vielen Jahren mit der Geschichte des Bergsteigens vertraut; auch im Verstehen vieler oftmals komplizierter sozialer Prozesse war er mir stets hilfreich. Tshering Doma Paul und seine Schwester luden mich am Weihnachtsabend zu einem Essen ein, das ich sehr genossen habe. Insbesondere dankbar bin ich Ang Lhamoo aus Namche, der mich monatelang mit Tee und Essen versorgte.

Allen Menschen, mit denen ich sprach, bin ich von Herzen dankbar. In Nepal waren dies Khansa, Ang Lhamoo, Anu, Ang Rita, Galtzen, Jamie MacGuinnes, Mingma Chering, Namdu, Nwang Dhoka, Pasang Digi, Pasang Kami, Phu Shitta und Tawa. In Darjeeling muss ich mich bedanken bei Ang Tsering, Major Ang Phurba Sherpa, Dawa Thempa, Dorjee Lhatoo, Gonden, Lhakpa Diki, Lhamoo Iti, Nawang Gombu, Colonel Tshering Doma Paul, Pasang Phutar und Pasang Phuti.

Ich danke auch den Mitarbeitern der Baker Library im Dartmouth College in Newhampshire, der Bibliothek der School of Oriental and African Studies in London, der Geography Library der Universität Oxford und den Mitarbeitern der Manor Gardens Library in Islington.

Bei den Fotografien war mir Pim Fakkeldey eine große Hilfe, auch danke ich meinen höchst aufmerksamen Lesern der Rohfassung dieses Buches, die mir jeweils entscheidende Hinweise gaben: Nancy Lindisfarne, Laura Langlie, Richard Moth, Terry Neale und Barbara Neale. Nancy gab mir darüber hinaus Unterstützung, Ermutigung und Inspiration. Zweimal begleitete sie mich nach Nepal. Sie ist die beste Rechercheurin, die mir je begegnet ist. Ich habe viel von ihr gelernt.

Laura Langlie in New York war in jeder Beziehung meine geradezu ideale Agentin und Lektorin. Nach zwanzigjähriger Erfahrung als Autor kann ich jedem Kollegen, der dies liest, nur sagen: Wer die Gelegenheit bekommt, mit ihr als Agentin zu arbeiten, kann sich glücklich schätzen.

Ich habe dieses Buch meinem Vater Terry (Walter C.) Neale gewidmet. Ihm und meiner Mutter habe ich unseren dreijährigen Aufenthalt in Ludhiana, Chandigarh und Lucknow, Indien, zu verdanken. Sie haben immer darauf geachtet, sich ihren indischen Freunden anzupassen und haben uns immer auf die zweitbesten Schulen der jeweiligen Stadt geschickt, sodass auch meine

Klassenkameraden stets Inder waren. Meine Eltern brachten mir bei, unseren Gastgebern mit Respekt zu begegnen. Mein Vater hat dort Pionierarbeit als Wirtschaftshistoriker geleistet, in diesem Sinne hoffe ich, mit diesem Buch in seine Fußstapfen getreten zu sein. Von ihm lernte ich auch die Liebe zu den Bergen. Als ich dieses Buch zur Hälfte fertig geschrieben hatte, wusste ich einmal nicht mehr weiter. Ich wusste, dass ich einen Fehler gemacht hatte, nur nicht welchen. Nachdem Terry es gelesen hatte, sagte er mir, dass ich zu sehr die europäischen Bergsteiger im Auge hätte. »Vergiss die Sahibs«, sagte er, »wer interessiert sich schon für sie? Erzähle mir etwas über die Sherpas.« Das tat ich, und auf einmal ging es wieder weiter.

Dank der Bibliothek des Deutschen Alpenvereins (DAV), dass sie die Originaltexte von Peter Bauer: *Auf Kundfahrt im Himalaja* und Fritz Bechtold: *Deutsche am Nanga Parbat* ausnahmsweise zur Einsicht zur Verfügung gestellt haben.

Namensregister

Sachregister

411

GRENZERFAHRUNGEN

»Eine Besteigung des
Mount Everest ist
an sich ein irrationa-
ler Akt: ein Triumph
der Begierde
über die Vernunft.«
Jon Krakauer

Göran Kropp/David Lagercrantz,
Allein auf den Everest   15019

Alfred Lansing,
635 Tage im Eis   15042

»Eine Höllen-
und Heldenfahrt –
ein dramatisches
Abenteuer im
Packeis.«
Die Zeit

GOLDMANN

AFRIKANISCHE HOFFNUNGEN

Désirée von Trotha,
Die Enkel der Echse 15052

Fatéma Oufkir, Gefangen in den
Gärten des Königs 15113

Fauziya Kassindja, Niemand sieht dich,
wenn du weinst 15084

Jane Goodall,
Grund zur Hoffnung 15139

GOLDMANN